# La collection REMIF

Le Réseau évangélique de missiologues pour la francophonie (REMIF) a été créé en 2016 pour rassembler des réseaux de missiologues francophones locaux ou régionaux. Le REMIF est une plate-forme de rencontres et d'échanges pour stimuler la réflexion et l'action des missiologues évangéliques dans le monde francophone. Son champ de réflexion et d'action est la « mission » dans le monde (évangélisation, implantation et affermissement des jeunes Églises, témoignage dans le monde, communication transculturelle, multiculturalité, etc.). Parmi ses moyens d'action, il encourage les publications, la promotion d'outils missiologiques, les colloques, les travaux universitaires de recherche en missiologie dans un cadre évangélique. www.missiologie.net.

Le mouvement des Églises d'initiative africaine est-t-il un réveil ou une réformation, une expression africaine de la foi chrétienne ou un syncrétisme ? Au milieu des débats entre chrétiens, théologiens et missiologues de différentes sensibilités, le Réseau évangélique des missiologues pour la francophonie (REMIF) se fait l'écho de la voix tant attendue des Africains évangéliques francophones. Cernant méticuleusement la question dans une perspective historique, théologique et missiologique, ce livre alléchant, fortement recommandé aux analystes du christianisme africain, évalue les Églises d'initiative africaine avec une profondeur soutenue et fait découvrir des dimensions nouvelles dans la compréhension de ces Églises comme un mouvement important de renouveau chrétien en Afrique, un vrai laboratoire de contextualisation, et un vrai enracinement de la foi chrétienne en terre africaine.

**Georges Pirwoth Atido**
Docteur en théologie
Professeur associé de missiologie
Recteur de l'Université Shalom de Bunia

Depuis plus d'un siècle, un certain nombre de mouvements d'initiative africaine émergent et rassemblent des centaines de milliers d'individus. Ils se réclament du christianisme, mais d'un christianisme adapté à la culture, aux attentes et aux formes africaines. L'engouement et l'opposition qu'ils suscitent conjointement exigent une analyse fine et complète des racines, des croyances et des pratiques. C'est tout l'intérêt de cet ouvrage, surprenant, qui évite le double piège d'une réduction absolue au syncrétisme, et d'un accueil universel dans l'Église. Il permet dès lors de se représenter ce que pourrait être une contextualisation légitime d'une déviation problématique de la foi.

**Florent Varak**
Directeur du développement des Églises,
Mission Encompass
Enseignant,
Institut Biblique de Genève

Les mouvements religieux émergeant de l'Afrique et apparentés au christianisme ont souvent été identifiés différemment, tantôt comme « Églises indépendantes africaines », ou « Églises indigènes africaines », ou comme dans ce livre « Églises d'initiative africaine ». Chacune de ces étiquettes procède d'un jugement de valeur porté sur ces mouvements religieux qui, pour une raison ou une autre, aspirent à une expression africaine de la foi et de la spiritualité.

Le mérite de ce livre est non seulement d'être une première tentative du cercle évangélique francophone sur la question sous examen, mais aussi de lucidement percevoir ces mouvements religieux comme un laboratoire de la contextualisation, stimulant ainsi des études et jugements nuancés.

**Rév Dr Fohle Lygunda li-M**
Chargé de recherche en missiologie,
North-West University,
Potchefstroom, Afrique du Sud
Directeur exécutif,
Africa Center for Interdisciplinary Studies,
Kinshasa, RDC

L'évangélisation du continent africain par les chrétiens africains a largement contribué à la naissance des Églises d'initiative africaine. Par conséquent, ces Églises ont un grand rôle à jouer dans la redynamisation de la mission chrétienne et la stimulation de la renaissance spirituelle africaine. Elles sont ainsi appelées à clarifier le sens de leur engagement pour la mission locale et globale et à s'organiser afin de faire entendre leurs échos au sujet de leur contribution sans précédent à la mission mondiale. De ce fait, ce deuxième ouvrage de la collection Réseau évangélique des missiologues pour la francophonie (REMIF) est un livre de missiologie évangélique recommandé à tous ceux dont le cœur brûle pour la mission chrétienne en Afrique et dans le monde.

**Harimenshi Privat-Biber**
Docteur en missiologie,
Enseignant-chercheur,
Professeur visiteur
dans les universités et instituts théologiques et missiologiques

L'histoire de l'Église en Afrique montre qu'en plus des Églises fondées par les missionnaires est survenu un mouvement d'Églises d'initiative africaine qui voulait vivre un christianisme adapté à sa culture. Ce livre présente une étude sérieuse sur ce mouvement, à partir de leur histoire jusqu'aux pratiques actuelles, avec des approches théologiques et missiologiques. Jusqu'à présent les études ont été très partielles. Aujourd'hui les Églises en Afrique regorgent de chrétiens superficiels et syncrétistes malgré les formations théologiques, pastorales et missiologiques. Tout en remerciant le REMIF je recommande avec enthousiasme la lecture de ce livre aux chercheurs et à tous ceux qui s'intéressent à la contextualisation et à la pratique ecclésiale en vue d'avoir des chrétiens authentiques et engagés en Afrique.

**Dr Simon Pierre Gatera**
Président fondateur,
Mission mondiale la trompette au Togo (M.M.T.T.)

Collection REMIF

# Les Églises d'initiative africaine

*Un laboratoire de contextualisation*

Collection REMIF

# Les Églises d'initiative africaine

*Un laboratoire de contextualisation*

Sous la direction de
Hannes Wiher

Avec la collaboration de
Djimalngar Madjibaye

GLOBAL LIBRARY

© Réseau de missiologie évangélique pour l'Europe francophone (REMEEF), 2019

Publié en 2019 par Langham Global Library,
*Une marque de Langham Publishing*
www.langhampublishing.org

Les éditions Langham Publishing sont un ministère de Langham Partnership.

Langham Partnership
PO Box 296, Carlisle, Cumbria, CA3 9WZ, UK
www.langham.org

ISBNs:
978-1-78368-742-8 Print
978-1-78368-744-2 Mobi
978-1-78368-743-5 ePub
978-1-78368-745-9 PDF

Conformément au « Copyright, Designs and Patents Act, 1988 », le REMEEF déclare qu'il est en droit d'être reconnu comme étant l'Auteur de cet ouvrage.

Tous droits réservés. La reproduction, la transmission ou la saisie informatique du présent ouvrage, en totalité ou en partie, sous quelque forme ou par quelque procédé que ce soit, électronique, mécanique, photographique, est interdite sans l'autorisation préalable de l'Éditeur ou de la Copyright Licensing Agency.

Sauf mentions contraires, les citations bibliques sont extraites de la version Nouvelle Bible Segond (NBS) © 2002, Société biblique française.

**British Library Cataloguing in Publication Data**
A catalogue record for this book is available from the British Library

ISBN : 978-1-78368-742-8

Composition et couverture : projectluz.com

Langham Partnership soutient activement le dialogue théologique et le droit pour un auteur de publier. Toutefois, elle ne partage pas nécessairement les opinions et avis avancés ni les travaux référencés dans cette publication et ne garantit pas son exactitude grammaticale et technique. Langham Partnership se dégage de toute responsabilité envers les personnes ou biens en ce qui concerne la lecture, l'utilisation ou l'interprétation du contenu publié.

En mémoire de KALUME Mayani Christine,
en témoignage de l'amitié qui nous unit et des souvenirs de tous les moments que nous avons passé ensemble.

# Avis aux lecteurs

Cet ouvrage inclut une grande diversité d'auteurs évangéliques et donc des prises de position variées de la communauté évangélique. Aucune contribution individuelle ne représente nécessairement la position préférée de la rédaction. Nous reconnaissons l'impossibilité de représenter tous les points de vue, toutes les nations et toutes les régions directement concernés par le sujet. Nous avons essayé de présenter un échantillon large et substantiel.

# Sommaire

Avant-Propos .................................................................. xiii

Introduction ..................................................................... 1

**Première Partie : Approche historique et phénoménologique des Églises d'initiative africaine**

1  Le Christ arrive en Afrique ................................................ 9
2  Les causes de l'émergence des Églises d'initiative africaine............ 27
3  Les débuts des Églises d'initiative africaine en Afrique du Sud : les Églises éthiopiennes et sionistes ..................................... 35
4  L'Église kimbanguiste du Congo RDC ................................... 45
5  L'Église harriste au Libéria et en Côte d'Ivoire........................ 61
6  L'Église de Dieu Aladura du Nigéria..................................... 75
7  Le Christianisme céleste du Bénin ....................................... 87
8  L'Église chrétienne des rachetés de Dieu du Nigéria .................. 99

**Deuxième Partie : Approche théologique et missiologique des Églises d'initiative africaine**

9  La figure du prophète-guérisseur et les Églises d'initiative africaine comme « institutions de guérison »................................... 143
10  Les déviations doctrinales vues à la lumière des religions traditionnelles africaines............................................... 159
11  Le rapport des Églises d'initiative africaine avec le mouvement néo-charismatique ...................................................... 177
12  Entrée et « sortie » du christianisme au Bas-Congo : évolution du kimbanguisme ......................................................... 189
13  L'Église harriste et les Églises méthodiste et mennonite en Afrique occidentale : réussite ou échec ?..................................... 203
14  Leçons à tirer des Églises d'initiative africaine ..................... 215

15   Les Églises d'initiative africaine : un laboratoire de
     contextualisation. . . . . . . . . . . . . . . . . . . . . . . . . . . . . . . . . . . . . . . . . . . . . . . . . 223

Conclusion . . . . . . . . . . . . . . . . . . . . . . . . . . . . . . . . . . . . . . . . . . . . . . . . . . . . . . . . . . 273

Annexe 1 : Dates d'émergence et statistiques des Églises d'initiative
     africaine (1967). . . . . . . . . . . . . . . . . . . . . . . . . . . . . . . . . . . . . . . . . . . . . . . . 275

Annexe 2 : Manifeste de l'Organisation des Églises d'initiative africaine :
     Une nouvelle force d'Églises chrétiennes (1996) . . . . . . . . . . . . . . . . . . 279

Annexe 3 : Contributions des Églises d'initiative africaine au
     christianisme mondial (1996) . . . . . . . . . . . . . . . . . . . . . . . . . . . . . . . . . . . 283

Annexe 4 : Déclaration de Lausanne sur l'évangile de la prospérité . . . . . . . . 287

Annexe 5 : Critères d'évaluation des Églises d'initiative africaine . . . . . . . . . . 295

Annexe 6 : Églises d'initiative africaine orthodoxes et hétérodoxes
     par pays . . . . . . . . . . . . . . . . . . . . . . . . . . . . . . . . . . . . . . . . . . . . . . . . . . . . . . . 299

Bibliographie . . . . . . . . . . . . . . . . . . . . . . . . . . . . . . . . . . . . . . . . . . . . . . . . . . . . . . . 309

Liste des auteurs . . . . . . . . . . . . . . . . . . . . . . . . . . . . . . . . . . . . . . . . . . . . . . . . . . . 333

Index des noms de personnes . . . . . . . . . . . . . . . . . . . . . . . . . . . . . . . . . . . . . . . 337

Index des noms de lieux . . . . . . . . . . . . . . . . . . . . . . . . . . . . . . . . . . . . . . . . . . . . 339

Index des sujets . . . . . . . . . . . . . . . . . . . . . . . . . . . . . . . . . . . . . . . . . . . . . . . . . . . . 341

# Avant-Propos

Cet ouvrage est le résultat d'un travail collectif des doctorants en missiologie de la Faculté de théologie évangélique de Bangui (FATEB), extension de Yaoundé (Cameroun), élargi à quelques missiologues du Réseau évangélique des missiologues pour la francophonie (REMIF). Pendant le colloque de décembre 2015, les doctorants ont exprimé le désir de produire un ouvrage avec les exposés présentés au colloque doctoral. Le sujet des Églises d'initiative africaine fut choisi. Après avoir élaboré une grille ensemble avec le professeur de missiologie de la FATEB, Djimalngar Madjibaye, les doctorants ont préparé des textes que nous avons discutés lors du colloque doctoral de 2016. Après ce processus collégial, les auteurs ont intégré les remarques et corrections dans leurs textes et les ont soumis pour publication. Un tel processus demande une bonne dose d'humilité aux participants. Nous les remercions pour cela.

Bien que la littérature sur le thème des Églises d'initiative africaine en anglais soit très abondante, en français on ne trouve pas beaucoup d'ouvrages. Ainsi, ce phénomène n'est pas encore un sujet de réflexion approfondi dans le monde francophone. Il suscite souvent des réactions stéréotypées de refus et de dédain. Ces jugements sont souvent faits à partir de l'extérieur et contrastent avec l'appréciation positive des membres et des promoteurs des Églises d'initiative africaine. Dans notre groupe d'auteurs nous avons un membre qui a fondé un mouvement d'Églises d'initiative africaine au Congo RDC et un autre représentant du courant pentecôtiste dans le même pays. En ce qui concerne ces deux membres, on peut supposer qu'ils ont traité le sujet avec une perspective de l'intérieur. Les autres auteurs, originaires d'Églises issues de la mission, ont peut-être inconsciemment jeté un regard de l'extérieur sur les Églises d'initiative africaine. Le lecteur pourra évaluer lui-même si l'effort collectif pour présenter le mouvement des Églises d'initiative africaine a fait preuve d'équité ou non.

Nous remercions tous les auteurs pour leur collaboration, particulièrement Djimalngar Madjibaye pour la codirection, Bernard Huck, Georges Pirwoth Atido, Fara Daniel Tolno et Yves Mulume pour la relecture, et Langham Publishing pour la publication de l'ouvrage. Que ce volume puisse jeter une lumière nouvelle sur le phénomène des Églises d'initiative africaine.

*Hannes Wiher*
*Directeur de l'ouvrage*

# Introduction

## *Hannes Wiher*

Tel qu'on a présenté Christ au monde, il est la réponse aux questions que se poserait un Blanc, la solution aux problèmes et aux besoins qui se feraient ressentir chez l'homme occidental, le Sauveur du monde, mais du monde tel que le perçoit l'Européen, l'objet des prières et de l'adoration du royaume historique de la chrétienté. Mais, si Christ devait symboliser la réponse aux questions que se posent les Africains, quelle devrait être son apparence ? Qui devrait-il être[1] ?

Cette citation de l'ouvrage de John Taylor sur la présence chrétienne parmi les religions traditionnelles africaines (*The Primal Vision. Christian Presence amid African Religion*, 1963), présentée comme l'ouverture de l'ouvrage *Jésus en Afrique* de Kwame Bediako, décrit bien la problématique traitée dans cet ouvrage. Elle présente la question principale que se posent les chrétiens, les théologiens et missiologues africains : Comment doit se présenter le Christ et le christianisme en Afrique dans le contexte des religions traditionnelles africaines ? Pendant les cinquante dernières années, plusieurs penseurs ont pris conscience que la question se complique, étant donné qu'une réflexion missiologique en ce début du XXIe siècle sur la présence chrétienne en Afrique doit non seulement inclure le contexte des religions traditionnelles africaines, mais aussi ceux de l'islam et du sécularisme. Les réponses que donnent les Églises d'initiative africaine à cette question, comparées à celles des Églises issues des sociétés missionnaires occidentales, apportent de nouveaux éléments. Elles méritent une réflexion approfondie menée dans cet ouvrage dans une perspective historique, théologique et missiologique.

Dans la suite de cette introduction, nous ferons un survol succinct de la recherche sur les Églises d'initiative africaine et présenterons la logique sous-

---

1. John V. TAYLOR, *The Primal Vision. Christian Presence amid African Religion*, Londres, SCM, 1963, p. 16, cité par Hans VISSER et Gillian BEDIAKO, « Introduction », in Kwame BEDIAKO, *Jésus en Afrique. L'Évangile chrétien dans l'histoire et l'expérience africaines*, Yaoundé, CLÉ, 2000, p. 7.

jacente du plan de l'ouvrage. Ensuite, pour commencer notre réflexion, nous tenterons une réflexion sur le phénomène des Églises d'initiative africaine et la contextualisation pratiquée par elles.

## Survol de la recherche

David Barrett estime qu'environ quatre mille ouvrages et articles en anglais traitent du sujet des Églises d'initiative africaine[2]. La première étude importante fut l'enquête dans les années 1940 parmi les Zulu de l'actuel KwaZulu-Natal du Luthérien suédois Bengt Sundkler, *Bantu Prophets in South Africa* (1947/1961)[3]. Elle fut complétée et corrigée une trentaine d'années plus tard[4]. En 1958 parut l'étude d'Efraim Andersson sur les « mouvements messianiques » au Bas-Congo[5].

Dans les années 1960, David Barrett put toujours se plaindre du manque de documents couvrant ce « produit inattendu du mouvement missionnaire ». En 1968, il publia *Schism and Renewal*, une analyse détaillée des causes de ce phénomène[6], et plus tard, avec John Padwick, *Rise Up and Walk !* (1989)[7]. Harold Turner fit au Nigéria une étude approfondie du mouvement Aladura et du rapport entre religions traditionnelles africaines et foi chrétienne[8]. À peu près en même temps, Marie-Louise Martin étudiait les mouvements messianiques en Afrique du Sud, puis Simon Kimbangu et son mouvement au Congo RDC[9]. Dans les années 1980, Marthinus L. Daneel, originaire du Zimbabwe, fit des recherches sur les Églises

---

2. David B. BARRETT, « African Initiated Church Movement », in *Evangelical Dictionary of World Missions*, sous dir. A. Scott MOREAU, Grand Rapids, Baker, 2000, p. 43.
3. Bengt G. M. SUNDKLER, *Bantu Prophets in South Africa*, 2ᵉ éd. rév., Londres, Oxford University Press, 1961 (1ʳᵉ éd. 1948).
4. Bengt G. M. SUNDKLER, *Zulu Zion and Some Swazi Zionists*, Uppsala, Glerup, 1976.
5. Efraim ANDERSSON, *Messianic Popular Movements in the Lower Congo*, Studia Ethnographica Upsaliensis XVI, Upsala, Almquist & Wiksells, 1958.
6. David B. BARRETT, *Schism and Renewal in Africa. An Analysis of Six Thousand Contemporary Religious Movements*, Nairobi, Oxford University Press, 1968.
7. David BARRETT & D. John PADWICK, *Rise Up and Walk ! Conciliarism and the African Indigenous Churches, 1815-1987. A Sequel to Schism and Renewal in Africa (1968)*, Oxford, Oxford University Press, 1989.
8. Harold W. TURNER, *History of an African Independent Church. The Church of the Lord (Aladura)*, 2 vol., Oxford, Clarendon, 1967 ; idem, *Bibliography of New Religious Movements in Primal Societies. Vol. 1. Black Africa*, Boston, Hall, 1977.
9. Marie-Louise MARTIN, *The Biblical Concept of Messianism and Messianism in Southern Africa*, Morija, Morija Sesotho Book Depot, 1964 ; idem, *Simon Kimbangu et son Église*, Lausanne, Soc, 1971 (2ᵉ éd. 1981) ; idem, *Église sans Européens (Le Kimbanguisme)*, Genève, Labor et Fides, 1972 ; idem, *Kimbangu. An African Prophet and His Church*, Oxford, Blackwell, 1975.

d'initiative africaine de son pays[10]. Tous ces auteurs étaient des Occidentaux qui n'étaient pas membres des Églises d'initiative africaine et qui ont donc écrits d'un point de vue extérieur avec une perspective « étique[11] ».

Les premiers ouvrages rédigés par des ressortissants d'Églises d'initiative africaine, donc des publications dans une perspective « émique », étaient *Speaking for Ourselves* (1985) publié par l'Institut pour une théologie contextuelle de Johannesbourg, et *Who Are the Independent Churches ?* (1988) de Paul Makhubu[12]. Les auteurs s'y limitent au contexte sud-africain. Plus tard ont suivi une rencontre entre le Conseil œcuménique des Églises (1996) à l'initiative d'un métropolite copte[13], et deux ouvrages d'auteurs africains dont l'un inclut un leader des Églises d'initiative africaine : *African Indigenous Churches* de Deji Ayegboyin & S. Ademola Ishola (1997), et *African Initiatives in Christianity* de John Pobee & Gabriel Ositelu (1998)[14]. Un ouvrage important d'un pentecôtiste sud-africain qui s'identifie avec le mouvement est *African Reformation* d'Allan Anderson (2001)[15].

## Plan de l'ouvrage

Dans la première partie, nous suivrons une approche historique et phénoménologique des Églises d'initiative africaine. Dans cette réflexion historique, nous centrerons notre regard non seulement sur la contribution des missionnaires occidentaux, mais aussi et particulièrement sur ce que Lamin Sanneh appelle *African factor* ou *local African agency*, c'est-à-dire la contribution africaine à l'entreprise missionnaire, la réception africaine du message missionnaire et la

---

10. Marthinus L. DANEEL, *Fambidzano. Ecumenical Movement of Zimbabwean Independent Churches*, Gweru, Zimbabwe, Mambo Press, 1982 ; idem, *Quest for Belonging*, Gweru, Zimbabwe, Mambo Press, 1987.
11. En anthropologie et en sciences sociales et du comportement, les termes « émique » et « étique » correspondent à deux types de recherche sur le terrain et les points de vue qui en découlent : *émique* de l'intérieur du groupe social (du point de vue de l'objet d'étude) ; et *étique* de l'extérieur (du point de vue de l'observateur).
12. Institute for Contextual Theology, *Speaking for Ourselves*, Johannesburg, Skotaville, 1985 ; Paulus MAKHUBU, *Who Are the Independent Churches ?* Johannesburg, Skotaville, 1988.
13. World Council of Churches, « Consultation with African Instituted Churches », Ogere, Nigeria, 9-14 January 1996.
14. Deji AYEGBOYIN & S. Ademola ISHOLA, *African Indigenous Churches*, Lagos, Nigeria, Greater Heights, 1997 ; John S. POBEE & Gabriel OSITELU, *African Initiatives in Christianity. The Growth, Gifts and Diversities of Indigenous African Churches – A Challenge to the Ecumenical Movement*, Genève, COE, 1998.
15. Allan H. ANDERSON, *African Reformation. African Initiated Christianity in the 20th Century*, Trenton, NJ, Africa World Press, 2001.

réponse religieuse des Africains au christianisme[16]. Après avoir présenté les approches de la présence chrétienne en Afrique pendant les différentes époques historiques et après avoir réfléchi sur les causes de l'émergence des Églises d'initiative africaine, nous en présenterons un échantillon qui pourra intéresser les Africains francophones. Nous parcourrons l'Afrique en partant du sud via le centre vers la partie occidentale. Nous commencerons avec les premières Églises d'initiative africaine en Afrique du Sud : les Églises éthiopiennes et sionistes. Nous enchaînerons avec l'Église kimbanguiste du Congo RDC. Ensuite, nous traiterons du premier mouvement d'initiative africaine dans l'Afrique occidentale issu du ministère du prophète William Wadé Harris au Libéria, en Côte d'Ivoire et au Ghana. Suivra alors une réflexion sur le mouvement de prière (en Yoruba *aladura*) au Nigéria dont sont issues, entre autres, l'Église de Dieu (Aladura) du Nigéria, le Christianisme céleste du Bénin et l'Église chrétienne des rachetés de Dieu du Nigéria. En guise de synthèse de la partie historique on réfléchira sur un cadre historique de référence pour l'entreprise missionnaire, les causes, la terminologie, les typologies proposées, les caractéristiques, l'importance et l'organisation des Églises d'initiative africaine.

Dans la deuxième partie, nous entreprendrons une réflexion théologique et missiologique sur différents aspects du mouvement des Églises d'initiative africaine. Nous commencerons avec les causes de l'émergence et enchaînerons avec la figure du prophète-guérisseur, les déviations doctrinales vues à la lumière des religions traditionnelles africaines, la relation entre les Églises d'initiative africaine et le mouvement néo-charismatique, l'évolution du kimbanguisme au Bas-Congo. Le partenariat de l'Église harriste avec les Églises méthodiste et mennonite en Côte d'Ivoire pourrait servir comme modèle potentiel de collaboration entre les Églises d'initiative africaine et les Églises historiques. Nous terminerons avec les leçons à tirer et quelques réflexions sur le laboratoire de contextualisation que les Églises d'initiative africaine constituent. Dans la synthèse théologique et missiologique nous essaierons de ficeler ces différents sujets. Nous commencerons avec une réflexion sur l'arrivée d'une religion dans un nouveau contexte socio-culturel, enchaînerons avec le problème du syncrétisme et son rapport avec la contextualisation, leur évaluation ainsi que le rapport entre les religions traditionnelles africaines, l'islam, le christianisme et le sécularisme.

---

16. Lamin SANNEH, « The Horizontal and the Vertical Mission. An African Perspective », *International Bulletin of Missionary Research* 7, 4, 1983, p. 165-171 ; idem, *West African Christianity. The Religious Impact*, Londres, Hurst, 1983, p. xiv-xv. Voir la discussion de ces concepts dans la section « Cadre historique de référence » de la Synthèse historique.

Nous conclurons avec l'évaluation du phénomène des Églises d'initiative africaine en termes de mouvement pentecôtiste, réformation, renouveau ou réveil.

## Les Églises d'initiative africaine : un laboratoire de contextualisation

Le mouvement des Églises d'initiative africaine se présente pour certains comme un réveil ou une réformation[17]. Toutefois, beaucoup diraient que les Églises d'initiative africaine représentent plutôt une déformation qu'une réformation. Bengt Sundkler, le grand pionnier de la recherche sur les Églises d'initiative africaine, a remarqué dans son premier ouvrage sur le sujet, *Bantu Prophets in South Africa* (1948/1961), qu'elles représentaient « le pont à travers lequel les Africains sont ramenés au paganisme[18] », une évaluation qu'il a corrigée ultérieurement. Les avis sont très partagés entre les chrétiens, théologiens et missiologues de différentes sensibilités. Pour les uns, les Églises d'initiative africaine font une bonne contextualisation, une expression africaine de la foi chrétienne longtemps attendue, comme les points de vue des membres des Églises d'initiative africaine nous font croire ; pour d'autres, elles représentent un syncrétisme ouvert entre foi chrétienne et religions traditionnelles africaines, comme Sundkler le sous-tend dans sa première évaluation et comme beaucoup d'auteurs de notre ouvrage l'avancent. Entre ces deux positions nous trouvons toute une palette de jugements. Cela dépend bien sûr de l'Église étudiée, mais aussi de la perspective du chercheur, soit de l'intérieur (la perspective « émique »), soit de l'extérieur (la perspective « étique »). Dans son ouvrage pionnier sur la contextualisation, *Constructing Local Theologies* (1985), Robert Schreiter nous introduit dans la problématique du sujet :

> Si la contextualité concerne le cœur de la culture, et si le christianisme prend sa place là, le christianisme qui émergera ne se présentera-t-il pas comme un produit de cette culture ? [...] Continuerons-nous de donner aux cultures l'équivalent d'un cœur artificiel, un organe qui peut faire le travail dont la culture a besoin, mais qui restera étranger pour toujours[19] ?

---

17. Cf. David B. Barrett, « Renewal and Reformation in Africa », in *Schism and Renewal in Africa*, p. 161-195 ; Allan H. Anderson, « Reform and Renewal », in *African Reformation*, p. 245-258.
18. La citation est tirée de Sundkler, *Bantu Prophets in South Africa*, p. 297. Cette affirmation fut corrigée dans Sundkler, *Zulu Zion and Some Swazi Zionists*.
19. Robert J. Schreiter, *Constructing Local Theologies*, Maryknoll, Orbis, 1985, p. 150.

Comment faudrait-il donc penser l'articulation entre le christianisme et la culture d'une bonne manière ? Nous y reviendrons dans plusieurs chapitres et la synthèse théologique et missiologique.

Une autre approche de la problématique nous est proposée par la science des religions. Elle dit que les cultures, et en conséquence également les religions qui, selon elle, font partie de la culture, ont été développées par les humains pour répondre à leurs questions et pour satisfaire à leurs besoins. Si une religion est dans cette perspective, elle attirera des adeptes. En revanche, une religion qui ne répond pas aux questions et aux besoins décroîtra. La croissance énorme des Églises d'initiative africaine fait croire qu'elles répondent aux questions et aux besoins des Africains.

> Ce produit inattendu du mouvement missionnaire moderne en Afrique, les Églises d'initiative africaine, comptent aujourd'hui [en 2000] 55 millions de membres dans 10 000 dénominations distinctes représentées dans pratiquement tous les soixante pays de l'Afrique[20].

En Afrique du Sud seule, les Églises d'initiative africaine comptaient en 1991 au moins dix millions de membres dans six mille différentes organisations ecclésiales représentant la moitié de la population chrétienne africaine[21]. Aujourd'hui, les Églises d'initiative africaine sont représentées sur tous les continents. La plus grande Église à Londres est une Église d'initiative africaine, Kingsway International Christian Centre, avec 10 000 à 12 000 personnes assistants au culte[22], et la plus grande Église à Kiev en Ukraine également[23]. Et leur présence sur l'Internet est impressionnante.

L'ampleur du phénomène des Églises d'initiative africaine impose une étude approfondie. Le Réseau évangélique des missiologues pour la francophonie (REMIF) vous invite dans les prochaines pages à une telle réflexion. La première partie la mènera dans une perspective historique, la deuxième partie par une analyse théologique et missiologique.

---

20. BARRETT, « African Initiated Church Movement », p. 43.
21. Allan H. ANDERSON, *Bazalwane. African Pentecostals in South Africa*, Pretoria, University of South Africa Press, 1992, p. 11s.
22. Philip JENKINS, *God's Continent: Christianity, Islam, and Europe's Religious Crisis*, Oxford, Oxford University Press, 2007, p. 92.
23. J. Kwabena ASAMOAH-GYADU, « African Initiated Christianity in Eastern Europe. Church of the "Embassy of God" in Ukraine », *International Bulletin of Missionary Research* 30, 2, 2006, p. 73-75.

# Première Partie

# Approche historique et phénoménologique des Églises d'initiative africaine

# 1

# Le Christ arrive en Afrique

## *Hannes Wiher*

La citation d'ouverture de l'Introduction suggère que l'Évangile est arrivé en Afrique par les missionnaires occidentaux au XIXᵉ siècle, une idée stéréotype très répandue. Pour éviter de donner cette impression, notre survol historique de l'entreprise missionnaire en Afrique couvrira toute l'histoire du christianisme. Toutefois, cette approche implique une certaine définition de l'Afrique incluant l'Afrique du Nord et manifeste sa problématique, tout comme la précédente l'exclut. Qu'est-ce donc que l'Afrique ? Tokunboh Adeyemo identifie trois critères pour une définition de l'Afrique : « Nous, les Africains, nous avons en commun un passé historique, nous apprécions notre héritage culturel et nous nous identifions à nos luttes actuelles[1] ». Tite Tiénou, quant à lui, retient quatre éléments qu'il considère comme typiquement africains :

- une même compréhension du rapport entre une cause et son effet ;
- une même conception de l'espace et du temps ;
- l'étroite relation entre la connaissance et la pratique ;
- l'importance de la communauté[2].

Si on analyse ces deux définitions de l'Afrique, on comprend que le présupposé de la conception de l'Afrique de ces deux théologiens est l'Afrique subsaharienne. L'exclusion de l'Afrique du Nord peut se comprendre : là prédominent la

---

1. Tokunboh ADEYEMO, « Towards an Evangelical African Theology », *Evangelical Review of Theology* 7, 1, 1983, p. 147, cité dans Detlef KAPTEINA, *La théologie évangélique en Afrique. Naissance et évolution entre 1970 et 2000*, trad. Jean-Jacques STRENG, Nuremberg/Écublens/Charols, VTR/AME/Excelsis, 2015, p. 17s.
2. Tite TIÉNOU, « Christianity and African Culture. A Review », *Evangelical Review of Theology* 3, 2, 1979, p. 200.

culture totalement différente des Berbères et la longue histoire et l'influence de la culture arabe et de l'islam. La couleur de la peau est un autre facteur distinctif. L'Association des Évangéliques en Afrique (AEA) semble, elle aussi, vouloir limiter sa sphère d'activité aux territoires situés au sud du Sahara. À ce jour, aucune alliance nationale des pays nord-africains n'en est devenue membre[3].

Toutefois, l'Évangile a touché l'Afrique tout au début de l'histoire de l'Église, et pas seulement au XIXe siècle. Les premiers siècles de l'histoire du christianisme ont beaucoup à nous apprendre. C'est un théologien éminent de l'Afrique subsaharienne, Kwame Bediako, qui y fait recours en comparant la position des théologiens africains contemporains de l'Afrique subsaharienne et des théologiens nord-africains des premiers siècles en ce qui concerne la culture[4]. En suivant sa ligne de pensée nous retiendrons dans notre survol historique toute l'histoire du christianisme, ce qui le rendra un peu plus long. Nous distinguerons quatre époques : l'époque apostolique et patristique avant l'invasion musulmane en Afrique du Nord, la période d'incubation pendant le Moyen Âge marquée par la présence de l'islam, le début de l'époque moderne, et finalement les XIXe et XXe siècles avec le grand mouvement missionnaire.

## Époque apostolique et patristique (du commencement à 750)

L'Évangile toucha l'Afrique dès les premiers moments de l'existence du Christ[5]. L'Évangile de Matthieu nous relate que dès après la naissance du Christ ses parents ont dû fuir en Égypte à cause de la sécurité de l'enfant pourchassé par le roi Hérode (Mt 2.13-15). Au moment de la crucifixion de Jésus, les Romains ont réquisitionné un passant du nom de Simon de Cyrène pour porter sa croix (Mc 15.21). Cyrène était une province romaine en Lybie. Plus tard, nous trouvons des ressortissants de l'Égypte et de la Cyrène à Jérusalem, à la fête de Pentecôte

---

3. Pour une discussion plus détaillée de la problématique de la définition de l'Afrique, voir Kapteina, « Qu'est-ce qui est africain ? », in *La théologie évangélique en Afrique*, p. 17-24.
4. Kwame Bediako, « L'Afrique et les pères. L'importance de la théologie chrétienne du début de la période hellénique pour la théologie moderne », in *Jésus en Afrique*, p. 143-170 ; idem, *Theology and Identity. The Impact of Culture upon Christian Thought in the Second Century and in Modern Africa*, Oxford, Regnum, 1992.
5. Dans cette section nous puisons dans Sanneh, « African Christian Antecedents in Antiquity », in *West African Christianity*, p. 1-13 ; Jacques Blandenier & Jacques Blocher, *Précis d'histoire des missions*, 2 vol., Nogent-sur-Marne/Lavigny, Institut Biblique de Nogent/Groupes Missionnaires, 1998-2003 ; John S. Pobee & Gabriel Ositelu, « Christ Arrives in Africa », in *African Initiatives in Christianity. The Growth, Gifts and Diversities of Indigenous African Churches*, Genève, COE, 1998, p. 14-25 ; Elizabeth Isichei, *A History of Christianity in Africa. From Antiquity to the Present*, Londres, SPCK, 1995.

(Ac 2.10). Parmi ceux qui fuirent la persécution, certains allèrent à Antioche et y fondèrent une Église en rendant témoignage aux non-Juifs ; le livre des Actes mentionne des hommes de Cyrène (Ac 11.20). Parmi les dirigeants de l'Église d'Antioche sont nommés Lucius de Cyrène et Siméon Niger, c'est-à-dire le Noir, probablement originaire de l'Éthiopie (Ac 13.1). Ailleurs les Actes relatent le baptême d'un haut fonctionnaire éthiopien, désigné comme le chancelier de la reine éthiopienne Candace, plus probablement du royaume de Méroé en Nubie (Ac 8.27). L'histoire nous dit que par la suite, le royaume de Méroé est devenu un royaume chrétien prospère. Un autre ressortissant africain, Apollos, un converti d'Alexandrie, très éloquent, fut actif dans les jeunes Églises d'Éphèse et de Corinthe (Ac 18.24 ; 19.1 ; 1 Co 1.12 ; 3.4-6).

L'historien Eusèbe nous transmet une tradition selon laquelle Jean Marc, l'auteur de l'Évangile, partit à Alexandrie en Égypte pour fonder des Églises. Jusqu'à aujourd'hui, l'Église copte d'Égypte a une dévotion particulière pour Marc et le considère comme son fondateur. La montée au pouvoir du royaume d'Axoum au nord de l'Éthiopie serait, selon certains historiens, liée au déclin du royaume de Méroé à la suite de la concentration du marché de l'ivoire à Axoum. Selon l'historien Rufinus, ses dirigeants seraient devenus chrétiens au milieu du IV$^e$ siècle par l'entremise de deux frères, originaires de Tyr, du nom de Frumence et Aedèse, en route pour l'Inde. En fait, un récit rédigé probablement par un citoyen romain d'origine grecque autour de l'an 60 apr. J.-C. décrit un voyage d'Alexandrie en Égypte par bateau suivant le Nil pendant 800 km, traversant la Mer rouge pour arriver à Aden au Yémen et puis en Inde. Ce récit nous montre dans quelle mesure l'Égypte était un carrefour entre la Méditerranée et les producteurs d'épices en Arabie et aux Indes. Après un incident au port d'Adulis à l'intérieur du royaume d'Axoum au bord de la Mer rouge, ils bénéficièrent de la faveur du roi : Frumence devint le secrétaire-trésorier et Adèse l'échanson du roi. Le roi lui-même ne se convertit pas. En 327, Frumence se rendit en Égypte pour se former auprès d'Athanase, fut consacré évêque et retourna en Éthiopie. En fonction de cet événement, la date de la fondation de l'Église éthiopienne est fixée à l'année 332. Après la mort du roi et pendant la régence de son fils Ezena, Frumence et Adèse portèrent la responsabilité gouvernementale et éduquèrent Ezena. Devenu roi, Ezena se convertit et fit du christianisme la religion officielle de son royaume en 341.

L'Église en Égypte, comme ailleurs en Afrique du Nord[6], était une religion urbaine fréquente parmi les Romains et les Juifs, qui étaient 200 000 à Alexandrie.

---

6. Nous préférons ce terme au terme Maghreb (de l'arabe *maghrib*) qui signifie « occident ».

C'est seulement au cours de la deuxième moitié du IIe siècle que le christianisme atteint les populations rurales berbères. Alexandrie, avec son école catéchétique, devint un centre rayonnant du christianisme. Ce sont Clément d'Alexandrie (env. 150-215) et Origène (env. 185-253) qui en furent les têtes les plus brillantes. Ils interprétèrent les données bibliques à la lumière de la philosophie grecque. De plus, Origène développa les méthodes de l'exégèse chrétienne : l'analyse critique des Écritures à partir des textes originaux hébraïque et grec[7]. C'est aussi en Égypte que le monachisme chrétien vit le jour : Saint-Antoine (251-356), né à Komé proche de Memphis en Égypte moyenne, devint un ermite et fut le père du monachisme individuel, et Saint-Pacôme (290-345) fut l'initiateur du monachisme collectif[8]. Lors de l'invasion musulmane au VIIIe siècle la forme collective du monachisme se répandit vers l'Italie (au foyer des Bénédictins au Mont Cassin) et puis en Irlande. Les règles monastiques des trois lieux se ressemblent fortement[9]. En conséquence des persécutions, l'Église copte se replia sur elle-même, développa beaucoup plus la vie liturgique et sacramentelle qu'une démarche missionnaire des régions non atteintes au Sud et à l'Est. Ce ne fut qu'au milieu du IIIe siècle que les villes et villages coptes le long du Nil furent atteints par l'Évangile.

En Afrique du Nord, Carthage fut un centre de rayonnement qui dépassa Alexandrie au IIIe siècle. Tertullien (env. 160-220), un juriste de langue latine issu d'une famille berbère romanisée, fut la première tête brillante et représente l'esprit exact et légal des Latins. C'est lui qui établit la terminologie pour la théologie latine et introduisit plusieurs nouveaux concepts comme « substance », « personne » et « Trinité ». Cyprien (env. 200-258), un berbère converti au christianisme, devint évêque de Carthage pendant plusieurs persécutions et mourut martyr. Entre 220 et 256 trois conciles nord-africains eurent lieu à Carthage dont les décisions principales furent toutes entérinées plus tard par les conciles œcuméniques. De ce fait, l'Église nord-africaine a fortement influencé le christianisme mondial[10]. La troisième grande figure nord-africaine, Augustin d'Hippone (354-430), d'origine berbère et punique, posa la base des théologies médiévale et réformée par ces écrits : *Les Confessions*, et *La Cité de Dieu* et *De la*

---

7. Thomas C. ODEN, *Comment l'Afrique a façonné la pensée chrétienne. La redécouverte du terreau du christianisme occidental*, trad. Alain BOUFFARTIGUES, Saint Albain, Publications pour la Jeunesse africaine, 2011, p. 48-50.
8. La forme individuelle du monachisme (la vie en solitude : l'anachorétisme [du grec *anachôreô* « se retirer »] ou l'érémitisme [du grec *érèmos* « désert »]) est à distinguer de la forme collective du monachisme (la vie en communauté : le cénobitisme [du grec *koinos* « en commun » et *bios* « vie »]) dont Pacôme est l'initiateur autour de 320.
9. ODEN, *Comment l'Afrique a façonné la pensée chrétienne*, p. 56-60.
10. *Ibid.*, p. 52-56.

*Trinité*[11]. Il introduisit les bases de la doctrine sacramentelle et intervint également dans les conflits entre les Églises catholique et donatiste.

Il nous semble important de nous arrêter un moment sur les mouvements schismatiques auxquels ces trois théologiens avaient à faire face, le montanisme et le donatisme, car les mêmes problèmes semblent surgir avec l'arrivée des Églises d'initiative africaine. Le montanisme a eu ses origines en Phrygie (dans la Turquie actuelle) entre 156 et 172 comme un mouvement prophétique et charismatique aboutissant à l'illuminisme. Il porte le nom de son fondateur Montanus, un prêtre des religions traditionnelles phrygiennes avant sa conversion en 115.

> Il commença à prophétiser en déclarant qu'il avait été possédé par l'Esprit Saint. Bientôt deux femmes, Priscille et Maximilla, commencèrent aussi à prophétiser. Ce n'était pas nouveau en soi, car à cette époque, au moins dans quelques Églises on permit aux femmes de prophétiser. Ce qui était nouveau et causa de sérieuses réticences, c'était que Montanus et ses disciples prétendirent que leur mouvement était le commencement d'un nouvel âge. Tout juste comme en Jésus-Christ un nouvel âge avait commencé, ainsi un nouvel âge qui commencerait avec l'effusion du Saint-Esprit. Ce nouvel âge était caractérisé par une vie morale plus rigoureuse, tout comme le Sermon sur la montagne était plus exigeant que la loi de l'Ancien Testament[12].

Le montanisme, comme beaucoup d'Églises d'initiative africaine, était caractérisé par l'expérience du Saint-Esprit, la prophétie et la rigueur morale. Ainsi ces deux mouvements ajoutent des révélations autres que les Écritures. Les Pères de l'Église divergèrent dans leur évaluation de ces phénomènes comme le montre la citation suivante :

> Saint-Épiphane affirme catégoriquement que « concernant le Père, le Fils et le Saint-Esprit ils ont les mêmes sentiments comme la sainte Église catholique ». Saint-Jérôme, par contre, les accusa de sabellianisme[13]. Saint-Basile, quant à lui, remarqua « qu'ils étaient

---

11. *Ibid.*, p. 50-52.
12. Justo L. GONZÁLEZ, *The Story of Christianity*, vol. 1, San Francisco, Harper & Row, 1984, p. 76, cité dans POBEE & OSITELU, *African Initiatives in Christianity*, p. 16.
13. Selon le sabellianisme (ou modalisme), le Père, le Fils et le Saint-Esprit sont différents « modes » ou aspects de l'Être divin, plutôt que trois « personnes » (ou « hypostases ») distinctes. Le sabellianisme représente donc une forme d'unitarisme monarchien. Il a été enseigné par Sabellius, un personnage originaire de Lybie, installé à Rome au début du IIIe siècle.

évidemment des hérétiques parce qu'ils blasphémaient contre le Saint-Esprit en attribuant le nom du Paraclet d'une manière non appropriée et honteuse à Montanus et Priscille ». Pour l'évêque de Césarée la nullité de leur baptême était hors question. C'était aussi l'avis des Pères de Laodicée. La raison du refus du baptême des Sabelliens était évidente : ils n'admettaient pas la distinction réelle entre les personnes divines ; en conséquence ils ne pouvaient pas réellement baptiser au nom du Père, du Fils et du Saint-Esprit[14].

Comme aux II$^e$ et III$^e$ siècles, il y a aujourd'hui des évaluations divergentes des Églises d'initiative africaine. Selon John Pobee et Gabriel Ositelu, trois critères d'évaluation devraient nous orienter : leur convergence avec la doctrine de la Trinité, celles du Saint-Esprit et du baptême[15].

Quant au donatisme, ce schisme reflète les antagonismes matériels et sociaux dans l'Église. En Afrique du Nord, il y avait trois groupes sociaux : les Romains chrétiens, les Puniques romanisés et chrétiens pour la plupart, et les Berbères autochtones apparemment christianisés. Les Donatistes étaient nombreux parmi les Berbères ; le donatisme représentait donc un mouvement nationaliste de révolte contre la latinisation de l'Église et de la société. Étiqueter les Donatistes simplement comme hérétiques ignore le fait qu'en 336 le donatisme avait le soutien de 270 évêques et vers la fin du IV$^e$ siècle de 400 évêques, et cela malgré l'alliance entre l'Église catholique et le pouvoir romain. Ainsi, le schisme donatiste soulève aussi des questions théologiques, celles de la nature de l'Église et de la validité des sacrements.

Par la suite, au V$^e$ siècle, l'arianisme des envahisseurs germains affaiblit davantage les Églises de l'Afrique du Nord. Quand survint l'islam, entre 680 et 720, les chrétiens se convertirent en masse sous la pression religieuse et financière. Les Berbères se mirent du côté des envahisseurs arabes. Elizabeth Isichei résume bien la situation :

> L'extinction du christianisme en Afrique du Nord est l'un des grands mystères de l'histoire de l'Afrique. C'était un processus graduel… Les envahisseurs arabes ont rencontré une culture chrétienne largement confinée aux villes et affaiblie par des divisions sectaires et par les invasions de, premièrement les Vandales ariens, et puis par des nomades berbères, *Lawata*, « ignorants du Dieu chrétien ». Gra-

---

14. Peter L'HUILLIER, *The Church of the Ancient Councils*, New York, St Vladimir's Seminary Press, 1996, p., 134, cité dans POBEE & OSITELU, *African Initiatives in Christianity*, p. 17.
15. POBEE & OSITELU, *African Initiatives in Christianity*, p. 17.

duellement les Berbères du nord-ouest sont devenus, d'abord, des *mawali*, puis des musulmans. Il y avait des incitations économiques à la conversion : la chance de joindre les armées qui conquirent l'Espagne et la libération des taxes[16].

Certains chrétiens d'origine romaine fuirent en Europe, d'autres dans les montagnes de l'Atlas chez les Berbères. D'autres encore semblent avoir fui à travers le Sahara pour s'installer dans la région du lac Tchad, au Sénégal et au Mali. Selon Blandenier, c'est une des explications possibles de la présence de traces chrétiennes très antiques dans ces régions[17]. Le contraste avec la manière dont l'Égypte copte a résisté est éloquent. En Égypte la Bible avait été traduite très tôt dans la langue du peuple, ce qui ne fut pas le cas dans le reste de l'Afrique du Nord. Traduite en latin dès l'an 200, la Bible ne l'a jamais été en berbère et était réservée à une élite. Le peuple dépendait donc entièrement de l'enseignement des prêtres. Ainsi, encore aujourd'hui, on trouve environ cinq millions de chrétiens coptes en Égypte.

Quelles sont les leçons que nous devons apprendre du christianisme en Afrique du Nord ? Pourquoi une Église aussi importante, influente et florissante a pu disparaître presque entièrement ? Tout d'abord, l'Église de l'Afrique du Nord romaine ne s'est jamais vraiment intéressée aux Berbères autochtones. Elle est demeurée étrangère. Ce manque d'intérêt s'est avant tout exprimé par l'absence d'une traduction de la Bible en berbère. Ensuite, les divisions dans l'Église ne sont pas dans l'intérêt de l'Église de Jésus-Christ dans la longue durée.

Un événement important de cette époque, non mentionné jusqu'ici et qui a fortement influencé le développement ultérieur du christianisme, fut la tolérance de la religion chrétienne par l'empereur Constantin en 313 et l'adoption du christianisme comme religion d'État par Théodose en 381. Ce changement a transformé la religion chrétienne en une foi privilégiée et a arrêté les persécutions des chrétiens. Ainsi tous les habitants de l'Empire romain sont rapidement devenus chrétiens de sorte que l'élan missionnaire s'est progressivement perdu dans l'Église européenne et que la réflexion théologique a traité de moins en moins du sujet de la mission[18].

---

16. Isichei, *A History of Christianity in Africa*, p. 43s, cité dans Pobee & Ositelu, *African Initiatives in Christianity*, p. 19.
17. Blandenier & Blocher, *L'évangélisation du monde*, p. 170.
18. Cf. Alan Kreider, « Beyond Bosch. The Early Church and the Christendom Shift », *International Bulletin of Missionary Research* 29, 2, 2005, p. 59-68 ; idem, sous dir., *The Origins of Christendom in the West*, Actes d'une conférence à Paris du History Group of the Missiology of Western Culture Project, Édimbourg/New York, T. & T. Clark, 2001.

Nous avons consacré suffisamment d'espace à cette époque pour mettre en évidence trois points : 1) le christianisme en Afrique a ses débuts au commencement même du christianisme ; 2) le christianisme de l'Afrique du Nord a fortement influencé le christianisme mondial ; 3) la désunion et les schismes intervenus très tôt dans l'histoire ne sont pas étrangers au mouvement des Églises d'initiative africaine.

## Période d'incubation (750-1450)

Pendant l'époque médiévale, l'Europe chrétienne fut coupée des populations non chrétiennes de l'Afrique par la barrière religieuse islamique en Afrique du Nord et la barrière géographique du Sahara. L'Égypte bloqua intentionnellement les tentatives de l'Éthiopie chrétienne et des trois royaumes chrétiens de Nubie d'établir des contacts avec le monde extérieur. C'est au sud de la cinquième cataracte du Nil, que l'important royaume d'Alodie résista le plus longtemps à l'islam. Il fut le dernier à succomber en 1504, et l'Église de Nubie disparut après un millénaire d'existence.

En Afrique du Nord les interdictions d'ériger de nouvelles églises ou monastères, d'afficher des pratiques chrétiennes dans l'espace public, le manque de prêtres, l'humiliation de la dhimmitude et les persécutions des VIIIe et IXe siècles, conduisirent beaucoup de chrétiens à adopter l'islam[19].

Au nord de la Méditerranée, l'unification de grandes parties de l'Europe sous le règne du roi franc Charlemagne (décédé en 814) amena une certaine stabilité au continent. D'une part, ceci fut accompli par des conquêtes accompagnées de la christianisation forcée, et d'autre part par l'évangélisation patiente par des moines des nouveaux ordres missionnaires des dominicains et des franciscains fondés au début du XIIIe siècle. En même temps, selon James Russell, eut lieu un processus d'accommodation de la foi chrétienne à la culture des peuples germaniques par l'introduction d'éléments liturgiques, de rituels, d'un symbolisme accru et du culte des saints parallèle à celui des héros germaniques. Ensuite, toujours selon Russell, ce résultat du processus d'accommodation fut canonisé[20]. Lamin Sanneh en tire le parallèle avec l'arrivée de l'Évangile en Afrique : « Nous voyons maintenant clairement que les religions locales étaient le seul point de

---

19. Bat Ye'or, *Les chrétientés de l'Orient entre djihad et dhimmitude, viie-xxe siècle*, Paris, Cerf, 1991.
20. James C. Russell, *The Germanization of Early Medieval Christianity. A Sociohistorical Approach to Religious Transformation*, New York, Oxford University Press, 1994.

contact significatif... pour l'Europe médiévale[21] », comme c'est le cas pour la majorité des Africains.

La démarche missionnaire envers les musulmans fut maintenue, toutefois à petite échelle, par les franciscains. Saint-François d'Assise lui-même prêcha l'Évangile en 1219, lors de la cinquième croisade, au Sultan Malek al-Kamil en Égypte. Un précurseur de l'évangélisation des musulmans fut Raymond Lulle (1233-1316) qui proposa au pape d'instituer des écoles d'études islamiques et d'envoyer des missionnaires auprès des musulmans, sans être entendu. Toutefois, au concile de Vienne (1311-1312), non loin d'Avignon, les pères décidèrent de créer des chaires de langues orientales dans les grandes universités de Paris, Bologne, Oxford et Salamanque. Lulle demanda aussi qu'un cardinal soit chargé de la politique missionnaire de la papauté. C'est le Concile de Trente (1545-1554) qui reprit ce projet en décidant la création de la Congrégation de la propagation de la foi, projet qui ne fut réalisé qu'en 1622, trois siècles après Raymond Lulle. Lulle, quant à lui, fit quelques voyages d'évangélisation en Afrique du Nord, sans succès immédiat ou lointain.

Bien que la période d'incubation ne touche pas directement l'Afrique, pendant cette époque beaucoup d'éléments importants furent développés pour la rencontre interreligieuse ultérieure en Afrique et la synthèse entre la foi biblique et la culture germanique à laquelle l'Église en Afrique a dû faire face.

## Début de l'époque moderne (1450 et 1750)

Au début du XV$^e$ siècle, les techniques de construction de bateaux et de navigation ont permis de contourner la barrière géographique du Sahara. Ainsi les Portugais investirent progressivement les Îles Canaries en 1402, Madère en 1420 et le Cap-Vert entre 1456 et 1460, où les franciscains implantèrent des Églises. En 1492, le Portugais Vasco de Gama réussit à contourner le Cap de Bonne-Espérance vers l'Inde. C'est pourquoi cette époque de conquête et de colonisation d'une durée de 450 années est aussi appelée « ère de Vasco de Gama » (1492-1947).

Ce chapitre de l'histoire de l'Afrique, qui concerne avant tout l'Afrique subsaharienne, est un mélange d'aventures, d'études, de politique, de commerce, de croisades et d'évangélisation. L'esprit de croisade était orienté contre les musulmans et la culture africaine. Il faut en distinguer deux manifestations. Tout d'abord l'idéologie du *requerimiento*, selon laquelle les autochtones étaient obligés d'obéir aux idéaux chrétiens du roi, ce qui était tout à fait dans la logique de

---

21. SANNEH, *West African Christianity*, p. 19.

la chrétienté européenne dans laquelle l'Église évoluait en lien étroit avec l'État. Ensuite, c'était la pratique missionnaire du tabula rasa selon laquelle la culture autochtone doit être déconstruite afin de pouvoir introduire la civilisation chrétienne. Cette entreprise, à laquelle se joignirent les autres pouvoirs européens, était caractérisée par une vision euro-centrique du monde, une mentalité de croisade et un mélange de politique, de commerce et de christianisation. La devise était « de servir Dieu et sa Majesté, de donner la lumière à ceux qui étaient dans les ténèbres, et de devenir riches, comme tous les hommes le désirent[22] ». Les têtes de pont principales étaient : l'île de Gorée au Sénégal, qui avec les autres îles atlantiques était un lieu de transit important pour le trafic des esclaves ; sur la « côte de Guinée » Freetown en Sierra Léone, Elmina sur la Côte-de-l'Or (Gold Coast) dans l'actuel Ghana, Whydah à l'ouest du Nigéria, Warri dans le delta du Niger et São Tomé, le deuxième évêché portugais à côté de Santiago au Cap-Vert, puis São Salvador à l'embouchure du Congo, Luanda en Angola, le Cap, et en Afrique de l'Est une tête de pont en Mozambique à l'embouchure du Zambèze, une implantation éphémère à Madagascar et à Mombasa au Kenya. L'entreprise a eu le plus grand succès au Congo où un royaume chrétien vit le jour dont les traces seront perceptibles pendant plusieurs siècles. Mais en général la conséquence inévitable de ce christianisme de compromis a été l'échec de l'entreprise. Pratiquement toutes les Églises implantées disparurent avant le début du XIXe siècle. L'attitude et le message missionnaires étaient défectueux. Du point de vue missiologique il y avait une confusion entre civilisation, christianisation et évangélisation.

## Le grand mouvement missionnaire (de 1750 à aujourd'hui)

Le mouvement missionnaire des XIXe et XXe siècles a décollé sur les ailes des grands réveils anglo-saxons. Touchés par le Saint-Esprit, des milliers de missionnaires occidentaux se sont mis en mouvement vers les continents du sud, aussi l'Afrique subsaharienne. Leur esprit a été renouvelé par le réveil, mais ils n'étaient pas conscients de leur vision européenne du monde et ils n'avaient pas réfléchi à la problématique des rencontres interculturelles et interreligieuses. Ainsi, bouillants de zèle, ils ont souvent commis les mêmes erreurs que leurs prédécesseurs. Les activités missionnaires de cette époque sont si nombreuses

---

22. John H. PARRY, *The Establishment of the European Hegemony 1415-1715. Trade and Exploration in the Age of Renaissance*, New York, Harper & Row, 1961, p. 33, cité dans SANNEH, *West African Christianity*, p. 21.

qu'on ne pourra que mentionner quelques rares exemples. Nous les choisirons avec le but de montrer la contribution des Africains à l'entreprise missionnaire[23].

La première personnalité africaine que nous voulons présenter est Samuel Ajayi Crowther (1809-1892) qui est né en Côte-de-l'Or, parmi le peuple yoruba à Ochogun au Nigéria[24]. En 1822, à l'âge de douze ans, il fut capturé lors d'une razzia de négriers portugais et mis sur un bateau à destination de l'Amérique. Mais la marine britannique intercepta le bateau et le ramena à Freetown où Crowther fréquenta les écoles. Il se convertit après trois ans. Crowther devint instituteur, puis étudia la théologie principalement au Fourah Bay College à Freetown où il devint professeur juste après ses études. Dans la logique de l'indigénisation de l'Église anglicane en Afrique et la « triple autonomie[25] » promues par Henry Venn (1796-1873), le secrétaire de la Church Missionary Society (CMS), il fut envoyé en 1841 pour participer à une expédition dans le bassin du Niger, sa patrie natale. À partir de 1846 Crowther travailla avec quelques collègues en pays yoruba d'où quelques affranchis yorubas chrétiens de Freetown avaient lancé un appel à la CMS et à la Mission méthodiste. C'est là qu'il rencontra le missionnaire méthodiste Thomas Birch Freeman. En 1865, Crowther fonda la Mission du delta du Niger et en devint le premier évêque et en même temps le premier évêque africain. Après la mort de Venn, la stratégie de la CMS subit l'influence d'une mentalité colonialiste. Ce changement alla jusqu'à la destitution de Crowther en 1890. Brisé par cette humiliation, il fut victime d'une attaque cérébrale en 1891 et décéda six mois après. La personnalité conciliante de Crowther agit comme frein aux sentiments séparatistes dans les Églises du Nigéria. Ainsi, peu après sa mort, la Native Baptist Church, la première Église d'initiative africaine de Lagos, vit le jour. Kä Mana résume la vie de Crowther de la manière suivante :

> Crowther a embrassé la foi chrétienne à une période cruciale de l'histoire africaine, au moment où l'Europe décide d'occuper le continent africain et de l'administrer directement au nom de ses intérêts économiques. Accueilli au sein de l'Église anglicane où il sera le premier étudiant en théologie noir, le premier pasteur noir ordonné

---

23. Pour un tableau complet du mouvement missionnaire aux XIXe et XXe siècles nous renvoyons à Jacques BLANDENIER, *L'essor des Missions protestantes, vol. 2 : Précis d'histoire des missions*, Nogent-sur-Marne/Lavigny, Institut Biblique de Nogent/Groupes Missionnaires, 2003.
24. Les informations suivantes sont tirées de Jeanne DECORVET, *Samuel Ajayi Crowther. Un père de l'Église en Afrique noire*, Paris/La Côte-aux-Fées, Cerf/Groupes Missionnaires, 1992.
25. La triple autonomie comporte les autonomies administrative, financière et missionnaire, fondement d'une « Église indigène ». Le concept a été initié et promu par Rufus Anderson (1832-1866), secrétaire de l'American Board for Foreign Missions, et Henry Venn (1796-1873), secrétaire de la Church Missionary Society (CMS).

et le premier évêque anglican africain, Samuel Ajayi Crowther s'y affirmera comme un fondateur d'Églises et un animateur hors pair des communautés chrétiennes... L'évêque Crowther a posé les bases d'une vision du christianisme africain dont nous pouvons encore nous inspirer aujourd'hui[26].

Un contemporain avec un ministère presque aussi brillant que Crowther fut le missionnaire méthodiste Thomas Birch Freeman (1809-1890). Il fut le fils d'une servante anglaise et d'un esclave des Antilles affranchi. C'est en 1838, à l'âge de vingt-neuf ans qu'il est envoyé à Cape Coast, l'actuel Ghana, parmi les Ashantis. Son épouse d'origine anglaise décéda peu après leur arrivée. Il se remaria quelques années après avec une Africaine. Deux années après son arrivée à Cape Coast il avait déjà implanté sept Églises, baptisé cinq cents croyants et commencé quelques écoles. Cela montre son habileté, son acceptation et aussi qu'il était sur un terrain préparé par Philippe Kwaku et la Mission de Bâle. En 1841, il fut déplacé en pays yoruba. À Freetown, en Sierra Léone, plusieurs affranchis souhaitèrent retrouver leur patrie d'origine autour de la ville d'Abeokuta au Nigéria. Freeman s'installa d'abord à Badagri sur le littoral, puis alla à Abeokuta. Quand il revint à Badagri fin 1842, il y trouva trois missionnaires de la CMS, dont Crowther, en route pour Abeokuta. Entre 1838 et 1857, l'activité de Freeman couvrit donc le pays ashanti (Côte-de-l'Or), le pays yoruba (Nigéria) et le Dahomey (l'actuel Bénin). Il devint le surintendant de la Mission pour ces trois régions. En 1857, Freeman quitta le ministère et accepta le gouvernement de la ville d'Accra jusqu'en 1873, année où il reprit un poste pastoral toujours à Accra. Il mourut en 1890 après une vie riche et fructueuse.

Nous remarquons que les deux missionnaires pionniers, Crowther et Freeman, ont quitté la côte pour l'intérieur du continent. Cette démarche est exprimée par le nom de beaucoup de sociétés missionnaires : à l'ouest c'était par exemple la Mission à l'intérieur du Soudan (SIM), et à l'est la Mission à l'intérieur de l'Afrique (AIM). Les efforts des missionnaires occidentaux et africains portèrent des fruits. Mais peu étaient des missionnaires étrangers avec une vision favorable aux Africains, à la culture africaine et à l'africanisation de la mission, comme par exemple Henry Venn de la CMS. L'attitude de beaucoup de missionnaires était négative comme en témoigne un récit d'un missionnaire capucin au Congo :

> Sur mon chemin j'ai trouvé un grand nombre d'idoles que j'ai jeté dans le feu. Le propriétaire de ces idoles... sembla très contrarié.

---

26. Kä Mana, *La nouvelle évangélisation en Afrique*, Paris/Yaoundé, Karthala/CLÉ, 2000, p. 126s.

Pour le faire taire en l'humiliant je lui ai fait savoir que s'il persistait dans la colère, je ferais en sorte qu'il soit brûlé avec ses idoles[27].

Les réactions des leaders africains au christianisme étaient fonction de l'attitude et du comportement des missionnaires. Voici une réponse d'un prince ashanti au missionnaire méthodiste Picot au Ghana :

> La Bible n'est pas un livre pour nous. Au commencement Dieu a donné la Bible aux peuples blancs, un autre aux Cramos [musulmans] et le fétiche à nous... Nous connaissons Dieu déjà. Nous n'allons jamais embrasser votre religion, car elle rendrait notre peuple orgueilleux. C'est votre religion qui a ruiné le pays fanti, affaibli son pouvoir et a abaissé le chef au niveau du peuple[28].

Ce royaliste africain n'a pas seulement rejeté les attitudes de supériorité européenne, celle du Caucasien envers l'Africain, du chrétien envers le non-chrétien, mais il a mis le doigt sur un aspect très négatif de la communication missionnaire, à savoir que le christianisme induit à l'orgueil et aux attitudes de supériorité et est en conséquence destructive pour les structures sociales. Une autre réaction d'un chef d'Akropong à l'est du Ghana à un missionnaire de la Mission de Bâle reprend le même sujet mais va dans un sens légèrement différent :

> Quand Dieu a créé le monde, il a fait des livres pour l'homme blanc et des fétiches pour l'homme noir. Mais si vous pouvez nous montrer un homme noir qui sait lire les livres de l'homme blanc, alors nous vous suivrons[29].

Cette réponse montre qu'il y avait des motivations différentes pour accueillir le christianisme. Les services médicaux et les institutions scolaires ont attiré beaucoup d'Africains au christianisme. Dans son rapport à la Consultation du Conseil œcuménique des Églises avec les Églises d'initiative africaine à Ogere au Nigéria en 1996, Joseph Akin Omoyajowo, un leader africain sympathique à l'égard de l'entreprise missionnaire, continue de remarquer que souvent l'évan-

---

27. Adrian HASTINGS, *Church and o in Modern Africa*, New York, Fordham University Press, 1967, p. 58, cité par Joseph Akin OMOYAJOWO, « Gospel and Culture from the Perspective of African Churches Founded by Foreign Missions », World Council of Churches Consultation with African Instituted Churches, Ogere, Nigeria, 9-14 January 1996, en ligne : http://www.pctii.org/wcc/akin96.html.
28. G. G. FINDLAY & W. W. HOLDSWORTH, *The History of the Wesleyan Methodist Society*. Londres, Epworth, 1922, p. 173, cité dans POBEE & OSITELU, *African Initiatives in Christianity*, p. 9.
29. PRESBYTERIAN CHURCH OF GOLD COAST, *A Hundred Years. The Story of the Presbyterian Training College, Akropong*, Akropong, Presbyterian Press, 1948, p. 16, cité dans POBEE & OSITELU, *African Initiatives in Christianity*, p. 10.

gélisation en Afrique n'avait aucune considération pour la culture et la religion des peuples. Il est peu surpris que le christianisme, imbibé par les Africains de ces missionnaires étrangers soit un vernis dans la majorité des cas, superficiel et hypocrite. Et Kofi Busia, un sociologue ghanéen et prédicateur méthodiste laïc enthousiasmé de renchérir :

> Ceux qui ont été responsables pour la propagation de l'Évangile chrétien dans d'autres pays et cultures n'ont pas fait preuve de sensibilité du besoin d'une rencontre entre la religion chrétienne et la cosmologie des peuples en dehors de la culture et des traditions européennes. C'est cela qui a fait du christianisme une religion étrangère ou superficielle ou les deux[30].

Ce sont ces faiblesses que le groupe des Églises « africaines », et après elles les Églises d'initiative africaine, ont exploité en établissant leurs Églises.

> C'est pourquoi ils dénoncent le « christianisme occidental » ou le « Christ blanc » parce qu'ils les voient liés avec le colonialisme et le néo-colonialisme qui ont créé des réalités épouvantables de faim, chômage, répression, racisme et violence dans le tiers-monde[31].

Ce sont ces réalités, ensemble avec le mouvement « l'Afrique pour les Africains » dont le slogan était « le Christ est noir »[32], et celui pour l'indigénisation des Églises liée à la notion de « triple autonomie », qui ont conduit au développement au cours du XIXe siècle d'un mouvement appelé « éthiopien » qui fut à la base de l'émergence des Églises d'initiative africaine.

## Émergence des Églises d'initiative africaine

Le mouvement « éthiopien » (en anglais *Ethiopianism*) était un mouvement proto-nationaliste et panafricaniste qui trouvait son identité dans la nation d'Éthiopie, unique pays africain jamais colonisé, et la seule nation africaine qui avait battu une nation européenne, à savoir l'Italie, dans la bataille d'Adowa en 1896[33]. Le mouvement « éthiopien » trouvait son identité également dans l'Église orthodoxe éthiopienne, une Église distinctement africaine qui avait survécu aux

---

30. Kofi A. Busia, « Has the Christian Faith Been Adequately Represented ? », *International Review of Mission* 50, 1963, p. 86-89.
31. C. B. Okolo, « Diminished Man and Theology. A Third World Culture and Religion », *African Ecclesial Review* vol. 18, n° 2, 1976.
32. Aylward Shorter, *African Christian Spirituality*, Londres, Chapman, 1975, p. 71.
33. Sundkler, *Bantu Prophets in South Africa*, p. 57.

attaques musulmanes et qui devint le modèle de dignité et d'indépendance africaines, et également le modèle d'une Église bien adaptée à son milieu socio-culturel. Ainsi, le mouvement « éthiopien » représentait une tentative de sortir le christianisme africain de la « captivité nord-atlantique de l'Église en Afrique[34] ».

Le pasteur James Johnson, un leader anglican nigérian nationaliste, qui est devenu évêque assistant du delta du Niger après la destitution de Crowther (qui avait eu lieu en 1890), écrivit en 1873 :

> Dans le travail de formation des Africains les enseignants étrangers ont toujours procédé avec la présomption que l'Africain est dans chacune de ses susceptibilités normales une race inférieure et qu'il est toujours utile de lui donner un modèle étranger à copier. On n'a pas tenu compte de nos particularités : nos langues enrichies avec des traditions centenaires, nos paraboles dont beaucoup sont la quintessence d'histoires familiales ou nationales, nos modes de pensées influencés par nos circonstances locales[35].

Plus tard, Johnson est devenu effectivement un apôtre du mouvement « éthiopien » et de la fondation d'Églises d'initiative africaine. Beaucoup d'Africains éduqués qui se sont sentis marginalisés dans l'Église et la nation ont rejoint des Églises « africaines ». Quelques leaders éminents de ce mouvement étaient, à titre d'exemples, au Nigéria : Edward Wilmot Blyden (1832-1912), James Africanus Beale Horton (1835-1882), Révérend (plus tard Évêque) James Johnson, et David Brown Vincent (1860-1917) qui a changé son nom en Mojola Agbebi.

Après la destitution de Samuel Ajayi Crowther en 1890, la Native Baptist Church fut fondée en 1891 à Lagos au Nigéria sur l'instigation du Dr Edward Blyden, et à sa suite la United Native African Church, la United African Methodist Church et la African Church, Bethel avec le pasteur Jacob Coker. Le désir était de promouvoir les formes africaines d'adoration et de musique, d'adapter l'ordre ecclésiastique à la culture africaine, d'accepter la polygamie et de donner aux femmes un plus grand rôle dans l'Église. Le pasteur Coker raconte qu'il a commencé son Église quand le Saint-Esprit lui a dit : « Coker, je veux que tu prêches

---

34. John S. POBEE & Gabriel OSITELU, *African Initiatives in Christianity. The Growth, Gifts and Diversities of Indigenous African Churches – A Challenge to the Ecumenical Movement*, Genève, COE, 1998, p. 1 ; idem, « African Instituted Churches », *Dictionary of the Ecumenical Movement*, sous dir. N. LOSSKY, éd. rév., Genève/Grand Rapids, Conseil œcuménique des Églises/Eerdmans, 2002, p. 12.
35. HASTINGS, *Church and Mission in Modern Africa*, p. 39.

que les polygames peuvent devenir des membres de plein droit de mon Église[36] ». L'éthiopianisme représentait donc un mélange de plusieurs aspirations africaines : premièrement, un appel à l'héritage de l'Église africaine ancienne ; puis la soif d'une spiritualité africaine authentique ; ensuite il affirma la validité d'une identité culturelle africaine ; et finalement il comporte une quête d'un panafricanisme[37]. Ces origines étaient complexes. Shepperson perçoit les motivations suivantes pour le développement du mouvement « éthiopien »[38] :

- Le stimulus de la sécession ecclésiale ;
- La réaction à une discipline trop rigoureuse de convertis africains de la part des missionnaires européens ;
- Le désir de certains pasteurs séparatistes africains d'agrandir leur pouvoir et leur statut personnel par l'administration de propriété et de finances de l'Église ;
- La création d'Églises ethniques ;
- Le refus de la barrière de couleur entre Blancs et Noirs[39] dans beaucoup d'Églises contrôlées par les Européens.

Il y a beaucoup de parallèles intéressants entre l'histoire, la chronologie et les causes de l'émergence des premières Églises d'initiative africaine en Afrique occidentale, particulièrement au Nigéria et au Ghana, et celles d'Afrique du Sud. Les premières Églises sud-africaines se sont séparées principalement d'Églises méthodistes, presbytériennes, congrégationalistes et anglicanes. En dehors de ces trois pays mentionnés ci-dessus, les Églises d'initiative africaine émergèrent aussi en Ouganda et au Kenya. Elles ont été fondées autour des années 1890[40].

Un autre type d'émergence de caractère religieux suivit une vingtaine d'années après, au début du XXe siècle, et est à distinguer du caractère culturel et politique du mouvement « éthiopien ». Des hommes appelés par Dieu ont émergés ici et là. On mentionnera, à titre d'exemples, William Wadé Harris (1865-1929) du Libéria qui prêcha en Côte d'Ivoire et au Ghana dans les années 1913-1914, Jemisemiham Jehu-Appiah (1893-1948) au Ghana en 1924, au Nigéria Garrick Braide (1882-1918), Moses Orimolade Tunolashe, le fondateur de l'Église des Chérubins et Séraphins, Joseph Babalola (1904-1959), le fondateur de Christ

---

36. Cité dans John Y. PEEL, *Aladura. A Religious Movement among the Yoruba*, Londres, Oxford University Press, 1968, p. 296.
37. POBEE & OSITELU, *African Initiatives in Christianity*, p. 23.
38. G. SHEPPERSON, « Ethiopianism. Past and Present », in *Christianity in Tropical Africa*, sous dir. Christian G. BAËTA, Londres, Oxford University Press, 1968, p. 251.
39. Cf. SUNDKLER, *Bantu Prophets in South Africa*, p. 32, 37.
40. Voir l'Annexe 1.

Apostolic Church en 1930, Josiah Oshitelu (1900-1966), le fondateur de l'Église de Dieu (Aladura) en 1930, au Bénin en 1947 Samuel Oshoffa (1909-1985), le fondateur du Christianisme céleste, au Kenya Daudi Kivuli (1896-1974), le fondateur de la African Israel Nineveh Church en 1942, Simon Kimbangu (1887-1951) qui eut un court ministère de six mois en 1921 et fonda l'Église kimbanguiste au Congo RDC, au Zimbabwe Johane Marange, le fondateur de la African Apostolic Church en 1932, et en Afrique du Sud Engenas Lekganyane (1880-1948) de la Zion Christian Church et Isaiah Shembe (1869-1935) de la Nazarene Baptist Church.

Il n'est pas sans intérêt que le *Lagos Weekly Record* du 18 novembre 1916 écrivait concernant les prophètes Garrick Braide et William Wadé Harris :

> Il semble que le Dieu des Nègres s'est levé comme un homme fort d'un sommeil profond en surveillant les débris et les ruines – la dégradation physique et morale des sombres fils de l'Afrique – a ceint les reins afin de redresser la balance du vieux régime et a déjà commencé de lever des instruments de sa douce volonté. Des miracles comme Garrick ou William Waddy Harris [*sic*] ne sont ni des imposteurs ni des faux prophètes. Ils sont juste des véhicules temporaires de quelques manifestations de la volonté divine[41].

Certains Africains ont réalisé qu'une actualisation de la foi chrétienne était en train de s'opérer :

> Les missionnaires occidentaux ont apporté un message de certaines choses que le Dieu d'Israël avait fait par Jésus il y a beaucoup de générations dans un lieu très loin, et il fera d'autres choses dans l'avenir après notre mort. En revanche, les Églises d'initiative africaine ont annoncé une bonne nouvelle que le même Dieu d'Israël est en train de faire des choses maintenant et ici en Afrique[42].

C'est pourquoi le mouvement des Églises d'initiative africaine se présente pour certains comme un réveil ou une réformation[43]. Comme d'autres mouvements de réforme et de renouveaux théologiques dans l'histoire, ce mouvement a

---

41. Cité dans SANNEH, *West African Christianity*, p. 183 ; POBEE & OSITELU, *African Initiatives in Christianity*, p. 32.
42. Stan NUSSBAUM, « African Initiated Churches », *Dictionary of Mission Theology. Evangelical Foundations*, sous dir. John CORRIE, Samuel ESCOBAR, Wilbert SHENK, Downers Grove, IVP, 2007, p. 5.
43. Cf. James B. WEBSTER, *The African Churches among the Yoruba 1888-1922*, Oxford, 1964, p. 190 ; David B. BARRETT, « Renewal and Reformation in Africa », in *Schism and Renewal in Africa*, p. 161-195 ; Allan H. ANDERSON, « Reform and Renewal », in *African Reformation*, p. 245-258.

commencé avec la traduction de la Bible dans les langues locales. C'est pourquoi Kwame Bediako, Hans-Jürgen Becken et David Barrett le comparent à la Réforme protestante en Europe[44].

## Pour aller plus loin

BEDIAKO, Kwame, *Christianity in Africa. The Renewal of a Non-Western Religion*, Édimbourg, Edinburgh University Press, 1995.

BLANDENIER, Jacques & BLOCHER, Jacques, *Précis d'histoire des missions*, 2 vol., Nogent-sur-Marne/Lavigny, Institut Biblique de Nogent/ Groupes Missionnaires, 1998-2003.

SANNEH, Lamin, *West African Christianity. The Religious Impact*, Maryknoll, Orbis, 1983.

---

44. Kwame BEDIAKO, « Pleure Jésus ! Théologie et présence africaines dans l'Afrique moderne », in *Jésus en Afrique*, p. 25-54 ; Hans-Jürgen BECKEN, « Preface », in *The Story of Isaiah Shembe*, sous dir. Irving HEXHAM & Gerhardus C. OOSTHUIZEN, Lewiston, Mellen, 1996, p. ix ; BARRETT & PADWICK, *Rise Up and Walk !*, p. i.

# 2

# Les causes de l'émergence des Églises d'initiative africaine

*Yves Mulume*

## Introduction

Le tableau statistique des Églises d'initiative africaine atteste qu'en 2001 elles totalisaient 78 millions de membres[1]. Cette croissance numérique attire la curiosité de plus d'un scientifique pour rechercher les causes de leur émergence. Pour notre part, nous estimons que les causes sont nombreuses. Nous en retiendrons certaines en les situant dans trois périodes de l'histoire du christianisme en Afrique.

## De 1800 à 1920

Cette première période correspond à l'implantation d'Églises par les sociétés missionnaires occidentales à l'intérieur de l'Afrique. La région australe d'Afrique eut un contact avec le message chrétien par l'entremise des immigrants hollandais, allemands et français, caractérisés tous par leur foi calviniste puritaine. Toutefois, l'évangélisation à grande échelle de cette région fut l'œuvre des évangéliques en provenance de l'Angleterre et de l'Allemagne[2].

---

1. Stan W. Nussbaum, « African Initiated Churches », *Dictionary of Mission Theology. Evangelical Foundations*, sous dir. John Corrie et al., Downers Grove, InterVarsity, 2007, p. 5.
2. John Baur, *2000 ans de christianisme en Afrique. Une histoire de l'Église africaine*, Kinshasa, Paulines, 2001, p. 195.

Au cours de cette période, l'émergence des Églises d'initiative africaine tenait à certains facteurs selon le contexte particulier de chaque pays. Ainsi, en Afrique du Sud, où prédominaient les Églises d'obédience presbytérienne et méthodiste, le facteur principal à l'émergence de ces Églises fut la réaction de quelques chrétiens africains à ce qu'ils considéraient comme une ségrégation raciale à l'intérieur des Églises établies par les sociétés missionnaires occidentales. D'après cette perspective, cette ségrégation était consécutive à une interprétation erronée des Écritures, telles que Genèse 9-10 et Josué 9, 21, 27, qui considérait les Noirs comme un peuple maudit, fendeurs de bois et puiseurs d'eau. Ainsi se justifiait selon l'histoire biblique la structure sociale qui considérait les Blancs comme maîtres et les Noirs comme serviteurs[3]. La réaction de certains Africains à cette conception a donné naissance aux Églises dites éthiopiennes et sionistes[4].

L'évangélisation du Nigéria fut en grande partie l'œuvre des sociétés missionnaires britanniques par l'entremise des esclaves libérés en vertu de la loi britannique mise en place pour leur émancipation, ce qui aboutit à leur installation en Sierra Léone et plus tard dans la région yoruba au Nigéria. La plupart de ces immigrants, du reste très entreprenants, étaient des chrétiens d'obédience anglicane, baptiste et méthodiste, et comptaient parmi eux leurs propres pasteurs. Le célèbre Samuel Ajayi Crowther fut l'un d'entre eux. En effet, il figure parmi ceux qui retrouvèrent sa famille à l'issue de 25 ans de séparation. Pendant ce temps, il était déjà ordonné ministre au sein de l'Église anglicane[5].

Il ressort de ce qui précède que l'émergence des Églises d'initiative africaine en cette période précise dans la région d'Afrique occidentale tiendrait à la réaction des chrétiens africains devenus catéchistes aux méthodes missionnaires occidentales. En effet, ces derniers attendaient l'application du principe de l'autogouvernement établi par Rufus Anderson et Henry Venn. Cette pratique consistait à rendre responsables les autochtones convertis dans le cadre de la direction des Églises mises en place. Il s'avère que la ville de Lagos comptait douze Églises initiées par les autochtones dont quatre Églises maintenaient l'identité doctrinale des missions occidentales qui les avaient implantées. Contrairement aux Églises sud-africaines connues sous l'appellation d'éthiopiennes et sionistes, en Afrique occidentale celles initiées par les autochtones africains se reconnaissaient sous le nom d'Églises africaines.

---

3. *Ibid.*, p. 199.
4. *Ibid.*, p. 503.
5. Lamin SANNEH, « The Rise of African Independent Churches », in *West African Christianity. The Religious Impact*, Maryknoll, Orbis, 1983, p. 176. N.d.l.r. : Voir aussi Jeanne DECORVET, *Samuel Ajayi Crowther. Un père de l'Église en Afrique noire*, Paris/La Côte-aux-Fées, Cerf/Groupes Missionnaires, 1992 ; Pierre CADIER, « Samuel Ajayi Crowther. L'esclave devenu évêque anglican », *Perspectives missionnaires* 49, 1, 2005, p. 62-67.

En Afrique orientale les Portugais se sont limités dans leur première évangélisation du Kenya au niveau côtier. Au XIXe siècle intervint l'œuvre de la Church Missionary Society et des méthodistes pour les protestants, et les pères du Saint-Esprit pour les catholiques. Ces dernières furent suivies par l'Armée du Salut en 1921 et les pères de Kiltegan en 1952. L'œuvre missionnaire au Kenya se concentra en grande partie sur deux grandes zones dont la première occidentale autour de Kisumu, et la deuxième le Kenya central autour de Nairobi, peuplé par les Kikuyu. Dans l'histoire de la mission au Kenya, cette dernière zone fut une base missionnaire solide.

L'émergence des Églises d'initiative africaine dans cette région à prédominance protestante tient à certains facteurs. Parmi ceux-ci, il y a l'attachement des autochtones christianisés aux valeurs ancestrales de l'excision et de la propriété terrienne. Par ce processus, deux Églises se constituèrent en se scindant de celles établies par les missions occidentales : l'« Église orthodoxe africaine » et l'« Église africaine indépendante pentecôtiste »[6]. La mise en place de cette seconde Église est à cheval avec la période qui suit.

## De 1920 à 1960

Cette phase comprend deux années limites. La première, l'année 1920 est conséquente à la montée des Églises d'obédience pentecôtiste après la Première Guerre mondiale, initiée en 1900 à Topeka (États-Unis) avec comme pionnier Charles Parham, et en 1906 à Los Angeles avec William Seymour. Leur expansion dans les divers coins du monde correspondit en partie à l'émergence des Églises[7] initiées par les autochtones des continents respectifs, les Africains dans notre cas. L'année 1960 marque le début de la période pendant laquelle les pays africains accédaient à leur indépendance politique.

Les Églises initiées par les Africains au cours de cette période étaient en majorité de type prophétique et charismatique. À cet effet, l'initiateur de ce genre d'Église souvent appelé prophète ou prophétesse était une personne reconnue dans la société avec les possibilités de guérir ou de révéler les causes des problèmes qui tourmentaient la population. Ces quelques faits explicatifs trouvent un rapprochement avec les religions traditionnelles africaines où, dans la plupart des cas, les bénéficiaires du service rendu par le prophète-guérisseur deviennent ses disciples. Dans cette perspective, parmi les initiateurs des Églises d'initiative

---

6. SANNEH, *West African Christianity*, p. 408.
7. Walter HOLLENWEGER, « De l'Azusa Street au phénomène de Toronto. Les racines historiques du mouvement pentecostal », *Concilium* vol. 265, 1996, p. 21.

africaine au cours de cette période, nous citons à titre d'exemple Isaiah Shembe en Afrique du Sud, William Wadé Harris en Côte d'Ivoire, Garrick Braide au Nigéria et Simon Kimbangu au Congo Kinshasa[8]. Dans les paragraphes qui suivent nous allons spécifier les causes de l'émergence de ces Églises en tenant compte de la particularité de chaque région.

Le cas congolais du kimbanguisme est situé dans l'environnement messianique, comme résultante immédiate du pentecôtisme, qui s'est manifesté en milieu kongo à travers Simon Kimbangu, alors fidèle baptiste en 1921. Les causes qui ont conduit à l'organisation qui devint l'« Église de Jésus-Christ par son envoyé spécial Simon Kimbangu sur la terre » sont multiples. Nous retenons celle relative au messianisme kongo qui se présente sous la forme d'une résistance sociale et éthique. En même temps, Kimbangu s'efforce de donner aux Noirs une grande religion qui soit la leur. Aussi implique-t-il en même temps l'émancipation religieuse et l'éveil nationaliste. En somme, l'émergence de cette Église a eu, entre autres, pour facteur la résistance aux méthodes d'évangélisation missionnaire. Cette cause est celle qui ressort dans nombreux écrits dont ceux de Bengt Sundkler en référence aux Églises initiées par les Africains en milieu Zulu en Afrique du Sud[9].

Parmi d'autres facteurs qui sont à l'origine de l'émergence des Églises d'initiative africaine au cours de cette période, nous citons, entre autres, les contacts internationaux et mondiaux qu'eurent certains Africains desquels ils développèrent une certaine prise de conscience du pluralisme dans le domaine religieux aussi bien politique que culturel. C'est dans ce contexte précis que se développa le mouvement de la négritude. L'importance accordée dans ce genre d'Églises au climat convivial et au soutien fraternel faisait également défaut dans les Églises établies par les missions. En d'autres termes, il s'agit de la valorisation de l'orientation de la conscience tournée vers le groupe, avec comme point focal les religions traditionnelles africaines. Dans ce contexte précis, les rêves, les visions et les voix constituent des moyens appropriés de communication avec l'Être suprême dans la vie religieuse de l'Africain. De ce fait, les Africains attachés aux traditions pouvaient trouver un rapprochement avec les Églises protestantes de courant charismatique. En effet, pour eux, les esprits des ancêtres en constituaient la source principale, fait qui exprime un certain rapprochement avec le Saint-Esprit[10].

---

8. Hannes WIHER, « Une spiritualité missionnaire », in *Bible et mission, vol. 2. Vers une pratique évangélique de la mission*, sous dir. Hannes WIHER, Charols, Excelsis, 2012, p. 88-89.
9. Bengt G. M. SUNDKLER, *Bantu Prophets in South Africa*, 2e éd. rév., Londres, Oxford University, 1964 (1re éd. 1948).
10. *Ibid.*, p. 138.

## De 1960 à 2000

La troisième période au cours de laquelle nous pouvons discerner les facteurs à l'origine de l'émergence des Églises d'initiative africaine correspond aux années comprises entre 1960 et 2000. La période entre 1960 et 1980 se caractérise par des Églises dont les origines reflètent une influence pentecôtiste et qui constituent ce que Peter Wagner nomme « la deuxième vague » du mouvement charismatique[11]. Au cours de cette « deuxième vague », la glossolalie n'était pas le signe premier du baptême de l'Esprit. Au plan théologique, la considération de l'exercice des dons spirituels a conféré à cette vague l'appellation de charismatique. Ce mouvement affecta les Églises catholiques, orthodoxes, protestantes et évangéliques[12]. Ainsi, autour de cette tranche d'années qui conduisit la plupart des pays africains à leur indépendance politique, le relâchement de leur étreinte sur les mouvements religieux qu'ils considéraient au départ comme dangereux contribua à un certain renforcement de ces Églises. C'est dans cette perspective que se situeraient l'enracinement des Églises kikuyu, l'émergence de l'Église du Christ issue de la scission avec l'Église anglicane, toujours au Kenya, et du mouvement dont Simon Kimbangu est considéré comme initiateur, au Congo. Toujours est-il qu'en cette période en Afrique du Sud, ces Églises connurent une forte croissance passant de 1 000 groupes en 1946 à 3 000 groupes en 1966. Il en fut de même pour l'Église « Eden du Renouveau » au Ghana. Ainsi, parmi leurs nouveaux adhérents on pouvait citer les nouvelles autorités politiques et une partie de la population qui n'était pas touchée par l'œuvre missionnaire occidentale, et imbue du désir de vivre au rythme de la solidarité africaine.

Pour notre part, nous estimons que le fait de l'adhésion de cette tranche de la population à ces Églises résulterait de leur vision du monde orientée vers la communauté dans un nouveau contexte économico-social issu du système colonial. Les réalités, surtout en milieux urbains, et qui influençaient tant bien que mal les villages, mettaient en exergue la déstructuration de l'unité familiale par l'esprit lucratif.

De plus, le regroupement dans des groupes religieux au cours des années 1970 à 2000 tient à la quête du bien-être aussi bien du leader que de ses membres. Cette période correspond à celle au cours de laquelle les dictatures s'imposèrent en Afrique subsaharienne. Ainsi, la soif d'autorité de chaque leader d'Église donna

---

11. C. Peter WAGNER, *The Third Wave of the Holy Spirit. Encountering the Power of Signs and Wonders Today*, Ann Arbor, Vine Books, 1988. Wagner élabore trois vagues au sein du mouvement charismatique dont la première pentecôtiste intervint autour des années 1900-1906.
12. WIHER, « Une spiritualité missionnaire », p. 88.

lieu à la fragmentation de ces Églises initiées par les Africains beaucoup plus que ce que ne fut le cas au cours de la période coloniale, affirme Sundkler, qui se réfère au cas méthodiste en Afrique du Sud[13].

En République démocratique du Congo, en particulier, les années 1970 correspondent à celles de la mise en place de la politique de la valorisation des croyances ancestrales connue sous le concept de « Recours à l'authenticité ». En Afrique, et dans le monde de manière générale, eut lieu la « troisième vague » du mouvement charismatique, caractérisée par la création de dénominations charismatiques, à partir desquelles une bonne partie des Églises d'initiative africaine se sont développées autour des années 1980-1990[14].

Dans la même perspective, au cours des années 1990-2000, intervint la contestation de l'autorité politique par le peuple, la démocratisation de la vie politique, qui eut pour conséquence au plan religieux la liberté de la mise en place de nouveaux regroupements ecclésiastiques. C'est la période de la croissance rapide de ces Églises. Ce fait a eu pour conséquence directe l'immixtion de l'autorité politique dans les milieux dits charismatiques et surtout l'insertion de la théologie de la prospérité[15].

## Conclusion

En somme, il ressort de cette brève étude que l'émergence des Églises d'initiative en Afrique a eu progressivement pour causes les réactions de certains chrétiens africains aux méthodes des missions et missionnaires occidentaux, l'essor des idées relatives à l'africanisme-négritude, l'anticolonialisme et l'accès des pays africains à leur indépendance. À cette cause historique s'adjoint le fait de la démocratisation de la vie politique qui eut ses conséquences au niveau religieux. Toutefois, à travers toutes les périodes de l'histoire du christianisme en Afrique du début du xixe au début du xxie siècle, nous avons mis en évidence la liberté de l'action missionnaire dont ont usé certains Africains pour mettre en place des Églises qui ne dépendent pas directement d'une quelconque source occidentale. Cette dernière cause est plus accentuée au cours des années 1960-2000.

---

13. SUNDKLER, *Bantu Prophets*, p. 138.
14. WIHER, « Une spiritualité missionnaire », p. 88.
15. Célestin KOUASSI, « Réflexion historique sur la gestion des biens ecclésiastiques face à l'essor des Églises et ministères d'initiative africaine », *Églises et ministères d'initiative africaine. Enjeux et avenir*, sous dir. Rubin POHOR & Issiaka COULIBALY, Actes du colloque international de la FATEAC, 22 au 23 mai 2014 à Abidjan (Côte d'Ivoire), Abidjan, FATEAC, 2015, p. 131.

Cependant, un coup de projecteur sur la plupart des Églises d'initiative africaine révèle la présence de certaines similitudes. Nous citons la déconsidération du ministère de la femme qui est vraisemblablement liée à l'influence du contexte culturel dans lequel le statut de la femme n'est pas considéré égal à celui de l'homme. Ce fait donne lieu à une forme d'hybridité dont on taxe souvent les Églises de type d'initiative locale[16]. Il s'ensuit aussi le fait que la plupart de ces Églises ont entraîné beaucoup de problèmes dans la société[17]. Ce constat est aussi celui de Léonard Santedi, un autre théologien catholique congolais. Il discerne à travers cette catégorie d'Églises « le regain du paganisme traditionnel manifesté par la psychose de la sorcellerie et des esprits mauvais » qu'il considère comme un défi de l'évangélisation[18]. Selon son analyse cette période est celle de l'émergence au plan mondial de la théologie de la prospérité. En effet, ce courant théologique répand l'idée selon laquelle l'acceptation de l'Évangile est garantie de succès personnel, de santé et de richesse. La maladie est toujours vue comme la conséquence d'un manque de foi. Généralement, au regard des Écritures Saintes, cette théologie est considérée comme défectueuse et séductrice[19].

En définitive, nous pensons que l'émergence des Églises d'initiative africaine constitue un défi pour toute Église issue de sociétés missionnaires occidentales dont la Bible demeure le socle de l'engagement missionnaire, en contraste avec les premières dont la tendance est la recherche du salut par des mécanismes humains, ce qui illustre un anthropocentrisme salvifique en lieu et place d'un théocentrisme. Le théologien protestant congolais Ngoy Boliya abonde dans le même sens et dégage le fait que, par manque de formation théologique conséquente, les leaders de ces Églises fondent leurs enseignements sur la Bible sans nécessairement recourir à une réflexion herméneutique[20]. Pour cette raison relative à l'interprétation individuelle des Écritures, cela au nom de la plénitude du Saint-Esprit à la place de l'exigence théologique, on trouve actuellement des

---

16. Voir Jean-Pierre BASTIAN, « Les raisons sociologiques du succès des pentecôtismes en Amérique latine », *Perspectives missionnaires* 37, 1, 1999, p. 5-13.
17. Robert KAMANGALA, « Théologie et droit canonique aux défis actuels de la société congolaise », in *La théologie au service de la société*, sous dir. André KABASELE, Kinshasa, Facultés catholiques de Kinshasa, 2007, p. 247.
18. Léonard SANTEDI KINKUPU, *Les défis de l'évangélisation dans l'Afrique contemporaine*, coll. Chrétiens en liberté, Paris, Karthala, 2005, p. 32.
19. N.d.l.r. : voir la déclaration sur l'évangile de la prospérité du Groupe théologique africain du Mouvement de Lausanne dans l'Annexe 4.
20. Ngoy BOLIYA, « Église de Réveil. Fondement théologique de doctrine », in *Économie des Églises de Réveil et le développement durable en R.D.C.*, Kinshasa, Facultés Catholiques, 2003, p. 46.

sensibilités différentes dans ce courant d'Églises d'initiative africaine, particulièrement au Congo-Kinshasa.

Pour notre part, nous estimons que l'étude élaborée dans cet ouvrage collectif dégagera la nature profonde des Églises d'initiative africaine en ce qu'elles se conforment aux Écritures saintes ou qu'elles s'en éloignent. Pour nous, elles sont sur la voie du syncrétisme, car elles s'éloignent de la Bible. Ainsi, elles accordent plus de considérations aux valeurs culturelles locales, et surtout à l'avis du prophète-guérisseur-fondateur du groupe religieux pour répondre aux besoins de leurs membres. Néanmoins, de manière générale, nous pensons que les Églises d'initiative africaine offrent quelques possibilités capables d'être exploitées pour la contextualisation de l'Évangile.

## Pour aller plus loin

Boliya, Ngoy, « Église de Réveil. Fondement théologique de doctrine », in *Économie des Églises de Réveil et le développement durable en R.D.C.*, Kinshasa, Facultés catholiques, 2003.

Bastian, Jean-Pierre, « Les raisons sociologiques du succès des pentecôtistes en Amérique latine », *Perspectives missionnaires* 37, 1, 1999, p. 5-13.

Baur, John, *2000 ans de christianisme en Afrique. Une histoire de l'Église africaine*, Kinshasa, Paulines, 2001.

Hollenweger, Walter, « De l'Azusa Street au phénomène de Toronto. Les racines historiques du mouvement pentecostal », *Concilium* vol. 265, 1996.

Kamangala, Robert. « Théologie et droit canonique aux défis actuels de la société congolaise », *La théologie au service de la société*, sous dir. André Kabasele, Kinshasa, Facultés catholiques de Kinshasa, 2007.

Pohor, Rubin & Coulibaly, Issiaka, sous dir., *Églises et ministères d'initiative africaine. Enjeux et avenir*, Actes du colloque international de la FATEAC, 22 au 23 mai 2014 à Abidjan (Côte d'Ivoire), Abidjan, FATEAC, 2015.

Sanneh, Lamin, « The Rise of African Independent Churches », in *West African Christianity. The Religious Impact*, Maryknoll, Orbis, 1983, p. 168-209.

Santedi Kinkupu, Léonard, *Les défis de l'évangélisation dans l'Afrique contemporaine*, coll. Chrétiens en liberté, Paris, Karthala, 2005.

Sundkler, Bengt, *Bantu Prophets in South Africa*, 2$^e$ éd. rév., Londres, Oxford University, 1964 (1$^{re}$ éd. 1948).

Wiher, Hannes, « Une spiritualité missionnaire », in *Bible et mission, vol. 2. Vers une pratique missionnaire évangélique de la mission*, sous dir. Hannes Wiher, Charols, Excelsis, 2012, p. 75-100.

# 3

# Les débuts des Églises d'initiative africaine en Afrique du Sud : les Églises éthiopiennes et sionistes

*Michel Lompo*

## Introduction

Le continent africain a accueilli l'Évangile en plusieurs phases. La dernière a débuté en 1800 grâce aux efforts de missionnaires européens et américains[1]. Une critique souvent entendue du christianisme en Afrique est qu'il est une « religion des Blancs », car ce sont les Blancs qui ont apporté le christianisme dans le continent. L'histoire des Églises d'initiative africaine corrige et contredit ce stéréotype. L'apparition des Églises éthiopiennes et sionistes en Afrique du Sud marque le début de cette histoire et s'inscrit dans cette dernière phase de la pénétration du christianisme en Afrique.

L'Afrique du Sud a accueilli les premiers missionnaires blancs au début du XIXe siècle. Ce pays a été un champ missionnaire plein d'opportunité pour les missionnaires occidentaux. Son climat et les conséquences des guerres tribales qui y

---

1. John BAUR, *2000 ans de christianisme en Afrique. Une histoire de l'Église africaine*, Kinshasa, Paulines, 2001, p. 15, 39, 109.

prévalaient à l'époque ont favorisé la réception de l'Évangile comparé à d'autres régions du continent[2]. Après un demi-siècle d'évangélisation et d'implantation d'Églises, les missions occidentales connaîtront une période de tensions avec les leaders des Églises implantées. Progressivement, cette tension a conduit les missions européennes en Afrique du Sud et les Églises autochtones dans une impasse qui a fini par la séparation des Églises africaines. Après moins d'un siècle, les Églises d'initiative africaine en Afrique du Sud se comptaient par centaines. Julien Bonhomme parlera de « pléthore des congrégations zulu[3] ».

Dans ce chapitre, les Églises dites « éthiopiennes » et « sionistes »[4] en Afrique du Sud seront au cœur de notre analyse. Elles commencèrent comme Églises locales et se développèrent en dénominations avant de prendre la forme de mouvements. Comme le titre du chapitre l'indique, nous aborderons ces Églises comme un ensemble de dénominations nées sous l'initiative de différents leaders africains. Elles sont habituellement classées dans la logique d'une typologie en types « éthiopien » et « sioniste ». À l'intérieur de ces deux types, les dénominations portent des noms différents. Toutefois, des points communs les lient dans leur fonctionnement et dans leurs convictions idéologique et théologique. Nous expliquerons ultérieurement le développement de cette typologie.

L'histoire des Églises éthiopiennes et sionistes en Afrique du Sud nous est relatée par Bengt Sundkler dans son ouvrage intitulé *Bantu Prophets in South Africa* (1948/1961)[5]. Sa recherche vaste et pertinente lui a conféré le titre de « pionnier de l'anthropologie des "Églises indépendantes africaines", dont *Bantu Prophets in South Africa* constitue sans conteste la première étude d'envergure[6] ». Les résultats de sa recherche seront la base de ce chapitre.

L'origine des Églises d'initiative africaine en Afrique du Sud remonte aux années 1870. Elles sont nées « d'une sécession des missions européennes implantées en Afrique du Sud[7] ». Les divergences qui ont existé dans la relation Église autochtone et mission occidentale ont poussé les leaders ecclésiastiques africains à une revendication d'indépendance.

---

2. Jacques BLANDENIER, *L'essor des Missions protestantes, vol. 2 : Du XIX$^e$ siècle au milieu du XX$^e$ siècle*, Précis d'histoire des missions, Saint-Légier, Emmaüs, 2003, p. 235.
3. Julien BONHOMME, « Bantu Prophets in South Africa de Bengt G. M. Sundkler », *Archives de sciences sociales des religions*, 148, 2009, p. 4, en ligne : http://assr.revues.org/21679 (consulté le 12 mai 2016).
4. Ces termes sont trompeurs. Nous reviendrons sur leur sens ci-dessous.
5. Bengt G. M. SUNDKLER, *Bantu Prophets in South Africa*, 2$^e$ éd. rév., Londres, Oxford University Press, 1961 (1$^{re}$ éd. 1948).
6. BONHOMME, « Bantu prophets in South Africa », p. 2.
7. SUNDKLER, *Bantu Prophets in South Africa*, p. 39.

Les causes principales sont une réponse à des changements dans la société sud-africaine engendrée par l'industrialisation et l'urbanisation. L'hostilité à l'égard du contrôle exercé par les Européens, la recherche de l'émancipation, le désir positif d'adapter le message de l'Église à l'héritage de la tribu, la lutte contre la discrimination raciale dans les paroisses et la mauvaise gestion financière sont autant d'éléments qui poussèrent les Sud-Africains à la création de nouvelles communautés chrétiennes[8].

## Les Églises éthiopiennes en Afrique du Sud
### *L'origine des Églises éthiopiennes*

La première Église de type éthiopien en Afrique du Sud a vu le jour en 1892 à Witwatersrand près de Johannesburg : « En novembre 1892, Mokone et vingt autres ont organisé le culte qui a marqué l'établissement de l'Église éthiopienne[9] » (Ethiopian Church). Plusieurs Églises locales virent le jour et furent organisées en mouvement sous la direction de Mokone Mangena Maake (1851-1931). Il était pasteur méthodiste et est officiellement reconnu comme le fondateur de l'« Église éthiopienne », le nom adopté par la dénomination[10].

L'appellation « Église éthiopienne » paraît simple et la compréhension semble être à la portée de tous. On sera tenté de croire que l'expression se réfère à l'Éthiopie. Mais c'est une appellation codée qui demande qu'on en donne le sens envisagé par son fondateur. L'expression est basée sur l'utilisation du nom de l'Éthiopie dans l'AT comme par exemple dans Psaumes 68.32 : « Koush[11] accourt, les mains tendues vers Dieu ». Mokone utilise le terme « éthiopien » dans un sens métonymique[12], c'est-à-dire qu'il veut parler de l'Afrique en tant que continent et non de l'Éthiopie en tant que pays. Pour Mokone, ces passages constituent « une promesse de l'évangélisation de l'Afrique » et la preuve « d'une auto-gou-

---

8. *Ibid.*, p. 38-39.
9. SUNDKLER, *Bantu Prophets*, p. 38 ; cf. aussi J. A. MILLARD, « Mokone, Mangena Maake (1851-1931) : Église éthiopienne en Afrique du Sud », *Dictionnaire biographique des chrétiens d'Afrique*, en ligne : www.dacb.org/stories/southafrica/f-mokone.html (consulté le 12 novembre 2016).
10. SUNDKLER, *Bantu Prophets*, p. 53.
11. Le mot « Koush » est traduit par « Éthiopie » dans certaines versions bibliques.
12. Une métonymie est une figure de style qui remplace un concept par un autre avec lequel il est en rapport par un lien logique sous-entendu, par exemple la cause pour l'effet, le contenant pour le contenu, l'artiste pour l'œuvre, la ville pour ses habitants, un pays pour le continent (n.d.l.r.).

vernance des Églises africaines sous l'autorité de leaders africains »[13]. Au fond, le terme « éthiopien » signifie « l'Afrique pour les Africains », distinguant les Églises éthiopiennes des dénominations des Blancs. Les synonymes suivants d'« éthiopien » sont utilisés dans les noms des Églises d'initiative africaine : Africain, Bantu, National, Uhlanga, Zulu ou Sotho[14]. Les Églises éthiopiennes ne portent pas toutes ces noms, mais elles partagent dans une large mesure la même « charte mythique[15] » qui gouverne leurs conduites et leurs activités.

## *Les causes des sécessions*

Les motivations premières de cette séparation étaient nourries par la volonté d'émanciper le peuple bantou vis-à-vis de l'autorité des missions occidentales. En plus de l'indépendance qu'elles réclamaient des missions, elles étaient aussi fortement motivées par des intérêts tribaux. Le fondateur de l'Église éthiopienne, quant à lui, alla à l'encontre d'un autre mal pour former sa nouvelle organisation religieuse : « la ségrégation raciale » à l'intérieur même des Églises issues des missions[16]. La lettre de démission de Mokone nous présente quelques raisons :

> Mokone a attendu que son ami, le Rév. Owen Watkins, prenne sa retraite avant de donner sa démission. En 1892, il a écrit au surintendant du district, George Weavind, en disant : « Par cette lettre je vous informe qu'à la fin du mois, j'ai l'intention de quitter l'Église wesleyenne et de servir Dieu comme je l'entends ». Il leur a donné de nombreuses raisons pour avoir pris cette décision, y compris : les réunions de district séparées, le manque de compréhension de la part des pasteurs blancs, le fait que les pasteurs africains ne recevaient pas d'allocation familiale, et la paie insuffisante[17].

Mokone fonda son Église sur cette base. Par la suite, d'autres Églises bantoues sortirent de cette première Église éthiopienne, parfois pour des motifs liés à des intérêts égoïstes de certains leaders.

---

13. Bonhomme, « Bantu prophets in South Africa », p. 4.
14. Sundkler, *Bantu Prophets*, p. 56.
15. *Ibid.*, p. 54.
16. *Ibid.*, p. 38-39.
17. Millard, « Mokone, Mangena Maake », https://dacb.org/fr/stories/southafrica/mokone-mangena/.

## L'évolution des Églises éthiopiennes

Quatre ans après sa fondation, l'Église éthiopienne accueillit un leader africain du nom de Dwane. Mokone et Dwane sont allés à la recherche de partenaires pour le développement socio-économique de leur jeune mouvement. Leur premier choix porta sur l'African Methodist Episcopal Church (AMEC), fondée par le prédicateur afro-américain Richard Allen en 1816 à Philadelphie aux États-Unis. Les deux entreprirent des démarches pour la reconnaissance sur le plan national qui furent couronnées de succès. Ils avaient de grandes ambitions missionnaires en vue de l'expansion de l'Église éthiopienne. Mais il y avait des frustrations dans le partenariat entre l'Église éthiopienne et l'AMEC. Dwane remarqua que le mot d'ordre de l'Église éthiopienne, « l'Afrique pour les Africains », était compromis dans ce partenariat avec l'Église afro-américaine. Finalement, il voulut rompre le partenariat, mais sans succès. Dwane quitta l'Église éthiopienne avec une minorité d'adeptes pour rejoindre l'Église anglicane[18].

Parmi les Églises issues de l'Église éthiopienne il faut mentionner l'African Presbyterian Church [Église presbytérienne africaine] fondée en 1898 par P. J. Mzimba. Elle était à la fois tribale et éthiopienne. L'Ethiopian Catholic Church in Zion [Église catholique éthiopienne dans Sion] vit le jour en 1904 sous la direction de Brander, suite aux multiples incompréhensions entre l'Église éthiopienne et l'AMEC[19]. Les victoires militaires de l'Abyssinie en 1896 et 1935 sur l'occupation blanche ont eu une influence de grande envergure sur la création des Églises éthiopiennes en Afrique du Sud. Elles en furent inspirées et se multiplièrent à la suite. De la longue liste de dénominations dressée par Sundkler nous pouvons encore citer : Ethiopian Star Church of God, Melchizedek Ethiopian Catholic Church, Abyssinian Baptist Church, Ethiopian Church of Abyssinia, the Coptic Ethiopian Orthodox Church of Abyssinia[20].

## Les croyances et rites des Églises éthiopiennes

Les « Églises éthiopiennes qui entretiennent l'idéal d'une "nation chrétienne africaine" se caractérisent par un séparatisme résolument affirmé[21] ». Cependant, on peut observer que leur organisation et leurs activités religieuses étaient copiées sur le modèle des missions européennes desquelles elles venaient de se

---

18. Sundkler, *Bantu Prophets*, p. 40-41.
19. *Ibid.*, p. 43.
20. *Ibid.*, p. 57.
21. Bonhomme, « Bantu prophets in South Africa », p. 4.

détacher. Les forces de ces Églises étaient marquées par le fait qu'elles offraient « un cadre possible d'expression à des revendications nationales[22] ». Elles prônaient « l'Afrique pour les Africains » d'une part, alors que d'autre part, l'organisation des Églises et l'interprétation de la Bible suivaient exactement les approches apprises dans les Églises des missionnaires blancs[23].

## Les Églises sionistes en Afrique du Sud

### *L'origine des Églises sionistes*

Le terme « Sion », utilisé pour désigner les Églises sionistes de l'Afrique du Sud, n'a aucun lien avec le sionisme juif. Dans l'histoire des Églises d'initiative africaine en Afrique du Sud, une congrégation particulière a porté ce nom. Par la suite, toutes les congrégations qui ont été calquées sur ce modèle en forme et en fond se sont retrouvées dans un vaste mouvement qui portera ce nom particulier.

En effet, les Églises du type sioniste s'inspirèrent de la Christian Catholic Apostolic Church in Zion, fondée en 1896 aux États-Unis par John Alexander Dowie[24]. Cette dernière était une Église missionnaire qui s'implanta en Afrique du Sud en 1904. À partir d'elle, « une myriade de nouvelles Églises indépendantes[25] » verront le jour et formeront un nouveau mouvement religieux. Le terme « sioniste », tout comme le terme « éthiopien », est également issu d'une herméneutique biblique particulière et se réfère à Jérusalem et à la terre promise.

### *Les causes des sécessions*

Suite au développement parallèle des mines et du système de ségrégation sociale de l'apartheid, et suite aux changements socio-économique et politique qui s'en sont suivis, les Sud-Africains noirs étaient soumis à un mode de vie et de travail désagréable[26]. En réalité, les Églises sionistes ont eu presque les mêmes motivations de sécession que les Églises éthiopiennes. Seulement, elles ont adopté une tendance pentecôtiste, comme nous allons voir dans les pro-

---

22. *Ibid.*
23. Sundkler, *Bantu Prophets*, p. 54.
24. *Ibid.*, p. 48.
25. Bonhomme, « Bantu prophets in South Africa », p. 4.
26. Myriam Houssay-Holzschuch, « Le même drapeau que les John Frum : Églises de Sion en Afrique du Sud », in *B. comme Big Man, Hommage à Joël Bonnemaison*, Paris, PRODIG, 1998, p. 83-88, en ligne : https://hal.archives-ouvertes.fr/hal-00186 087/file/JOEL1.pdf (consulté le 12 novembre 2016).

chaines sections, et sont devenues, en quelque sorte, une extension idéologique et théologique des Églises afro-américaines.

## *L'évolution des Églises sionistes*

Le développement de la vision sioniste sera marqué par un missionnaire européen du nom de P. Le Roux. Homme très influent, il a pu mobiliser tous les adhérents africains de l'Église sioniste. Ils étaient fortement attachés au terme « Sion » et nommèrent leur mouvement Zion Apostolic Church [Église apostolique de Sion]. Le Roux reçut son baptême dans l'Esprit en 1908 et développa un ministère pentecôtiste dans lequel les Africains le suivirent. Par la suite, il abandonna la mission « sioniste » entre les mains de ses collaborateurs africains au profit d'un ministère parmi les Européens[27].

À partir de ce premier groupe de leaders sionistes africains émergea toute une série d'Églises sionistes. La période des sécessions importantes eut lieu entre 1917 et 1920. Nous citons entre autres : Christian Apostolic Church in Zion, fondée en 1920 par Paulo Mobilitsa ; Christian Catholic Apostolic Holy Spirit Church in Zion, fondée par Daniel Nkonyane ; Holy Catholic Apostolic Church in Zion, fondée par J. G. Phillipps ; Zion Apostolic Church of South Africa, fondée par Elias Mahlangu. Après quelques décennies il y avait des centaines d'Églises sionistes, petites et grandes[28].

## *Croyances, rites et théologie des Églises sionistes*

Les Églises sionistes ont une expression pentecôtiste. Ainsi leur style religieux est caractérisé par une effervescence émotionnelle. La guérison divine, l'immersion trine, l'attente imminente du retour du Christ et l'établissement de la nouvelle Jérusalem sont au centre de leurs croyances. Les ancêtres jouent le rôle du Saint-Esprit et les esprits aquatiques celui des anges[29]. Bien que marqué par le pentecôtisme, la théologie sioniste met l'emphase sur la guérison divine et non sur le baptême du Saint-Esprit ou le parler en langue[30]. Leur attachement à la guérison divine les pousse à dire : « Ce n'est pas une Église, c'est un hôpital[31]. » Néanmoins, le baptême du Saint-Esprit occupe une place importante. La

---

27. Sundkler, *Bantu Prophets*, p. 48.
28. *Ibid.*, p. 55.
29. Bonhomme, « Bantu prophets in South Africa », p. 7.
30. Sundkler, *Bantu Prophets*, p. 48.
31. Bonhomme, « Bantu prophets in South Africa », p. 4.

plénitude du Saint-Esprit se transmet par l'imposition des mains. Par contre, l'origine du mal, des maladies et des malheurs, se trouve dans la souillure. Par conséquent, l'utilisation du savon et des tissus de couleur blanche prennent de l'importance dans leurs rites de purification. Leur culte comporte des confessions, des prières associées à des chants, des séances de témoignage de guérison et des rites de purification par immersion.

Alors que les Églises sionistes font référence à l'histoire politico-religieuse de la montagne de Sion située à Jérusalem, sur le plan théologique elles puisent en même temps des éléments bibliques et bantous. Elles combattent l'utilisation de la médecine d'Inyanga et les possessions démoniaques, mais les armes utilisées appartiennent à l'arsenal des religions traditionnelles zulu. Leur herméneutique biblique déborde les limites d'une contextualisation critique. Ce faisant, les Églises sionistes ont constitué un pont qui a permis aux Africains de faire demi-tour vers les pratiques traditionnelles. Dans leurs Églises, le Christ n'est plus au centre de la foi en Dieu. Les prophètes sionistes se représentent comme étant le Christ, et leurs adeptes l'acceptent avec fierté. Ces prophètes charismatiques pratiquent un système de prise en charge des malades à la ressemblance des communautés thérapeutiques des guérisseurs traditionnels[32]. Mais ils rejettent les produits de la médecine traditionnelle et également les produits pharmaceutiques européens. Ils condamnent les rites traditionnels alors que les rites sionistes sont calqués sur eux : « Les Églises sionistes associent en effet des éléments chrétiens (pentecôtistes notamment) et des éléments zulu pour donner naissance à une forme rituelle inédite[33]. » Nous devons conclure que sur le plan théologique, le mouvement sioniste est caractérisé par un syncrétisme.

## Forces et faiblesses des Églises éthiopiennes et sionistes en Afrique du Sud

Après avoir retrouvé une nouvelle identité dans les Églises éthiopiennes et sionistes, l'un des premiers désirs des Églises séparatistes était de s'unir et de fonctionner légalement dans le pays. À l'issue d'un congrès national, elles créèrent une union dont le nom fut United National Church of Africa[34]. La liberté de croyance et d'adoration fut instaurée afin de favoriser un climat de coopéra-

---

32. *Ibid.*, p. 5.
33. *Ibid.*, p. 7.
34. SUNDKLER, *Bantu Prophets*, p. 50.

tion dans la diversité[35]. De plus, dans l'évolution des deux mouvements on peut remarquer que plusieurs Églises sionistes sont devenues de plus en plus éthiopiennes en théologie et en conduite et vice versa. Les deux mouvements se sont donc rapprochés et sont devenus de plus en plus interdépendants[36].

Deux grands mouvements existaient donc dans le pays : les Églises issues des missions et les Églises d'initiative africaine. Après un rapprochement entre les missionnaires et les leaders de ces Églises d'initiative africaine, il fut nécessaire d'approfondir les relations. Il a été reconnu que l'Église a un avenir prometteur en Afrique à partir du moment où les leaders africains se présentent dans le leadership comme des hommes matures par leur efficacité dans l'auto-gouvernance et l'autogestion financière[37]. Le dynamisme dans la collaboration entre missions occidentales et Églises d'initiative africaine a donné par la suite naissance à un mouvement dénommé « Mission and Independent Churches alike »[38]. En fin de compte, les trois grands mouvements chrétiens en Afrique du Sud (Églises missionnaires, Églises éthiopiennes et Églises sionistes) existent dans une entière interdépendance. Après l'unité entre les Églises d'initiative africaine et dans un deuxième temps aussi avec les Églises missionnaires, une seconde force à mentionner est la reconnaissance du leadership féminin, particulièrement dans les communautés sionistes.

En même temps, nous rencontrons des faiblesses dans les Églises éthiopiennes et sionistes, qui sont beaucoup plus accentuées dans les Églises sionistes. Nous remarquons que les leaders ont la soif de pouvoir et d'autorité, et dominent sur leurs sujets selon le modèle du chef zulu. La cupidité et le népotisme marquent leur système de gouvernance. Les Églises d'initiative africaine ont aussi pris une tournure politique, car elles croyaient que la déstabilisation sociale engendrerait l'expulsion des Européens du continent. Bien que toutes ces Églises aient tiré leur nom de la Bible, chacune se voulait la plus importante[39].

## Conclusion

Au terme de ce parcours historique sur les Églises éthiopiennes et sionistes en Afrique du Sud nous constatons que leur existence est partie d'un individu ou d'un petit groupe pour devenir des années plus tard de vastes mouvements

---

35. *Ibid.*, p. 52.
36. *Ibid.*, p. 55.
37. *Ibid.*, p. 62.
38. *Ibid.*, p. 63.
39. *Ibid.*, p. 59.

chrétiens. Les Églises sionistes représentent un vaste mouvement populaire, alors que les Églises éthiopiennes sont restées plutôt élitaires. Ces mouvements religieux, chacun pour sa part, ont des forces et des faiblesses. L'esprit d'unité et d'interdépendance qui les anime est louable. Cependant, elles se sont retrouvées dans un syncrétisme ouvert.

L'histoire de ces Églises enseigne aux chrétiens africains d'aujourd'hui que la création des Églises d'initiative africaine n'est pas un phénomène récent. De plus, une étude sociologique pourrait révéler qu'aujourd'hui les motifs et les conséquences de la création incontrôlée d'Églises d'initiative africaine présentent une continuité de forme et de fond, alimentée toutefois par certaines réalités postmodernes.

## Pour aller plus loin

Baur, John, *2000 ans de christianisme en Afrique. Une histoire de l'Église Africaine*, Kinshasa, Pauline, 2001.

Blandenier, Jacques, *L'essor des missions protestantes, vol. 2 : Du XIX$^e$ siècle au milieu du XX$^e$ siècle*, Précis d'histoire des missions, Saint-Légier/Nogent-sur-Marne, Emmaüs/Institut biblique de Nogent, 2003.

Bonhomme, Julien, « Bantu Prophets in South Africa de Bengt G. M. Sundkler, Cambridge, James Clarke & Co., 2004 », *Archives de sciences sociales des religions*, 148, 2009, p. 4, en ligne : http://assr.revues.org/21679.

Houssay-Holzschuch, Myriam, « Le même drapeau que les John Frum : Églises de Sion en Afrique du Sud », in *B. comme Big Man, Hommage à Joël Bonnemaison*, Paris, PRODIG, 1998, p. 83-88, en ligne : https://hal.archives-ouvertes.fr/hal-00186087/file/JOEL1.pdf.

Millard, J. A., « Mokone, Mangena Maake (1851-1931) : Église éthiopienne en Afrique du Sud », *Dictionnaire biographique des chrétiens d'Afrique*, en ligne : http://www.dacb.org/stories/southafrica/f-mokone_ mangena.html.

Sundkler, Bengt G. M., *Bantu Prophets in South Africa*, 2$^e$ éd. rév., Londres, Oxford University Press, 1961 (1$^{re}$ éd. 1948).

Welch, Timothée, *L'Afrique et les Africains dans la Bible*, Abidjan, FATEAC, 2010.

# 4

# L'Église kimbanguiste du Congo RDC

*Édouard Nzundu Ngungu*

## Introduction

L'Église kimbanguiste est l'une des Églises d'initiative africaine. Selon Kilola Gayombo, « elle est la mieux structurée parmi les Églises d'initiative africaine en République démocratique du Congo et elle occupe la troisième position, après l'Église catholique et l'Église protestante[1] ». Pour Heinrich Balz, c'est la plus grande Église d'initiative africaine en Afrique francophone[2]. Son développement est perceptible aujourd'hui, aussi bien en République démocratique du Congo qu'en Afrique et à travers le monde.

Outre sa position et sa croissance, l'Église kimbanguiste occupe une place importante dans l'histoire des missions et du réveil en République démocratique du Congo, d'après Jacques Blandenier[3]. Selon lui, les origines des Églises de réveil

---

1. Kilola GAYOMBO, « Le langage symbolique dans les pratiques religieuses des Églises indépendantes africaines. Essai sur la symbolique religieuse kimbanguiste », thèse de doctorat en théologie soutenue à l'Université de Genève en 1990, p. 2.
2. « L'Église de Jésus-Christ sur la terre par son envoyé spécial Simon Kimbangu, est l'une des plus grandes Églises indépendantes africaines ou Églises d'initiative africaine, et la plus grande en Afrique francophone avec bien au-dessus de cinq millions de membres dans la République démocratique du Congo ». Heinrich BALZ, « Kimbanguism Going Astray », *Exchange* n° 38, 2009, p. 355 (notre traduction).
3. Jacques BLANDENIER, *L'essor des Missions protestantes, vol. 2 : Du XIXe siècle au milieu du XXe siècle*, Précis d'histoire des missions, Nogent-sur-Marne/Lavigny, Institut biblique de Nogent/Groupes Missionnaires, 2003, p. 408.

en République démocratique du Congo remontent à l'année 1921, à un prophète baptiste du nom de Simon Kimbangu. Marie-Louise Martin parle de la pentecôte de N'Kamba[4]. Ceci prouve à suffisance l'importance de cette Église d'initiative africaine pour une réflexion missiologique comme celle-ci.

Toutefois, son histoire a été abordée de diverses manières par différents chercheurs. D'abord par les idéologues coloniaux, ensuite par les chercheurs (historiens, sociologues et ethnologues), et enfin par les Kimbanguistes eux-mêmes[5]. Ces recherches ont eu un impact réel sur la perception de cette Église. Considérée d'abord comme un mouvement insurrectionnel contre l'homme blanc et vu par la suite comme un mouvement politico-religieux, elle est aujourd'hui comprise par les uns comme un mouvement religieux, une Église, par les autres comme un mouvement d'éveil pour la libération de l'homme noir.

Ce chapitre s'articulera en quatre temps : d'abord sur le contexte de la naissance de l'Église kimbanguiste, puis sur Simon Kimbangu, la fondation et l'évolution de l'Église qui porte son nom. Ensuite, on se penchera sur les doctrines et les pratiques de l'Église kimbanguiste.

## Contexte de la naissance de l'Église kimbanguiste

L'Église kimbanguiste est née dans un contexte marqué sur le plan sociopolitique par le règne du roi Léopold II et la colonisation belge d'une part, et par l'évangélisation par les missions occidentales d'autre part. Sur le plan sociopolitique, il convient de considérer d'abord le règne de Léopold II et ensuite la colonisation belge. Susan Asch écrit : « Pendant le règne du roi Léopold II sur l'État indépendant du Congo, qui coïncida avec la jeunesse de Kimbangu, les Bakongo subirent de dures épreuves[6]. » La colonisation belge, qui commence en 1918, est caractérisée par une politique coloniale d'exploitation et d'oppression[7]. Sur le plan religieux, ce sont les missions occidentales protestantes et catholiques qui sont les agents de la deuxième évangélisation. Les missions protestantes sont conduites par les missions baptistes et la Svenska Mission Forbundet [Société suédoise des missions][8].

---

4. Marie-Louise MARTIN, *Simon Kimbangu. Un prophète et son Église*, Lausanne, Socle, 1981, p. 64-65.
5. Susan ASCH, *L'Église du prophète Simon Kimbangu. De ses origines à son rôle au Zaïre actuel*, Paris, Karthala, 1983, p. 43-51.
6. *Ibid.*, p. 17.
7. *Ibid.*, p. 286.
8. BLANDENIER, *L'essor des Missions protestantes*, p. 402-403.

Simon Kimbangu va naître et grandir dans ce contexte politique et religieux. À toute fin utile, il convient de faire remarquer que le contexte dans lequel Simon Kimbangu a évolué a beaucoup contribué à l'accueil de la nouvelle religion dont il fut le fondateur.

## Simon Kimbangu

### *Sa naissance*

Tous les auteurs sont d'accord pour considérer N'Kamba comme lieu de naissance de Simon Kimbangu. C'est plutôt sur la précision de la date de naissance qu'il y a divergence. Joseph van Wing indique l'année 1881[9]. Jules Chomé, quant à lui, part de plusieurs suggestions de dates, notamment celles de Van Wing, d'un journaliste et d'un journal belge[10]. Chomé a préféré la date indiquée dans les textes diffusés par les premiers disciples de Simon Kimbangu. Il écrit : « Simon Kimbangu est né à N'Kamba au nord de Thysville, probablement le 24 septembre 1889[11]. » Nous estimons raisonnable la date fixée par Chomé.

### *Son contact avec l'Évangile*

Simon Kimbangu serait né dans une « contrée où les missionnaires catholiques n'ont pénétré que plus tard[12] ». Selon François Nzenza Mpangu, « il est indubitable que l'influence biblique qui a nourri la chrétienté de Simon Kimbangu était bien une influence baptiste[13] ». Jean-Luc Velut reconnaît également la confession religieuse baptiste de Simon Kimbangu :

> Dans la région de Londe qui vit grandir Kimbangu, ce furent des missionnaires anglais de la Baptist Missionary Society (BMS) qui jetèrent les premières fondations d'une chrétienté locale, à partir

---

9. Joseph van Wing, « Kimbanguisme vu par un témoin », *Zaïre* vol. xii, n° 6, 1958, p. 566.
10. « Un journaliste, ayant assisté à son procès en septembre 1921, lui donnait 28 ans… *L'avenir colonial belge*, dans le premier article consacré à Kimbangu (8 mai 1921), ne lui donnait pas plus de 16 ans ». Jules Chomé, *La passion de Simon Kimbangu*, Bruxelles, Les amis de la présence africaine, 1958, p. 100.
11. *Ibid.*
12. François Michée Nzenza Mpangu, *Kimbanguisme et messianisme juif. Réflexions sur une maïeutique controversée*, Paris, Publibook, 2010, p. 46 ; cf. aussi Jean-Luc Velut, *Simon Kimbangu, 1921 : de la prédication à la déportation. Vol. 1 : Les sources*, Bruxelles, Académie royale des sciences d'outre-mer, 2005, p. xi.
13. Nzenza Mpangu, *Kimbanguisme et messianisme juif*, p. 34.

de la station de Wathen, du nom d'un bienfaiteur anglais, établie à proximité de Ngombe Lutete[14].

Kimbangu n'entrera pas en contact direct avec les missions catholiques pour la simple raison que les missionnaires catholiques n'avaient pas encore pénétré dans la région de Londe. C'est donc en milieu protestant baptiste qu'il sera en contact avec l'Évangile. Il deviendra par la suite catéchiste de la Baptist Missionary Society en son village de N'Kamba[15].

## *Son appel, son arrestation et sa mort*

### L'appel

Simon Kimbangu a reçu son appel en 1918 à Ngombe Lutete. Susan Asch commence par décrire le contexte et la période de l'appel de Simon Kimbangu[16]. C'est un contexte marqué par des situations économiques désastreuses et des graves problèmes de santé. Marie-Louise Martin situe également l'appel de Simon Kimbangu dans le contexte des limites de la médecine occidentale. Elle écrit :

> 1918 : L'épidémie de grippe sévit au Zaïre comme partout sur la terre et des milliers de personnes meurent faute d'aide médicale… Une nuit, Simon Kimbangu entend une voix qui lui dit : « Je suis Christ ; mes serviteurs sont infidèles, je t'ai élu pour que tu rendes témoignage à tes frères et les convertisses. Pais mon troupeau. » Simon répond : « Je ne suis pas instruit ; il y a des pasteurs et des diacres qui peuvent accomplir cette tâche. »[17]

Joseph Diangienda est du même avis quand il écrit : « 1918 est aussi l'année au cours de laquelle Jésus-Christ prévient Simon Kimbangu qu'il lui fallait bientôt débuter la mission qui lui avait été destinée et qui consistait à répandre la bonne nouvelle du salut[18]. » Après cet appel, Simon Kimbangu se sentira incompétent et refusera. Mais il finira par obéir par la suite après son exil non fructueux à Léopoldville.

---

14. Velut, *Simon Kimbangu*, p. x-xi.
15. Chomé, *La passion de Simon Kimbangu*, p. 5.
16. Asch, *L'Église du prophète Simon Kimbangu*, p. 22.
17. Martin, *Simon Kimbangu*, p. 61.
18. Joseph Kuntima Diangienda, *Histoire du kimbanguisme*, Châtelay, Éditions kimbanguistes France, 2003, p. 21.

### L'arrestation et la mort

Simon Kimbangu fut arrêté six mois après le réveil de N'Kamba, c'est à dire en septembre 1921. Marie-Louise Martin en témoigne en ces termes :

> Simon fut condamné à mort par un tribunal militaire qui lui fit donner 120 coups de fouet... Kimbangu fut déporté à Lubumbashi (alors Elisabethville) au Katanga, à plus de 1500 km de chez lui. Il y mourut 30 ans plus tard à l'hôpital de la prison, le 12 octobre 1951[19].

Il fut emprisonné jusqu'à sa mort le 12 octobre[20]. Kimbangu passera trente années dans cette prison. En son absence, sa femme Marie Muilu prendra discrètement le relais jusqu'avant la reconnaissance officielle par l'administration belge.

## Fondation de l'Église kimbanguiste

La naissance de l'Église kimbanguiste remonte aux débuts du mouvement de réveil de N'Kamba. Pour Marie-Louise Martin, le 6 avril 1921 est considéré comme la date de la fondation de l'Église, à partir de la guérison de la femme Nkiantondo[21]. Comme Martin, Susan Asch fixe le début du mouvement de réveil de N'Kamba à la date du 6 avril 1921, mais pas à l'occasion de la guérison de la femme Nkiantondo[22]. Joseph Diangienda distingue deux dates : celle de la naissance du mouvement en 1921 et de l'organisation de l'Église kimbanguiste le 24 décembre 1959, soit huit ans après la mort de Simon Kimbangu[23]. Matthieu Zana Etambala fixe la naissance de l'Église kimbanguiste également en décembre 1959. Il écrit : « À la veille de Noël, le 24 décembre, naît l'Église de Jésus-Christ sur la terre par le prophète Simon Kimbangu (E.J.C.S.K)[24]. » Gaston Mwene Batende renchérit en ce sens : « Le kimbanguisme s'est constitué progressivement en Église africaine autonome, sous la dénomination de l'Église de Jésus-Christ sur la terre par le prophète Simon Kimbangu[25]. »

---

19. Marie Louise MARTIN, « Notes sur l'origine et l'histoire de l'Église kimbanguiste », *Congo-Afrique* n°39, 1969, p. 446.
20. DIANGIENDA, *Histoire du kimbanguisme*, p. 155.
21. MARTIN, *Simon Kimbangu*, p. 62.
22. ASCH, *L'Église du prophète Simon Kimbangu*, p. 140.
23. DIANGIENDA, *Histoire du kimbanguisme*, p. 255.
24. Matthieu Zana ETAMBALA, « Les dernières revendications et les premiers défis : L'E.J.C.S.K. à un tournant de son histoire, 1955-1965 », *Cahiers interdisciplinaires des religions* vol.11, n° 3, 2017, p. 12.
25. Gaston Mwene BATENDE, « Le kimbanguisme et les nouvelles spiritualités à Kinshasa », *Cahiers interdisciplinaires des religions* vol. 11, n° 3, 2017, p. 130.

L'Église kimbanguiste, qui commence par un mouvement messianique en 1921, s'organise à partir de 1959. Il faut faire remarquer que la nouvelle Église qui naît n'est pas considérée comme étrangère, mais plutôt comme africaine. Susan Asch partage cet avis quand elle écrit : « La dialectique de la foi se situe souvent à mi-chemin entre le christianisme et l'animisme, ce qui a valu au kimbanguisme sa renommée de religion chrétienne authentiquement africaine[26]. » Cette identité africaine de l'Église kimbanguiste va beaucoup jouer sur l'attrait des membres. Après la naissance de l'Église kimbanguiste nous aborderons son développement.

## Évolution de l'Église kimbanguiste

### Développement géographique et démographique

Pamphile Mabiala Ngoma relate le développement de l'Église kimbanguiste dans ses premières heures. Ce développement va de N'Kamba, qui est le noyau, vers les cataractes et les territoires de Mayombe, Boma et Sonabata[27]. Ce développement ne s'est pas arrêté à la province du Kongo central, mais s'est étendu sur toute la République démocratique du Congo. Susan Asch en donne la cause : « L'ensemble du territoire congolais a été touché par le kimbanguisme parce que les lieux de détention des déportés se trouvaient justement dans toutes les provinces de la République Démocratique du Congo[28]. » Au-delà du Congo RDC, le développement de l'Église kimbanguiste touche plusieurs pays de l'Afrique : Congo-Brazzaville, Angola, Tchad, Ouganda et Zambie[29]. Ngoma Binda, Jean Labana, Zola Mululendo et Mwene Batende témoignent de l'implantation mondiale de l'Église kimbanguiste, en Allemagne, aux États-Unis d'Amérique, au Canada, au Brésil, en Australie, dans les Caraïbes et en Chine[30].

---

26. ASCH, *L'Église du prophète Simon Kimbangu*, p. 140.
27. Mabiala NGOMA, « Kimbanguisme face à la sureté coloniale (1921-1959) », in *Simon Kimbangu. Le prophète de la libération de l'homme noir*, sous dir. Elikia M'BOKOLO et Kivilu SABAKINU, Actes de la Conférence internationale sur Simon Kimbangu (1887-1951), du 24 au 28 juillet 2011, Paris, L'Harmattan, 2014, p. 179.
28. ASCH, *L'Église du prophète Simon Kimbangu*, p. 136-137.
29. Aurélien Mokoko GAMPIOT, « L'éthique kimbanguiste et l'esprit de développement », in M'BOKOLO et SABAKINU, *Simon Kimbangu*, p. 447.
30. Ngoma BINDA, « De la méconnaissance à la reconnaissance. La réception du kimbanguisme par les intellectuels congolais », in M'BOKOLO et SABAKINU, *Simon Kimbangu*, p. 45 ; Jean LABANA, « Le kimbanguisme comme vecteur de manifestation extérieure de la République démocratique du Congo », in M'BOKOLO et SABAKINU, *Simon Kimbangu*, p. 289 ; Zola MULULENDO, « L'Église kimbanguiste et la théologie africaine. Bilan et perspective », in *Théologie africaine. Bilan et perspective*, dix-septième semaine théologique de Kinshasa,

Concernant le développement démographique, selon les sources officielles de l'Église kimbanguiste, les fidèles kimbanguistes comptent aujourd'hui 17 000 000 en République démocratique du Congo, 1 215 000 en Angola et 975 000 en République du Congo[31]. Mwene Batende nous fait remarquer que ces statistiques ne concernent pas d'autres fidèles kimbanguistes éparpillés en Afrique, en Europe, en Amérique latine, aux États-Unis, au Canada et même en Chine où elle a une représentation[32].

Comme nous venons de nous en rendre compte, l'Église kimbanguiste a connu une croissance aussi bien géographique que démographique.

## *Admission de l'Église kimbanguiste au Conseil œcuménique des Églises (COE)*

Après la reconnaissance de l'Église par l'administration belge le 24 décembre 1959, la préoccupation fut la reconnaissance par les Églises chrétiennes au niveau mondial.

Le processus pour l'adhésion durera trois ans, de 1966 à 1969, car le COE voulait se rassurer de l'identité chrétienne de l'Église kimbanguiste. C'est ce qui va justifier l'envoi de Marie-Louise Martin et de Willy Béguin à l'Église de Jésus-Christ sur la terre par le prophète Simon Kimbangu[33]. La mission de Martin et de Béguin devait répondre aux questions suivantes : 1) Est-ce que l'E.J.C.S.K est une secte ? 2) Est-ce que le rôle du prophète Simon Kimbangu influence le contenu doctrinal de l'Église ? 3) Est-ce que l'E.J.C.S.K. est biblique ? C'est au bout de cette mission que l'Église kimbanguiste sera admise au COE. René Beeckmans nous donne les détails : « L'Église kimbanguiste a demandé d'être reçue comme membre du Conseil œcuménique, qui l'a accueilli par 260 voix favorables contre deux avec neuf abstentions[34]. »

Il faut signaler que la mission de Martin et de Béguin a continué même après l'admission de l'Église kimbanguiste au COE. Marie-Louise Martin jouera un rôle capital dans la réformation de la théologie et la formation des théologiens kimbanguistes. En novembre 1970, elle deviendra la directrice de l'École de théologie

---

Kinshasa, FCK, 1989, p. 60 ; Gaston Mwene BATENDE, « Kimbanguisme et nouvelles spiritualités », p. 135.
31. BATENDE, « Kimbanguisme et nouvelles spiritualités », p. 134.
32. *Ibid.*
33. ASCH, L'Église du prophète Simon Kimbangu, p. 120.
34. René BEECKMANS, « Église du Christ sur la Terre par le prophète Simon Kimbangu : l'adhésion de l'Église kimbanguiste au Conseil œcuménique des Églises », *Congo-Afrique* n° 39, 1969, p. 450.

kimbanguiste (E.T.K.). Mwene Batende décrit sa contribution comme suit : « Marie Louise Martin, théologienne kimbanguiste d'origine suisse et ancienne Doyenne de la faculté de la théologie kimbanguiste… a largement contribué à l'élaboration de la théologie kimbanguiste[35]. »

## Sortie de l'Église kimbanguiste du Conseil Œcuménique des Églises (COE)

Les dérives doctrinales de l'Église kimbanguiste, que nous évoquerons ci-dessous, ont suscité des réactions du côté des Églises chrétiennes et du COE.

La première est celle du Conseil œcuménique des Églises du Congo en 2000. Le Pasteur Albert Poungui Sambou, président du Conseil écrit :

> Les affirmations de l'Église kimbanguiste ne sont pas puisées dans les Saintes Écritures et elles ne sont nulle part écrites ou présentées. L'Église kimbanguiste est en train de développer, d'enseigner et de proclamer une hérésie. Dès le moment où elle devient hérétique, elle s'écarte du Conseil œcuménique des Églises chrétiennes du Congo[36].

Cette réaction sera suivie en mars 2002 de celle de l'Église du Christ au Congo, une plateforme des confessions religieuses protestantes au Congo RDC, et marquera la rupture avec l'Église kimbanguiste[37]. La déclaration de la Conférence épiscopale nationale du Congo (CENCO) en 2004 confirmera la rupture de la relation entre l'Église catholique du Congo et l'Église kimbanguiste[38]. C'est finalement en août 2005 que le Conseil œcuménique des Églises suspendra l'Église kimbanguiste[39].

## Doctrines particulières de l'Église kimbanguiste

En son temps, Martin évoquait certaines difficultés avec la définition de la théologie kimbanguiste. Elle écrit : « Nous avons déjà vu qu'il n'est pas aisé de définir la théologie kimbanguiste : elle est vécue, chantée, mais pas formulée[40]. »

---

35. BATENDE, « Kimbanguisme et nouvelles spiritualités », p. 130.
36. Propos recueillis par Raymond Bitemo, *Le chemin* n° 103, janvier 2001.
37. Aurélien Mokoko GAMPIOT, *Le kimbanguisme en France. Expression messianique d'une Église afro-chrétienne en contexte migratoire*, Paris, l'Harmattan, 2010, p. 113.
38. « Déclaration de la Conférence épiscopale de l'Église catholique avec l'Église kimbanguiste », Kinshasa, 2004, p. 454-455.
39. Kayongo Léon NGUAPITSHI, « Kimbanguism. Its Present Christian Doctrine and the Problems Raised by it », *Exchange* n° 34, vol. 3, 2005, p. 228.
40. MARTIN, *Simon Kimbangu*, p. 160.

Évidemment, aujourd'hui l'Église kimbanguiste a ses théologiens. Seulement, en ce qui concerne le contenu théologique du kimbanguisme, il y a d'une part l'éthique et d'autre part la doctrine kimbanguiste[41]. Faute de pouvoir considérer tous les aspects de cette théologie, nous nous focaliserons dans la prochaine section sur la doctrine concernant Simon Kimbangu et la doctrine de la Trinité.

## *La doctrine concernant Simon Kimbangu*

La doctrine sur Simon Kimbangu concernera l'assimilation de ce dernier au Saint-Esprit, Simon Kimbangu comme intercesseur et Simon Kimbangu comme messager de Jésus-Christ.

### Simon Kimbangu et le Saint-Esprit

L'Église kimbanguiste a deux discours : officiel et populaire. C'est ce qu'affirme Josée Ngalula[42]. Ces deux discours perçoivent différemment la position de Simon Kimbangu par rapport au Saint-Esprit. Balz remarque : « Le clergé de l'Église est divisé entre la majorité de ceux qui partagent la croyance populaire selon laquelle Simon Kimbangu incarne le Saint-Esprit et la minorité des théologiens qui réfutent cette doctrine[43]. » Joseph Diangienda est parmi ceux qui identifient Kimbangu au Saint-Esprit[44]. Josée Ngalula explique cette identification, à partir de la réaction de l'association des théologiens kimbanguistes à la Conférence épiscopale nationale du Congo (CENCO) le 3 juillet 2004[45]. L'association des théologiens kimbanguistes a répondu ce qui suit :

> Simon Kimbangu n'est pas précisément un prophète au sens ordinaire du terme puisque le prophète vient d'en bas (cf. Jn 3.31), tandis que Simon Kimbangu vient d'en haut. Il est un autre paraclet que Jésus lui-même a promis qu'il viendra en son nom (cf. Jn 14.16-17 ; 15,21 ; 16,12-13) et non ce qu'exprime votre théologie[46].

Cette réaction montre à suffisance que Kimbangu est identifié par les théologiens kimbanguistes au Saint-Esprit.

---

41. Asch, *L'Église du prophète Simon Kimbangu*, p. 111.
42. Josée Ngalula, *Du pouvoir de la piété populaire. Enjeux théologiques de la crise kimbanguiste entre 1990 et 2005*, Kinshasa, Facultés catholiques de Kinshasa, 2007, p. 17.
43. Balz, « Kimbanguism Going Astray », p. 356.
44. Diangienda, *Histoire du kimbanguisme*, p. 257.
45. Ngalula, *Du pouvoir de la piété populaire*, p. 61.
46. *Ibid.*

Ngalula ajoute :

> C'est par exemple à travers les révélations de Papa Diangienda Kuntima que les Kimbanguistes ont su que papa Simon Kimbangu est l'Esprit de vérité, promis par notre Seigneur Jésus-Christ... Simon Kimbangu est le paraclet noir qui devait vivre parmi les Noirs pour toujours afin de les consoler, les libérer et les réhabiliter[47].

Selon Nomanyath, le problème de fond de la doctrine kimbanguiste se trouve dans la place et le rôle du Saint-Esprit. Il écrit : « Il y a jusqu'à aujourd'hui une forme d'ambiguïté entre le rôle du Saint-Esprit et celui du prophète Simon Kimbangu[48]. » Pour Susan Asch ce problème était à l'époque au cœur du débat entre l'Église kimbanguiste et le Conseil œcuménique des Églises[49]. Toutefois, la majorité des Kimbanguistes sont d'accord pour dire que Simon Kimbangu est le Saint-Esprit promis par Jésus-Christ.

### Simon Kimbangu, l'intercesseur

Simon Kimbangu est considéré comme l'intercesseur par les croyants kimbanguistes. Marie-Louise Martin remarque qu'« il représente les croyants devant Dieu[50] ». C'est en occupant cette position qu'il intercède en faveur des croyants kimbanguistes. Martin poursuit : « Simon Kimbangu est considéré comme un intercesseur, mais non comme messie[51]. » Elle explique cette médiation à partir du culte des ancêtres en Afrique. Samuel Simbandumwe soutient cette interprétation de Marie-Louise Martin : « Les Kimbanguistes n'adorent pas le prophète Kimbangu. Ils le regardent plutôt comme leur ancêtre-médiateur qui assure leur protection par son intercession[52]. » Il justifie sa position en se basant aussi sur la religion traditionnelle kongo où Dieu (*Nzambi*) n'est accessible par le commun du peuple que par l'ancêtre supérieur. Selon Simbandumwe, c'est dans ce sens que Kimbangu est considéré comme cet ancêtre-supérieur qui devrait présenter leurs

---

47. *Ibid.*, p. 63.
48. David Nomanyath, « Les Églises de réveil dans l'histoire des religions en République Démocratique du Congo. Questions de dialogue œcuménique et interreligieux », thèse de doctorat, Université de Lille III, 2005, p. 72.
49. Asch, *L'Église du prophète Simon Kimbangu*, p. 113.
50. Martin, *Simon Kimbangu*, p. 166.
51. *Ibid.*, p. 188.
52. Samuel S. Simbandumwe, « Understanding the Role of a Modern Prophet in Kimbanguist Hymns », *History of religion* vol. 32, n° 2, 1992, p. 173 (notre traduction).

besoins à Dieu (*Nzambi*)[53]. En effet, dans le culte des ancêtres chez les Bakongo, il y a une sorte de hiérarchisation des pouvoirs de façon que le peuple n'entre en contact du pouvoir supérieur que par l'intermédiaire du pouvoir inférieur. C'est pourquoi pour les Kimbanguistes, Kimbangu occupe une place importante de médiation dans cette hiérarchie. Suite à cela Simbandumwe ajoute : « Il ressort clairement que Simon Kimbangu est celui-là même, qui appuie auprès du Christ nos prières afin que le Seigneur puisse y donner suite le plus rapidement possible[54]. » À ce titre, « selon la cosmologie des Bakongo, Kimbangu n'est pas mort et son âme (*mpeve*) continue à influer la seconde génération kimbanguiste. Il assume juste un haut office d'ancêtre médiateur[55] ». Finalement, Kimbangu n'est pas seulement un intercesseur, mais aussi le messager de Jésus-Christ.

### Simon Kimbangu, le messager de Jésus-Christ

Simon Kimbangu est aussi considéré comme un prophète. Chez les Bakongo ce nom est traduit par *ntoma* ou *ngunza*. À cet effet, André Drougers remarque : « Kimbangu avait souvent le titre de « *ntoma* », celui qui est envoyé, le messager[56]. » Il évoque même deux hymnes des fidèles kimbanguistes, dans lesquels Kimbangu est reconnu comme *ntoma* « prophète ».

Un autre mot kongo traduit par prophète est *ngunza*. Dans la religion kongo *ngunza* « prophète » est lié à l'exorcisme. Par ce fait même, *ngunza* « prophète » et *nganga* « guérisseur » avaient des fonctions similaires. Dans l'exercice de leurs fonctions les deux s'adressaient à Nzambi (Dieu). Si la fonction du premier était liée au culte et à la religion, la fonction du dernier était liée à la médecine. Or, dans la société kongo, la religion et la médecine avaient une base commune.

---

53. « Dans la tradition des Bakongo la ligne de communication avec Nzambi traverse la hiérarchie des membres importants de la communauté vers le patriarche du pouvoir réel. Il présente les besoins du peuple et interprète leurs cas devant l'ancêtre-supérieur en *mpemba* qui, lui, fait appel à Nzambi ». SIMBANDUMWE, « Understanding the Role of a Modern Prophet », p. 173 (notre traduction).
54. « Bien que la théologie kimbanguiste officielle prend au sérieux le rôle médiateur du Christ entre Nzambi et son peuple, les Kimbanguistes maintiennent la notion d'hiérarchie dans le conseil des *banzambi*, parmi lesquels Kimbangu et Zimywala sont reconnus ». *Ibid.*
55. « Kimbangu étant Nguza Nzambi, rend son peuple capable d'avoir accès aux bénédictions de l'ancêtre-supérieur (cf. Mc 9.2-6 ; Lc 16.27-30), et à Nzambi lui-même par ses services intercession, en guérissant les malades et en exorcisant les démons ». *Ibid.*, p. 174 (notre traduction).
56. André DROOGERS, « Kimbangu at the Grass Roots », *Journal of religion in Africa* vol. xi, n° 3, 1980, p. 168.

Simon Kimbangu est donc assimilé au Saint-Esprit et aussi considéré comme intercesseur et prophète par les croyants kimbanguistes. Que dire de la doctrine kimbanguiste sur la Trinité ?

## *La doctrine de la Trinité*

Après 1990, l'Église kimbanguiste a une nouvelle doctrine de Dieu, de Jésus-Christ et du Saint-Esprit. Kayongo Léon Nguapitshi développe ces différentes doctrines dans un article sur le kimbanguisme[57].

### Doctrine de Dieu

Selon Nguapitshi, le fils aîné de Simon Kimbangu, Charles Kisolokele, est identifié à Dieu : « Dans la pensée populaire et l'enseignement kimbanguiste présent le dieu kimbanguiste n'est plus non-engendré (*not begotten*), mais engendré parce qu'il est devenu chair en Charles Kisolekele Lukelo. C'est de cette façon-là que tout l'enseignement de la première personne de la Trinité est profondément changé[58]. »

### Doctrine de Jésus-Christ

Dialungana Kiangani, qui est le deuxième fils de Simon Kimbangu, est identifié à Jésus-Christ, c'est-à-dire la deuxième personne de la Trinité. Selon Nguapitshi, le changement a commencé avec la modification de la date de Noël. Elle n'est plus célébrée le 25 décembre, mais le 25 mai. C'est depuis 1999 qu'elle fut déclarée comme la date réelle de la naissance de Jésus-Christ de Nazareth. Cette nouvelle date de Noël, poursuit Nguapitshi, coïncide avec la date de naissance du second fils de Simon Kimbangu, Salomon Dialungana Kiangani, qui est né le 25 mai 1916[59]. Quelques personnalités de l'Église l'ont déjà déclaré publiquement. Joseph Diangienda, qui fut le chef spirituel de l'Église kimbanguiste à l'époque, l'avait fait peu avant sa mort le 16 août 2001. Dialungana lui-même a déclaré par après à N'Kamba « d'être le Jésus-Christ que le monde cherchait ».

### Doctrine du Saint-Esprit

Selon la nouvelle doctrine kimbanguiste, le troisième fils de Simon Kimbangu, Joseph Diangienda Kuntima, est la troisième personne de la Trinité, c'est-à-dire le

---

57. NGUAPITSHI, « Kimbanguism », p. 228-247 ; cf. NGALULA, *Du pouvoir de la piété populaire*, p. 29.
58. NGUAPITSHI, « Kimbanguism », p. 234 (notre traduction).
59. *Ibid.*

Saint-Esprit. Cette conception est soutenue par la prophétie de Simon Kimbangu en 1910, « qu'il naîtrait encore en 1918, qu'il reviendrait à travers son fils[60] ». Or, selon cette prophétie, il s'est incarné en son fils cadet, Diangienda Kuntima. Voilà la nouvelle doctrine kimbanguiste concernant la Trinité dans laquelle Kisolokele Lukelo est Dieu le Père, Dialungana est Jésus-Christ qui est revenu en notre temps, et Diangienda est considéré comme l'incarnation de son père Simon Kimbangu, c'est-à-dire le Saint-Esprit.

### *Contextualisation de la Trinité par l'Église kimbanguiste*

Pour l'Église kimbanguiste, les trois fils de Simon Kimbangu représentent donc les formes corporelles de la divinité. Josée Ngalula a fait un effort de regrouper les arguments des théologiens kimbanguistes sur l'incarnation des trois personnes divines. Elle le fait autour de ce qu'elle appelle « les quatre convictions » : premièrement, toutes les trois personnes peuvent s'incarner, deuxièmement l'incarnation peut se répéter indéfiniment, troisièmement les trois personnes divines sont incarnées aujourd'hui, et quatrièmement la Trinité divine porte des noms africains[61]. Elle souligne en outre que « le kimbanguisme contemporain privilégie le schéma d'une désignation africaine du sacré[62] ». Elle explicite par la suite ce schéma qui consiste en l'adoration de l'Être suprême avec comme centre de sa manifestation et de méditation Simon Kimbangu et sa progéniture directe[63].

Ces doctrines particulières de l'Église kimbanguiste sont en contradiction avec les Saintes Écritures et la doctrine chrétienne de la Trinité. En conséquence elles constituent un syncrétisme ouvert. Dans la contextualisation de l'Église kimbanguiste se dégagent plusieurs difficultés. Par ailleurs, elle nous rappelle les difficultés dans la contextualisation de la Trinité en Afrique. Si Dieu le Père pouvait être assimilé à l'Esprit supérieur et inaccessible, et Jésus-Christ identifié à l'Ancêtre fondateur ou l'Ancêtre médiateur, mais qu'en est-il du Saint-Esprit ? Le problème continue à se poser dans un contexte africain caractérisé par l'oralité où l'illustration et les images constituent un style de communication par excellence. Ceci montre que la pneumatologie dans le contexte africain devrait non seule-

---

60. « C'est la prophétie de Kimbangu en 1910 qui disait qu'il naîtrait en 1918, qui est actuellement l'année de naissance de son jeune fils, que les contemporains et les Kimbanguistes considèrent comme le retour de Simon Kimbangu en son fils ». NGUAPITSHI, « Kimbanguism », p. 238.
61. NGALULA, *Du pouvoir de la piété populaire*, p. 59-70.
62. *Ibid.*, p. 100.
63. *Ibid.*, p. 66.

ment prendre au sérieux le monde des esprits, mais aussi la contextualisation de la troisième personne de la Trinité. Évidemment, une question qui se pose est celle de savoir s'il faut contextualiser toutes les personnes de la Trinité. Pour Christ, la contextualisation semble faisable sans trop de difficultés. En abordant la question des visages d'un Christ africain, Chenu parle du Christ chef, du Christ ancêtre, du Christ initiateur et du Christ guérisseur[64]. Toutes ces images cadrent avec le contexte traditionnel africain.

## Pratiques particulières de l'Église kimbanguiste

Outre le culte et les sacrements, l'Église kimbanguiste connaît quelques autres pratiques de caractère obligatoire. Il s'agit du retrait des objets de valeur au moment de la prière, de l'agenouillement devant les dirigeants de l'Église, du déchaussement dans un lieu de culte, du port d'un foulard par les femmes, du baptême par l'Esprit et de la purification par l'eau bénite de N'Kamba-Jérusalem[65]. Asch nous fait observer que « ces coutumes dites traditionnelles proviennent de l'apport culturel authentiquement africain du kimbanguisme au christianisme[66] ».

## Conclusion

L'Église kimbanguiste est née dans un contexte politique caractérisé par la colonisation belge d'une part et d'autre part un contexte religieux dominé par les missions catholiques et protestantes. Commencée à N'Kamba en 1921 comme mouvement politico-religieux, l'Église kimbanguiste s'est développée jusqu'à atteindre l'échelle mondiale. Son extension témoigne de son caractère universel. La croissance aussi bien démographique que géographique suscite une réelle curiosité et attire l'attention des observateurs. Il est important de comprendre les facteurs qui ont contribué à cette croissance.

Après la reconnaissance officielle par l'administration belge en 1959, l'Église kimbanguiste a été admise au COE en 1969, pour en sortir en 2005 suite aux dérives doctrinales. Les doctrines particulières posent un problème de syncrétisme. En effet, l'Église kimbanguiste a toujours eu deux discours, l'un officiel et christocentrique, l'autre populaire et kimbango-centrique. Il sied de constater aujourd'hui la domination du discours populaire sur le discours officiel. Ceci

---

64. Bruno CHENU, *Théologies chrétiennes des tiers mondes*, Paris, Centurion, 1987, p. 142.
65. ASCH, *L'Église du prophète Simon Kimbangu*, p. 113.
66. *Ibid.*

soulève la question de l'identité de Simon Kimbangu et celui de la divinisation de ses trois fils. En ce qui concerne l'identité de Simon Kimbangu, elle a toujours posé des problèmes, par le fait qu'il est assimilé au Saint-Esprit. C'est en contradiction avec la doctrine chrétienne, car dans le christianisme, le Saint-Esprit est la troisième personne de la Trinité et n'a pas de forme corporelle.

Nous reconnaissons de manière générale cet aspect de la contextualisation faite par l'Église kimbanguiste, qui malheureusement a abouti à un syncrétisme ouvert, par le fait de l'intégration d'éléments culturels africains dans le christianisme sans le souci de leur évaluation à la lumière de l'Évangile.

## Pour aller plus loin

ASCH, Susan, *L'Église du prophète Simon Kimbangu. De ses origines à son rôle au Zaïre actuel*, Paris, Karthala, 1982.
BALZ, Heinrich, « Kimbanguism Going Astray », *Exchange* n° 38, 2009, p. 355-364.
CHOMÉ, Jules, *La passion de Simon Kimbangu*, Bruxelles, Les amis de la présence africaine, 1958.
DIANGIENDA, Joseph, *Histoire du kimbanguisme*, Entraide kimbanguiste, France, 2003.
MARTIN, Marie-Louise, *Simon Kimbangu. Un prophète et son Église*, Lausanne, Socle, 1981.
NGALULA, Josée, *Du pouvoir de la piété populaire. Enjeux théologiques de la crise kimbanguiste entre 1990 et 2009*, Kinshasa, Facultés Catholiques de Kinshasa, 2007.
NGUAPITSHI, Kayongo Léon, « Kimbanguism. Its Present Doctrine and the Problems Raised by It », *Exchange* n° 34, vol. 3, 2005, p. 227-247.
VAN WING, Joseph, « Kimbanguisme vu par un témoin », *Zaïre* vol. xii, n° 8, 1958, p. 563-618.

# 5

# L'Église harriste au Libéria et en Côte d'Ivoire

## *Yves Mulume*

Nous aborderons le sujet de l'Église harriste sous trois angles : la personne de William Wadé Harris, le contexte politique du Libéria et de la Côte d'Ivoire au temps de Harris, et quelques pratiques de l'Église harriste.

## La personne de William Wadé Harris
### *Bref survol de sa vie et de son appel*

William Wadé Harris est né à Garraway au Libéria autour des années 1860 et mort en 1929. Ses parents étaient de l'ethnie Grébo habitant la frontière avec la Côte d'Ivoire[1]. Leurs pratiques religieuses consistaient en la vénération des esprits ancestraux. À l'âge de seize ans, Harris fut envoyé à l'école méthodiste épiscopalienne présidée par le révérend Jesse Lawry où il apprit à lire et à écrire en anglais et en grébo. C'est donc au sein de l'Église méthodiste qu'il fut encouragé pour sa future carrière apostolique. À l'issue de sa conversion au christianisme par l'entremise de la Mission méthodiste, il devint l'initiateur d'un mouvement religieux en 1913.

Harris connut une jeunesse tumultueuse. Il servit plusieurs fois sur des bateaux qui l'amenèrent jusqu'au Nigéria. À Lagos il entra en contact avec le mouvement religieux Timbu Church où il perfectionna quelque peu sa connais-

---
1. Cette proximité géographique de la Côte d'Ivoire et du Libéria a eu un impact sur le ministère de Harris.

sance religieuse. Pour avoir mal utilisé le drapeau de la domination britannique, symbole de liberté, au cours de cette période coloniale, au-dessus de sa maison dans la cité du Cap des Palmes, Harris fut accusé de provocation et jeté en prison en 1913.

Selon lui, au cours de son séjour pénitentiaire, il reçut la vision de l'archange Gabriel, messager de Dieu, qui le chargea de la mission d'annoncer la Parole de Dieu. D'après lui, l'ange Gabriel lui dit : « Tu n'es pas en prison. Dieu viendra te rejoindre. Tu seras un prophète[2]. » Puis l'Esprit Saint descendit sur Harris avec le bruit d'un jet d'eau. Il compara cet acte, qui se répéta à trois reprises, comme de la glace sur sa tête et sur toute sa peau. Harris assimila cette frayeur à celle de la Pentecôte. L'ange lui dit qu'il devait être prophète des temps derniers. Pour ce faire, il aurait besoin de porter une robe blanche et d'abandonner ses vêtements civils y compris ses chaussures en cuir verni. Il aurait besoin également de détruire les fétiches à commencer par les siens et il devait prêcher le baptême chrétien[3].

Dès qu'il fut libéré en 1914, Harris ne cessa de témoigner qu'il était le prophète au-dessus de toutes les religions et qu'il était affranchi du contrôle des hommes. À ce sujet, il reconnut qu'il ne relevait que de Dieu par l'intermédiaire de l'ange Gabriel de qui il dit avoir entendu : « Je t'accompagnerai partout et je te révèlerai la mission à laquelle te destine Dieu le maître de l'univers que les hommes ne respectent plus[4]. » Par la suite, Harris estime avoir été visité pour la troisième fois par l'ange Gabriel qui le mit au courant de sa mission d'annoncer la Bonne Nouvelle de Jésus-Christ[5]. Dans cette perspective, au travers de son ministère, pendant quinze mois, plus ou moins 100 000 autochtones se convertirent au christianisme[6]. C'est à juste titre que Harris pouvait être comparé à l'apôtre Paul dont la vocation détaillée en Actes 26.17-18 consistait à convertir les non-Juifs au christianisme pour qu'ils passent des ténèbres à la lumière et de la puissance de Satan à Dieu.

---

2. John BAUR, *2000 ans de christianisme en Afrique. Une histoire de l'Église africaine*, Kinshasa, Paulines, 2001, p. 113.
3. Solomon ANDRIA, « Réveils et initiatives africaines », dans *Églises et ministères d'initiative africaine. Enjeux et avenir*, sous dir. Rubin POHOR & Issiaka COULIBALY, Actes du Colloque international de la FATEAC, 22 au 23 mai 2014 à Abidjan (Côte d'Ivoire), Abidjan, FATEAC, 2015, p. 101.
4. *Ibid.*
5. *Ibid.*
6. *Ibid.*

## *Analyse missiologique*

Deux aspects importants ressortent de la biographie de Harris : sa scolarisation et sa conversion de la religion traditionnelle africaine au christianisme. Nous estimons que la pratique d'apprentissage de la lecture, de l'écriture et du calcul était similaire à celle qui était d'usage courant, dans la plupart des missions en Afrique pour répondre au besoin d'évangélistes et d'enseignants autochtones formés, conformément à la vision missionnaire en vogue au cours de cette période du christianisme en Afrique[7]. Cette pensée cadre avec le ministère de Harris au regard de son appel dont l'annonce de l'Évangile constituait le point focal.

C'est dans cette perspective que les autochtones africains convertis et instruits pouvaient parfois être les premiers à sillonner leurs villages pour y annoncer l'Évangile en faisant usage de la langue locale et de la culture ambiante. Les pasteurs et les missionnaires suivaient. Ainsi, au regard de l'histoire de la mission chrétienne, nous estimons que pareille pratique de l'apport des autochtones formés dans ces écoles, cadrerait avec le modèle missionnaire qui a pour but le salut des hommes et l'implantation d'Églises. Il s'agit du modèle sotériologique dans son approche centrifuge[8]. En effet, cette pratique centrifuge déplaçait le missionnaire de la station vers la cité résidentielle. Par ailleurs, dans la pratique centripète, le missionnaire attendait que la population locale prenne la direction de la cité vers la station. Cependant, dans la pratique missionnaire centrifuge se situe l'apport des autochtones convertis et scolarisés. Ils avaient la responsabilité de communiquer l'Évangile dans des concepts compréhensibles par les leurs.

Ici se comprend la thèse de l'historien gambien Lamin Sanneh. Il a consacré de multiples recherches au rôle joué par les collaborateurs autochtones des missionnaires occidentaux en leur qualité de traducteurs de la culture locale au cours de la domination coloniale. Ces auxiliaires autochtones sont, selon lui, des récepteurs qui se sont appropriés l'Évangile dans le cadre de leur culture locale, à travers laquelle ils l'ont transmis dans leurs milieux respectifs. C'est le point de vue de plusieurs auteurs[9]. Dans ce cadre précis, on peut soutenir

---

7. Göran JANZON, « La seconde conversion ». *D'une mission suédoise à des Églises africaines sur le champ de travail de la Mission d'Örebro en Afrique Centrale, 1914-1962*, Örebro, Votum, 2008/2012, p. 138.

8. Hannes WIHER, « Les grandes lignes missionnaires dans la Bible », in *Bible et mission. Vers une théologie évangélique de la mission*, sous dir. Hannes WIHER, Charols, Excelsis, 2011, p. 145.

9. Lamin SANNEH, *Translating the Message. The Missionary Impact on Culture*, Maryknoll, Orbis, 1989, p. 51, 94-95. Voir aussi BAUR, *2000 ans de christianisme en Afrique*, p. 438 ; Andrew F. WALLS, *The Missionary Movement in Christian History. Studies in the Transmission of Faith*, Maryknoll, Orbis, 2007, p. 26, 41 ; J. Ade AJAYI et E. A. AYANDELE, « Writing African Church

que la Bible en langue locale joue le rôle du missionnaire mais sans qu'elle n'ait besoin de congé[10].

D'ailleurs, dans certaines régions d'Afrique, d'aucuns affirment que contrairement aux catholiques, « les protestants ont initié un laïcat responsable », qui a largement contribué à l'implantation d'Églises[11]. C'est dans ce schéma que nous pouvons appréhender le ministère de Harris au Libéria et en Côte d'Ivoire, comme le précise la suite.

En sa qualité de membre de l'Église méthodiste au Libéria, Harris était considéré comme disciple de John Wesley (1703-1791), prêtre anglican britannique et tête d'affiche du méthodisme et du Réveil anglais[12]. Ce qualificatif de prophète que portait Harris, rend compte à notre avis de son identité religieuse et indique une certaine similitude du méthodisme avec le pentecôtisme. Il s'agit d'un mouvement du courant protestant qui tire ses origines théologiques du mouvement de réveil ou du renouveau évangélique. De manière particulière, le méthodisme a suivi le piétisme. C'est l'arrière-fond du mouvement de la sanctification des XVIII$^e$ et XIX$^e$ siècles dont, au plan religieux, le pentecôtisme est la suite logique, comme l'affirme Wiher. En effet, il fait ressortir la tradition missionnaire des Églises à tendance pentecôtiste[13]. C'est sous cet angle qu'il y a lieu d'élaborer une sorte de rapprochement du mouvement religieux prôné par Harris avec certaines tendances manifestes au sein du mouvement pentecôtiste. Pour mieux cerner son œuvre, nous estimons qu'il est nécessaire d'évoquer brièvement la situation de l'Église harriste au Libéria et en Côte d'Ivoire.

---

History », in *The Church Crossing Frontiers. Essays on the Nature of Missions in Honour of Bengt Sundkler*, sous dir. Peter BEYERHAUS, Uppsala, Gleerup, 1969, p. 90-108.

10. Ruth TUCKER, *From Jerusalem to Irian Jaya*, Grand Rapids, Zondervan, 1993, p. 351-357 (version française : *De Jérusalem à Irian Jaya*, St-Légier, Emmaüs, 1997).
11. André-Jacques MAMBUENE YABU, *La méthodologie missionnaire en Afrique. Étude des méthodes missionnaires au Bas-Congo*, Kinshasa, Médias Paul, 2008, p. 32.
12. ANDRIA, « Réveils et initiatives africaines », p. 101. Lire aussi Klaus FIEDLER, *The Story of Faith Missions. From Hudson Taylor to Present Day Africa*, Oxford, Regnum, 1994, p. 13, 112, 125.
13. Hannes WIHER, « Une spiritualité missionnaire », dans *Bible et mission, vol. 2 : Vers une pratique missionnaire évangélique de la mission*, sous dir. Hannes WIHER, Charols, Excelsis, 2012, p. 88-89.

## Le contexte politique du Libéria et de la Côte d'Ivoire au temps de Harris

### Le Libéria

Il vient d'être précisé que Harris est de l'ethnie Grébo à la frontière entre le Libéria et la Côte d'Ivoire. Le Libéria est devenu indépendant en 1847. Après l'abolition de la traite des esclaves, l'association américaine American Colonization Society est fondée en 1816 afin de faciliter et d'encourager l'immigration des Noirs en Afrique[14]. L'État du Maryland a permis la réalisation de ce projet en prélevant une taxe. C'est dans cette perspective que le Libéria, en Afrique, a été choisi pour les abriter. Les immigrants du Maryland arrivèrent en 1834, quelques années après la fondation du Libéria, alors colonie américaine. Selon René Bureau, une constitution mise en place par les colons « stipulait entre autres qu'il n'y aurait pas de trafic d'alcool et que la foi chrétienne serait établie parmi les indigènes[15] ». Les colons souhaitaient fonder un nouveau Maryland, nom que porta un des districts de ce pays pour la relocalisation de ces esclaves affranchis. Après de longues discussions entre les colons et les chefs grébos, un accord fut signé. Il stipulait qu'une superficie de quatre cents milles carrés soit concédée à la colonie, qu'une défense commune soit établie, que trois écoles soient construites et qu'un fils de chaque grand chef soit envoyé aux États-Unis[16].

Un code pénal commun fut établi dès le départ, mais des tensions règnaient quand même entre les Grébo et les Américano-Libériens :

> En 1854, les colons durent attaquer Garraway à coups de fusils et de canons. Trente-six hommes furent tués parmi les Grébo. Un traité rétablit quelque peu l'égalité. Une autre tension eut lieu vers 1875 : le *Grebo Reunited Kingdom*, rassemblant les tribus côtières attaqua les Américano-Libériens. Par la suite, la France réclama une portion du territoire Krou et une nouvelle frontière fut fixée à la Cavalla River en 1892. Les Grébo profitèrent du gain français pour fomenter une nouvelle révolte[17].

Selon René Bureau, le groupe ethnique des Krou, et parmi eux les Grébo, s'employaient régulièrement dans les équipages des navires, et particulièrement

---

14. René Bureau, *Le prophète de la lagune. Les harristes de Côte d'Ivoire*, Paris, Karthala, 1996, p. 8.
15. *Ibid.*
16. Baur, *2000 ans de christianisme*, p. 114.
17. Bureau, *Le prophète de la lagune*, p. 9.

des navires anglais et « les relations familiales ainsi entretenues avec les Britanniques déterminèrent chez les Grébo une anglophilie que nous retrouverons chez Harris[18] ».

Cependant, des tensions entre Libériens et Anglais émergèrent concernant les questions douanières et les ports d'entrée :

> Les Anglais apparurent comme défenseurs des Krou dans la défense du trafic et la résistance aux prétentions françaises et allemandes sur leur territoire. Les Krou espérèrent un moment devenir sujets anglais. Le gouvernement libérien entra en lutte contre eux et ce fut, en 1909, la quatrième guerre Grébo. Un chef fut arrêté. Des soldats gouvernementaux furent accusés de viols. Un prêtre épiscopalien grébo fut tué. Les Grébo demandèrent la tutelle anglaise contre le Libéria. Américains et Allemands fournissaient des munitions et de l'aide. La plupart des chefs grébo furent faits prisonniers. La répression fut sévère[19]. »

René Bureau décrit William Wadé Harris comme « l'un des nationalistes grébo les plus ardents » en 1910, « nourri d'anglophilie, de résistance culturelle et politique, passionné d'indépendance »[20]. À cette époque il appartenait à la Protestant Episcopal Church. Ainsi il fut emprisonné. À l'issue de son incarcération au cours de laquelle Harris crut avoir reçu l'appel au ministère prophétique, il établit son quartier général au Cap des Palmes où il consacra son temps au temple pour des discussions en rapport avec la Bible. Il fut vite remarqué par les missionnaires méthodistes qui lui conférèrent le poste rémunéré de moniteur de l'école épiscopale dans le but de décourager sa mêlée politique. Cette offre ne l'empêcha pas de prendre part aux soulèvements tribaux contre le gouvernement libérien. Pour cette raison, il fut une fois de plus emprisonné, étape à l'issue de laquelle il résolut de se diriger en Côte d'Ivoire, comme l'indique la suite.

## *La Côte d'Ivoire*

L'implantation de l'Église harriste en Côte d'Ivoire fut consécutive à la libération de Harris de la prison au Libéria. Ainsi, après une bonne période de préparation ministérielle à l'intérieur de son pays natal et surtout à l'issue de sa libération de la prison, Harris partit pour la Côte d'Ivoire alors qu'il était

---

18. *Ibid.*
19. *Ibid.*
20. *Ibid.*, p. 10.

âgé de 45 ans. Il y prêchait la Parole Sainte, se désintéressant de tout cadeau à l'exception de la nourriture. Dans le cadre de son ministère, il ordonnait la destruction des fétiches et des dispositifs religieux traditionnels. Il menaçait aussi dans ses prédications tous ceux qui ne se conformeraient pas à cet ordre. Dans cette perspective, Pierre Trichet soutient le fait qu'à l'issue d'une longue période de résistance à la réception de l'Évangile en Côte d'Ivoire, partant des missions catholiques au cours des années 1850-1895, la réponse africaine fut consécutive à la prédication charismatique de Harris[21]. Il sera expulsé vers le Libéria en avril 1915 par le gouverneur français de la Côte d'Ivoire.

Il est noté qu'en dépit de cette délocalisation du prophète, son mouvement continua à produire des fruits. Parmi les indices de cette continuité l'on note la disparition des cultes traditionnels dans les régions où était ce mouvement. Pour éviter l'éventualité des graves déviations qui pourraient nuire à son œuvre et par conséquent entraîner un retour aux fétiches, Harris recommanda dès le départ à ses fidèles de s'affilier aux Églises établies par les missionnaires catholiques et protestants. Un pasteur méthodiste du nom de P. Benoît profitant d'un entretien qu'il avait eu avec le leader de ce mouvement publia ce qu'il appela un « testament » de ce dernier. Dans ce document, il est mentionné que Harris avait ordonné à ses disciples d'entrer dans l'Église méthodiste. Cependant, malgré cet ordre et les conseils de ce leader, plusieurs de ses collaborateurs n'adhérèrent pas à cette orientation. Ils mirent en place des Églises de ce mouvement religieux et reconnaissaient leur identité en Harris. Ce fut la naissance de l'Église harriste.

En 1929, Harris mourut dans son village natal de Garraway. Son décès intervint après un travail d'évangélisation dont le résultat fut un mouvement de conversion de masse[22].

## *Analyse missiologique*

Un coup de projecteur sur le ministère de Harris montre la tendance à détruire les fétiches. Elle se réfère, à notre avis, aux pratiques vétérotestamen-

---

21. Pierre TRICHET, *Côte d'Ivoire, les premières tentatives d'évangélisation*, Abidjan, La Nouvelle, 1995 ; idem, *Côte d'Ivoire, les premiers pas d'une Église*, 4 vol., Abidjan, La Nouvelle, 2000, cités par BAUR, *2000 ans de christianisme en Afrique*, p. 149. Cette réaction africaine est, à notre avis, le fait de la proclamation de l'Évangile par Harris, en faisant recours aux réalités contextuelles locales pendant cette période de l'histoire de la mission chrétienne en Afrique.
22. Rubin POHOR, « L'Église Protestante Méthodiste Unie de Côte d'Ivoire. Une approche sociohistorique (1870-1964) », *Études Théologiques et Religieuses* tome 84, 1, 2009, p. 23-48.

taires, source importante de la plupart des Églises d'initiative africaine. Pourtant, en principe, c'est toute la Bible qui doit servir de guide à toute Église qui se veut servante à la gloire de Dieu. Au regard de ce qui précède, nous situons ce mouvement de Harris dans la tendance des Églises d'initiative africaine à caractère prophétique et charismatique. Elles émergèrent au cours de la période qui couvre les années 1920-1960[23].

De l'ébauche présentative de la vie et de l'œuvre de Harris et de son contexte, les quelques détails sur son appel et ses enseignements se rapprochent des reproches souvent formulés à l'égard de certains leaders de tendance pentecôtiste. En effet, les visions et les expériences religieuses personnelles souvent émotionnelles y ont un certain crédit au détriment de la conformité à l'autorité biblique. Cela tient au fait que leurs leaders, par manque de formation théologique conséquente, fondent leurs enseignements dans la Bible sans nécessairement recourir à une réflexion herméneutique. Ainsi, à cause de l'interprétation individuelle des Écritures faite au nom de la plénitude du Saint-Esprit en lieu et place de l'exigence théologique, l'on trouve actuellement des sensibilités différentes dans ce courant d'Églises.

De plus, nous estimons que le rôle de prophète que joua Harris vient de la considération africaine qui présente le chef de clan sous un double aspect. Dans ce contexte africain, il joue la fonction de président du culte et exerce les fonctions de guérisseur. Ainsi, comme chef de clan, il a le pouvoir de pénétrer dans le monde invisible, dans le rêve et la vision et de guérir les maladies physiques et spirituelles[24]. Les lignes qui suivent précisent les pratiques religieuses au sein de l'Église harriste.

## Quelques pratiques religieuses de l'Église harriste

Cette section relative aux pratiques religieuses au sein de l'Église harriste se focalise sur les piliers de leurs enseignements, le culte et la liturgie, le baptême, le mariage et les funérailles.

---

23. BAUR, *2000 ans de christianisme en Afrique*, p. 503.
24. MAMBUENE YABU, *La méthodologie missionnaire en Afrique*, p. 55-56.

## Les piliers de l'enseignement harriste

Les enseignements harristes ont pour soubassement dix piliers[25] :
- La croyance en un Dieu créateur, unique et vengeur[26].
- Le respect absolu du repos dominical. Le jour de dimanche est consacré entièrement à la prière et au recueillement.
- L'obligation imposée aux fidèles de détruire les fétiches.
- La lutte impitoyable contre la sorcellerie.
- L'obéissance aux autorités supérieures administratives et le droit de travail au profit de l'État.
- La condamnation implacable du mensonge, du vol, des abus de l'alcoolisme, de l'adultère et du meurtre.
- L'admission de la polygamie à degré raisonnable.
- La tolérance vis-à-vis des autres cultes et la coopération avec les Églises chrétiennes que Harris approuve.
- La rémission du péché par l'administration du baptême.
- À la mort, la récompense au paradis pour le juste et le supplice d'enfer pour le pécheur.

Quelques aspects de ces enseignements harristes sont manifestes également dans le mouvement kimbanguiste en République démocratique du Congo. Ils indiquent une sorte de rapprochement des enseignements harristes avec quelques principes moraux du kimbanguisme. En effet, les enseignements qui prévalent dans ces deux mouvements sont surtout puisés dans l'Ancien Testament et tendent à se conformer aux réalités culturelles africaines. Nous notons à ce sujet l'imposition de la destruction de tous les fétiches et la promotion du pouvoir du dirigeant à chasser les esprits ou à mettre les individus à l'abri des sorciers[27]. Andria dégage quelques caractéristiques communes de ces deux mouvements de réveils africains. Il s'agit de la « rupture avec l'Occident », en mettant plus l'accent sur l'apport des acteurs autochtones. Il est aussi question de la tendance similaire à ce qui sera connu plus tard comme « inculturation », explicite par la traduction de la Bible voire des recueils de chants en langue locale[28].

---

25. Trichet, *Côte d'Ivoire, les premières tentatives d'évangélisation* ; idem, *Côte d'Ivoire, les premiers pas d'une Église*, cité par Baur, *2000 ans de christianisme en Afrique*, p. 149.
26. Cela tient au message sur le jugement de Dieu qu'il prêchait.
27. Mambuene Yabu, *La méthode missionnaire en Afrique*, p. 51.
28. Andria, « Réveils et initiatives africaines », p. 103.

## *Culte et liturgie harristes*

### Cadre du culte harriste

En général, le culte harriste a lieu à l'intérieur d'un cadre considéré comme étant le sanctuaire, à l'exception des processions organisées à l'occasion des fêtes chrétiennes. Le temple de ce mouvement religieux est divisé en deux compartiments dont le premier sert de lieu de culte et comprend essentiellement les bancs. Le second comprend l'autel. Il est souvent recouvert d'un drap de couleur blanche et orné de vases contenant quelques fleurs fraîches. Une croix est placée sur cet autel. Le port des habits de couleur blanche constitue une des marques particulières des membres de cette Église lors de leur culte[29].

Ce cadre est similaire, à notre avis, aux pratiques en vigueur dans la religion traditionnelle africaine. Celle-ci réserve une place de choix au chef traditionnel qui joue souvent le rôle de chef religieux. Il s'oppose ainsi au lieu du culte néotestamentaire qui donne accès à tous sans distinction de rang social et sans accoutrement distinctif. Seul Jésus-Christ est le chef de l'Église (Col 1.18).

### Les grandes lignes de la liturgie harriste

Les grandes lignes de la liturgie harriste comprennent la moindre importance accordée à l'acte confessionnel. Cette confession trouve sa place sur demande expresse d'une personne qui est malade, ou celle estimée sorcière ou encore celle qui éprouve des crises de conscience. Généralement, ce genre de confession n'a pas lieu dans des lieux publics. Au sein de ce mouvement religieux, la confession n'accorde pas le pardon des péchés, mais elle constitue l'ouverture et une condition indispensable. Comme dans la plupart des Églises d'initiative africaine, cette sorte de prière permet aux fidèles de réaliser le fait qu'ils sont en état de communion avec le Dieu saint. Ainsi convaincus, ils peuvent procéder à une autre sorte de prière, celle d'intercession, pour diverses requêtes[30].

Les principales articulations du culte surtout dominical sont agrémentées par de nombreux chants. La communion y est pratiquement absente. Ce culte qui dure habituellement deux heures est officié par un prêtre habillé en tenue commise à cet effet. Il a la responsabilité de prononcer la prière de bénédiction

---

29. Abel Ndjerareou, « Ma rencontre avec l'Église harriste de Bingerville, Côte d'Ivoire », dans Pohor & Coulibaly, *Églises et ministères d'initiative africaine*, p. 137.
30. Noël N'Guessan, « La dimension existentialiste des cultes des Églises et ministères d'initiative africaine : faits et méfaits. Quelles leçons pour les institutions théologiques », dans Pohor & Coulibaly, *Églises et ministères d'initiative africaine*, p. 108.

en faveur des participants et les guide vers la statue de Harris devant laquelle ils se rassemblent. C'est la dernière étape du culte dominical[31].

Le dimanche est le jour consacré à la méditation et au repos. Les activités physiques ainsi que les services culinaires en guise de préparation de repas sont interdites. Dans ce même ordre d'idées, les membres de ce mouvement habitant les campagnes ont tendance à considérer les jours de lundi comme étant fériés. Le programme hebdomadaire au sein de ce mouvement considère les jours de mardi et jeudi de 17 à 19 heures pour les chants sacrés et les danses. C'est souvent mercredi et vendredi à partir de cinq heures que les adeptes de ce mouvement procèdent à des hymnes et cantiques. Nous estimons que cette tendance de respect de l'heure a été acquise de l'Église méthodiste dont l'orientation de la conscience est tournée vers les règles.

Il ressort de ce qui précède que les pratiques cultuelles au sein de l'Église harriste dégagent des faits qui, à notre avis, comportent des traces de l'obtention du pardon partant des efforts humains, en lieu et place du schéma que nous présente la Bible. Elle précise que « si nous confessons nos péchés, il [Dieu] est fidèle et juste pour nous les pardonner, et pour nous purifier de toute iniquité » (1 Jn 1.9, LSG). De plus, la pratique harriste au sujet du salut et particulièrement du pardon diverge de ce qu'enseigne la Bible. En effet, le salut s'obtient par la grâce au moyen de la foi en Jésus-Christ et non par les efforts humains (Ép 2.8-9). Il s'ensuit aussi le fait que la Bible encourage la restitution de biens volés (Lc 19.1-10). Dans la même perspective, elle instruit que seul Jésus-Christ est l'intermédiaire entre tout chrétien et Dieu (Jn 14.6 ; 1 Tm 2.4). Cette leçon biblique s'oppose à la pratique au sein du culte harriste de la réponse par les leaders aux problèmes de ses membres. Ce fait est retrouvé dans les religions traditionnelles africaines où le chef du clan joue le rôle de protecteur physique et spirituel de ses membres et les ancêtres, et celui d'intermédiaire entre les vivants et les morts.

### *Baptême, mariage et funérailles*

Une autre pratique habituelle au sein du mouvement harriste est le baptême considéré comme étant le signe du prophète par lequel il posait la main sur la tête du nouveau membre qui adhérait au groupe. Ses nouveaux adhérents provenaient aussi des Églises protestantes[32]. Cette pratique contribua à l'expansion du mouvement harriste à cause de la valeur morale que l'on reconnaissait en

---

31. Ndjerareou, « Ma rencontre avec l'Église harriste », p. 137.
32. https://fr.wikipedia.org/wiki/William_Wadé_Harris (consulté le 15 juin 2016).

Harris devenu un auxiliaire des missionnaires occidentaux et de l'administration coloniale. Dans cette perspective, il parvint à attirer un nombre remarquable de personnes au christianisme[33]. Ce rite se déroule souvent dans le temple. Il ne constitue pas une obligation à tout nouveau membre. Le baptême est considéré comme un simple geste d'accueil dans la communauté spirituelle du croyant.

Dans la même perspective, le mariage n'est pas considéré comme un sacrement. Il est compris comme un simple contrat, un fait purement social qui ne revêt pas de sens de consécration religieuse. Le harrisme croit à la résurrection des morts et accorde une grande importance aux funérailles.

## Conclusion

Au regard de l'appel de Harris et de son œuvre, l'expansion de ses enseignements au Libéria et en Côte d'Ivoire ainsi que les pratiques religieuses qui en découlent, le mouvement religieux harriste peut être classé dans le groupe d'Églises dites du « christianisme prophétique » dont la principale source est vétérotestamentaire. Pareils mouvements ecclésiastiques résultent du contact entre le christianisme et les religions traditionnelles africaines. Il s'agit des mouvements qui sont nés d'une scission avec les sociétés missionnaires occidentales. Le harrisme, particulièrement, est d'obédience monothéiste et accorde une place considérable à l'autorité de la Bible. Mais comme les autres Églises du même courant, il pratique des rites de guérison, des chants et des prières pour revitaliser les cultes africains.

En somme, l'analyse du mouvement harriste dégage un certain nombre d'indices qui attestent une sorte de mélange des pratiques chrétiennes fondées sur la Bible et des traces du salut sur la base des efforts humains. Il s'agit de la considération anthropocentrique. Pourtant, la Bible enseigne que Dieu demeure le seul auteur du salut en Jésus-Christ. C'est la conception théocentrique. Pareil tableau conduit à ce qui est connu comme syncrétisme qui est un mélange du christianisme avec les religions traditionnelles africaines. Nous estimons que cette ouverture qu'offre ce mouvement religieux peut servir de tremplin au missiologue pour une contextualisation de l'Évangile qui tient compte de l'autorité de la Bible et du contexte socioreligieux.

---

33. Shank, « Bref résumé de la pensée du prophète William Wadé Harris », p. 35.

## Pour aller plus loin

AJAYI, J. Ade & AYANDELE, E. A., « Writing African Church History », in *The Church Crossing Frontiers. Essays on the Nature of Mission in Honour of Bengt Sundkler*, sous dir. Peter BEYERHAUS, Uppsala, Gleerup, 1969, p. 90-108.

BAUR, John, *2000 ans de christianisme en Afrique. Une histoire de l'Église africaine*, Kinshasa, Paulines, 2001.

POHOR, Rubin & COULIBALY, Issiaka, sous dir., *Les Églises et ministères d'initiative africaine. Enjeux et avenir*, Actes du colloque international de la FATEAC, 22 au 23 mai 2014 à Abidjan (Côte d'Ivoire), Abidjan, FATEAC, 2015.

MAMBUENE YABU, André-Jacques, *La méthodologie missionnaire en Afrique. Étude des méthodes missionnaires au Bas-Congo*, Kinshasa, Médias Paul, 2008.

SANNEH, Lamin, *Translating the Message. The Missionary Impact on Culture*, New York, Orbis Books, 1989.

SHANK, David, « Bref résumé de la pensée du prophète William Wadé Harris », *Perspectives missionnaires* 5, 1983, p. 34-44.

TRICHET, Pierre, *Côte d'Ivoire, les premières tentatives d'évangélisation*, Abidjan, La Nouvelle, 1995.

TRICHET, Pierre, *Côte d'Ivoire, les premiers pas d'une Église*, 4 vol., Abidjan, La Nouvelle, 2000.

# 6

# L'Église de Dieu Aladura du Nigéria

*Frank T. Nyongona Dedokomo*

## Introduction

L'Église de Dieu Aladura est l'une des Églises d'initiative africaine fondées au début du XX$^e$ siècle. Ce fut une période au cours de laquelle l'Afrique a connu l'émergence de nouvelles sensibilités chrétiennes s'inscrivant dans la logique de représentation et de revalorisation d'une identité africaine distincte du reste du christianisme mondial. On peut citer parmi ces Églises, entre autres, l'Église kimbanguiste en République démocratique du Congo, l'Église harriste en Côte d'Ivoire et le mouvement Aladura au Nigéria. Elles ont été fondées afin de rendre la foi chrétienne accessible à l'Africain dans son contexte. Ces Églises sont connues particulièrement par leurs leaders charismatiques, leur approche africaine au culte et leur zèle pour la proclamation de l'Évangile. Elles constituent une fierté pour les Africains qui veulent bannir la conception d'un christianisme comme « religion des Blancs[1] ».

Ce chapitre se concentre sur l'Église de Dieu Aladura du Nigéria. Nous commencerons par un aperçu historique de la naissance de cette Église, suivi de la présentation de quelques doctrines de base et de ses principales pratiques religieuses.

---

1. Detlef KAPTEINA, *La théologie évangélique en Afrique. Naissance et évolution (1970-2000)*, Charols, Excelsis, 2015, p. 211.

## Aperçu historique

Dans cette section nous voulons analyser sommairement l'historique du mouvement Aladura, des figures prophétiques de Joseph Babalola et de Josiah Oshitelu, et la naissance de l'Église de Dieu Aladura du Nigéria.

## Le mouvement Aladura

Le mouvement Aladura a vu le jour parmi les Yoruba du Nigéria en 1918. Ce mouvement dit de prière est né au lendemain de la première Guerre mondiale dans un contexte de crise sociale accompagnée de la famine et de l'épidémie de grippe[2]. Isaiah Anumah remarque que les maladies et malheurs n'avaient dans les yeux des missionnaires aucun rapport avec le spirituel[3]. En conséquence, ils n'entreprenaient aucune action en vue de leur guérison si ce n'est la médecine occidentale. Leur attitude était considérée par les convertis comme formaliste, théorique et peu spirituelle. Devant les situations alarmantes de maladie et face à l'inexistence ou l'inefficacité de la médecine la population affligée fit recours à la prière comme seule alternative. Au cours des séances de prière il y eut des miracles. De nombreuses personnes furent guéries de leurs maladies sans aucun traitement médical. Les croyants commencèrent à recevoir des prophéties qui se sont accomplies par la suite ; d'autres ont reçu des visions et des rêves de sorte que, pour la population, la meilleure façon de croire et de vivre était de dépendre de la prière. Ainsi la communauté se fit appeler « peuple *aladura* » qui signifie en yoruba « peuple de prière »[4]. Pour le mouvement Aladura la prière a commencé à constituer une norme de vie, de foi et d'autorité face à toutes les situations de maladie et de malheur. Ainsi le mouvement peut être considéré comme une réponse aux attentes de la population nigériane. Il a attiré une foule de personnes qui sont devenues membres et s'est répandu sur tout le territoire nigérian, sur plusieurs pays africains et même en dehors du continent.

Signalons que le mouvement Aladura est à l'origine de l'émergence d'un grand nombre d'Églises et de ministères d'initiative africaine à travers le conti-

---

2. Elizabeth IsICHEI, *A History of Christianity in Africa. From Antiquity to the Present*, Londres, SPCK, 1995, p. 27.
3. Nous suivons dans cette section et la prochaine, Isaiah ANUMAH, *African Church Leaders*, Lagos, West Africa Theological Seminary, s.d., p. 72ss.
4. Ogunrinade ADEWALE O., « Predilection for African Indigenous Practices in the Pentecostal Tradition of African Indigenous Churches with reference to Christ Apostolic Church Agbala Itura », en ligne : http://www.pctii.org/cyberj/cyberj18/adewale.html (consulté le 21 octobre 2016).

nent. Ces Églises se réclament de la mouvance Aladura de tendance spiritualiste ou pentecôtiste. Parmi les plus connues figurent la Société des chérubins et des séraphins, l'Église de Dieu Aladura, l'Église apostolique du Christ, et l'Église du Christianisme céleste[5]. À ses débuts, ce mouvement a connu des leaders particulièrement influents et charismatiques, parmi lesquels Joseph Babalola et Josiah Oshitelu que nous allons présenter dans les sections suivantes.

## *Joseph Babalola*

Joseph Babalola est né le 25 avril 1904 à Odo-Owa dans Ilofa, État de Kwara au Nigéria. Son père s'appelait David Rotimi et sa mère Maquerelle Marta Talabi. Son père était un des responsables actifs de l'Église anglicane issue de la Church Missionary Society (CMS). Babalola a amorcé ses premiers pas dans la foi dans l'Église anglicane d'Ilofa à Osogbo. Dix ans après il a été inscrit à l'école où il ira pendant cinq ans. Après cela, il partit pour aller apprendre le commerce. Cependant, il finit par devenir apprenti mécanicien. N'étant pas allé loin dans cette formation, il décida de rejoindre le département des travaux publics du pays où il deviendra conducteur d'engins.

La nuit du 25 septembre 1928, alors qu'il dormait à la suite de ses travaux de conducteur de rouleau compresseur dans la construction d'une route d'Igbara-Oke à Ilesa, il connut un moment d'agitation et n'arrivait pas à dormir. Reprenant son travail habituel le lendemain, il remarqua étonnamment que le moteur s'était arrêté. Pourtant, il n'y avait aucun problème mécanique apparant. Perplexe, il entendit soudainement une voix lui répétant trois fois la même chose : qu'il était appelé pour aller prêcher la parole de Dieu dans le monde entier. La même voix l'avertit qu'il mourrait en cas de refus. Il devait jeûner pendant sept jours avant d'y aller. Après sept jours de prière et de jeûne, il décida d'obéir à cet appel sachant qu'il devrait faire face à des persécutions et qu'il allait toujours vaincre, car Dieu le lui avait promis. Il reçut une cloche de prière et une bouteille d'eau, avec consigne que le son servirait à chasser loin les mauvais esprits et l'eau dans la bouteille servirait pour le miracle de guérison de tout type de maladie[6].

Ainsi Babalola débuta son ministère prophétique sans aucune formation biblique. En octobre 1928, il quitta Ilesa et retourna dans sa ville d'Odo-Owa. Il arriva le jour du marché et commença à marcher dans la ville en prêchant, mettant en garde ses concitoyens contre le jugement imminent de Dieu s'ils persis-

---

5. Lamin SANNEH, *West African Christianity. The Religious Impact*, Londres, Hurst, 1983, p. 190-209.
6. ANUMAH, *African Church Leaders*, p. 98.

taient dans leurs mauvaises vies. Son sermon poussa de nombreuses personnes à se repentir. Son ministère n'étant pas bien vu par les autorités, il fut arrêté, puis relâché faute de motifs convaincants. Il poursuivit sa mission prophétique et alla à Lagos, prêchant, prophétisant et opérant des miracles de guérison et de délivrance de tout genre. À chaque fois, Babalola se servit de l'eau de sa bouteille pour des fins thérapeutiques. Et les personnes malades, ayant bu de l'eau, étaient guéries. C'est ainsi qu'au moyen de la cloche de prière et de l'eau bénite il ressuscita un enfant mort, guérit des estropiés et toutes sortes de maladies. Il délivra des possédés, et abattit un arbre réputé magique. Anumah souligne que Babalola était un prophète avec des pouvoirs extraordinaires[7].

Ne voulant pas fonder une Église à défaut de manque de connaissance des doctrines et de l'administration de l'Église, Babalola rejoint avec ses disciples le « Tabernacle de foi[8] », où il fut baptisé par la suite. Sa présence et ses actes de puissance au sein de la communauté ont suscité un mouvement remarquable. Des personnes de tous horizons affluèrent : des musulmans, des animistes et aussi des chrétiens membres d'autres dénominations qui abandonnèrent leurs Églises pour rejoindre le Tabernacle de foi. Signalons que la résurrection d'un enfant fut comme un déclic pour lancer l'expansion du Tabernacle de foi. C'est ainsi qu'il s'est étendu d'Ilesa pour toucher tous les villages et villes du territoire nigérian. Cependant, le mouvement fit face à de nombreuses persécutions et controverses de la part des responsables des Églises anglicane et wesleyenne, accusant Babalola d'être indiscipliné et causeur de trouble. Mais ces situations ne déstabilisèrent pas la croissance du Tabernacle de foi. Après plusieurs tentatives vaines pour résoudre les conflits, il y eut dissension avec les autres Églises. C'est ce qui a valu le changement du nom de Tabernacle de foi en « Église apostolique du Christ ». Elle fut dirigée par Babalola jusqu'en 1959, année au cours de laquelle il mourut[9].

## *Josiah Oshitelu et la naissance de l'Église de Dieu Aladura*

La naissance de l'Église de Dieu Aladura est liée à la personne de Josiah Olunowo Oshitelu. Il était originaire de la tribu d'Ogere, terre d'Ijebu dans l'Ouest

---

7. *Ibid.*
8. Le « Tabernacle de foi » était une Église d'initiative yoruba qui avait rompu avec l'Église anglicane à Lagos. Elle était dirigée par le pasteur J. B. Esinsinade qui a baptisé le jeune prophète Joseph Babalola. *Ibid.*, p. 100.
9. David O. Olayiwola, « Babalola Joseph Ayodele », Dictionary of African Christian Biography, en ligne : https://dacb.org/stories/nigeria/babalola2-joseph/ (consulté le 29 août 2016).

du Nigéria. Oshitelu est né le 15 mai 1902 d'une famille de parents illettrés, adhérents de la religion traditionnelle ifa[10]. Son grand-père jouissait d'une grande estime dans la communauté. Les frères et sœurs d'Oshitelu étaient morts dès leur bas-âge. Pour les parents, les forces du mal de sorciers seraient à la base de leurs décès. Oshitelu, quant à lui, avait des capacités spirituelles extraordinaires : il pouvait révéler l'avenir. Benjamin Ray remarque qu'il était capable de détecter les sorciers et d'interpréter les rêves. Pour ses parents qui le croyaient être sous l'emprise du mal (lui aussi, comme ses frères et sœurs), c'était une enfance inquiétante[11].

En 1925, Oshitelu eut une série de visions qui l'ont effrayé, alors qu'il se préparait pour suivre une formation d'instituteur dans le Collège Saint André d'Oyo. Ces visions étaient considérées comme provenant d'esprits maléfiques ou œuvres de sorciers, se manifestant par des troubles psychiques. Son état lui a valu un congé médical. Cependant, tous les efforts de soins médicaux et pharmaceutiques se sont avérés vains ; le mal sembla se compliquer davantage. Oshitelu consulta Samuel Shomoye, un évangéliste anglican de bonne réputation qui résidait à Dada, un petit village près d'Erekute. Celui-ci lui interpréta le sens de ses visions. Selon Shomoye, Oshitelu n'était pas sous une influence démoniaque. Mais Dieu l'appelait, dit-il, pour qu'il soit son prophète. Shomoye lui recommanda d'avoir foi en Dieu. Par ailleurs, il devait être constamment dans le jeûne et la prière. Ainsi il verrait un rétablissement immédiat et serait revêtu d'une puissance pour le service de Dieu. C'est ce qu'il fit[12].

Rétabli de ses troubles, Oshitelu reçut des révélations de symboles religieux et l'interdiction de consommer des animaux impurs. Il aurait également reçu des noms de saints qui devraient être invoqués à des fins culturelles, communautaires ou individuelles. Oshitelu décida alors de suivre le conseil de Shomoye dont les paroles étaient devenues pour lui un sujet de profession de foi : « La foi en Dieu, la prière et le jeûne sont les solutions pour les maux du monde[13]. » Tous ces événements changèrent sa vie, laissant en lui une nouvelle manière d'être

---

10. Le système de divination ifa, fondé sur un vaste corpus de textes, est pratiqué par les Yoruba. Le mot « ifa » désigne le personnage mystique. *Ifa* ou *Orunmila* est considéré par les Yoruba comme la divinité de la sagesse et du développement intellectuel. Au XII$^e$ siècle la ville d'Ile-Ife, située dans l'État d'Osun dans le Sud-ouest du Nigéria, est devenue le centre culturel et politique de cette communauté. Ronan GRIPPAY, « Le système de divination ifa au Nigéria », en ligne : http://www.unesco.org/culture/intangible-heritage/29afr_fr.htm (consulté le 8 octobre 2016).
11. Benjamin RAY, *African Religions. Symbol, Ritual, and Community*, New Jersey, Prentice Hall, 1976, p. 208.
12. *Ibid.*
13. *Ibid.*, p. 209.

chrétien qui parurent contraires à la doctrine de l'Église anglicane dans laquelle il travaillait. En conséquence, il fût jugé hérétique et renvoyé de son poste de catéchiste au service de la CMS anglicane. Étant retourné chez lui, il rejoint son conseiller Shomoye et il resta deux ans auprès de lui dans le jeûne et la prière pour se ressourcer spirituellement. Pendant ce temps il commença aussi à prêcher au milieu de son propre peuple dans les villes d'Ijebu et Ibadan dans l'Ouest du Nigéria. Au bout de ce temps de préparation, Oshitelu se vit équipé comme prophète de Dieu parmi son peuple. C'est ainsi que le 27 juillet 1928 à Ogere, il décida de fonder sa propre communauté qu'il nomma « Église de Dieu Aladura »[14].

## Base doctrinale de l'Église de Dieu Aladura

Les enseignements suivants constituent la base doctrinale de l'Église de Dieu Aladura.

### *La puissance de la prière*

La prière est fondamentale pour une Église, quelle que soit la forme et le mode de sa pratique. Elle est la voie par laquelle les êtres humains entrent en contact avec la divinité pour l'adorer, l'implorer et lui exprimer leur dépendance. La prière constitue l'une des doctrines principales de l'Église de Dieu Aladura, sur laquelle leur foi est fondée. Le terme *aladura* en yoruba signifie « prière[15] » et a un lien étroit avec la vie et les croyances des Yoruba. En effet, la sémantique du nom *yoruba*, qui est dérivé de *yo-ru-ebo*, signifie « ceux qui font des offrandes de prière aux divinités[16] ». Ainsi, héritière de la culture yoruba, la prière est le point focal duquel dépendent la vie et les pratiques de l'Église de Dieu Aladura. Trois ou quatre jours par semaine sont consacrés à des réunions de prière à l'intérieur ou dans la concession de l'Église. Les fidèles sont impérativement conviés à y participer. Au cours des prières, chacun élève sa voix et expose ses

---

14. Deji AYEGBOYIN & S. Ademola ISHOLA, *African Indigenous Churches. An Historical Perspective*, Lagos, Greater Heights Publications, 1997, p. 48-51.
15. *Ibid.*, p. 207.
16. Les divinités yoruba *Orisha* sont estimées au nombre de 400, chargées par l'Être suprême *Olodumare* de veiller à maintenir son ordre dans le monde matériel, c'est-à-dire, à assister les hommes dans leur destinée, mais parfois les contraindre à suivre cette destinée s'ils s'en écartent trop. Le mythe de la création des Yoruba fait de la ville d'Ile-Ife l'origine de toute chose. Cette ville aurait été créée par l'*Orisha Oduduwa*, qui plutôt qu'un dieu aurait été véritablement un roi dont les parentés auraient créé de nombreuses villes dont Oyo et Bénin. Roger MEUNIER, « Yoruba ou yorouba », *Encyclopædia universalis*, en ligne : http://www.universalis.fr/encyclopedie/yoruba-yorouba (consulté le 12 janvier 2017).

différents problèmes, d'autres pleurent, tandis que certains répondent sans cesse « amen ! ». La foi en la prière fait que l'Église donne un sens spirituel à presque tous les événements de l'existence : malheurs, échecs, stérilité, pauvreté, maladies, chômage, grossesse prolongée, déception, etc. Par conséquent, ces situations nécessitent des solutions spirituelles[17]. Pour l'Église, la prière détient une réponse automatique aux besoins des personnes. Elle est une source de richesse et de bonheur. Prière pour laquelle des noms sacrés et des psaumes spéciaux sont considérés comme ayant un pouvoir propre, miraculeux et doivent être récités dans les rituels de l'Église[18].

L'Église exige de ses fidèles l'obéissance à des principes rigoureux de prière. Il leur faut des efforts intenses, du sérieux, de la fréquence et de l'insistance. Cependant, l'espoir en l'exaucement dépend de la confiance et l'attitude de chacun vis-à-vis de Dieu. À côté de la prière, la pratique spirituelle la plus utilisée dans l'Église est le jeûne. Il est considéré comme moyen de purification. Au cours du jeûne, les fidèles sont conviés à utiliser des formules appropriées pour accéder aux révélations, aux rêves et aux visions.

## *La guérison divine*

Les miracles et les guérisons constituent une source de popularité et d'honneur pour plusieurs Églises en Afrique. Telle est la réalité de l'Église de Dieu Aladura. Contrairement aux Églises fondées par les missions, l'Église Aladura attire de nombreuses personnes à cause des guérisons, des délivrances et la protection contre les forces maléfiques. Devant un arrière-plan animiste l'Église se sert dans ses rituels d'exorcisme, d'eau bénite, d'huile sainte et de mouchoirs consacrés pour exprimer la présence du Saint-Esprit. Une fois bénis par les ministres de l'Église, ces éléments sont désormais dotés d'une puissance spirituelle, capables de communiquer la guérison physique aux individus. L'Église de Dieu Aladura rejette toutes formes de traitements médicaux. Pour elle les maladies et les problèmes que vivent les membres proviennent de causes spirituelles (sorcellerie, ancêtres, fétiches). Par conséquent, seuls la prière et l'exorcisme sont des moyens appropriés.

---

17. Isichei, *A History of Christianity in Africa*, p. 280.
18. André Mary, « Culture pentecôtiste et charisme visionnaire au sein d'une Église indépendante africaine », *Archives de sciences sociales des religions* n° 105, 1999, p. 29-50.

## *La présence permanente de la divinité*

La croyance en Dieu, en Jésus-Christ et au Saint-Esprit se calque sur le type traditionnel de la relation avec la divinité yoruba. En effet, pour les adeptes, il n'y a rien de contradictoire dans le fait de combiner les rites traditionnels avec les pratiques chrétiennes, même si le message de l'Évangile est diamétralement opposé à ceux-ci. Ray estime qu'en dépit du fait que les gens se sont transférés de la religion traditionnelle au christianisme, leur vision du monde et la conception de Dieu sont restées les mêmes. L'Église de Dieu Aladura entièrement yoruba considère que Dieu et le Saint-Esprit sont des nouveaux *Orisha* et que le christianisme serait juste un nouveau style de culte[19]. Pour eux la foi au devin *Ifa* ou *Babalawo* est assimilée à la divinité des nouvelles religions (chrétienne ou musulmane)[20]. Le Dieu du christianisme serait le même qu'*Olodumare*, la divinité suprême yoruba, digne créateur, à qui tout le peuple doit honneur à cause de sa grandeur.

L'Église croit à Jésus comme Seigneur et Sauveur. Cette foi en Jésus est aussi liée à l'assurance des membres qu'en croyant ils sont sauvés physiquement et spirituellement. Jésus est considéré comme la réponse à tous les problèmes des chrétiens.

La foi en l'action du Saint-Esprit n'a trouvé aucune résistance, car cela provient de la place que les esprits occupent dans la culture yoruba. En conséquence, une place prépondérante est accordée au Saint-Esprit. Sa présence suscite des dons charismatiques et des comportements extatiques, des visions et des prophéties. L'Église pense vivre l'accomplissement de la prophétie de Joël (Jl 2.28-29), de propager l'Esprit de Dieu sur toute chair qui a été manifestée le jour de la Pentecôte (Ac 2.1-4 ; 10.42-45). C'est pourquoi le Saint-Esprit est censé figurer dans toutes les activités du culte pour se manifester dans la vie des croyants. Dans certaines de ces Églises, les membres sont exhortés à porter des blouses blanches en signe de pureté spirituelle et de sainteté[21]. Eu égard à ces éléments doctrinaux, l'Église croit être :

- *Un modèle biblique authentique* : pour l'Église toutes les questions liées à la foi, à la conduite, à la doctrine, aux rituels, aux personnages et à toutes discussions, doivent avoir comme base la Bible. Ainsi, la Bible est considérée comme la constitution spirituelle de l'Église.

---

19. Ray, *African Religions*, p. 210.
20. J. S. Eades, « Western Nigeria and the Nigerian crisis », in *The Yoruba Today*, Londres, Athlone Press, 1970, p. 83.
21. Deji Ayegboyin et S. Ademola Ishola, « *Aladura Church* », en ligne : http://irr.org/african-indigenous-churches-chapter-three (consulté le 19 septembre 2016).

- *Pentecôtiste* : c'est le Saint-Esprit qui est l'Administrateur de l'Église. C'est lui qui guide, remplit, influence, administre et gère la vie de l'Église.
- *Évangélique* : en ce sens que l'Église prêche et porte l'Évangile vers les coins et les recoins du monde, indépendamment du contexte, de la race ou du genre.
- *Prophétique* : car pour elle Dieu a doté le fondateur de l'Église d'un don prophétique et a promis de le confier à tous ceux qui le suivront, pour le bien de toute l'humanité.
- *Sociale* : car l'Église croit être une bénédiction pour tous les lieux où elle est implantée.
- *Œcuménique* : dans le sens que nous encourageons l'amour fraternel entre les croyants, car la prière du grand prêtre est « Qu'ils soient uns » (Jn 17.21)[22].

## Pratiques caractéristiques de l'Église de Dieu Aladura

La stratégie adoptée par l'Église de Dieu Aladura pour la proclamation de l'Évangile parmi le peuple yoruba est de traduire la vie religieuse dans les pratiques culturelles yoruba. Ainsi elle s'approprie en quelque sorte les recommandations du pape Jean Paul II : « Une foi qui ne devient pas culture est une foi qui n'est pas pleinement accueillie, entièrement pensée et fidèlement vécue[23]. » On peut découvrir cette stratégie dans la façon dont l'Église organise le culte, la liturgie et la stratégie missionnaire.

### *L'organisation du culte*

Pour l'Église de Dieu Aladura, le but est de travailler à une prise de conscience de la grandeur de Dieu et de la valeur de l'action du Saint-Esprit dans la vie du croyant. L'organisation du culte est conçue de façon à être accessible à tous. La direction et la gestion de l'Église se passe de considération de genre. Toute personne devenue membre d'Église par le baptême est dotée du Saint-Esprit. Par conséquent, pas de distinction en matière de sacerdoce.

---

22. Rufus Okikiola OSHITELU, « The Church of the Lord (Aladura) Worldwide [TCLAW] Organisation », en ligne : http://www.aladura.net/primates1.htm (consulté le 18 mars 2017).
23. Jean Paul II, cité par Efoé-Julien PÉNOUKO, *Église d'Afrique. Proposition pour l'avenir*, Paris, Karthala, 1984, p. 43.

La vie de l'Église est caractérisée par la sensibilité à la vie des adeptes. Elle est habile dans la recherche de solutions face aux problèmes des membres. On ressent parmi les croyants un sens fort de communion fraternelle. La disposition des sièges dans l'Église est faite telle que les femmes sont assises dans un endroit distinct et séparé des hommes. Cette séparation des sexes dans les cultes est la règle dans la culture yoruba. Le culte recopie le style traditionnel de culte du devin *Babalawo* ou *Ifa* dont la manière d'exprimer sa joie et sa reconnaissance se manifeste avec des danses et des applaudissements ou le rythme des tambourins[24]. Lors des réunions de cultes, les danses, les chants, les cris et les acclamations sont supposés être l'expression de la présence du Saint-Esprit. Barnabé Mensah remarque qu'en Afrique, « les chants et les danses constituent des manifestations de la plénitude du Saint-Esprit et même un moyen pour y accéder[25] ». Telle est l'une des caractéristiques de l'Église de Dieu Aladura qui a favorisé son expansion en lui accordant une position de considération dans le christianisme au Nigéria et ailleurs.

## *La liturgie*

L'Église de Dieu Aladura présente un culte avec un mode de célébration typiquement africain. Cette spécificité se voit aussi sur le plan liturgique. L'Église offre une liturgie avec des expressions libres de prière et de sentiment de façon que finalement la priorité soit accordée à la façon dont chacun exprime sa foi. Les méthodes et l'organisation restent secondaires. L'Église se sert des éléments de la culture à des fins religieuses. C'est le cas, par exemple, des rites de passage qui guident la naissance, le baptême, et aussi pour toutes les autres cérémonies cultuelles.

Dans toutes les réunions, le message est prêché de la Bible traduite dans la langue locale. Cette méthode a grandement contribué à l'expansion de la foi chrétienne au Nigéria et ailleurs[26]. En effet, dans le processus de contextualisation, l'un des moyens qui offrent une large accessibilité à l'écoute de l'Évangile consiste en la communication de la parole de Dieu dans la langue du peuple cible.

---

24. Barnabé Mensah, « La danse dans les Églises africaines », in *Les Églises et ministères d'initiative africaine. Enjeux et avenir*, sous dir. Rubin Pohor & Issiaka Coulibaly, Actes du colloque international de la FATEAC, 22 au 23 mai 2014 à Abidjan (Côte d'Ivoire), Abidjan, FATEAC, 2015, p. 45-74.
25. *Ibid.*, p. 45s.
26. Voir Ype Schaaf, *La Bible en Afrique. Son histoire et son rôle*, Saint-Légier, Emmaüs, 2012.

Cela rejoint le point de vue de Kwame Bediako qui pense que la Bible traduite en langue locale est un facteur clé pour la transmission et l'enracinement de la foi[27].

## La stratégie missionnaire

Contrairement aux Églises historiques, l'Église de Dieu Aladura a développé une vision missionnaire remarquable comme stratégie pour l'évangélisation et l'implantation d'Églises à travers le monde. Après la reconnaissance officielle par le Gouvernement nigérian à la date du 30 juillet 1930, l'Église a connu une croissance exponentielle. Par l'envoi de missionnaires elle est parvenue à s'implanter sur tout le territoire nigérian et ailleurs. C'est ainsi qu'elle s'est étendue dans toute l'Afrique de l'Ouest. Emmanuel Adeleke Adejobi et Samuel Omolaja Oduwole sont allés implanter l'Église en Sierra Léone et au Libéria. Le travail a continué au Ghana, au Bénin, au Togo, et en Côte d'Ivoire. L'Église s'est aussi servie de l'immigration comme moyen. Aujourd'hui l'Église de Dieu Aladura s'est implantée en Europe, précisément au Royaume-Uni, en France, en Espagne, en Belgique et au Luxembourg. On la retrouve aussi aux États-Unis et en Australie[28].

## Conclusion

Nous sommes arrivés à la fin de notre parcours sur la vocation et le ministère de Joseph Babalola et de Josiah Oshitelu comme leaders de renom du mouvement Aladura. En analysant leurs enseignements et leurs pratiques religieuses qui ont favorisé une expansion dans le Nigéria et ailleurs, nous pouvons classer l'Église de Dieu Aladura parmi les Églises « sionistes... qui privilégient la théologie de prophétie et de guérison[29] ». Celle-ci est centrée sur la recherche d'une spiritualité propre à la vie et à la mentalité africaine[30]. Son expansion a été rendue possible sur la base d'un mélange du christianisme avec la religion traditionnelle qui a permis à l'Église d'œuvrer dans le sens de traduire l'Évangile dans le vécu quotidien de ses concitoyens yoruba, déjà nantis de leur propre tradition religieuse.

La foi en Dieu, en Jésus et au Saint Esprit, l'attachement et la fidélité à l'Église, l'assurance en l'efficacité de la prière et des rêves, la foi au miracle de guérison,

---

27. Kwame, BEDIAKO, *Christianity in Africa. The Renewal of a Non-Western Religion*, Maryknoll, Orbis, 1995, p. 209.
28. OSHITELU, « The Church of the Lord (Aladura) ».
29. ISICHEI, *A History of Christianity in Africa*, p. 277.
30. Harold W. TURNER, *African Independent Church (Aladura)*, Londres, Oxford University Press, 1967, p. 248.

le sens de fraternité, pour ne citer que ceux-là, sont les fondamentaux enseignés. Par souci d'autonomie l'Église confère à ses leaders toute l'autorité d'organisation et de définition des exigences morales au sein de la communauté[31]. Néanmoins, il mérite d'être souligné qu'en dehors des points positifs qui caractérisent l'Église de Dieu Aladura, il y a quelques faiblesses fondamentales que l'on y rencontre. Une forme d'anthropocentrisme dans les pratiques de l'Église a favorisé le mélange de la vie chrétienne authentique avec les normes traditionnelles de la divinité yoruba. Ces déraillements ont laissé glisser l'Église dans un syncrétisme. Cependant, le règne et la gloire de Dieu ne sont assimilables à aucune autre forme de divinité, créature des mains d'hommes (Es 42.8). Selon la Bible, l'univers et toutes les divinités tant visibles qu'invisibles doivent être soumis à Dieu, car ils sont ses créatures (Gn 1.1 ; Col 1.16)[32]. Cette perception des choses offre un cadre théorique à la théologie et la missiologie dans leurs efforts d'analyse du contexte socioreligieux africain et de contextualisation du message évangélique.

## Pour aller plus loin

AYEGBOYIN, Deji & S. Ademola ISHOLA, *African Indigenous Churches. An Historical Perspective*, Lagos, Greater Heights Publications, 1997.

AYEGBOYIN, Deji Isaac, « "Guérir les malades et chasser les démons" : la réponse de Aladura », *Études dans le monde du christianisme* vol. 10, no. 2, 2005, pp. 233-249.

ANUMAH, Isaiah, *African Church Leaders*, Lagos, WATS, s.d.

BEDIAKO, Kwame, *Christianity in Africa. The Renewal of a Non-Western Religion*, Maryknoll, Orbis, 1995.

BEWAJI, John A. I., « Olodumare : God in Yoruba Belief and the Theistic Problem of Evil », *African Studies Quarterly* vol. 2, n° 1, 1998, p. 1-17.

EADES, J. S., « The Yoruba Today », in *Nigerian Politics and Military Rule*, sous dir. S. K. PANTER-BRICK, Londres, Athlone, 1970, p. 83.

ISICHEI, Elizabeth, *A History of Christianity in Africa. From Antiquity to the Present*, Londres, SPCK, 1995.

GRIPPAY, Ronan, « Le système de divination Ifa au Nigéria », en ligne : http://www.unesco.org/culture/intangible-heritage/29afr_fr.htm.

RAY, Benjamin, *African Religions, Symbol, Ritual, and Community*, New Jersey, Prentice Hall, 1976.

SANNEH, Lamin, *West African Christianity. The Religious Impact*, Londres, Hurst, 1983.

---

31. TURNER, *African Independent Church*, p. 248.
32. Hannes WIHER, « Évangile, mission et règne de Dieu », in *Bible et mission. Vers une théologie évangélique de la mission*, sous dir. Hannes WIHER, Charols, Excelsis, 2011, p. 156.

# 7

# Le Christianisme céleste du Bénin

*Moloby Rémy Williams Eméry*

Le paysage religieux sur le continent africain se trouve en pleine évolution faisant que la tâche même de l'Église devrait être constamment repensée afin que celle-ci s'inscrive dans les mutations sociétales. Avec cette effervescence religieuse en Afrique, les Églises d'initiative africaine attirent de plus en plus l'attention des évangéliques en général, et des missiologues en particulier. Ces Églises, pour la plupart sans lien formel avec les Églises dites historiques, sont des centres d'endoctrinement et semblent plus proches des réalités sociales des Africains. Outre la question de l'identité qu'elles soulèvent, il y a aussi celle de savoir comment prendre en compte les aspirations populaires dans la manière de vivre sa foi chrétienne aujourd'hui. Ces Églises sont aujourd'hui présentes dans le monde entier et, comme le dit Issiaka Coulibaly, « aucun continent ne semble, en effet, faire exception à ce qui se présente désormais comme la règle en ce début du XXI$^e$ siècle[1] ». Le même constat est fait par André Mary qui affirme que « certaines Églises chrétiennes d'origine africaine ont, depuis plusieurs décades, une implantation attestée non seulement dans de nombreux pays africains, limitrophes ou non, mais aussi en Europe et aux États-Unis[2] ». Au nombre de ces Églises se trouve le Christianisme céleste.

---

1. Issiaka COULIBALY, « Préface », in *Églises et ministères d'initiative africaine. Enjeux et avenir*, sous dir. Rubin POHOR et Issiaka COULIBALY, Abidjan, FATEAC, 2015, p. 7.
2. André MARY, « Globalisation des pentecôtismes et hybridité du christianisme africain », in *La globalisation du religieux*, sous dir. Jean-Pierre BASTIAN *et al.*, Paris, l'Harmattan, 2001, p. 154.

Ce chapitre se propose de considérer l'Église du Christianisme céleste comme un lieu privilégié de contextualisation. Pour ce faire, une connaissance de cette Église est capitale afin de montrer comment sa doctrine s'inscrit dans le « marché global » des produits d'inspiration biblique. Nous n'avons ni la prétention ni l'espace de faire ici une étude détaillée de cette Église. Notre propos est de décrire sur un plan missiologico-historique l'origine et la doctrine de cette Église, en nous inscrivant dans une approche dialogique entre celle-ci et la doctrine évangélique, en cherchant à comprendre les efforts conscients ou inconscients de contextualisation au sein de l'Église du Christianisme céleste. Une étude féconde nous impose de nous débarrasser des a priori, ou mieux, de la tentation à diaboliser.

Notre propos s'articule autour des trois points suivants : le contexte de naissance de cette Église, une esquisse de ses croyances et pratiques, et la stratégie missionnaire du Christianisme céleste.

## Contexte de naissance

### Fondateur

L'Église du Christianisme céleste (ECC) est une Église d'initiative africaine. Elle a été fondée par Samuel Biléou Joseph Oschoffa en 1947 à Porto-Novo (Bénin)[3]. Oshoffa est né en 1909 au Dahomey (l'actuel Bénin). Le nom Biléou exprime une reconnaissance à Dieu. À l'âge de sept ans, Oshoffa est confié à M. Moïse Yansunu, catéchiste de l'Église méthodiste, pour assurer son éducation religieuse, puis à un pasteur, M. David Logo Hodonou. Oshoffa aurait eu une révélation divine en mai 1947, dans une forêt où il se retrouve seul, abandonné par son piroguier[4]. À son retour, en septembre de la même année, il s'est senti appelé à fonder une nouvelle Église. Il occupe alors le poste suprême du mouvement qu'il vient de fonder. La mort soudaine d'Oshoffa dans un accident de voiture, en 1985, ouvrit une crise de succession qui n'est pas résolue jusqu'à ce jour.

### Aladura, Chérubins et Séraphins, et Christianisme céleste

Outre son caractère révélé, le corpus des pratiques liturgiques de l'ECC est une continuité du mouvement Aladura et principalement de l'Église des Chéru-

---

3. Christine Henry et Joël Noret, « Le Christianisme céleste en France et en Belgique », *Archives de sciences sociales des religions*, 143, 2008, p. 92.
4. A. Adetonah, *Lumière sur le Christianisme céleste*, brochure, 1972, en ligne : https://eglise-duchristianismeceleste-nonofficiel.org/document_complem/lumiere-christianisme-celeste/.

bins et Séraphins. En effet, avant de créer sa propre Église, Oshoffa, après une éducation méthodiste, avait fréquenté auparavant l'Ordre sacré des Chérubins et des Séraphins, une des plus anciennes Églises du mouvement Aladura[5]. Il fut ensuite renvoyé de cette Église pendant quelques années « pour adultère avec une femme qui deviendra la première visionnaire de la nouvelle Église[6] », avant de recevoir lui-même la vision. Le terme yoruba *aladura* signifie « ceux qui prient[7] ». Le mouvement Aladura met l'accent « sur quatre thèmes, que l'on retrouve dans le Christianisme céleste : la pureté, la prière, les révélations par rêves et visions et la guérison spirituelle[8] ». Le Christianisme céleste est donc très influencé par le mouvement Aladura. D'après Mary, « toute l'organisation des grades et l'institution centrale du ministère de la vision, qui font aujourd'hui l'originalité des Célestes, sont reprises des Chérubins et Séraphins[9] ». La conviction centrale du mouvement Aladura qu'elle partage avec les autres Églises prophétiques est la croyance selon laquelle les prières ferventes produisent des effets comme la bonne santé et la naissance d'enfants, au point que, dans certains cas, elles rejettent la contribution des médecines traditionnelle et moderne[10].

## *Pourquoi Christianisme céleste ?*

Il convient de faire la différence entre l'origine du nom et celle de l'Église. C'est M. Alexander Yanga qui révéla le nom de l'Église : « Étant demeuré en extase spirituelle à la résidence du pasteur fondateur pendant sept jours, [il] demanda un morceau de craie et écrivit sur un mur le nom "Église du Christianisme céleste"[11]. » Les fidèles s'appellent « chrétiens célestes ». Selon le document de A. Adetonah, « la dénomination de Christianisme céleste vient de la vision par laquelle Jésus annonçait à nos visionnaires que les membres de cette assemblée l'adoreront comme le font les anges dans le ciel[12] ». Ce qui signifie que le vrai culte

---

5. HENRY et NORET, « Le Christianisme céleste en France et en Belgique », p. 92.
6. André MARY, « Afro-christianisme et politique de l'identité : l'Église du Christianisme céleste *versus* Celestial Church of Christ », *Archives de sciences sociales des religions*, 118, 2002, p. 47.
7. *Ibid.*, p. 46.
8. HENRY et NORET, « Le Christianisme céleste en France et en Belgique », p. 92.
9. MARY, « Afro-christianisme et politique de l'identité », p. 47.
10. Elizabeth ISICHEI, *A History of Christianity in Africa. From Antiquity to the Present*, Londres, SPCK, 1995, p. 280.
11. Emmanuel MENEGNE DAKOURI, « Le Christianisme céleste », en ligne : https://fr.scribd.com/doc/59773752/LE-CHRISTIANISME-CELESTE (consulté le 12 septembre 2016).
12. ADETONAH, *Lumière sur le Christianisme céleste*, p. 4.

est rendu à Dieu par les anges dans le ciel et que les membres de l'assemblée doivent se joindre à ce culte. La vision de l'Église par contre vient du fondateur tel que le stipule la Constitution de l'Église :

> L'Église du Christianisme céleste (Diocèse du Nigéria) fait partie de la seule spirituelle, universelle, unie, indivisible Sainte Église qui est venue dans ce monde, du Ciel par ORDRE DIVIN le 29 SEPTEMBRE 1947 à Porto Novo, République du Bénin (anciennement République du Dahomey) à travers un individu, un Homme qui est le Fondateur de l'Église, le Révérend, Prophète Pasteur Fondateur Samuel Bilehou Joseph Oschoffa[13].

Les Célestes eux-mêmes « en font une Église "charismatique" ou "prophétique" en s'appuyant sur la puissance et l'efficacité de l'Esprit Saint qui sont au fondement de toutes leurs pratiques et sur les ressources qu'offrent les dons de prophétie, de guérison et de miracles pour tous les Célestes[14] ».

## *L'ordre de créer une Église*

C'est à la lumière du message révélé par l'ange au prophète fondateur que le caractère céleste de cette Église et son approche de contextualisation peuvent être analysés. Voici une partie du message reçu par le prophète :

> Il y a beaucoup de chrétiens de nom qui, confrontés aux difficultés et aux problèmes de ce monde, courent derrière les féticheurs et d'autres puissances des ténèbres pour toutes sortes d'assistances ; en conséquence, à leur mort, ils ne peuvent pas voir Christ parce que par leur action, Satan a laissé sur eux sa marque spirituelle. Pour t'assister dans ta tâche, pour que les hommes t'écoutent et te suivent, des actions miraculeuses de guérisons divines par le Saint-Esprit seront accomplies par tes mains au nom de Jésus-Christ. Ces actions de guérisons divines et le sceau spirituel de l'Éternel Dieu sur ta personne vont témoigner que c'est « L'ÉTERNEL DIEU QUI T'A ENVOYÉ »[15].

---

13. « Constitution Bleue de l'Église du Christianisme céleste (1980) », p. 2, en ligne : http://egliseduchristianismeceleste-nonofficiel.org/wp-content/uploads/2016/12/Constitution-Bleue.pdf.
14. Mary, « Afro-christianisme et politique de l'identité », p. 46.
15. « Constitution Bleue de l'Église du Christianisme céleste (1980) », p. 2.

De ce message il ressort que plusieurs chrétiens de l'époque n'étaient pas des chrétiens pratiquants et n'hésitaient pas à recourir aux fétiches et à d'autres puissances des ténèbres afin de trouver des solutions à leurs problèmes. Il convient de reconnaître ici que ce recours à la consultation n'est pas l'apanage des seuls chrétiens de ce temps-là. La pratique est d'actualité. En lieu et place des féticheurs, dans sa pratique contextuelle l'ECC offre des visionnaires qui vont assurer la consultation. C'est donc une religion pragmatique[16] qui prend en compte les problèmes de la vie courante auxquels les Africains sont confrontés. Selon l'Archidiocèse de Ouagadougou, « les fidèles sont attirés pour les raisons suivantes : désir de résoudre leurs problèmes (santé, stérilité, profession, jalousies, etc.) ; attirance pour les charismes (guérison, visions), pour l'entraide entre fidèles, pour la recherche d'une prière fervente, pour le désir de rejeter les fétiches, et pour obtenir une intégration dans la société et le cosmos[17] ».

La deuxième observation que l'on peut extraire du message révélé est la place centrale des guérisons miraculeuses. L'ordre divin de fonder l'Église s'accompagne de prodiges, de miracles, de guérisons miraculeuses et même de résurrections par la personne du pasteur prophète fondateur. Cette Église est annoncée comme la dernière barque qui sanctifiera le monde.

## Doctrine et pratiques

Cette section se propose de répondre aux questions suivantes : Quelles sont les croyances et les pratiques propres au Christianisme céleste et comment les formes culturelles sont-elles incorporées dans la vie pratique de l'Église ?

### *Doctrine*

La doctrine de l'ECC s'appuie sur un double fondement : la Bible et les révélations reçues par le prophète fondateur ou par les personnes qui en ont été proches au début de l'Église. Si pour les évangéliques la Parole de Dieu demeure l'autorité ultime, dans l'ECC c'est plutôt la personne du fondateur ou son successeur[18]. La Constitution de l'Église fait, par exemple, beaucoup plus la part belle à la tradition de l'Église qu'à la Parole de Dieu.

---

16. En soulignant ce pragmatisme, nous mettons de côté la question de savoir si ces pratiques sont orthodoxes.
17. Archidiocèse de Ouagadougou, « Le Christianisme céleste », en ligne : http://www.catholique.bf/protestantisme/nmr/633-le-christianisme-celeste.
18. « Constitution Bleue de l'Église du Christianisme céleste (1980) », p. 3.

La transcription des révélations du prophète et la codification écrite, éventuellement en plusieurs langues, des séquences des chants, de prières, de lectures bibliques, à respecter pour chaque culte, inscrit dans le calendrier annuel, visent à mettre fin aux aléas de la transmission orale ou aux dérives de la mémoire gestuelle du rituel[19].

Jésus est reconnu comme le Seigneur et Sauveur de la terre, le prophète n'est qu'un instrument entre ses mains. Le Saint-Esprit est aussi reconnu comme la puissance agissante de Dieu et comme troisième personne de la Trinité.

La doctrine est constituée d'un ensemble d'interdits[20] :

- la pratique de toutes formes d'idolâtrie, de fétiches, magies, sorcelleries, charmes et autres ;
- de fumer ou de priser la cigarette ou le tabac ou toutes herbes à fumer ou à priser ;
- la consommation de toute forme d'alcool, de vin ou toute boisson forte qui peut intoxiquer ;
- la consommation de porc ou de toute nourriture offerte en sacrifice aux idoles ou aux autres puissances des ténèbres ;
- le port d'habits rouges ou noirs, sauf pour des raisons professionnelles ;
- le port de chaussures lorsqu'ils sont en soutane, dans la paroisse ou dans ses environs immédiats.
- Il est également interdit aux membres célestes de sexe féminin et masculin, de s'asseoir côte à côte (sur un même banc ou d'un même côté) dans l'Église ou ses environs immédiats ;
- il est interdit aux membres du Christianisme céleste de sexe féminin en période menstruelle d'entrer dans l'enceinte des paroisses ;
- il est formellement interdit aux membres célestes de sexe féminin, d'entrer dans l'aire de l'autel ou de conduire l'assemblée en prière ;
- la fornication et l'adultère sont strictement interdits ;
- les bougies d'autres couleurs que la couleur blanche sont strictement interdites.

Au plan ecclésiologique l'Église du Christianisme céleste se considère comme « la seule spirituelle, universelle, unie, indivisible Sainte Église qui est venue dans ce monde[21] ».

---

19. Mary, « Afro-christianisme et politique de l'identité », p. 161.
20. « Constitution Bleue de l'Église du Christianisme céleste (1980) », p. 41-42.
21. *Ibid.*, p. 2.

## *Pratiques*

Le Christianisme céleste reconnaît trois sacrements qui sont : le baptême, la fête des moissons et l'onction qui permet de devenir visionnaire. Selon l'Archidiocèse de Ouagadougou, « en recevant le baptême (par immersion), le croyant est pénétré par l'Esprit du Christ ressuscité qui s'oppose directement à la puissance des *Vodoun*[22] ».

La Sainte Cène est célébrée quatre fois par an. Ne peuvent y participer que « les fidèles ayant payé leur denier du culte et la cotisation trimestrielle à l'Église. Il leur est délivré un reçu devant leur servir de ticket de communion[23] ».

Au plan liturgique le Christianisme céleste offre une pratique qui accorde une large place à la louange, à l'expression spontanée de la prière, à la danse, à la transe, à la joie d'être pardonné et aimé de Dieu, habité par son Esprit. Cette Église offre ainsi à ses fidèles une vie de paroisse très intense et familiale basée sur l'intégration et le respect de la hiérarchie, avec obligation faite à chaque fidèle d'effectuer un pèlerinage sur les lieux saints révélés par le prophète[24]. Ce pèlerinage donne la possibilité à chaque fidèle d'être en contact avec les autres fidèles venant des quatre coins du monde, témoignant ainsi l'unité de l'Église et son caractère international, chaque fidèle étant tenu de faire allégeance à la personnalité du fondateur et de se recueillir sur la tombe de ce dernier lors du pèlerinage[25].

L'Église du Christianisme céleste présente une structure centralisée et fortement hiérarchisée :

> L'Église est encadrée par une double hiérarchie dont les grades sont conférés par onction : la hiérarchie du gouvernement et celle des visionnaires (soumis au contrôle du gouvernement). […] Ensuite viennent, du côté du gouvernement, les pasteurs, les évangélistes, puis les « *leaders* ». Au niveau des fidèles ou hommes de prière, on a les *alagba* et les devanciers. Les femmes n'ont de place qu'au niveau des femmes de prière, car elles sont soumises aux impuretés de leur sexe[26].

---

22. Archidiocèse de Ouagadougou, « Le Christianisme céleste ».
23. Albert de Surgy, *L'Église du Christianisme céleste. Un exemple d'Église prophétique au Bénin*, Paris, Karthala, 2001, p. 116.
24. Mary, « Afro-christianisme et politique de l'identité », p. 158. Ces lieux sont entre autres : le lieu de la naissance du fondateur, de sa révélation, de sa mort, et la cité céleste d'Imeko.
25. *Ibid.*
26. Archidiocèse de Ouagadougou, « Le Christianisme céleste ».

Concernant les femmes, Emmanuel Kadja Tall indique : « Leur statut particulier de femmes de religion les astreint de la même manière à une série d'interdits d'ordre sexuel, alimentaire et moral qui règlent leur vie quotidienne et restreint leur liberté dans la vie civile[27]. »

> L'ECC accorde une grande place [...] à l'ensemble des rites de passage qui accompagnent la vie d'une personne, de la naissance à la mort : rite de sortie de l'enfant et levée de deuil. Ce sont des lieux ou des moments où se négocient de façon très serrée toutes sortes d'arrangements entre les conceptions traditionnelles du corps et de la personne, les prescriptions bibliques et l'ordre rituel chrétien[28].

C'est le cas du culte pour les défunts qui inclut les veillées dans la maison mortuaire.

En ce qui concerne le mariage, « il est célébré religieusement, pas comme un sacrement, mais comme un vœu devant Dieu, et il doit être respecté[29] ». Cependant, beaucoup de Célestes vivent sans se marier en raison de la polygamie. Enfin, la vision occupe une place très importante dans le Christianisme céleste :

> La vision informe constamment la vie ordinaire de l'Église et de chacun de ses fidèles. Il existe un certain parallèle entre le rôle de la vision dans l'Église et la divination traditionnelle du *Fa* dans le *Vodou*. Les différents types de vision sont la vision prémonitoire, la vision explicative, les visions d'agrément[30].

Il sied de dire que, « s'intégrant parfaitement dans les mouvements anti-sorcellerie d'aujourd'hui, la propension de cette Église à voir les sorciers partout l'expose à de très fréquentes crises[31] ».

## *La guérison*

L'Afrique est un des continents où la croyance en l'existence des forces maléfiques est poussée. Selon la croyance traditionnelle toute maladie a une cause maléfique. Un grand nombre d'Africains aiment la consultation pour connaître

---

27. Emmanuel Kadja TALL, « Dynamique des cultes voduns et du Christianisme céleste au sud-Bénin », *Cahiers des sciences humaines* n° 31, 4, 1995, p. 816.
28. MARY, « Afro-christianisme et politique de l'identité », p. 52.
29. Archidiocèse de Ouagadougou, « Le Christianisme céleste ».
30. *Ibid.*
31. TALL, « Dynamique des cultes voduns et du Christianisme céleste au sud-Bénin », p. 814.

l'origine de leur sort. Face à des situations de crise, ils cherchent un moyen de s'en sortir et se tournent vers le religieux.

Sur ce terrain fertile et en réponse à cette croyance, l'ECC offre à tous ceux qui ont des problèmes un service permanent de consultation et de guérison, de vision et de délivrance, ce qui attire les gens qui se laissent séduire par le phénomène d'exaltation exagérée[32]. Cependant, « à la différence des guérisseurs traditionnels et de certaines Églises, le Christianisme céleste ne recourt pas à la pharmacopée traditionnelle ni aux confessions des péchés[33] ». Selon Mary, « un visionnaire est disponible à toute heure pour vous "faire la vision" et sous la seule inspiration de l'Esprit qui agite son corps et s'exprime par sa bouche, il vous indiquera les causes de votre mal et les "travaux" à accomplir[34] ». Les visionnaires ne sont pas non plus à l'abri de la tentation ou de la tromperie :

> Le visionnaire est exposé à être tenté ou trompé. C'est pourquoi il doit être sanctifié au cours de cultes de sanctification. Il doit aussi se soumettre à l'ascèse (jeûne, abstinence de certains aliments). La hiérarchie des visionnaires exerce un contrôle, une sorte de discernement des esprits, pour veiller à ce que les visionnaires parlent selon l'Esprit et n'affabulent pas[35].

La répression contre la sorcellerie est entreprise par des serviteurs doués de pouvoirs extraordinaires. Pour la guérison, « seuls sont employés le couvent, la prière et l'eau bénite. La guérison vise à repérer la force mauvaise qui cause la maladie. Il est alors possible de mettre en œuvre une force bonne pour la combattre. Un des buts de ces cérémonies est d'inciter les gens à ne pas recourir aux fétiches[36] ».

## Stratégie missionnaire

La plupart des Églises dites historiques en Afrique demeurent des Églises nationales alors que les Églises d'initiative africaine s'exportent facilement et connaissent une diffusion rapide. Ainsi, comment expliquer leur expansion ? Les

---

32. Mary, « Afro-christianisme et politique de l'identité », p. 157.
33. Archidiocèse de Ouagadougou, « Le Christianisme céleste ».
34. André Mary, « D'un syncrétisme à l'autre : transe visionnaire et charisme de délivrance », *Social Compass* 48, 3, 2001, p. 315-331.
35. Archidiocèse de Ouagadougou, « Le Christianisme céleste ».
36. *Ibid.*

évangéliques ont beau affirmer que la mission est du ressort de l'Église toute entière, elle n'est en fait mise en pratique que par quelques personnes.

Pour ce qui concerne l'ECC trois points sont à prendre en compte positivement dans sa stratégie missionnaire. Le premier point qui pourrait être qualifié de conscience collective pour la mission, est lié au fait que chaque cadre, étudiant ou migrant, membre de l'Église qui se déplace, a le souci d'implanter une Église dans son nouveau lieu[37]. À titre illustratif, la première paroisse de l'ECC à Londres, lieu d'implantation le plus important de l'Église en Europe, a été ouvert par des étudiants nigérians[38]. Le second point est en relation avec la vision même de l'Église qui envoie des missionnaires partout dans le monde afin d'assurer l'expansion de l'Église. La politique systématique de voyage des leaders dans le monde afin de visiter les Églises implantées renforce cette vision missionnaire[39]. Le troisième point concerne l'exploitation positive de la technologie à des fins d'évangélisation. « Le pasteur Bada a eu une politique systématique de voyage et de visite dans les paroisses du monde entier (Londres, Paris) et d'exploitation des médias par l'enregistrement télévisé des cultes, la diffusion de cassettes des sermons, l'ouverture de sites Internet (à Londres et à New York)[40]. »

## Conclusion

De nos jours, les Africains « veulent un christianisme plus simple, intégré aux divers aspects de la vie quotidienne, aux souffrances, aux joies, au travail, aux aspirations, aux craintes et aux besoins de l'Africain[41]. » Il est donc de la responsabilité de l'Église de trouver les moyens pour soulager les sentiments et les besoins de l'Africain aujourd'hui. À ce sujet l'ECC offre une contextualisation plutôt syncrétique. Elle présente tous les traits d'une Église locale fondamentalement hybride, « une synthèse à l'africaine particulièrement élaborée et troublante de plusieurs traditions religieuses[42] ».

---

37. MARY, « D'un syncrétisme à l'autre », p. 315-331.
38. HENRY et NORET, « Le Christianisme céleste en France et en Belgique », p. 4.
39. *Ibid.*, p. 163.
40. MARY, « Afro-christianisme et politique de l'identité », p. 55.
41. Rapport de l'Église catholique, « Le phénomène des sectes : un défi pastoral » (document romain), mai 1986, en ligne : https://www.lenversdudecor.org/Le-phenomene-des-sectes-un-defi-pastoral.html.
42. André MARY, « Anges de Dieu et esprits territoriaux : une religion africaine à l'épreuve de la transnationalisation », *Autrepart,* revue de sciences sociales au Sud, Presses de Sciences Po (PFNSP), 2000, p. 75.

Cette Église réussit en effet à marier ensemble un héritage méthodiste et pentecôtiste, biblique et charismatique, une liturgie et une hiérarchie témoignant d'une grande fascination pour la pompe du catholicisme romain (ses soutanes, ses bougies, son eau bénite et ses odeurs d'encens), un système d'interdits, notamment en matière de sexualité ou d'alimentation, inspiré de l'Ancien Testament, certaines évocations de l'islam dans les attitudes et les prescriptions de prière, dans l'obligation de pèlerinage, et naturellement certains compromis avec les traditions africaines (entre autres sur la polygamie)[43].

Albert de Surgy « considère que l'ECC représente une forme d'inculturation spontanée du christianisme qui pourrait servir de leçon aux théologiens en quête d'adaptation du message évangélique à la mentalité africaine[44] ».

Au-delà de cette hybridité, il sied de reconnaître avec Noël N'Guessan que les cultes des Églises d'initiative africaine, de manière générale, « sont orientés vers des besoins et des attentes qui prennent en compte tout l'homme : corps, âme et esprit. La dimension existentialiste des cultes est bien perceptible[45] ». L'attrait de ces Églises c'est qu'elles « vont à la rencontre des gens, là où ils sont, de façon chaleureuse, [...] les suivant de manière intense par de multiples contacts, des visites à domicile, un soutien et une direction continue[46] ».

## Pour aller plus loin

A. ADETONAH, *Lumière sur le Christianisme céleste*, brochure, 1972, en ligne : https://egliseduchristianismeceleste-nonofficiel.org/document_complem/lumiere-christianisme-celeste/.

Archidiocèse de Ouagadougou, « Le Christianisme céleste », en ligne : http://www.catholique.bf/protestantisme/nmr/633-le-christianisme-celeste.

« Constitution Bleue de l'Église du Christianisme céleste (1980) », en ligne : http://egliseduchristianismeceleste-nonofficiel.org/wp-content/u ploads/2016/12/Constitution-Bleue.pdf.

---

43. *Ibid.*
44. De SURGY, cité par MARY, « Afro-christianisme et politique de l'identité », p. 56.
45. Noël N'GUESSAN, « La dimension existentialiste des cultes des Églises et ministères d'initiative africaine : faits et méfaits », in POHOR et COULIBALY, *Églises et ministères d'initiative africaine*, p. 118.
46. Rapport de l'Église catholique, « Le phénomène des sectes : un défi pastoral ».

HENRY, Christine et NORET, Joël, « Le Christianisme céleste en France et en Belgique », en ligne : https://dipot.ulb.ac.be/dspace/bitstream/2013/ 98628/1/Henry_et_Noret_2008.pdf.

MARY, André, « Anges de Dieu et esprits territoriaux : une religion africaine à l'épreuve de la transnationalisation », *Autrepart,* revue de sciences sociales au Sud, Presses de Sciences Po (PFNSP), 2000, p. 71-89. En ligne : https://halshs.archives-ouvertes.fr/halshs-00137119/document.

MARY, André, « Globalisation des pentecôtismes et hybridité du christianisme africain », in *La globalisation du religieux,* sous dir. Jean-Pierre BASTIAN *et al.*, Paris, L'Harmattan, 2001, p. 153-168.

MARY, André, « D'un syncrétisme à l'autre : transe visionnaire et charisme de délivrance », *Social Compass* 48, 3, 2001, p. 315-331.

MARY, André, « Afro-christianisme et politique de l'identité : l'Église du Christianisme céleste Versus Celestial Church of Christ », *Archives de sciences sociales des religions,* 118, 2002.

POHOR, Rubin et COULIBALY, Issiaka, sous dir., *Églises et ministères d'initiative africaine. Enjeux et avenir.* Abidjan, FATEAC, 2015.

Rapport de l'Église catholique, « Le phénomène des sectes : un défi pastoral » (document romain), mai 1986, en ligne : https://www.lenversdudecor.org/Le-phenomene-des-sectes-un-defi-pastoral.html.

SURGY, Albert de, *L'Église du Christianisme céleste. Un exemple d'Église prophétique au Bénin*, Paris, Karthala, 2001.

TALL, Emmanuel Kadja, « Dynamique des cultes voduns et du Christianisme céleste au sud-Bénin », *Cahiers des sciences humaines* n° 31, 4, 1995.

# 8

# L'Église chrétienne des rachetés de Dieu du Nigéria

*Trudon Yakasongo*

Dans ce chapitre, nous présenterons l'Église chrétienne des rachetés de Dieu (en anglais The Redeemed Christian Church of God, RCCG), son historique, sa confession de foi, sa vision, son organisation et ses stratégies pour la croissance de l'Église[1].

## Historique

### Josiah Olufemi Akindayomi

L'Église chrétienne des rachetés de Dieu a été fondée par le Révérend Josiah Olufemi Akindayomi[2]. Akindayomi est né le 5 juillet 1909 dans l'État d'Ondo au Sud-ouest du Nigéria. Il a grandi au milieu d'adorateurs d'idoles, mais il savait qu'il existait une plus grande puissance et cherchait à connaître le Dieu créateur. Cela l'a conduit à la Church Missionary Society, où il a été baptisé en 1927.

Il a ensuite rejoint l'Église des Chérubins et Séraphins en 1931. Il a alors commencé à entendre une voix lui annonçant : « Tu seras mon serviteur ». Il décida cependant d'ignorer la voix. Cela a continué pendant sept ans au cours desquels

---

1. Nous signalons que toutes les documentations qui nous ont permis d'écrire ce chapitre sont en anglais. Il s'agit ici de notre traduction libre en français.
2. Asonzeh Franklin-Kennedy UKAH, « The Redeemed Christian Church of God (RCCG), Nigeria. Local Identities and Global Processes in African Pentecostalism », thèse de doctorat à l'Université de Bayreuth, 2003. Dans la suite de cette section nous nous sommes inspirés de cette thèse et du site http://rccg.org/who-we-are/history.

toutes les entreprises commerciales qu'il a essayées ont abouti en échec. Endetté et sans tranquillité d'esprit, il finit par dire à Dieu : « Seigneur, j'irai où tu veux que je parte ». Il a demandé à Dieu des signes pour confirmer qu'il s'agissait bien de sa volonté. La confirmation est venue après avoir lu les passages bibliques de Jérémie 1.4-10, d'Ésaïe 41.10-13 et de Romains 8.29-30. Le Seigneur lui donna l'assurance qu'il pourvoirait à tous ses besoins ; il ne recevait en effet aucun salaire à ce moment-là.

Il continuait à fréquenter l'Église des Chérubins et Séraphins. Cependant, en 1947 il commença à constater que l'Église des Chérubins et Séraphins était en train de s'éloigner de la Parole de Dieu dans certaines pratiques[3]. En 1952, il décide de quitter cette Église. La même année, il fonde la Glory of God Fellowship [Association la Gloire de Dieu] à Willoughby Street, Ebute-Metta, Lagos. Au départ il y avait neuf membres, mais la communauté augmenta rapidement lorsque les nouvelles des miracles vécus dans son milieu se sont propagées[4].

Pa Akindayomi[5] avait eu aussi une vision du nom futur de l'Église qui semblait être écrit sur un tableau noir. Le nom était « Église chrétienne des rachetés de Dieu ». Pa Akindayomi, qui ne savait ni lire ni écrire, fut surnaturellement capable d'écrire ces mots sur le sol. Dieu lui dit aussi que cette Église irait jusqu'aux extrémités de la terre et que le Seigneur Jésus-Christ manifesterait sa gloire dans l'Église. Le Seigneur a ensuite établi une alliance avec Pa Akindayomi, tout comme il l'avait fait avec Abraham. C'est selon cette alliance que l'Église chrétienne des rachetés de Dieu a été fondée[6].

L'Église chrétienne des rachetés de Dieu est donc née en 1952. Sa vision était de gagner le monde pour Christ[7]. L'Église a continué de se réunir à Willoughby Street jusqu'à ce qu'elle soit en mesure d'acquérir un terrain au début des années 1970, témoignant ainsi d'une relocalisation sur le siège actuel de l'Église au Redemption Way à Ebute-Metta, Lagos[8].

Dieu a également parlé à Pa Akindayomi à propos de son successeur[9]. Le Seigneur lui dit que cet homme, qui ne faisait pas encore partie de l'Église, serait un jeune homme instruit. En 1973, un jeune professeur d'université rejoingnit

---

3. Ruth MARSHALL, *Political Spiritualities. The Pentecostal Revolution in Nigeria*, Chicago, University of Chicago Press, 2009, p. 74.
4. *Ibid.*
5. Papa est le nom que l'Église avait donné au révérend Akindayomi, ou Pa en abrégé.
6. « Manuel de la classe de baptême », p. 2, en ligne : http://rccg.org/tools/baptismal-manual.
7. MARSHALL, *Political Spiritualities*, p. 74.
8. Anciennement 1a, Street Cemetery.
9. MARSHALL, *Political Spiritualities*, p. 74.

l'Église et Pa Akindayomi reconnut en lui celui dont le Seigneur lui avait parlé dans le passé. Il s'appelait Enoch Adejare Adeboye et était professeur de mathématiques à l'Université de Lagos. Il s'est rapidement impliqué dans l'Église et est devenu l'un des interprètes traduisant les sermons de Pa Akindayomi du yoruba vers l'anglais. Il fut ordonné pasteur en 1975[10].

Pa Akindayomi a partagé avec le pasteur Adeboye les détails de l'alliance et les plans du Seigneur pour l'Église pendant plusieurs heures. Même si un an avant cela, le Seigneur avait révélé au pasteur Adeboye qu'il serait le successeur de Papa, il aurait été encore trop difficile pour lui d'accepter pleinement cette responsabilité, affirme Nimi Wariboko[11].

Pa Josiah Akindayomi est mort à l'âge de 71 ans[12]. La nomination du pasteur Adeboye a été formalisée par la lecture du prononcé scellé de Pa Akindayomi, après son enterrement[13].

## *Enoch Adejare Adeboye*

Nous donnons ici une brève biographie d'Enoch Adejare Adeboye. Il est né en 1942 dans une famille modeste dans le village de Ifewara dans l'État d'Osun situé dans le sud-ouest du Nigéria. Enoch Adeboye affirme souvent avec humour que sa famille était plus pauvre que les autres pauvres du Nigéria. En fait, il avoua à sa congrégation qu'il n'avait jamais possédé de chaussures jusqu'à l'âge de dix-huit ans. Les biens qu'il possédait n'étaient pas matériels : l'accent, la cohérence, la diligence, l'ambition, un esprit brillant et une détermination à réussir dans la vie[14]. En 1956, Enoch Adeboye a été admis dans la Grammar School d'Ilesha. Dans sa jeunesse une passion pour les livres et une aptitude pour la science se développa, en particulier pour le domaine des mathématiques. Cela l'a amené à faire un voyage scolaire dans le domaine des mathématiques, malgré des difficultés financières, la guerre civile nigériane et la politique universitaire. Enoch Adeboye obtint non seulement un baccalauréat (B.Sc.) et en 1967 un diplôme en mathématiques de l'Université du Nigéria à Nsukka, mais aussi un master (M.Sc.) en hydrodynamique en 1969 et un doctorat (PhD) en mathématiques

---

10. *Ibid.*
11. Nimi WARIBOKO, *Nigerian Pentecostalism*, Martlesham, UK, Boydell & Brewer, 2014, p. 57.
12. *Ibid.*
13. Laurent FOURCHARD, André MARY et René OTAYEK, *Entreprises religieuses transnationales en Afrique de l'Ouest*, Paris, Karthala 2005, p. 343.
14. Gyslain YAMPOMPO, Président national de l'Église chrétienne des rachetés de Dieu au Congo RDC, interviewé le 12 juillet 2016.

appliquées en 1975 de l'Université de Lagos, Nigéria[15]. Une des motivations pour ces réalisations académiques était le désir de devenir le plus jeune vice-chancelier (Président de l'Université) de l'une des grandes universités au Nigéria. Son ambition académique fut réalisée. Cependant, une plus grande carrière l'attendait dans le service du Seigneur. En 1967, Enoch Adeboye a épousé Foluke Adenike Adeboye (née Adeyokunnu)[16].

### *Développement de l'Église chrétienne des rachetés de Dieu*

En 1981, une explosion de croissance de l'Église a commencé, et le nombre de paroisses ne cessait d'augmenter. Au dernier décompte il y avait environ 2 000 paroisses de l'Église chrétienne des rachetés de Dieu au Nigéria. L'Église est également présente dans d'autres pays africains, dont la Côte d'Ivoire, le Ghana, la Zambie, le Malawi, le Congo RDC, la Tanzanie, le Kenya, l'Ouganda, la Gambie, le Cameroun et l'Afrique du Sud. En Europe, l'Église s'est répandue en Angleterre, en Allemagne et en France. Aux États-Unis, il y a des paroisses à Dallas, Tallahassee, Houston, New York, Washington et Chicago et aussi dans les Caraïbes, Haïti et la Jamaïque[17].

L'un des programmes bien connu de l'Église chrétienne des rachetés de Dieu est le culte du Saint-Esprit, un culte de miracles qui se tient toute la nuit, le premier vendredi de chaque mois. Environ cinq cents mille personnes assistent à ce culte[18]. Le culte du Saint-Esprit a maintenant lieu dans différentes parties du monde, y compris au Royaume-Uni, en Inde, aux États-Unis, au Canada, en Afrique du Sud, en Australie, à Dubaï, au Ghana et aux Philippines[19].

## Confession de foi

Dans cette section nous présentons la confession de foi de l'Église chrétienne des rachetés de Dieu tout en nous réservant de donner notre point de vue sur

---

15. « Manuel de la classe de baptême d'eau », p. 3.
16. *Ibid.*
17. Donald E. MILLER, Kimon H. SARGEANT, Richard FLORY, *Spirit and Power. The Growth and Global Impact of Pentecostalism*, Oxford, Oxford University Press, 2013, p. 190.
18. *Ibid.*
19. Asonzeh F. K. UKAH, *A New Paradigm of Pentecostal Power. A Study of the Redeemed Christian Church of God in Nigeria*, Trenton, NJ, Africa World Press, 2008, p. 410.

certaines affirmations dans les notes de bas de page. Voici ce que l'Église chrétienne des rachetés de Dieu croit[20] :

- Toutes les Écritures, l'Ancien et le Nouveau Testament, sont inspirées du Saint-Esprit (2 Tm 3.16-17).
- La Bible est la volonté écrite et révélée de Dieu. La position de l'homme face à Dieu, le chemin pour obtenir le salut, le malheur et la destruction attendant les pécheurs qui refusent de se repentir, et la joie éternelle qui est réservée pour les âmes nées de nouveau (Dt 4.22 ; Ap 22.18-19 ; Mt 24.34-38).
- Comme la Bible a révélé, il n'y a qu'un seul Dieu qui est le Créateur à la fois des créatures visibles et invisibles (Gn 1.1 ; Ps 86.9-10 ; És 43.10-11 ; Jn 1.1-3). Seul Dieu existe pour toujours (Éz 3.14).
- Jésus-Christ est le Fils de Dieu, qui a porté les péchés de l'humanité, et le Sauveur du monde. Il est Dieu et né de la vierge Marie. Il est Dieu révélé dans la chair. Grâce à lui toutes choses ont été créées (Jn 1.1-14 ; 14.9 ; Mt 1.18-25 ; És 9.6 ; 53.5-6). Sa mort sur la croix et sa résurrection, par laquelle il a apporté la rédemption (És 53.4-10 ; Jn 10.11 ; Mt 20.28 ; 1 Co 15.3).
- Le Saint-Esprit est la troisième personne de la Trinité. Il a la même puissance, la même gloire avec Dieu le Père et Dieu le Fils (Jn 14.16-17 ; Jn 15.26).
- Dieu le Père, Dieu le Fils et Dieu le Saint-Esprit sont un seul Dieu. Ils sont donc une Trinité (Gn 1.16-29 ; Mt 3.16-17 ; Mt 18.19).
- L'existence du diable qui cherche la chute de chaque homme. Il a apporté la maladie, le péché et la mort dans le monde (Gn 3.1-16).
- Le baptême d'eau par immersion est administré au nom du Père, du Fils et du Saint-Esprit (Mt 28.19), et tous les chrétiens doivent obéir à cette règle du Seigneur (Ac 2.24 ; 16.15 ; 18.8 ; 19.4-5).
- Le baptême du Saint-Esprit : toutes les âmes nées de nouveau doivent demander le Saint-Esprit d'en haut, comme les apôtres ont reçu l'ordre d'attendre à Jérusalem jusqu'à ce qu'ils soient remplis d'en haut. Il est la promesse du Père. Il est le don de Dieu qu'il donne à ceux qui lui obéissent (Lc 24.49 ; Jn 4.14-26 ; Ac 1.4-5 ; 5.32 ; 8.14-17). Tout

---

20. Traduction libre de la section « Our Beliefs » du site de la RCCG : http://rccg.org/who-we-are/our-beliefs/.

chrétien qui reçoit le baptême du Saint-Esprit doit parler en langues[21] (Ac 2.4 ; 10.34-36).
- La guérison sans médicaments est biblique (Mt 4.23 ; Ps 103.3). La maladie est la conséquence de la chute de l'homme. La force derrière cela est Satan[22] (Jb 2.1-9 ; Lc 13.15). Mais Jésus est venu pour détruire les œuvres du diable (1 Jn 3.8).
- Tous les chrétiens doivent obéir à la loi du pays, obéir au gouvernement et aux autorités[23]. Ils doivent honorer leurs parents et les aînés (1 P 2.13-14 ; Rm 13.1-5 ; Ép 6.1-3).
- La rébellion contre les ministres de l'Église est contre la volonté de Dieu. La Bible enseigne que nous devons obéir à nos chefs spirituels et leur être soumis (Hé 13.17 ; Jos 1.16-18).
- Le mariage monogamique est reconnu et honoré de tous (Hé 13.4).
- L'Église croit en toutes les prophéties marchant de pair avec la Bible. De même, certains membres peuvent être dotés du don de prophétie par l'inspiration du Saint-Esprit (1 Co 14.29). Mais toute prophétie qui est contre la Bible est rejetée.
- La Sainte Cène instituée par le Seigneur Jésus-Christ peu avant sa mort. Il ordonna à tous les chrétiens de se rassembler régulièrement pour partager le pain et le vin jusqu'à ce qu'il revienne (Lc 22.17-20).

## Vision

L'Église chrétienne des rachetés de Dieu vise que les hommes et les femmes gagnées à Christ puissent vivre les réalités suivantes :
- Aller au ciel.
- S'y rendre avec autant de personnes avec nous.
- Avoir un membre de l'Église chrétienne des rachetés de Dieu dans toutes les familles de toutes les nations.
- La sainteté sera le mode de vie.

---

21. Selon nous tout chrétien né de nouveau est baptisé du Saint-Esprit (1 Co 12.13), avec le parler en langues ou pas. Nous ne sommes pas d'accord avec les pentecôtistes qui insistent sur le signe extérieur du parler en langues quand on reçoit Christ, ou d'autres selon lesquels il faut encore attendre le baptême du Saint-Esprit jusqu'à l'imposition des mains.
22. Toutes les maladies ne viennent pas du diable. Il y a aussi des problèmes hygiéniques et autres que les médecins peuvent guérir avec des médicaments, le paludisme par exemple.
23. Même si les autorités du pays légalisent l'homosexualité et le lesbianisme ?

- Il faut implanter des Églises dans les cinq minutes à pied dans toutes les villes des pays en développement et dans les cinq minutes en voiture dans chaque ville et village des pays développés.
- Faire que chaque nation dans le monde soit atteinte pour le Seigneur Jésus-Christ[24].

## Organisation

### *Le conseil des gouverneurs*

Le conseil des gouverneurs est l'organe exécutif de l'Église. Il est constitué comme suit :

1) Pasteur E. A. Adeboye, surveillant général et président du conseil des gouverneurs.
2) Pasteur (Mme) Folu Adeboye, Mère-Israël et épouse du surveillant général de l'Église chrétienne des rachetés de Dieu.
3) Pasteur J. H. Abiona, surveillant général adjoint et membre du Conseil d'administration.

### *Les assistants spéciaux au Gouvernorat général*

Les assistants spéciaux au gouvernorat général sont les autres pasteurs qui jouent un rôle important pour la bonne marche de l'Église.

1) Pasteur A. Odeyemi Satgo, chargé de l'Afrique centrale et membre du conseil d'administration.
2) Pasteur J. A. O. Akindele, assistant général, surveillant du conseil d'administration.

## Stratégies missionnaires pour la croissance de l'Église

### *Formation de disciples*

L'école de disciples qui a commencé en 1985 est coordonnée par le Bureau de formation de l'Église chrétienne des rachetés de Dieu[25]. C'est une école où

---
24. « Manuel de la classe de baptême d'eau », p. 3.
25. E. A. Adeboye, *L'École de disciples. Ministère de Christ le Rédempteur*, Lagos-Ibadan, RCCG, 1985, p. 1-132.

les chrétiens de toutes les confessions apprennent à être des disciples fidèles et authentiques de Jésus-Christ.

### Redeemed Christian Bible College

Le Redeemed Christian Bible College [Collège biblique du Christ Rédempteur] a été créé pour fournir une éducation chrétienne de qualité à des hommes et des femmes de Dieu qui :

- étudieront les promesses de l'Ancien Testament et leur accomplissement par le Christ dans le Nouveau Testament ;
- vivront hardiment le message du Christ dans tout ce qu'ils disent et font ;
- seront les ambassadeurs du Christ pour peupler son royaume[26].

### Christ Redemptive Ministry

Le Christ Redemptive Ministry [Ministère du Christ Rédempteur], un conglomérat de nombreux autres ministères, a été fondé en avril 1977. Il a commencé comme une protestation contre la renaissance de l'idolâtrie, lorsque le Nigéria a accueilli le deuxième Festival mondial nègre des arts et cultures (FESTAC '77).

### Manuel « Creuser en profondeur »

Ces leçons font partie des rencontres hebdomadaires qui ont lieu dans toutes leurs Églises. « Creuser en profondeur » a lieu le mardi soir dans toutes les paroisses à l'exception du siège où elle a lieu le lundi soir. Cette organisation est indispensable, car aujourd'hui le monde n'a pas besoin d'un Évangile superficiel, mais celui qui touche les couches profondes, comme l'affirme Hannes Wiher dans son article « Toucher les êtres humains en profondeur »[27].

## Conclusion

L'engagement envers le Dieu tout-puissant est la plus haute priorité pour le chrétien. Il ne suffit pas d'aller de l'avant et de porter des fruits dans l'obéissance

---

26. *Ibid.*
27. « Manuel Creuser en profondeur » (*Digging Deep Manual*), en ligne : http://rccg.org/tools/digging-deep-manual ; cf. aussi Hannes Wiher, « Toucher les êtres humains en profondeur », *Théologie Évangélique* vol. 12, n° 1, 2013, p. 69-85, et vol. 12, n° 3, 2013, p. 61-88.

au commandement du Seigneur, mais il doit également veiller à ce que les fruits demeurent[28].

Il ne fait aucun doute que nous sommes dans l'ère du savoir tel que prédit par le prophète Daniel : « Quant à toi, Daniel, tiens secrètes ces paroles et scelle le livre jusqu'au temps de la fin. Une multitude alors cherchera, et la connaissance augmentera » (Dn 12.4). Nous avons trouvé dans l'Église RCCG nombre de passerelles d'informations conçues pour rapprocher le peuple de Dieu de la parole de Dieu[29]. Quant à nous, l'Église RCCG est un modèle à suivre pour l'accomplissement du mandat missionnaire donné par Jésus-Christ. Nous avons appris beaucoup dans cette Église pour changer la manière de travailler dans l'implantation des nouvelles Églises en les amenant à une croissance quantitative et qualitative. Leur faiblesse consiste en ce qu'ils font une interprétation erronée de certains versets bibliques. Cela risque de les amener à l'évangile de la prospérité[30].

## Pour aller plus loin

ÉGLISE CHRÉTIENNE DES RACHETÉS DE DIEU, Documentation du site : www.rccg.org.
FOURCHARD, Laurent, MARY, André, OTAYEK, René, *Entreprises religieuses transnationales en Afrique de l'Ouest*, Paris, Karthala, 2005.
MARSHALL, Ruth, *Political Spiritualities. The Pentecostal Revolution in Nigeria*, Chicago, University of Chicago Press, 2009.
MILLER, Donald E., SARGEANT, Kimon H., FLORY, Richard, *Spirit and Power. The Growth and Global Impact of Pentecostalism*, New York, Oxford University Press, 2013.
UKAH, Asonzeh Franklin-Kennedy, « The Redeemed Christian Church of God (RCCG), Nigeria. Local Identities and Global Processes in African Pentecostalism », thèse de doctorat, Université de Bayreuth, 2003.
UKAH, Asonzeh F. K., *A New Paradigm of Pentecostal Power. A Study of the Redeemed Christian Church of God in Nigeria*, Trenton, NJ, Africa World Press, 2008.
WARIBOKO, Nimi, *Nigerian Pentecostalism*, Martlesham, UK, Boydell & Brewer, 2014.

---

28. « Manuel de l'école du dimanche » (*Sunday School Manual*), en ligne : http://rccg.org/tools/sunday-school-manual.
29. Voir surtout le site : ww.rccg.org.
30. Voir la Déclaration de la commission théologique d'Afrique sur l'évangile de la prospérité dans l'Annexe 4.

# Synthèse historique

## *Hannes Wiher*

David Barrett remarque que le mouvement des Églises d'initiative africaine est un « produit inattendu du mouvement missionnaire moderne[1] ». Il fait découvrir, selon Lamin Sanneh, plusieurs traits du christianisme en Afrique : 1) le christianisme missionnaire s'est exprimé en Afrique comme une religion exclusive liée à une vision occidentale du monde ; 2) le christianisme s'est répandu selon les canaux religieux familiers en acquérant en retour une forte dose de documents religieux locaux que le missionnaire occidental avait essayé de filtrer ; 3) l'entreprise missionnaire en Afrique a montré que les Africains jouèrent un rôle important comme pionniers de l'adaptation et de l'assimilation du christianisme dans leurs sociétés ; un exemple parlant en est le rôle des esclaves affranchis de Freetown dans l'implantation d'Églises au Nigéria (Sanneh appelle cette contribution des Africains, *African factor*) ; 4) dans ce sens le phénomène des initiatives africaines a, selon Sanneh, existé dès le début de l'entreprise missionnaire ; 5) la traduction de la Bible dans les langues africaines a joué, selon Sanneh, un rôle éminent, et dans l'indigénisation du christianisme en Afrique et dans l'émergence des Églises d'initiative africaine ; 6) par l'apport des religions traditionnelles au phénomène des Églises d'initiative africaine, celles-ci ont contribué, selon Sanneh, à une compréhension approfondie du message de la Bible[2]. Kwame Bediako et Harold Turner arrivent à des conclusions analogues. Les deux insistent sur la continuité, c'est-à-dire le parallèle entre la vision du monde des religions traditionnelles africaines (*primal vision*) et celle de la Bible[3].

Dans la suite de cette synthèse historique on proposera une réflexion sur quelques thèmes spécifiques qui ressortent de l'analyse historique du phénomène

---

1. David B. BARRETT, « African Initiated Church Movement », *Evangelical Dictionary of World Missions*, sous dir. A. Scott MOREAU, Grand Rapids, Baker, 2000, p. 43.
2. Lamin SANNEH, *West African Christianity. The Religious Impact*, Maryknoll, Orbis, 1983, p. 242-245.
3. Kwame BEDIAKO, « La foi chrétienne et la religion traditionnelle africaine », et « Imagination primitive et opportunité d'un nouvel idiome théologique », in *Jésus en Afrique*, Yaoundé, CLÉ/Regnum, 2000, p. 55-59, 183-206 ; Harold W. TURNER, « The Contribution of Studies on Religion in Africa to Western Religious Studies », in *New Testament Christianity*, sous dir. M. GLASSWELL & E. FASHOLE-LUKE, Londres, SPCK, 1974, p. 169-178.

des Églises d'initiative africaine : une réflexion sur un cadre historique de référence pour l'entreprise missionnaire, les causes, la terminologie, les typologies proposées, les caractéristiques, l'importance et l'organisation des Églises d'initiative africaine.

## Cadre historique de référence

Dans l'analyse théologique de l'entreprise missionnaire il est important pour l'historien gambien Lamin Sanneh d'interpréter les différents aspects de l'entreprise missionnaire mentionnés ci-dessus dans la perspective de la « mission de Dieu » (*missio Dei*)[4]. Vu sous cet angle, la mission de l'Église est la réponse historique à l'initiative de Dieu. L'initiative de Dieu a donc précédé celle de l'Église et la version spécifique de son entreprise missionnaire. Pour Sanneh, « le fait historique que dans cette entreprise les missionnaires ont été des alliés des structures de privilège et de pouvoir devient très marginal du point de vue de la *missio Dei*[5] ». Pourquoi, pour Sanneh, l'entreprise missionnaire et son caractère deviennent-ils marginaux ? Parce que, pour lui, l'assimilation indigène du message de l'Évangile prend beaucoup plus d'importance : « Les missionnaires ont déclenché un processus dans lequel les Africains sont devenus les acteurs clés[6]. » De plus, pour Sanneh, « le Dieu que les missionnaires sont venus servir les avait effectivement précédé sur le champ et que, pour découvrir la vraie identité [de Dieu], ils devraient creuser profondément la culture locale [pour découvrir] la réalité cachée de sa présence divine[7] ». Pour Sanneh, et Bediako le suit dans cette conception, il y a donc trois aspects impliqués dans l'entreprise missionnaire vue sous l'angle de la *missio Dei* : 1) l'initiation divine « par la tradition pré-chrétienne » d'un peuple, 2) la transmission missionnaire historique, et 3) l'assimilation indigène. Bediako, tout comme Mbiti, peuvent donc parler d'une « préparation évangélique[8] », une préparation des Africains à l'Évangile

---

4. Nous suivons dans cette section les réflexions de Lamin SANNEH, « The Horizontal and the Vertical Mission. An African Perspective », *International Bulletin of Missionary Research* 7, 4, 1983, p. 165-171 ; résumé dans idem, *West African Christianity*, p. 247s, et repris par Kwame BEDIAKO, *Christianity in Africa. The Renewal of a Non-Western Religion*, Édimbourg/Maryknoll, Edinburgh University Press/Orbis, 1995, p. 109-125, particulièrement p. 121. L'ensemble de la réflexion est résumé dans Timothy C. TENNENT, *Invitation to World Missions. A Trinitarian Missiology for the Twenty-first Century*, Grand Rapids, Kregel, 2010, p. 69-73.
5. SANNEH, *West African Christianity*, p. 247.
6. SANNEH, « The Horizontal and the Vertical Mission », p. 166.
7. *Ibid.*
8. La « Préparation de l'Évangile », connue par son titre latin *Praeparatio evangelica*, est originellement un ouvrage apologétique rédigé par Eusèbe de Césarée au début du IVe siècle (autour de 313). Eusèbe essaie d'y prouver l'excellence de la foi chrétienne par rapport

par les religions traditionnelles africaines. Celle-ci fait penser à la notion de *logos spermatikos* de Justin Martyr, la « connaissance latente » (*cogitio habitualis*) de la théologie scholastique, et au « sens du Divin » (*sensus divinitatis*) et la « semence de la religion [chrétienne] » (*semen religionis*) de Calvin[9].

Nous retenons de Sanneh et Bediako les trois phases du cadre historique de référence de l'entreprise missionnaire en apportant quelques nuances. Quant à l'« initiation divine », Dieu, dans sa providence, a certainement surveillé le développement des cultures et religions par les humains. Dans ce sens, il prépare les membres de toutes les cultures et religions à l'annonce ultérieure de l'Évangile. Mais dire que toutes les cultures et religions préparent à l'Évangile, c'est ignorer le fait que celles-ci sont des créations humaines et portent donc trois empreintes : elles sont bien sûr créées à l'image de Dieu (empreinte divine), mais aussi corrompues par le péché (empreinte pécheresse) et manipulées par le monde démoniaque (empreinte démoniaque). La missiologie nomme ce fait la « perspective tripolaire des religions » (et des cultures)[10]. La déclaration de Lausanne le formule ainsi :

> [La culture] doit toujours être vérifiée et jugée par l'Écriture. L'homme est une créature de Dieu ; c'est pourquoi certains aspects de sa culture seront empreints de beauté et de bonté. Cependant, il est également une créature déchue ; c'est pourquoi elle est aussi entachée de péché et porte même parfois des traces d'influence démoniaque[11].

---

aux religions païennes et les philosophies. Le terme dénote ensuite une préparation de l'Évangile dans les cultures avant d'entendre le message du Christ. Dans cette perspective, Dieu a déjà semé dans les cultures des idées et des thèmes qui pourraient porter du fruit par une interprétation chrétienne. On trouve cette idée déjà chez Clément d'Alexandrie, Justin Martyr, Augustin, Calvin, et à leur suite chez beaucoup de théologiens et missiologues, entre autres John Mbiti et Kwame Bediako. Il est à noter que la *Praeparatio evangelica* d'Eusèbe n'adopte pas cette deuxième notion de la philosophie grecque comme « préparation de l'Évangile ». Par contre, Eusèbe offre un long argument en faveur de la sagesse hébraïque comme préparation de la philosophie grecque (au moins de la philosophie platonicienne, voir *Praep. ev.* 11-13 ; John S. MBITI, « The Future of Christianity in Africa (1970-2000) », *Communio Viatorum. Theological Quarterly* vol. 13, 1-2, 1970, p. 19-38 ; Kwame BEDIAKO, *Theology and Identity. The Impact of Culture upon Christian Thought in the Second Century and Modern Africa*, Oxford, Regnum, 1992, p. 315s.

9. TENNENT, *Invitation to World Missions*, p. 71s.
10. L'expression a été introduite par Peter BEYERHAUS, « Theologisches Verstehen nichtchristlicher Religionen », *Kerygma und Dogma* 35, n° 2, 1989, p. 106-127.
11. Le Mouvement de Lausanne, « La déclaration de Lausanne », § 10, en ligne : https://www.lausanne.org/fr/mediatheque/la-declaration-de-lausanne/la-declaration-de-lausanne.

Ce sont les éléments culturels créés à l'image de Dieu, c'est-à-dire en continuité avec la Bible, qui préparent l'Évangile. En revanche, les éléments culturels pécheurs et démoniaques en discontinuité avec la Bible empêchent l'Évangile. À cet endroit, il est important de noter le degré très élevé de continuité entre les cultures africaines, imprégnées par les religions traditionnelles africaines, et les cultures bibliques. C'est ce fait qui amène Mbiti, Sanneh et Bediako à parler de la préparation de l'Évangile par les cultures africaines, et c'est ce fait qui explique la grande popularité de la Bible, particulièrement de l'Ancien Testament, chez les Africains. En revanche, on ne peut pas faire l'économie de dire qu'il y a également de grandes discontinuités entre les cultures africaine et biblique qui touchent chaque concept sotériologique, quand analysé en profondeur, à savoir les conceptions du salut, de l'homme, du péché, du mal et du salut.

Pour ce qui concerne la transmission missionnaire historique, nous partageons la démarche de Sanneh de valoriser la contribution des Africains à l'entreprise missionnaire, au moins aussi importante que celle des missionnaires occidentaux, et présente dès le début[12]. À part la grande contribution de pionniers comme Crowther et Freeman, nous en rencontrons une constellation, dont l'histoire des missions se fait l'écho : le missionnaire occidental trouve « une personne de paix » préparée par Dieu qui se convertit et devient un collaborateur qui fait le travail missionnaire essentiel à côté et à la place du missionnaire étranger. Nous déplorons par contre la dévalorisation de la transmission missionnaire historique par rapport à la contribution divine, qui s'exprime par exemple dans l'affirmation suivante de Sanneh : « Les missions historiques furent des effets secondaires de la *missio Dei*[13]. » Ce déséquilibre dans la conception de la *missio Dei* a malheureusement été très fréquent dans la missiologie après la conférence missionnaire de Willingen en 1952[14]. Cette prise de position par Sanneh étonne d'ailleurs comparée au sérieux dont il fait preuve dans l'analyse du processus historique[15].

Quant à l'importance de l'assimilation indigène nous sommes entièrement d'accord avec Sanneh et Bediako. Cette notion est particulièrement importante pour comprendre l'émergence des Églises d'initiative africaine. Sanneh écrit :

---

12. Cf. Göran JANZON, « *La seconde conversion* ». *D'une Mission suédoise à des Églises africaines sur le champ de travail de la Mission d'Örebro en Afrique centrale, 1914-1962*, Örebro, Votum, 2012, p. 449.
13. SANNEH, « The Horizontal and the Vertical Mission », p. 170.
14. Cf. Hannes WIHER, « *Missio Dei* : de quoi s'agit-il ? », *Théologie Évangélique* 14, 1, 2015, p. 45-61, et 14, 3, 2015, p. 51-67.
15. Timothy Tennent fait la même évaluation de Sanneh. TENNENT, *Invitation to World Missions*, p. 70, note 41.

> L'Afrique a imposé son caractère aux deux religions [christianisme et islam], en les soumettant à sa propre expérience historique et en les immergeant dans ses traditions culturelles et religieuses... L'Afrique a assimilé beaucoup de ce qui est arrivé chez elle et a fait du phénomène qui en a résulté un renforcement des éléments préexistants de sa vie religieuse[16].

## Causes

La première recherche approfondie sur les causes de l'émergence des Églises d'initiative africaine fut l'enquête de David Barrett, *Schism and Renewal in Africa* (1968)[17]. Elle inclut une revue des publications sur le sujet. Dans *African Reformation* (2001)[18], Allan Anderson s'appuie sur l'enquête de Barrett et d'autres, et les intègre dans son analyse. Nous nous limiterons donc en grande partie à ces deux analyses, suivies de l'appréciation des causes par l'un des leaders du mouvement des Églises d'initiative africaine, le Rév. Apôtre Prof. H. Olu Atansuyi, à la Conférence du COE avec quelques représentants des Églises d'initiative africaine à Ogere au Nigéria en 1996.

Barrett et Anderson soulignent qu'aucune cause ne peut être considérée elle seule comme *la* cause de l'émergence d'une Église ou d'un mouvement d'initiative africaine, mais que toujours une multiplicité de causes est à la base de l'émergence d'une initiative africaine.

### Causes socio-politiques

Barrett et Sanneh ont trouvé peu d'Églises d'initiative africaine dans les pays musulmans[19]. En revanche, là où le revenu national est élevé, où il y a une présence importante d'Occidentaux et où le taux d'alphabétisation d'un peuple est élevé, de nombreuses Églises d'initiative africaine ont émergé. On peut conclure que le phénomène peut être une réaction à des disparités raciales et économiques. Barrett a aussi trouvé une corrélation avec le nombre de sociétés mission-

---

16. SANNEH, *West African Christianity*, p. 249.
17. David B. BARRETT, *Schism and Renewal in Africa. An Analysis of Six Thousand Contemporary Religious Movements*, Nairobi, Oxford University Press, 1968, p. 92-158.
18. Allan H. ANDERSON, *African Reformation. African Initiated Christianity in the 20th Century*, Trenton, NJ, Africa World Press, 2001, p. 23-42.
19. BARRETT, *Schism and Renewal in Africa*, p. 101 ; SANNEH, « The Horizontal and the Vertical Mission », p. 167 ; SANNEH, *West African Christianity*, p. 206.

naires protestantes et la disponibilité de traductions de la Bible ou de portions de la Bible dans la langue locale. On peut conclure que la connaissance d'un standard indépendant de celui des missionnaires présents a suscité la réflexion et ensuite la séparation des Églises missionnaires. À cet effet, Sanneh remarque que « la documentation biblique a été soumise à la capacité régénérative de la perception africaine, et le résultat a été une contribution unique à l'histoire du christianisme[20] ». Parmi les causes culturelles, Barrett cite la polygamie et le culte des ancêtres, deux éléments culturels peu compris par les missionnaires occidentaux. Un autre aspect culturel sur lequel Sanneh insiste beaucoup est la position des femmes. Les missionnaires ont, selon Sanneh, perpétué une forme très masculine du christianisme de sorte que celles-ci affluèrent vers les Églises d'initiative africaine où elles découvrirent qu'elles pouvaient être des récipients de dons charismatiques et de pouvoir spirituel de prière. Sanneh remarque : « Je n'ai aucun doute que cette intervention opportune des femmes a sauvé le christianisme d'un destin mortel dans des grandes parties d'Afrique[21]. »

Les facteurs socio-politiques cités suggèrent que les Églises d'initiative africaine sont des mouvements de protestation et de résistance aux missions occidentales et au colonialisme. Cette interprétation converge avec le constat de l'émergence du mouvement « éthiopien » (ou « africain ») au XIXe siècle mentionné dans l'Introduction.

Après le départ des missionnaires occidentaux, des leaders des Églises missionnaires peu préparés manifestèrent des faiblesses et des lacunes dans leur leadership. Selon Pobee et Ositelu, l'émergence des Églises d'initiative africaine peut au moins en partie être comprise comme le résultat d'un vide de pouvoir pendant le processus de l'indépendance des Églises missionnaires[22]. Mais les causes principales de l'émergence des Églises d'initiative africaine ont été des causes religieuses.

## *Causes religieuses*

Sanneh souligne que la motivation pour entrer dans les Églises d'initiative africaine a été essentiellement religieuse. Selon Sanneh,

---

20. Sanneh, *West African Christianity*, p. 180.
21. Sanneh, « The Horizontal and the Vertical Mission », p. 167 ; Sanneh, *West African Christianity*, p. 177, 248.
22. John S. Pobee & Gabriel Ositelu, *African Initiatives in Christianity. The Growth, Gifts and Diversities of Indigenous African Churches – A Challenge to the Ecumenical Movement*, Genève, COE, 1998, p. 56.

à la fin du XIXe siècle c'était clair que la question centrale... n'était pas de savoir si la religion survivrait mais quelle serait la forme la plus créative dans laquelle elle émergerait... Dans ce ferment historique [des changements de la fin du XIXe siècle] le christianisme fut introduit et adopté comme un pouvoir capable à répondre aux nouvelles questions... Afin de le faire bien, les Africains devaient prendre un rôle de premier plan dans la transmission et l'adaptation de la religion[23].

Les questions qui importèrent aux Africains étaient surtout les formes de spiritualité, d'adoration et du culte. Mais très peu d'Africains sont sortis des Églises missionnaires à cause de conflits doctrinaux. Beaucoup dans les Églises d'initiative africaine critiquèrent les Églises missionnaires du fait que le Saint-Esprit était largement absent dans la vie de leurs Églises. En revanche, pour les Églises d'initiative africaine il occupa une importance capitale, étant l'agent divin dans la glossolalie, la prophétie, la guérison et la délivrance divines[24]. Jean Comaroff remarque que par la « métaphore clé » de la guérison divine les Églises d'initiative africaine ont mis un accent sur « la réintégration du physique et du spirituel, l'action pratique de la force divine et la relocation sociale des déplacés[25] ». Elles adoptèrent ainsi une approche holistique qui faisait défaut dans les Églises missionnaires. Sanneh commente : ainsi « l'intérêt s'éloigna des structures institutionnelles et des formes administratives, mais se tourna plutôt vers un renouveau intérieur et le bien-être personnel[26]. » En commentant ces transformations dans les Églises d'initiative africaine John Pobee parle de la libération de la « captivité nord-atlantique de l'Église en Afrique[27] ». Stan Nussbaum, John Pobee et Gabriel Ositelu remarquent aussi que l'idée de la triple autonomie a été concrétisée en

---

23. SANNEH, *West African Christianity*, p. 168.
24. Marthinus L. DANEEL, *Quest for Belonging*, Gweru, Zimbabwe, Mambo Press, 1987, p. 99s ; idem, *Old and New in Southern Shona Independent Churches*, vol. 2, La Haye, Mouton, 1974, p. 28.
25. Jean COMAROFF, *Body of Power, Spirit of Resistance. The Culture and History of a South African People*, Chicago, University of Chicago Press, 1985, p. 175-176, 191. Cf. aussi le plaidoyer pour une approche holistique dans Barnabé ASSOHOTO, *Le salut en Jésus-Christ dans la théologie africaine. Tome 3. Le discours africain du salut*, Cotonou, CART, 2002, p. 267-288, résumé par Cédric EUGÈNE dans *Missiologie Évangélique* 1, 1, 2013, p. 31-33, en ligne : www.missiologie.net.
26. SANNEH, *West African Christianity*, p. 180.
27. POBEE & OSITELU, *African Initiatives in Christianity*, p. 1 ; POBEE, « African Instituted Churches », *Dictionary of the Ecumenical Movement*, p. 12.

Afrique pour la première fois par les Églises d'initiative africaine[28]. Dans la formulation de Nussbaum,

> les Églises d'initiative africaine ont montré les limites de la vieille formule de la triple autonomie en y parvenant sans être des modèles parfaits d'Églises mûres. Leurs expériences pionnières après l'avoir réalisé sont des expériences à la fine pointe de la mission qui nous dirigent vers une reformulation de la formule de la triple autonomie : autonomie de motivation, autonomie de contextualisation et autonomie de criticisme[29].

## *Causes immédiates*

« Si l'arrière-plan d'une situation est explosif, dit Barrett, n'importe quel incident peut déclencher l'explosion[30]. » Les récits d'origine des différentes Églises d'initiative africaine font apparaître des causes immédiates très diverses : une crise personnelle, la destitution de l'évêque Samuel Ajayi Crowther, l'épidémie de grippe en 1918 à laquelle les Églises Aladura ont répondu par la prière, une crise économique, la discipline prononcée par un leader d'Église ou un missionnaire, l'émergence d'un leader africain charismatique avec un nouveau message, une nouvelle autorité et le pouvoir de guérir[31]. Comaroff indique bien pourquoi les mouvements charismatiques ont une tendance schismatique : « À cause de la nature déstabilisante inhérente à l'autorité charismatique et de nouvelles révélations, la prolifération continue de nouveaux mouvements est inévitable[32]. »

## *Causes résumées par un leader des Églises d'initiative africaine*

Dans la suite nous résumons les causes comme présentées en 1996 par le Révérend Apôtre Professeur H. Olu Atansuyi de l'Église de Dieu (Aladura) lors de

---

28. POBEE & OSITELU, *African Initiatives in Christianity*, p. 55.
29. Stan NUSSBAUM, « African Independent Churches and a Call for a New Three-Self Formula for Mission », in *Freedom and Interdependence. Papers Presented at the Conference on Ministry in Partnership with African Independent Churches, April 1993, Johannesburg, South Africa*, sous dir. Stan NUSSBAUM, Nairobi, Organization of African Instituted Churches, 1994, p. 7-8.
30. BARRETT, *Schism and Renewal in Africa*, p. 92. Cf. aussi Harold W. TURNER, *Religious Innovation in Africa*, Boston, Hall, 1979, p. 11.
31. Voir le résumé dans ANDERSON, *African Reformation*, p. 38-39.
32. COMAROFF, *Body of Power, Spirit of Resistance*, p. 186.

la Consultation du COE et des Églises d'initiative africaine à Ogere au Nigéria[33]. Selon lui, les chercheurs sont d'accord pour dire que la cause majeure commune à tous les mouvements est le choc entre trois cultures (traditionnelle, séculière européenne et missionnaire), et la tension et la disruption qui résultent dans la vie des peuples africains. La disponibilité de traductions des Écritures saintes dans les langues locales africaines a servi comme un standard indépendant de référence d'après lequel les missionnaires et les missions furent évaluées. Ainsi des divergences entre pratique missionnaire et liberté biblique ont causé un mécontentement généralisé qui ont eu pour résultat des sécessions nombreuses. Selon son analyse, le « réveil de Keswick » a utilisé des raisons morales pour refuser le leadership aux Africains. Ainsi, quand la CMS a refusé que les Africains succèdent à l'évêque Ajayi Crowther. Le résultat a été l'émergence d'Églises d'initiative africaine.

Les causes immédiates et lointaines de l'émergence des Églises d'initiative africaine peuvent donc être résumées comme suit :

1. La négligence du mandat missionnaire de Jésus-Christ ;
2. Le conflit de leadership entre les missionnaires occidentaux et les pasteurs africains ;
3. La non-considération de la culture africaine par les missionnaires ;
4. La Convention de Keswick ;
5. La tyrannie du gouvernement des missionnaires et leur attitude vis-à-vis de la polygamie ;
6. Le ressentiment dû à la conquête européenne de l'Afrique et à l'arrogance de l'expansion coloniale ;
7. L'insistance sur une approche purement mentale de propositions correctes sur Dieu comme chemin au salut ;
8. Le « promotionnalisme » qui maintient les membres de l'Église dans un activisme de manière à ce qu'ils négligent la chose essentielle du travail de l'Église ;

---

33. H. Olu ATANSUYI, « Gospel and Culture from the Perspective of African Instituted Churches », exposé présenté à la Consultation du Conseil œcuménique des Églises avec les Églises d'initiative africaine, Ogere, Nigéria, 9-14 janvier 1996, en ligne : http://www.pctii.org/wcc/olu96.html.

9. Le ritualisme qui se détériore souvent en un système magique de sacrifices et de cérémonies dans lequel nous donnons à Dieu ce qu'il désire afin de recevoir ce que nous voulons ;
10. Le particularisme qui cherche à limiter le règne de Dieu à une classe particulière de personnes ;
11. Le nouveau gnosticisme qui tend à réduire la religion chrétienne, une « foi d'alliance », à un savoir ésotérique réservée à une élite.

Le Professeur H. Olu Atansuyi finit par une remarque concernant l'origine de l'Église des Chérubins et Séraphins : Bien que le Professeur Akin Omoyajowo ait exprimé l'avis que les Chérubins aient vu leur existence par un pur accident[34], cette manière de voir les choses pourrait ne pas être juste. Les membres de cette Église croient que Jésus-Christ a plaidé pendant quarante ans en vue de la création de l'Ordre saint des Chérubins et Séraphins sur terre, et que Dieu avec ses armées au ciel aurait eu une pensée réservée avant que l'Ordre saint fut établi.

## Terminologie

La terminologie utilisée pour les Églises d'initiative africaine reflète la perception des causes apparentes et des caractéristiques par les chercheurs[35]. En conséquence elle se présente de manière très variée. Les appellations qui suivent ne s'excluent pas mutuellement et beaucoup se recoupent ; deux ou plus peuvent être appliquées à une même Église.

### *Églises séparatistes*

Le nom « séparatiste » indique l'élément de sécession : beaucoup de ces Églises, surtout celles de la première génération, se sont séparées des Églises issues de la mission, comme par exemple l'Église de Dieu (Aladura) de la CMS au Nigéria. Après cette première génération, d'autres se sont séparées d'Églises d'initiative africaine. Plusieurs auteurs ont souligné le « caractère fissipare » du mouvement des Églises d'initiative africaine.

---

34. Akin Omoyajowo, *Cherubim and Seraphim. The History of an African Independent Church*, Lagos, NOK Publishing, 1982, p. 3.
35. Dans cette section nous nous basons sur John S. Pobee, « African Instituted Churches », *Dictionary of the Ecumenical Movement*, sous dir. N. Lossky, éd. rév., Genève/Grand Rapids, Conseil œcuménique des Églises/Eerdmans, 2002, p. 12-14 ; idem, *Giving Account of Faith and Hope in Africa*, Eugene, OR, Wipf & Stock, 2017, p. 276-292 ; Barrett, *Schism and Renewal*, p. 46-49.

## Églises sectaires

Les Églises historiques ont vu les Églises d'initiative africaine souvent comme des Églises ou des mouvements sectaires. Toutefois, par la logique du message central du christianisme, à savoir l'Incarnation, chaque communauté chrétienne devient historique et se contextualise au cours de son évolution. Étymologiquement, le mot secte peut être dérivé aussi bien de la racine latine *secare* « couper » que de la racine *sequor* « suivre ». Ainsi la distinction de la sociologie religieuse entre Église et secte (comme groupement séparé de l'Église « catholique » englobante) devient au minimum problématique.

## Églises africaines

L'épithète « africain » indique une propriété africaine. Selon Harold Turner, les Églises d'initiative africaine « ont été fondées en Afrique par les Africains principalement pour les Africains[36] ». Cela veut dire que leur première clientèle est africaine. De plus, ils favorisent l'inculturation de l'Évangile en Afrique afin de donner une identité africaine à leurs Églises[37]. Certains auteurs utilisent aussi le terme « nativiste », un terme promu par les anthropologues, qui signale une insatisfaction avec le concept de *tabula rasa*.

## Églises éthiopiennes

Le mouvement « éthiopien » souligne l'importance que les Africains contrôlent leurs propres affaires dans les domaines religieux et politiques. Les Églises « éthiopiennes » sont le plus souvent des Églises d'initiative africaine de première génération, qui se sont séparées des Églises historiques issues de la mission, mais ont gardé l'ordre ecclésiastique hérité de ces dernières. Elles se distinguent des Églises « prophétiques » (voir ci-dessous). Des exemples au Zimbabwe sont *Chibarirwe* (African Congregational Church), fondée par Sengwayo, et la African Reformed Church, fondée par Sibambo, et en Afrique du Sud la Zulu Congregational Church et la Bantu Methodist Church.

---

36. Harold W. Turner, « A Typology of African Religious Movements », *Journal of Religion in Africa* 1, 1, 1967, p. 17.
37. Pobee, *Giving Account of Faith and Hope in Africa*, p. 277.

## Églises sionistes

Les Églises sionistes sont d'abord intéressées par l'adaptation de la vie ecclésiale à la cosmologie et à la manière d'adoration autochtones. Leurs cultes comportent des phénomènes expressifs et émotionnels. Elles répondent aux angoisses de la sorcellerie parmi les Africains. Deux exemples de l'Afrique du Sud sont la Christian Catholic Apostolic Holy Spirit Church in Zion, fondée entre 1917 par Daniel Nkonyane, et l'Église Ama-Nazaretha, fondée par Isaiah Shembe.

## Églises prophétiques

Les Églises prophétiques ont été fondées par un prophète, leader charismatique avec presque toujours un don de prophétie, de guérison et de délivrance hors du commun. Dans un contexte où le leadership traditionnel est typiquement charismatique (prophètes, devins, prêtres) et où il y a manque de leadership, les Africains ont été fiers de leurs prophètes suscités par Dieu. Les prophètes types furent William Wadé Harris, Garrick Braide et Joseph Bablola ; Harris fut considéré comme « l'évangéliste le plus extraordinaire de l'Afrique »[38]. Des exemples d'Églises prophétiques sont l'ApostolwoFeDede Fia Hiabobo Nuntimya (Apostle Revelation Society), fondée par le prophète Wovenu, à Tadzevu près de Keta au Ghana[39], et l'African Apostolic Church, fondée par Johane Maranghe, au Zimbabwe.

## Églises spirituelles ou pentecôtistes

Les Églises « spirituelles » ou « pentecôtistes » mettent l'accent sur le baptême dans le Saint-Esprit, la prophétie, la glossolalie, la guérison et la délivrance dans la puissance du Saint-Esprit et offrent une grande variété de techniques pour l'intensification émotionnelle d'expériences religieuses. Ce mouvement fut influencé par l'Elim Four Square Gospel Alliance à Monaghan en Irlande, fondée par George Jeffrey en 1915, dont quelques membres vinrent en Afrique. Un exemple typique est la Musama Disco Christo Church, qui se sépara de l'Église méthodiste au Ghana. Le terme est discutable, car l'utilisation des termes « pentecôtiste », « néo-pentecôtiste », « charismatique » et « néo-charismatique » est confuse[40].

---

38. ANDERSON, *African Reformation*, p. 70.
39. Décrit dans Christian BAËTA, *Prophetism in Ghana*, Londres, SCM, 1962, p. 62.
40. Voir la discussion plus détaillée dans la section « Typologies » ci-dessous.

## Églises messianiques

Les mouvements messianiques, qui se sont formés autour d'un leader messianique, servent comme compensation pour des aspirations sociales menacées ainsi que comme institutions de socialisation. Georges Balandier voit le messianisme comme une réponse au contexte socio-politique, particulièrement le racisme et l'oppression excessive[41]. Des exemples sont Engenas Lekganyane de la Zion Christian Church et Isaiah Shembe de l'Ama-Nazaretha (Nazareth Baptist Church) en Afrique du Sud. En fait, à l'exception de Limba, le fondateur de la Church of Christ in South Africa, les leaders de ces Églises n'ont pas normalement eu une prétention messianique. Selon Sundkler, le messianisme de ce groupe d'Églises a été « une distorsion radicale du christianisme prophétique, dont le résultat fut que le Christ de la Bible fut plus ou moins supplanté[42] ». Plus tard Sundkler a corrigé cette interprétation et a proposé une compréhension « iconique » selon laquelle « le prophète a des rôles qui sont un reflet du Christ sans nécessairement usurper sa place[43] ». Pour Daneel, l'épithète « messianique » signale aussi un leadership iconique : c'est « une projection d'un usage social commun dans le domaine inconnaissable de la vie après la mort, à savoir de la coutume qu'un homme ordinaire n'ose pas approcher une personnalité éminente sauf par un intermédiaire officiellement sanctionné[44]. » Au lieu de marginaliser ou remplacer le Christ, le souci des leaders pourrait être l'« identification la plus proche possible » et une « mise en scène » d'événements bibliques[45].

## Églises apostoliques

Quelques Églises d'initiative africaine s'appellent Églises « apostoliques » parce que les apôtres prennent une nouvelle importance dans la perspective de devenir comme l'Église primitive dessinée dans les Actes des apôtres. Ainsi on trouvera beaucoup de leaders « apôtres » dans ces Églises. Des exemples sont

---

41. Georges BALANDIER, « Messianismes et nationalismes en Afrique noire », *Cahiers internationaux de sociologie* 14, 1953, p. 41-65.
42. SUNDKLER, *Bantu Prophets in South Africa*, p. 323. Cf. aussi MARTIN, *The Biblical Concept of Messianism and Messianism in Southern Africa*.
43. SUNDKLER, *Zulu Zion and Some Swazi Zionists*, p. 193, 304s, 309s.
44. Marthinus L. DANEEL, *Quest for Belonging*, Gweru, Zimbabwe, Mambo Press, 1987, p. 191.
45. Marthinus L. DANEEL, *Old and New in Southern Shona Independent Churches*, La Haye, Mouton, 1988, vol. 3, p. 300. Pour une discussion du leadership « iconique », voir aussi ANDERSON, *African Reformation*, p. 230-232.

les dizaines d'Églises qui ont l'épithète « apostolique » dans leur nom comme aussi la Church of the Twelve Apostles of Ghana.

## *Églises syncrétistes*

Les mouvements syncrétistes reflètent le jugement que ces Églises mélangent la foi chrétienne avec les coutumes et l'éthique des religions traditionnelles africaines. La désignation analogue de « mouvements naturistes » souligne également le mélange entre vision chrétienne du monde et cosmologie africaine. Selon l'évaluation première de Sundkler, les Églises d'initiative africaine sont « le pont à travers lequel les Africains sont ramenés au paganisme[46] ». Nous reviendrons à la problématique du syncrétisme dans la Conclusion.

## *Églises d'éradication de la sorcellerie*

À cause de la préoccupation des Églises d'initiative africaine avec l'exorcisme par la puissance du Saint-Esprit, certains auteurs ont suggéré de les nommer des « mouvements pour l'éradication de la sorcellerie ». Toutefois, ce ne sont pas toutes les Églises d'initiative africaine qui excellent dans ce domaine, particulièrement les Églises éthiopiennes.

## *Nouveaux mouvements religieux*

Le terme « Nouveau mouvements religieux » a remplacé les termes précédents souvent péjoratifs mais manque de précision. Il a l'avantage de ne pas être limité à une localité, mais a l'inconvénient que ces mouvements ne seront pas toujours nouveaux. Ils sont en général caractérisés par un leadership charismatique, des marques de frontière claires, l'allégation de posséder la Vérité, un engagement exceptionnel des membres et un accent sur les besoins personnels.

## *Églises indépendantes africaines*

La désignation « Églises indépendantes » signale qu'elles sont indépendantes des Églises historiques quant à leur origine et leur organisation. Comme les Églises issues de la mission sont juridiquement aussi indépendantes de leur

---

46. SUNDKLER, *Bantu Prophets in South Africa*, p. 297.

Église mère en Occident, cette désignation est quelque peu confuse. Toutefois, c'est le deuxième terme qui ne porte pas de préjugé.

## *Églises d'initiative africaine*

Ce nom plus récent remplace le terme « Églises indépendantes africaines » et signale que leur origine est due à une initiative africaine. À cause de cette base claire et non compromettante nous retenons ce terme dans cet ouvrage.

Ce tour d'horizon des termes pour les Églises d'initiative africaine montre l'énorme variété du phénomène ainsi que celle des points de vue desquels on peut les observer et les évaluer. Quand nous considérerons les différentes typologies dans la prochaine section, nous tenterons de faire de l'ordre dans l'abondance des noms de ces nouvelles expressions de la foi chrétienne en Afrique.

# Typologie

Quand nous discutons une typologie, nous devons éviter de faire des généralisations hâtives d'une part et de passer sur des différences évidentes d'autre part. Le missiologue sud-africain Martin West écrit à propos des typologies des Églises d'initiative africaine :

> On peut se demander si les différentes typologies ont vraiment contribué de manière significative à notre connaissance du mouvement des Églises indépendantes : trop souvent elles sont comme une collection de papillons où l'information est apportée dans une perspective trop restreinte et où les termes de référence sont expliqués de manière inadéquate[47].

Le conseil de Harold Turner est « qu'il est probablement plus sage de penser à une « typologie de tendances et d'emphases » plutôt que de structures ecclésiales individuelles[48].

Dans son enquête pionnière et innovante, Bengt Sundkler introduisit pour les Églises d'initiative africaine en pays zulu la distinction entre les Églises de « type éthiopien » et de « type sioniste »[49]. Selon lui, les Églises éthiopiennes sont celles qui se sont séparées des Églises missionnaires pour des raisons socio-politiques et qui ont maintenu le modèle ecclésiastique de leur Église mère. Les Églises

---

47. Martin WEST, *Bishops and Prophets in a Black City*, Cape Town, David Philip, 1975, p. 17.
48. Harold W. TURNER, *Religious Innovation in Africa*, Boston, Hall, 1979, p. 80.
49. SUNDKLER, *Bantu Prophets in South Africa*, p. 38-43, 53-59.

sionistes sont, selon Sundkler, un mouvement pentecôtiste et apostolique qui met l'accent sur le Saint-Esprit, la guérison divine et l'exorcisme en mélangeant des éléments culturels biblique et africain. Plusieurs chercheurs ont repris cette typologie pendant les quarante années qui suivirent[50]. Dans les années 1960, Harold Turner, travaillant en Afrique occidentale, distingua entre le « type éthiopien » et le « type du prophète-guérisseur ». Dix ans plus tard, Marthinus Daneel, originaire du Zimbabwe, proposa le « type éthiopien » et le « type spirituel »[51]. Dans les années 1980, Peter Falk reprend les deux types de Sundkler, les types « éthiopien » et « sioniste », mais ajoute le « type messianique »[52]. John Pobee et Gabriel Ositelu proposent une toute nouvelle typologie qui toutefois ne convainc pas : premièrement le « type pentecôtiste » accentuant le Dieu tout-puissant, puis le « type millénial » croyant en une rédemption immédiate et troisièmement le « type thaumaturgique » avec une emphase sur les miracles[53].

La plus convaincante des typologies a été proposée par Allan Anderson, missionnaire pentecôtiste britannique en Afrique du Sud et aujourd'hui professeur de missiologie à Selly Oaks College à Birmingham en Grande-Bretagne. En s'appuyant sur les deux types de Sundkler et en ajoutant un nouveau type pour les Églises d'initiative africaine plus récentes de tendance pentecôtisante, suivant ici Andrew Walls, il prévoit les types « africain/éthiopien », « spirituel/du prophète-guérisseur » et « néo-pentecôtiste/ charismatique »[54]. Nous retiendrons la typologie d'Anderson parce qu'il se base sur celle de Sundkler qui a été repris par Comaroff et Daneel, en l'élargissant selon les nouvelles données de la fin du XXᵉ siècle. Toutefois, nous simplifierons la terminologie d'Anderson en ligne avec Walls et J. Kwabena Asamoah-Gyadu.

## *Églises éthiopiennes*

Les Églises « africaines » et « éthiopiennes » sont les Églises d'initiative africaine de la « première génération », fondées pour la plupart au XIXᵉ siècle.

---

50. COMAROFF, *Body of Power* (1985) ; ANDERSON, *Bazalwane* (1992).
51. TURNER, *Religious Innovation* (1979) ; DANEEL, *Old and New* (1971).
52. Peter FALK, *La croissance de l'Église en Afrique*, Kinshasa, Institut supérieur de théologie de Kinshasa, 1985, p. 446.
53. POBEE & OSITELU, *African Initiatives in Christianity*, p. 43.
54. ANDERSON, *African Reformation*, p. 13-19, reproduit dans idem, « Types and Butterflies. African Initiated Churches and European Typologies », *International Bulletin of Missionary Research* 25, 3, 2001, p. 107-112.

Elles se situent dans le mouvement « éthiopien » plus large[55]. Leur nation d'identification est la seule nation africaine qui n'a jamais été colonisée et la seule à avoir vaincu une nation européenne. La Bible, surtout l'Ancien Testament, parle d'elle à plusieurs reprises. Psaumes 68.31 est devenu le mot d'ordre des Églises d'initiative africaine : « L'Éthiopie accourt, les mains tendues vers Dieu[56] » (Louis Segond). Dans cette logique, les Églises « éthiopiennes » se sont séparées des Églises missionnaires pour fonder des Églises « en Afrique par les Africains en priorité pour les Africains[57] ». Malgré cela, elles ont pour la plupart maintenu les modèles d'interprétation de la Bible et de culte hérités de leurs Églises mères[58]. Elles maintiennent le baptême des enfants, elles ont une liturgie, chantent des cantiques traduits de langues européennes, portent des habits cléricaux européens et ont des cultes peu émotionnels. Leur origine apparaît souvent dans leurs noms : méthodiste, presbytérien, congrégationaliste, luthérienne.

## *Églises prophétiques*

Les Églises « spirituelles » du type « prophète-guérisseur » ont été appelées « sionistes » par Sundkler et « messianiques », « apostoliques » ou « syncrétistes » par d'autres auteurs. Elles représentent la « deuxième génération » d'Églises d'initiative qui ont été fondées, en règle générale, à partir du début du XX$^e$ siècle. L'épithète « spirituel » les assigne à une tendance pentecôtisante qui met un accent fort sur le Saint-Esprit. C'est pourquoi, et à cause du parallèle chronologique avec le démarrage du mouvement pentecôtiste américain en 1906 (ailleurs en 1901), plusieurs auteurs parlent d'elles également en termes d'Églises pentecôtistes, un usage que nous aimerions décourager[59]. Nous préférons mettre en avant la personnalité du prophète fondateur, leader charismatique selon les schémas traditionnels du devin et du guérisseur. En reprenant les fonctions centrales des religions traditionnelles africaines, le prophète-guérisseur se trouve être la plaque tournante pour répondre aux besoins d'orientation, de diagnostic et de traitement des maux principaux des personnes socialisées dans des cultures

---

55. Voir la discussion du mouvement « éthiopien » dans la section « Causes socio-politiques » et la définition du terme « Églises éthiopiennes » ci-dessus.
56. Cf. John S. POBEE, « Let Ethiopia Hasten to Stretch Out Its Hands to God », *The Ecumenical Review* 49, 4, 1997, p. 416-426.
57. Harold W. TURNER, « A Typology of African Religious Movements », *Journal of Religion in Africa* 1, 1, 1967, p. 17,.
58. SUNDKLER, *Bantu Prophets in South Africa*, p. 54.
59. Pour une discussion du terme « pentecôtiste » et de son début historique, voir la section suivante.

traditionnelles. C'est la raison principale pour laquelle les Églises prophétiques ont éclipsé en nombre les Églises éthiopiennes pendant la deuxième moitié du XXᵉ siècle. Ces prophètes prennent aussi les fonctions de médiateur spirituel et religieux et s'identifient fortement à la personne de Jésus-Christ de sorte que certains auteurs appellent ces Églises « messianiques », et les prophètes des faux messies. Ces prophètes, de fortes personnalités s'identifient également aux apôtres du Nouveau Testament de sorte qu'ils introduisent souvent le poste d'apôtres dans l'ordre ecclésial et le nom « apostolique » dans le titre de leur Église. Le terme « sioniste » fait allusion à la Jérusalem biblique, souvent la Nouvelle Jérusalem, connotation que le terme « éthiopien » porte déjà. En fait, les villages d'origine des prophètes sont souvent rebaptisés Zion, Jérusalem ou Israël, ou prennent au moins ce rôle et deviennent des centres de pèlerinage pour les fidèles. L'alcool, le tabac et la viande de porc y sont souvent tabous. Au-delà des fonctions médiatrices de devin et de guérisseur, ces Églises prophétiques puisent fortement dans la culture traditionnelle pour donner à la vie ecclésiale une couleur « africaine » par un symbolisme apparent, surtout des objets symboliques comme l'eau bénite, le savon noir, une corde, une verge ou la cendre. Leur attitude à l'égard des pratiques traditionnelles comme la polygamie et le culte des ancêtres sont souvent plus ambivalentes que dans les Églises charismatiques. Ainsi elles apparaissent à l'observateur extérieur comme des mouvements « syncrétistes ». Par rapport à cette proximité des religions traditionnelles africaines, Emmanuel Larbi remarque :

> Le facteur singulier le plus significatif qui a favorisé l'émergence d'activités pentecôtistes au Ghana est que le mouvement pentecôtiste a trouvé un sol fertile dans les religions traditionnelles africaines toutes envahissantes, particulièrement sa cosmologie et son concept du salut[60].

Larbi est ainsi d'accord avec Kwame Bediako, Harold Turner et John Taylor, pour dire que les religions traditionnelles africaines constituent un sol fertile pour l'Évangile[61]. La particularité énoncée dans ce passage est que la préoccupation africaine avec le monde des esprits, source de tout malheur et maladie, trouve

---

60. Emmanuel Kingsley LARBI, *Pentecostalism. The Eddies of Ghanaian Christianity*, Accra, CPCS, 2001, p. 3.
61. Kwame BEDIAKO, « Imagination primitive et opportunité d'un nouvel idiome théologique », in *Jésus en Afrique*, p. 183-206 ; TURNER, Harold W., « The Primal Religions of the World and Their Study », in *Australian Essays in World Religions*, sous dir. Victor HAYES, Bedford Park, Australian Association for World Religions, 1977, p. 27-37 ; John V. TAYLOR, *The Primal Vision. Christian Presence amid African Religion*, Londres, SCM, 1963.

son antidote dans le Saint-Esprit et devient ainsi un sol fertile pour l'Évangile qui a la préoccupation de répondre à ces soucis.

Les Églises prophétiques sont le groupe le plus large et le plus significatif parmi les Églises d'initiative africaine. On y compte les Églises harristes, les Églises du mouvement Aladura, la Christ Apostolic Church en Afrique occidentale, les Kimbanguistes et les Églises apostoliques en Afrique centrale, et l'Ama-Nazaretha Church en Afrique australe.

## *Églises charismatiques*

Le type « néo-pentecôtiste et charismatique » d'Anderson décrit les Églises d'initiative africaine de tendance pentecôtisante qui ont été fondées dans la deuxième moitié du XX$^e$ siècle. Le pentecôtiste Anderson utilise ce terme en étant pleinement conscient de sa problématique. Il écrit :

> Il devient de plus en plus difficile de définir le terme « pentecôtiste ». Si nous persistons dans une compréhension limitée, plutôt stéréotypée et dogmatique du terme, nous manquerons de reconnaître la grande variété de mouvements pentecôtistes dans la plupart du reste du monde, dont beaucoup sont nés indépendamment du pentecôtisme occidental. En Afrique le terme inclut 1) la majorité des Églises d'initiative africaine plus anciennes, 2) des pentecôtistes classiques originaires de missions pentecôtistes occidentales, et 3) de nouvelles Églises, communautés et ministères indépendants. Les pentecôtistes classiques ou dénominationnels (comme les Assemblées de Dieu ou la Church of God) sont très actifs et croissent rapidement à travers toute l'Afrique ; ils ont sans doute joué un grand rôle dans l'émergence de quelques-uns des nouveaux groupes. Mais les Églises pentecôtistes classiques ont été fondées typiquement par des missionnaires, la plupart de la Grande-Bretagne ou de l'Amérique du Nord, et ne peuvent donc pas être considérées comme des mouvements d'initiative africaine, bien que leur croissance a impliqué davantage de leadership africain et d'indépendance financière que c'était le cas dans les Églises missionnaires plus anciennes[62].

Malgré cette problématique, beaucoup de chercheurs, surtout des sociologues des religions, utilisent les termes « pentecôtiste », « néo-pentecôtiste »,

---

62. ANDERSON, *African Reformation*, p. 168s ; idem, « Types and Butterflies. African Initiated Churches and European Typologies », p. 110, note 38.

« charismatique » et « néo-charismatique » de manière synonyme. Nous préférons éviter le terme « pentecôtiste » et le réserver au mouvement initial commençant à la rue Azusa et ailleurs à partir de 1901[63]. Ainsi, nous nous basons sur la classification des mouvements pentecôtistes et charismatiques de Peter Wagner. Il distingue trois groupes :

- Les Églises pentecôtistes classiques qui ont un lien direct avec les réveils du début du XX$^e$ siècle (dénommées la première vague pentecôtiste par Peter Wagner) ;
- Les chrétiens charismatiques dans les grandes dénominations historiques (orthodoxe, catholique, anglicane, protestante) entre 1960 et 1980 (la deuxième vague charismatique) ;
- Le mouvement néo-charismatique à partir de 1980 aboutissant quelques fois dans de nouvelles dénominations (la troisième vague charismatique selon Wagner, appelée néo-pentecôtiste par certains auteurs)[64].

En considérant certains phénomènes récents on pourrait ajouter une quatrième vague charismatique globale en ce début du XXI$^e$ siècle que certains auteurs appellent « hyper-charismatisme ». Toutefois, les phénomènes pentecôtisants et charismatiques dans les Églises d'initiative africaine depuis le début du XX$^e$ siècle entrent difficilement dans la classification occidentale des trois ou quatre vagues. Néanmoins, les Églises charismatiques africaines de la fin du XX$^e$ et du début du XXI$^e$ siècle, qui sont notre sujet ici, ont des liens avec la troisième vague, le mouvement néo-charismatique mondial. Dans la logique de la catégorisation ci-dessus on pourrait nommer ce troisième type d'Églises « néo-charismatique ». Mais parce qu'elles n'entrent pas dans le schéma occidental de classification, et pour ne pas compliquer les choses, nous avons choisi le terme d'« Églises charismatiques », par ailleurs souvent préféré par leurs leaders.

Ces Églises ont pour la plupart les mêmes caractéristiques que les Églises prophétiques, mais s'en distinguent par le fait que leurs leaders sont des jeunes intellectuels bien éduqués dans le monde séculier. Cela a des conséquences

---

63. La majorité des spécialistes ont adopté aujourd'hui une théorie d'« origines multiples » du pentecôtisme, avec, parallèles à la rue Azusa, des foyers en dehors de l'Occident à partir de 1901. Cf. Allan H. ANDERSON, dir., *Studying Global Pentecostalism. Theories and Methods*, Berkeley, University of California Press, 2009.
64. À notre avis, il serait plus approprié d'appeler les trois vagues : pentecôtiste, charismatique et néo-charismatique. C. Peter WAGNER, *The Third Wave of the Holy Spirit*, Ann Arbor, Servant, 1988. Pour la discussion des trois vagues, voir Alexandre ANTOINE, « Pentecôtisme, charismatismes et néo-pentecôtismes », in *La foi chrétienne et les défis du monde contemporain*, sous dir. Christophe PAYA & Nicolas FARELLI, Charols, Excelsis, 2013, p. 490-499.

sur leur attitude à l'égard de la culture traditionnelle. Pour la plupart, elles ne refusent pas la médecine moderne comme beaucoup d'Églises prophétiques, mais en contrepartie ont recours à la médecine traditionnelle. Souvent, l'usage des objets symboliques est découragé dans ces Églises charismatiques[65]. Andrew Walls les décrit comme suit en les distinguant des Églises prophétiques :

> Jusqu'à récemment, ces Églises prophétiques ont pu être considérées comme le secteur le plus significatif et le plus rapidement croissant des Églises d'initiative africaine. Ce n'est plus si certain. Nigéria et Ghana... témoignent de la montée d'un autre type d'Églises d'initiative africaine. Comme beaucoup d'Églises prophétiques elles ont commencé comme groupe de prière et de renouveau en dehors d'Églises plus anciennes. Comme les Églises prophétiques elles proclament la puissance divine de délivrance de maladies et d'affliction démoniaque. Mais le style de la proclamation est davantage comme celui de la prédication américaine adventiste ou pentecôtiste. Les tambours africains des Aladura sont passés. Le visiteur a plus de chance d'entendre un piano électronique et des guitares électriques, voir un prédicateur dans une *agbada* élégante ou un costume d'homme d'affaires et une chorale avec un nœud papillon. Pourtant, ces mouvements radicaux charismatiques sont africains en origine, en leadership et en finances. Ils sont hautement entrepreneurs et sont actifs dans des ministères de radio, de télévision et de cassettes tout comme dans des campagnes et des conventions... Tous les nouveaux mouvements partagent avec les Églises prophétiques une quête de la présence démontrable du Saint-Esprit et la préoccupation avec les problèmes et les frustrations de la vie urbaine africaine moderne[66].

Des exemples sont l'Église de la Vie profonde du Nigéria, fondée par Joseph Kumuyi, les Zimbabwe Assemblies of God African, dirigées par Ezekiel Guti, et la Grace Bible Church dirigé par Mosa Sono en Afrique du Sud. Parmi elles figurent

---

65. Pour une discussion plus détaillée, voir, par exemple, André Mary, « Globalisation des pentecôtismes et hybridité du christianisme africain », in *La globalisation du religieux*, sous dir., Jean-Pierre Bastian *et al.*, Paris, l'Harmattan, 2001, p. 153-169 ; J. Kwabena Asamoah-Gyadu, *African Charismatics. Current Developments within Independent Indigenous Pentecostalism in Ghana*, Leiden, Brill, 2005 ; idem, *Contemporary Pentecostal Christianity. Interpretations from an African Context*, Oxford, Regnum, 2013.
66. Andrew F. Walls, *The Missionary Movement in Christian History. Studies on the Transmission of Faith*, Maryknoll, Orbis, 1996, p. 92s.

les Églises les plus larges et les plus influentes du continent. Elles se sont souvent imposées aux dépens de tous les types d'Églises plus anciennes, inclus les Églises prophétiques. Elles témoignent souvent d'une influence occidentale, souvent néo-charismatique nord-américaine, dans leur liturgie, leur style de leadership et leur promotion d'un évangile de la prospérité[67]. Elles peuvent être caractérisées par un « christianisme à la mode, une culture de divertissement et des cultes médiatiques[68] ».

## *Synthèse*

Après avoir discuté les différents types d'Églises d'initiative africaine nous aimerions faire une synthèse et énumérer des exemples pour ces types dans le tableau ci-après[69].

| Églises éthiopiennes à partir d'environ 1862 | Églises prophétiques à partir d'environ 1910 | Églises charismatiques à partir d'environ 1980 |
|---|---|---|
| Ethiopian Church* Zulu Congregational Church* African Presbyterian Church Native Baptist Church African Reformed Church African Orthodox Church African Independent Pentecostal Church Bantu Methodist Church | Église harriste* Église kimbanguiste* Église de Dieu (Aladura)* Chérubins et Séraphins* Christ Apostolic Church Christianisme céleste* Musama Disco Christo Church Holy Catholic Apostolic Church in Zion Ama-Nazaretha Church Africa Nineveh Israel Church | Église de la vie profonde Église chrétienne des rachetés de Dieu* Église Bethel Église Eau vivante Chapelle de victoire Victory Faith Ministries Zimbabwe Assemblies of God African Family of God Grace Bible Church |

---

67. Cf. Paul GIFFORD, sous dir., *New Dimensions in African Christianity*, Nairobi, CETA, 1992.
68. J. Kwabena ASAMOAH-GYADU, « Declaring the Wonders of God in Our Own Tongues. Africa, Mission and the Making of World Christianity », in *The State of Missiology. Global Innovations in Christian Witness*, sous dir. Charles E. VAN ENGEN, Downers Grove, IVP, 2016, p. 255.
69. Nous adaptons le tableau d'ANDERSON, « Types and Butterflies », p. 110. Les Églises présentées dans notre ouvrage sont signifiées par un astérisque (*).

## Caractéristiques des Églises d'initiative africaine

En discutant de la terminologie et la typologie des Églises d'initiative africaine nous avons déjà présenté quelques caractéristiques des différents types. Walter Hollenweger, le grand théoricien du mouvement pentecôtiste, remarque en ce qui concerne leur théologie :

> Peut-être que les théologiens occidentaux peuvent apprendre des Églises d'initiative africaine que des éléments autres que la conformité doctrinale sont nécessaires... qu'on peut être un dirigeant d'Église sans comprendre le Symbole de Nicée, que les dénominations basées sur des catégories théologiques ne sont pas la seule manière de classer les Églises chrétiennes, et peut-être même pas la meilleure manière... Peut-être que nous pouvons apprendre que la séparation du « naturel » et du « surnaturel » n'est pas une manière particulièrement biblique de pratiquer la théologie d'autant plus que *huperphusikos* « surnaturel » n'est pas une catégorie biblique (essayez de traduire « surnaturel » en hébreu). Pour les Églises d'initiative africaine toute la nature – ce que nous croyons comprendre et ce que nous croyons ne pas comprendre – est la création de Dieu et en conséquence ouverte à des phénomènes inattendus et pas encore compris. Une discussion approfondie avec les physiciens et scientifiques de pointe aurait pu nous enseigner cela depuis longtemps[70].

Hollenweger continue en ce qui concerne leur mode de communication :

> Les modes de communication ne sont pas des propositions mais des histoires, pas des arguments théologiques mais des témoignages, pas des définitions mais la danse participative, pas des concepts mais des banquets, pas des arguments systématiques mais des cantiques, pas une analyse herméneutique mais la guérison[71].

Après cette introduction faite de l'extérieur (dans une perspective « étique »), nous voudrions laisser un représentant des Églises d'initiative africaine en présenter les caractéristiques selon sa perception. Nous donnons la parole au Révé-

---

70. Walter HOLLENWEGER, « Foreword », in POBEE & OSITELU, *African Initiatives in Christianity*, p. xi.
71. *Ibid.*, p. ix.

rend Apôtre Professeur H. Olu Atansuyi de l'Église de Dieu (Aladura)[72]. Selon lui, les Églises d'initiative africaine représentent un christianisme appliqué.

- Elles offrent des soins pastoraux excellents à leurs brebis ;
- Elles encouragent une vie de communication continue avec Dieu à travers des prières ;
- Elles empêchent plus de 60 % des chrétiens nominaux de devenir des proies et victimes de prêtres païens ;
- Leurs prophètes et prêtres agissent constamment comme la « conscience de la nation » ;
- Elles ajoutent un peu de culture africaine à la pratique chrétienne, à savoir louer et adorer Dieu par des hymnes, cantiques, danses et rythmes africains, tout comme les Romains ont ajouté de la culture romaine et les Anglais de la culture anglaise à leur pratique chrétienne ;
- Elles encouragent le sacerdoce de tous les croyants par un culte participatif ;
- Elles encouragent les droits de la femme et lui accordent le ministère féminin ;
- Elles encouragent la modestie et la simplicité dans l'adoration et évitent le luxe et l'extravagance ;
- Elles considèrent la Bible en termes du Christ et Christ en termes bibliques, c'est-à-dire sans théologiser ;
- Elles ne déterminent pas les offices ecclésiaux par des qualifications académiques, mais par des signes de régénération, l'appel de Dieu, la qualité spirituelle et la disponibilité d'apprendre ;
- Elles regardent l'Église comme l'assemblée des personnes qui appartiennent à Dieu. Elles ne sont pas parfaites, mais des saints en évolution ;
- Leurs portes sont ouvertes pour tous ;
- Leur accent est mis sur les dons du Saint-Esprit qui se manifestent principalement par la glossolalie et la guérison divine ;
- Leur accent est aussi mis sur la prière et le jeûne ;
- Leur ecclésiologie est biblique et pentecôtiste, évangélique dans le ministère et œcuménique dans la perspective ;

---

72. H. Olu ATANSUYI, « Gospel and Culture from the Perspective of African Instituted Churches », exposé présenté à la Consultation du Conseil œcuménique des Églises avec les Églises d'initiative africaine, Ogere, Nigéria, 9-14 janvier 1996, en ligne : http://www.pctii.org/wcc/olu96.html.

- Leur culte comporte en général les éléments suivants :
  - La louange par des hymnes et des prières ;
  - Des prières spontanées ;
  - La lecture de la Bible pour l'exhortation ;
  - Des actions de grâce et des témoignages ;
  - L'exhortation des croyants.
- Elles mettent également l'accent sur l'évangélisation (l'évangélisation est une manière dont les Églises transmettent la culture africaine) :
  - Afin de rendre l'Évangile pertinent pour la culture africaine ;
  - Afin d'exprimer l'Évangile dans les langues et modes de pensée africains ;
  - Afin de promouvoir un discipulat possible pour les Africains ;
  - Afin de proclamer le message universel de l'Évangile ;
  - Afin de rendre possible notre ministère de militants chrétiens.

*Les postes ministériels* se présentent dans l'Église de Dieu Aladura pour les deux sexes comme suit :

i) Père spirituel / Mère apostolique

ii) Apôtre très spécial / Mère-en-Israël senior

iii) Apôtre spécial / Mère-en-Israël

iv) Apôtre très senior / Leader féminin senior

v) Apôtre senior / Leader féminin

vi) Apôtre / Prophétesse

vii) Prophète / Sœur ancienne

viii) Évangéliste / Sœur Aladura

ix) Pasteur / Sœur

x) Enseignant

xi) Frère Ancien

xii) Frère Aladura

xiii) Frère

*La guérison par la prière* est opérée de manière très simple dans les Églises d'initiative africaine. Les malades sont conduits vers les anciens avec foi en apportant de l'eau, l'huile d'olive et des bougies. Les anciens lisent des psaumes ou autres passages bibliques et oignent le malade avec de l'huile (Jc 5.13-15). Le bain et/ou l'eau bénite, tout comme l'huile, communiquent le pouvoir de guérison au malade. La consécration de l'eau bénite est une alliance divine entre le fondateur et Dieu.

Il y a des précédents bibliques (Ac 10.47) et culturels pour la signification symbolique de l'eau. St. Moses Orimolade Tunolase, le fondateur de l'Église des Chérubins et Séraphins, fut guéri en utilisant l'eau bénite venant de la rivière « Aringiya » comme ordonné par un ange[73]. De plus, le Primat Josiah Olumowo Ositelu, le fondateur de l'Église de Dieu (Aladura), a aussi utilisé de l'eau bénite. Il avait l'habitude de chanter le cantique yoruba suivant dans lequel l'eau est un symbole de pureté :

> *Gallommietturrah Tuyyayyah*　　　Ô source cristalline de notre Dieu
> *Abbiesussajjiellettat*　　　Coule ici et ne t'arrête jamais[74].

L'eau occupe une place centrale dans les coutumes des peuples africains. Si deux personnes sont en conflit et se maudissent mutuellement, l'eau est utilisée comme symbole de réconciliation. Pour cela, l'eau est versée dans un bol et chacune des parties en conflit doit prendre une bouchée et la cracher en disant : « La malédiction est devenue de l'eau », c'est-à-dire nulle et caduque. Si un bébé est né, l'eau est la première substance qui est giclée sur lui. Ce geste félicitera la maman en même temps. Si quelqu'un s'évanouit en étouffant, l'eau sera versée sur lui afin de le raviver. C'est la raison pour laquelle les anciens ont appelé l'eau *awaiye mate* signifiant en yoruba « un objet qui ne peut être ridiculisé ».

## Importance des Églises d'initiative africaine

Pour l'année 1900, Barrett estime que les Églises d'initiative africaine avaient environ 100 000 membres ; pour 1935, il donne un chiffre de deux millions de membres[75]. Pour 1967, Barrett rapporte environ 6,9 millions de membres (dont environ 2 700 000 ou 40 % d'adultes et 700 000 ou 10 % des participants actifs) dans 5 000 différents mouvements, 320 peuples et 34 pays. Leur distribution se présentait comme suit : Afrique australe 3,2 millions, Afrique centrale 1,2 millions, Afrique orientale et occidentale environ un million chacune et Afrique

---

73. Communication personnelle de Mama « Agba », « Idan-Aringiya », la première fille de la mère d'Orimolade, à l'Apôtre sénior Dr. Olu Atansuyi. Cf. J. Bertin WEBSTER, *The African Church among the Yoruba, 1888-1922*, Oxford, Clarendon, 1964, p. xv.
74. Galometturah. C.L. Hymn 24. Cf. ATANSUYI, « Gospel and Culture from the Perspective of African Instituted Churches ».
75. BARRETT, « African Initiated Church Movement », p. 43.

du Nord (notamment en Égypte au sein de l'Église copte) 12 000 membres[76]. Dix-sept ans plus tard, en 1985, selon Barrett et Padwick, les Églises d'initiative africaine comptèrent déjà 29 millions de membres ou 12 % de la population chrétienne de l'Afrique. Pour 2000, ce chiffre était prévu de monter à 54 millions de membres ou 14 % de la population chrétienne de l'Afrique[77]. Pour la même année 2000, la *World Christian Encyclopedia* estime à 83 millions les « Indépendants » et à 126 millions les « Pentecôtistes/Charismatiques »[78]. Environ deux tiers des membres des Églises d'initiative africaine se trouvèrent en 2000 dans trois pays : Afrique du Sud, Congo RDC et Nigéria. Quatre autres pays abritèrent également un nombre considérable d'Églises d'initiative africaine : Swaziland, Zimbabwe, Kenya et Ghana. Les plus grandes dénominations étaient alors Zion Christian Church avec 12 millions dans dix pays (10 millions en Afrique du Sud seule[79]), l'Église kimbanguiste avec huit millions, l'Église des Chérubins et Séraphins avec trois millions et l'Église de la Vie profonde avec deux millions[80]. En plus de celles-ci existent des milliers d'Églises d'initiative africaine anonymes comme celle fondée par une femme de marché nigériane analphabète qui, après avoir reçu une vision de deux mots (« Matthieu dix »), a commencé ce qui est aujourd'hui la Christ Holy Church avec 900 congrégations[81].

Pour 2010, *Operation World* indique 100 millions d'« Indépendants » africains, soit 10 % de la population chrétienne en Afrique, avec un taux de croissance annuelle de 2,39 % dépassant légèrement celui de la population générale en Afrique (2,3 %)[82]. Pour 2018, la *World Christian Database* estime à 117 millions les « Indépendants » africains, soit 20 % de la population chrétienne de l'Afrique, avec un taux de croissance annuelle de 2,38 %, comparable à celui d'*Operation*

---

76. BARRETT, *Schism and Renewal in Africa*, p. 78-80, Tableau II. Le lecteur trouvera les dates de l'émergence des Églises d'initiative africaine et les statistiques relevées par Barrett en 1967 dans l'annexe 1.
77. BARRETT & PADWICK, *Rise Up and Walk !*, p. 9.
78. David B. BARRETT & George T. KURIAN & Todd M. JOHNSON, dir., *World Christian Encyclopedia*, vol. 1, 2ᵉ éd., Oxford, Oxford University Press, 2002, p. 13, en ligne : http://www.worldchristiandatabase.org.
79. Stan NUSSBAUM, « African Initiated Churches », *Dictionary of Mission Theology. Evangelical Foundations*, sous dir. John CORRIE *et al.*, Downers Grove, IVP, 2007, p. 6.
80. BARRETT, « African Initiated Church Movement », p. 43.
81. T. ODURO, *Christ Holy Church International (1947-2002). The Challenges of Christian Proclamation in a Nigerian Cultural Context*, thèse de doctorat, Luther Seminary, Minneapolis, 2004, cité par NUSSBAUM, « African Initiated Churches », p. 5.
82. Jason MANDRYK, *Operation World*, Colorado Springs/Secunderabad, Biblica, 2010, p. 30, 32, en ligne : http://www.operationworld.org.

*World* en 2010[83]. Anderson remarque : « À la consternation de quelques-uns, cette croissance surprenante a été quelques fois aux dépens des Églises plus anciennes fondées par les missions européennes[84]. » Il est intéressant de noter qu'on trouve peu d'Églises d'initiative africaine en milieu musulman et au centre du Réveil est-africain. Il est possible que le renouveau introduit par les Églises d'initiative africaine n'était plus nécessaire en milieu musulman à cause du sérieux des chrétiens déjà existant et qu'il était déjà accompli par le réveil.

Pour donner une meilleure idée de cette croissance nous présenterons un extrait des tableaux de la *World Christian Database* couvrant le développement depuis 1900 avec des projections jusqu'en 2050 (nous avons arrondi les chiffres du fait qu'ils représentent de toute façon des estimations)[85]. Nous remarquons que dans ces statistiques le pourcentage des « Indépendants » africains par rapport à la population chrétienne en Afrique stagne autour de 20 % depuis l'année 2000 ou est projeté à la baisse, mais c'est encore une estimation.

|  | **Indépendants africains** (en millions) | **Population chrétienne d'Afrique** (en millions) | **Proportion des Indépendants à la population chrétienne** (%) |
|---|---|---|---|
| 1900 | 0,04 | 9 | 0,4 |
| 1970 | 18 | 114 | 16 |
| 2000 | 76 | 360 | 21 |
| 2018 | 117 | 599 | 20 |
| 2025 | 136 | 722 | 19 |
| 2050 | 192 | 1 253 | 15 |

## Organisation des Églises d'initiative africaine

Les Églises d'initiative africaine ont fait un effort constant pour créer leurs propres réseaux[86]. Aujourd'hui, plus de cent organismes existent. Déjà dans les

---

83. Todd M. Johnson *et al.*, « Christianity 2018 », *International Bulletin of Mission Research* 42, 1, 2018, p. 20-28.
84. Anderson, *African Reformation*, p. 7, aussi 252, 255.
85. Johnson *et al.*, « Christianity 2018 », p. 24s.
86. Dans cette section nous nous basons essentiellement sur Pobee & Ositelu, *African Initiatives in Christianity*, p. 52-57 ; John S. Pobee, « African Instituted Churches », *Dictionary of the Ecumenical Movement*, p. 12-14 ; « Organization of African Instituted Churches », https://www.oikoumene.org/en/church-families/african-instituted-churches/oaic.

années 1920 l'African National Congress de l'Afrique du Sud fonda la United National Church of Africa, mais qui ne dura pas longtemps. En 1937, la Bantu Independent Churches Union of South Africa fut créée pour servir les Églises zulu, mais elle aussi eut une courte vie. En 1939, l'African Methodist Episcopal Church accepta une fédération d'Églises qui en 1965 fut structurée en African Independent Churches Association (AICA). Entre 1965 et 1972, le nombre des membres augmenta de 100 à 400. Derrière ces tentatives de créer une association des Églises d'initiative africaine il y avait fondamentalement trois motivations : une aspiration à la reconnaissance par les Églises historiques et le gouvernement, la soif d'une plus grande unité parmi les Églises d'initiative africaine et le désir d'une meilleure formation théologique.

Au Congo RDC, les plate-formes qui regroupent les Églises d'initiative africaine sont les Églises du renouveau charismatique du Congo (ERCC), les Églises de réveil du Congo (ERC), l'Association mondiale des Églises du Congo (AMEC), les Églises réformées du réveil au Congo (ERRC), et les Églises de Mangembo qui, elles, sont issues du Renouveau charismatique de l'Église catholique romaine[87]. Au Zimbabwe, les Églises d'initiative africaine ont créé en 1972 ce qui est connu aujourd'hui comme Fambidzano[88], une coopérative des Églises de l'ethnie shona. Aujourd'hui, plus de 50 membres sont réunis dans cette association. Leurs Églises forment les pasteurs par un programme d'enseignement théologique décentralisé.

En 1978, l'Organisation des Églises d'initiative africaine[89] fut fondée au Caire en présence d'Églises d'initiative africaine de sept pays, créée par l'Évêque Markos et le pape Shenouda III de l'Église orthodoxe copte et parrainée par le Conseil œcuménique des Églises par le biais de son Programme pour la formation théologique et son Unité pour le renouveau et la vie congrégationnelle. À la seconde rencontre en 1982, dix-sept pays furent représentés. Une constitution fut adoptée qui stipule que les organisations membres doivent adhérer à la doctrine de la Trinité, être basées sur l'Ancien et le Nouveau Testament et confesser Jésus-Christ comme Seigneur et Sauveur. Dans les années 1980, un siège international fut installé à Nairobi au Kenya et quatre programmes prioritaires furent définis : l'enseignement théologique décentralisé, le développement rural, le département féminin et les services de recherche et de communication.

---

87. Communication personnelle d'Édouard Ngungu du 31 mars 2018.
88. Le nom complet, *Fambidzano no yamaKereke avaTema*, en anglais « *African Independent Churches Conference* ».
89. En anglais *Organization of African Instituted Churches* (OAIC), P.O. Box 21736, Nairobi, Kenya, www.oaic.org.

La formation théologique, souvent dans la forme d'enseignement théologique décentralisé, fut la motivation principale pour créer en 1965, le Christian Institute multiracial et interdénominationnel d'Afrique du Sud, au Zimbabwe en 1972, Fambidzano, et au Ghana, le Good News Institute. L'Église de Dieu (Aladura) au Nigéria et l'Église kimbanguiste au Congo RDC ont créé leur propre faculté de théologie. La question, « est-ce qu'on forme un prophète ou est-il simplement suscité par Dieu ? », trouve apparemment sa réponse dans la première option. Toutefois, beaucoup de leaders des Églises d'initiative africaine, qui n'ont suivi aucune formation formelle, diraient qu'ils ont été formés à l'Université du Saint-Esprit.

Depuis 1996, l'OAIC est organisée en sept régions[90] et les chapitres suivants : Cap occidental, Cap oriental, Madagascar, Botswana, Zimbabwe, Tanzanie, Kenya, Uganda, Congo RDC, Nigéria et Ghana. Il est frappant de constater que dans la structuration des chapitres et dans la représentation des régions sur le site de l'OAIC les Églises d'initiative africaine des pays francophones de l'Afrique centrale et de l'Afrique occidentale ne sont pas représentées[91].

L'OAIC est un membre de la Communauté des Églises de toute l'Afrique (CETA), qui a son siège également à Nairobi, et depuis 1998 également un membre associé du Conseil œcuménique des Églises (COE). En 1969, l'Église kimbanguiste a rejoint le COE. En 1975, lors de la cinquième Assemblée générale du COE à Nairobi trois autres ont suivis : African Church of the Holy Spirit, African Israel Nineveh Church (les deux au Kenya) et l'Église de Dieu (Aladura) du Nigéria. En 1998, lors de la huitième Assemblée générale du COE à Harare, Zimbabwe, la Native Baptist Church du Cameroun, l'Église harriste et la Church of Christ Light of the Holy Spirit sont devenues membres du COE. Pendant toutes ces années le COE a suivi, et aussi influencé, l'OAIC surtout par son Office des relations œcuméniques. Toutefois, en 2004, le droit de membre de l'Église kimbanguiste a été supprimé par le COE[92].

En janvier 1996, le Conseil œcuménique des Églises a organisé avec les Églises d'initiative africaine une consultation avec 34 participants de quelques pays de l'Afrique occidentale à Ogere au Nigéria[93], quelques soixante kilomètres de Lagos, près du siège de l'Église de Dieu (Aladura). Les thèmes principaux étaient le rapport entre Évangile et culture et les relations entre les deux familles

---

90. Les sept régions sont : Afrique australe, Madagascar, Afrique orientale, Congo RDC, Nigéria, Afrique occidentale anglophone, Afrique occidentale francophone.
91. Le lecteur trouvera une liste du Congo RDC, du Cameroun, de la Côte d'Ivoire et de la République de Guinée dans l'Annexe 6.
92. Pour l'historique détaillé du kimbanguisme, voir les ch. 4 et 12.
93. http://www.pctii.org/wcc/intro96N.html.

d'Églises historiques et d'initiative africaine. Également en 1996 l'Organisation des Églises d'initiative africaine, le Centre for Black and White Christian Fellowship (Selly Oak Colleges à Birmingham en Grande-Bretagne) et la Fraternité catholique ont organisé une consultation à Nairobi. Un Manifeste des Églises d'initiative africaine y fut adopté et une déclaration sur leurs contributions au christianisme mondial fut rédigée. Le lecteur trouvera ces documents dans les Annexes 2 et 3. La revue de l'OAIC *Baragumu* y consacra un éditorial qui rendit le témoignage suivant :

> Dans le passé, comme chrétiens, nous avons combattu les uns contre les autres sans avoir honte. Nous avons insisté sur des trivialités aux dépens de la vraie mission de l'Église. C'est le moment de commencer à prier ensemble sans cesse (Rm 12.11-13) et à nous exhorter les uns les autres dans l'amour (Ép 4.15) jusqu'à ce que nous arrivions au point de rencontre. L'écriture est sur le mur, en gras et en clair. Nous avons deux options. Une est d'écouter la voix d'amour de Dieu et cela signifie de travailler comme une équipe. L'autre est d'échouer à accomplir cela et d'être condamné par les générations suivantes d'avoir introduit des échappatoires pour des religions hostiles, des cultes et des fondamentalismes de toute couleur et de ronger les vrais fondements de l'héritage légué par notre Maître Jésus-Christ. Je doute que nous ayons une alternative[94].

---
94. Maurice ONYANGO, « Dialogue. The Holy Spirit on the Move », *Baragumu. The African Independent Churches Voice* n° 1, juillet 1996, p. 2.

# Deuxième Partie

# Approche théologique et missiologique des Églises d'initiative africaine

# 9

# La figure du prophète-guérisseur et les Églises d'initiative africaine comme « institutions de guérison »

*Yolande A. Sandoua*

## Introduction

Vers la fin du XIXe siècle, l'Afrique a vu l'apparition des prophètes africains et des Églises d'initiative africaine. Lorsque les missionnaires européens ont introduit le christianisme sur le continent africain, ils l'ont apporté habillé de leur culture. Ils n'avaient pas une vision holistique de l'impact du salut sur la vie d'un individu. Dans la vision traditionnelle du monde de l'Africain le corps n'est pas séparé de l'âme. Les Africains ont conscience du monde et des puissances invisibles, c'est-à-dire du monde des esprits et de leur influence sur les humains. Ils sont aussi conscients de la sorcellerie, ce que les missionnaires ne reconnaissaient pas. Les conséquences sont que les Africains, qui se convertissaient au christianisme, étaient pour la plupart des chrétiens hybrides qui allaient à l'Église mais continuaient à fréquenter les féticheurs et les guérisseurs traditionnels afin de chercher la protection contre les sorciers ou des esprits malveillants et aussi la guérison de certains maux qui pouvaient être causés par eux. L'univers des Africains forme une chaîne qui ne doit pas être brisée. Lorsqu'un maillon de la chaîne est brisé, cela se ressent sur tout l'aspect de la vie de l'individu et/ou de la communauté. En ce qui concerne la santé, Diane Stinton note que « la maladie est vue comme une calamité qui frappe non seulement l'individu en particulier, mais révèle aussi une interruption de la relation sociale, faisant de cela un problème familial et communautaire[1] ».

Lorsque les prophètes africains sont apparus, les Africains ont vu en eux la réponse à leur quête d'identité. La réponse que ces prophètes ont apportée se trouvait dans la manière dont ils pratiquaient leur foi : ils ont tenu compte de la culture africaine. En effet, contrairement aux missionnaires, les prophètes avaient une approche plus holistique. Et comme le dit Philomena Mwaura : « La guérison et les missions évangéliques dirigées vers les Africains n'ont pas eu un impact holistique mais étaient vues comme dirigées vers différentes parties du corps, le corps et l'âme, alors qu'en Afrique ce point de vue dichotomique de la personne n'existe pas[2]. »

Ce chapitre est développé en cinq sections : premièrement nous voulons définir la fonction du prophète. Ensuite la réflexion portera sur les guérisseurs des religions traditionnelles africaines où nous verrons le rôle qu'ils jouent dans leur communauté. Puis, nous réfléchirons autour du prophète-guérisseur dans les Églises d'initiative africaine. Pour cela nous avons choisi deux prophètes : Simon Kimbangu et Garrick Braide. Nous nous pencherons sur leur ministère en tant que figures du prophète-guérisseur. La quatrième section est consacrée à quatre figures de prophètes dans les deux Testaments : dans l'Ancien Testament Moïse et Élisée, qui en plus d'autres miracles, ont opéré des guérisons, et dans le Nouveau Testament Jésus en tant que prophète et les apôtres. La raison pour laquelle nous avons choisi les apôtres est que les prophètes africains ont souvent fait référence à eux. La dernière section portera sur une étude comparative entre les prophètes dans les Églises d'initiative africaine et dans la Bible.

## Qu'est-ce qu'un prophète ?

Le mot prophète vient du grec *prophètès* qui signifie « celui qui s'avance pour parler[3] ». Dans la Bible le prophète est une personne

---

1. Diane B. STINTON, *Jesus of Africa. Voices of Contemporary African Christology*, Nairobi, Pauline Publications Africa, 2004, p. 82. Voir aussi Elizabeth ISICHEI, *A History of Christianity in Africa. From Antiquity to the Present*, Grand Rapids, Eerdmans, 1995, p. 254.
2. Philomena Njeri MWAURA, « Healing as a Pastoral Concern », in *Pastoral Care in African Christianity. Challenging Essays in Pastoral Theology*, sous dir. D. W. KINETY, Nairobi, Acton Publishers, 1994, p. 70.
3. Adama OUEDRAOGO, « Prophètes et apôtres », in *Commentaire biblique contemporain*, sous dir. Tokunboh ADYEMO, Marne-la-Vallée, Farel, 2008, p. 1520.

qui annonce la parole de Dieu ; il reçoit la révélation divine qu'il transmet aux autres et il est un moyen de révélation... [L]e prophète a joué un rôle important dans l'histoire de l'Ancien Testament mais après l'Exil... le prophète avait une fonction spécifique d'annoncer la volonté et les décisions de Dieu qu'il a reçues... Dans le Nouveau Testament le prophète a la même signification que dans l'Ancien Testament. Mais le mot « prophète » inclut aussi le don spécial du Saint-Esprit[4].

Les prophètes dans la Bible sont vus d'une manière générale comme des guérisseurs par les Églises d'initiative africaine. Le don de guérison des prophètes était considéré comme l'expression principale du don du Saint-Esprit. C'est dans cette perspective que nous utilisons cette image dans l'approche des Églises d'initiative africaine.

Nous voyons donc que le prophète est le messager de Dieu. Il est aussi son porte-parole et son représentant. Il est important de noter que les prophètes aussi bien dans les récits bibliques que dans les Églises d'initiative africaine sont apparus à des périodes de crise où dans des situations critiques dans lesquelles se trouvait une communauté donnée. Dans les deux cas de figure les prophètes sont toujours accompagnés d'un ou de plusieurs assistants.

Afin de mieux comprendre les prophètes africains dans leurs agissements, il est primordial que nous étudiions les prophètes-guérisseurs dans les religions traditionnelles africaines.

## Le prophète-guérisseur dans les religions traditionnelles africaines

Dans beaucoup de langues bantoues le prophète est appelé *nganga* « devin, guérisseur ». Il a une relation particulière avec l'entité qu'il est appelé à servir ou l'esprit de l'ancêtre qui prend possession de lui. Lorsque le *nganga* entre en transe, l'assistance l'accompagne avec des danses ou la musique. Quand le *nganga* est sous l'emprise de l'être surnaturel ou de l'esprit de l'ancêtre, il devient son porte-parole. Des miracles se produisent et, comme le dit Oosthuizen : « Ce contact est accompagné de miracles qui prouvent l'intégrité du prophète, l'authenticité de sa prédication[5]. »

---

4. Gerhardus C. OOSTHUIZEN, *The Healer-Prophet in Afro-Christian Churches*, Leyden/New York, Brill, 1992, p. 3-4 (notre traduction).
5. OOSTHUIZEN, *The Healer-Prophet in Afro-Christian Churches*, p. 6.

Nous voyons une similitude quant à la fonction et le rôle des prophètes dans les religions traditionnelles en Afrique. Cependant, il y a rupture quand il s'agit des pratiques. Par exemple, dans les deux Testaments, l'assemblée n'accompagne pas le prophète par des danses et la musique pour l'aider à entrer en contact avec Dieu avant que celui-ci ne s'exprime à travers le prophète. Cette pratique est spécifique aux religions traditionnelles. Les prophètes des Églises d'initiative africaine ont adopté cette méthode et demandent à leurs adeptes de les accompagner par des chants et des danses afin de faciliter la communication avec le Saint-Esprit[6].

Les prophètes africains ne se reconnaissent pas pleinement dans la pratique du christianisme tel que cela leur a été présenté, c'est-à-dire qu'ils l'ont reçu comme la religion des « blancs ». Cela est dû à la vision animiste du monde de l'Africain : le monde spirituel n'est pas séparé du monde physique. Si nous nous référons à la définition que donne Lothar Käser des visions animistes du monde « comme des concepts globaux de la nature du cosmos et des choses visibles qui y sont présentes, y compris de ses habitants, des visibles (hommes et animaux) et des invisibles (êtres spirituels)[7] », nous voyons que l'Africain est pleinement conscient de son environnement et cela transparaît dans la pratique de sa foi chrétienne en tournant vers Christ tout ce qu'il est.

## Le prophète-guérisseur dans les Églises d'initiative africaine

Lorsqu'une personne vient à Christ elle vient telle qu'elle est. Elle vient avec sa culture, sa nationalité, sa personnalité, son caractère. Elle est issue d'une famille, d'une communauté, d'un groupe ou d'une société. Elle n'est pas sortie du néant mais elle vient de quelque part. Cela est dû au fait que Dieu n'accepte pas une personne d'une manière isolée. Selon Andrew Walls,

> L'impossibilité de séparer un individu de ses relations sociales, et ainsi de sa société, conduit à une particularité constante dans l'histoire chrétienne : le désir « d'indigéniser », de vivre comme un chrétien et pourtant comme membre de sa propre société, de faire de l'Église ... *un endroit où on se sent à la maison*[8].

---

6. Ephraim ANDERSON, *Messianic Popular Movements in the Lower Congo*, Uppsala, Almquist & Wiksells, 1958, p. 48.
7. Lothar KÄSER, *Animisme. Introduction à la conception du monde et de l'homme dans les sociétés axées sur la tradition orale*, Charols, Excelsis, 2010, p. 61.
8. Andrew F. WALLS, *The Missionary Movement in Christianity. Studies in the Transmission of Faith*, Maryknoll/New York, Orbis, 1996, p. 7.

Nous pensons que c'est dans cette perspective, exprimée ici par Walls, que les prophètes africains ont fondé les Églises d'initiative africaine afin de permettre aux chrétiens africains de trouver un endroit où ils se sentent à la maison. La manière dont les Européens ont présenté l'Évangile aux Africains leur est apparue complètement hors de leur contexte. Il est important de noter que la vision du monde de l'Africain est animiste ce qui veut aussi dire qu'il est conscient de son environnement visible et invisible ; c'est-à-dire matériel et spirituel[9]. Selon sa conception du monde il existe des êtres spirituels bienveillants et malveillants. Si les êtres spirituels bienveillants passent pour être « *bien disposés envers les êtres humains*[10] », les malveillants quant à eux « *provoquent des maladies* de toutes sortes[11] ».

Nous avons choisi de parler de deux prophètes africains qui, nous le croyons, reflètent l'image du prophète-guérisseur. Il s'agit de Simon Kimbangu du Congo RDC et de Garrick Braide du Nigéria. Nous nous limiterons à leur ministère auprès de leur communauté.

## *Simon Kimbangu : son ministère en tant que prophète-guérisseur*

Simon Kimbangu est né le 12 septembre 1887 à N'Kamba[12] au Congo belge ex-Zaïre devenu République démocratique du Congo. Cependant, il faut préciser que sa date exacte de naissance varie selon les auteurs (voir p. 47 de ce livre). Il est mort le 12 octobre 1951 à Elisabethville actuel Lubumbashi[13]. Il est décrit comme une personne qui avait une intelligence au-dessus de la moyenne, une forte personnalité, une bonne connaissance de la Bible et qui travaillait avec diligence[14]. Il a reçu son éducation chrétienne à la Baptist Missionary Society, ce qui lui a donné une base « solide... dans la tradition baptiste la plus stricte. Sa vie morale était très réglée et elle avait valeur d'exemple pour les autres[15] ». Selon les témoignages qui ont été recueillis sur Simon Kimbangu, il passait beaucoup de temps dans la prière. Il se retirait souvent pour prier et c'est pendant ces temps

---

9. KÄSER, *Animisme*, p. 61.
10. *Ibid.*, p. 137.
11. *Ibid.*, p. 125.
12. Joseph Kuntima DIANGIENDA, *L'histoire du kimbanguisme*, Châtelay, Éditions kimbanguistes France, 2003, p. 17 (1re éd. : Lausanne, Soc, 1984).
13. Marie Louise MARTIN, « Notes sur l'origine et l'histoire de l'Église kimbanguiste », *Congo-Afrique* n°39, 1969, p. 446.
14. Marie-Louise MARTIN, *Kimbangu. An African Prophet and his Church*, trad. D. M. MOORE, Grand Rapids, Eerdmans, 1976, p. 44.
15. DIANGIENDA, *L'histoire du kimbanguisme*, p. 17.

de retraite que Jésus lui est apparu pour lui donner des instructions[16]. Simon Kimbangu a commencé à faire des miracles bien avant son appel[17]. Pour ce qui concerne son ministère public, cela n'a pas été facile parce que, comme Moïse, Kimbangu aurait avancé toutes sortes de raisons pour ne pas devoir s'engager[18].

Kimbangu opéra son premier miracle public de guérison sur une femme qui était malade et pour qui il n'y avait plus espoir de guérison. C'est Jésus lui-même qui lui aurait demandé de la guérir en son nom. Bien que la femme, qui était guérie, n'ait pas reconnu cette guérison miraculeuse, sa renommée s'est toutefois répandue. On apportait des malades de partout et il les guérissait. Sa réputation a traversé le Congo belge et français jusqu'au nord de l'Angola. Les gens venaient par dizaines de milliers pour écouter et recevoir la guérison[19].

Il y avait certains parallèles avec les miracles que Jésus avait faits, tel la guérison de cet aveugle de naissance que Jésus a guéri en faisant de la boue avec sa salive et la lui appliquant sur les yeux (Jn 9.6-7). De la même manière, selon un rapport que Martin a collecté, un homme aveugle est venu voir le prophète et celui-ci lui demanda ce qu'il voulait. L'aveugle répondit qu'il voulait voir. « [L]e prophète cracha par terre, forma une pâte du sol et de la salive, oignit les yeux de l'aveugle et l'envoya à la source de N'kamba pour se laver. Quand il fit cela, il recouvra la vue et glorifia Dieu[20]. » Les miracles de Kimbangu rappellent souvent ceux de Jésus et des apôtres dans le Nouveau Testament.

Il est important de noter que le prophète Kimbangu accordait beaucoup d'importance à la foi de la personne qui voulait être guérie. C'est pourquoi il posait toujours la question aux malades sur ce qu'ils voulaient qu'il fasse pour eux comme Jésus. Selon la réponse de la personne, il prononçait la phrase « au nom de Jésus-Christ, parlez » ; « au nom de Jésus-Christ, levez-vous et marchez »[21]. Cela était révélateur de l'autorité sous laquelle il se plaçait pour exercer son ministère.

---

16. *Ibid*, p. 18.
17. *Ibid*.
18. *Ibid*., p. 22-24.
19. *Ibid*., p. 29-30.
20. Martin, *Kimbangu*, p. 46 (notre traduction) ; Paul Raymaekers, « Histoire de Simon Kimbangu, prophète, d'après les écrivains Nfinangani et Nzungu (1921) », *Archives de sociologie des religions* vol. 31, n° 1, 1970, p. 15-42. En ligne : http://www.persee.fr/doc/assr0003-9659_1971_1971_num_31_1_2030 (consulté le 13 novembre 2016.
21. Raymaekers « Histoire de Simon Kimbangu », p. 26-27.

Selon Joseph Diangienda, Simon Kimbangu a toujours refusé d'être appelé « *prophète*[22] ». Il se considérait plus comme un « *simple messager du Christ* ». Toutes les guérisons et autres miracles n'étaient que l'action de Christ à travers lui. Toute la gloire ne devait revenir qu'à Jésus seul[23].

Pour Martin, « [c]est une question de rédemption, la croix et la résurrection. L'effusion du Saint-Esprit *ici* et *maintenant*, sur le sol africain, pas seulement il y a longtemps en Palestine[24] ». N'Kamba a une très grande importance pour Kimbangu et ses adeptes parce que c'est là que Christ s'est révélé à son serviteur.

> N'Kamba est devenu la « nouvelle Jérusalem », tout comme les localités des autres guérisseurs prophétiques en Afrique sont devenues la nouvelle Jérusalem, un gage de l'idée que Christ est le Seigneur vivant, hier et aujourd'hui et éternellement[25].

Un endroit était emménagé en piscine sacrée où « il était demandé à ceux ou celles qui venaient d'être guéris de la cécité et de la lèpre d'aller y prendre un bain de purification[26] ». Cette piscine fait référence à la piscine de Siloé où Jésus avait envoyé un aveugle se laver après qu'il lui ait enduit les yeux avec de la boue mélangée avec sa salive.

Bien qu'il existe d'autres prophètes d'envergure, nous avons opté pour le prophète Garrick Braide. Comme Simon Kimbangu, il a opéré beaucoup de miracles de guérison et leur parcours est très similaire.

## *Garrick Braide : le deuxième Élie*

Le prophète Garrick Braide est né en 1882 et a grandit à Bakana, une ville du delta du Niger[27]. Il meurt le 18 novembre 1918[28]. Il était un contemporain de Simon Kimbangu et, tout comme lui, il passait beaucoup de temps dans la prière

---

22. Joseph Diangienda Kuntima est le deuxième fils de Simon Kimbangu. Nous avons voulu le citer parce que ce qu'il a écrit sur la vie et le ministère de son père rejoint ce que d'autres ont écrit. Il est aussi celui qui a succédé à son père et qui a créé l'Église qui porte son nom.
23. DIANGIENDA, *L'histoire du kimbanguisme*, p. 36.
24. MARTIN, *Kimbangu*, p. 50.
25. *Ibid.*, p. 48-50 (notre traduction).
26. DIANGIENDA, *L'histoire du kimbanguisme*, p. 36.
27. Phyllis G. JESTICE, *Holy People of the World: A Cross-Cultural Encyclopedia, Volume 3*, Santa Barbara, ABC-CLIO, 2004, p. 139.
28. *Ibid.*

et était très préoccupé par l'état de son âme[29]. Il exhortait la population à ne dépendre que de Dieu et à abandonner les idoles, les fétiches et les amulettes. La raison pour laquelle il a insisté sur l'abandon des « symboles des religions traditionnelles » est qu'il croit qu'ils « sont inefficaces et qu'[ils] sont des agents nuisibles du surnaturel. Mais il ne niait pas la réalité du monde invisible ; il offre simplement ce qu'il considère être le moyen le plus efficace pour combattre ce monde[30] ». Lamin Sanneh déclare concernant le prophète :

> Il est clair que Braide a simplement revendiqué la puissance du Dieu chrétien sur un territoire d'une longue familiarité plutôt que de déplacer le contexte religieux vers un terrain totalement nouveau. En outre, ses pouvoirs charismatiques personnels l'ont transformé en un personnage local familier, le guérisseur puissant, qui cette fois opère des miracles en utilisant des symboles religieux chrétiens[31].

Braide a donc remis en question les symboles des religions traditionnelles et les pratiques ancestrales de la population. Non seulement il a remis en question les symboles traditionnels de l'Afrique, mais il a aussi utilisé ces symboles comme points de contact pour orienter ses contemporains vers la foi chrétienne. « Un véritable changement est souvent le résultat d'une rencontre parallèle antérieure[32]. » Elizabeth Isichei dit de lui qu'il « a fait la guerre aux religions traditionnelles, et a encouragé la destruction de son sanctuaire et de ses amulettes, bien qu'il ait soutenu une liturgie indigénisée et une adaptation du chant et de la danse traditionnels[33] ». Braide n'a pas renié son identité en tant que chrétien africain, mais il en a conservé les valeurs traditionnelles. Il s'identifiait aux prophètes de l'Ancien Testament, notamment les prophètes Ésaïe et Malachie. Il disait être le deuxième Élie et il a donné le nom d'« *Israël* » à Bakana, sa ville natale. Selon lui, son « *don de prière efficace* », c'est-à-dire de guérison, lui venait du Dieu de la Bible[34].

Tout dans la religion traditionnelle est orienté vers la « *vie humaine* ». Selon lui, les mêmes valeurs qui se trouvent dans les religions traditionnelles se

---

29. Lamin SANNEH, *West African Christianity. The Religious Impact*, Maryknoll, NY, Orbis, 1983, p. 181.
30. *Ibid.*, p. 182 (notre traduction).
31. *Ibid.* (notre traduction).
32. *Ibid.* (notre traduction).
33. ISICHEI, *A History of Christianity in Africa*, p. 387-388.
34. *Ibid.*

trouvent aussi dans le christianisme[35]. Il y a selon John Mbiti, des affinités entre les religions traditionnelles et le christianisme :

> Dans un sens, le christianisme trouve en Afrique son Ancien Testament, sa situation d'Église primitive et sa vie dans le monde moderne. Nulle part ailleurs dans l'histoire et la géographie du christianisme il n'y a eu trois mondes [la culture africaine, les valeurs chrétiennes/humaines, et la modernité] qui se soient trouvés d'une manière simultanée et qui coexistent[36].

Bien que l'Afrique ait embrassé le christianisme, elle veut garder sa propre identité africaine dans l'expression de sa foi. Les chrétiens africains veulent exprimer leur africanité chrétienne en conservant leur patrimoine religieux et culturel africain : en donnant au christianisme une empreinte et un caractère africain et en soutenant l'unicité et la catholicité du christianisme[37]. Le christianisme peut parfaitement s'adapter partout ; il peut parfaitement s'intégrer dans le contexte africain parce que Dieu y est déjà. C'est ce qui apparaît dans les comportements des prophètes des Églises d'initiative africaine et dans leur organisation.

Pour bien comprendre l'origine du prophétisme chrétien, il nous faut faire recours à la Bible et c'est ce que nous allons voir dans la section suivante.

## Le prophète dans la Bible

Dans Deutéronome 18.15, lorsque Dieu donnait ses dernières instructions à Moïse avant sa mort, nous comprenons que c'est Dieu qui met dans la bouche de son prophète les paroles qu'il doit annoncer au peuple. Ce prophète – homme ou femme – était son porte-parole, l'intermédiaire entre Dieu et son peuple. Il était respecté et honoré comme étant le représentant de Dieu. Il était consulté pour tout, comme nous le voyons avec Saül qui était à la recherche des ânesses de son père. Ses recherches s'étant avérées vaines, il voulut rebrousser chemin mais le serviteur qui l'accompagnait lui suggéra d'aller voir l'homme de Dieu « un homme très considéré » (1 S 9.1-6). Le prophète à l'époque était le prophète Samuel. Jean-Baptiste était le prophète du Nouveau Testament qui était le précurseur de Jésus. C'est lui qui a annoncé la venue de Jésus au peuple d'Israël et les a appelés à la repentance. Il était écouté parce qu'il parlait avec l'autorité qui

---

35. John S. MBITI, « The Growing Respectability of African Traditional Religion », *The Lutheran World* vol. XIX, n° 1, 1972, p. 57.
36. *Ibid.* (notre traduction).
37. *Ibid.*

venait de Dieu. Les gens venaient en foule pour se faire baptiser par Jean. Étant touchés par son message, ils lui demandaient ce qu'ils devaient faire pour avoir le salut (Lc 3.2-4, 7-14). Le prophète occupait une position très importante.

## *Le prophète dans l'Ancien Testament*

Pour notre réflexion nous avons sélectionné deux prophètes : Moïse et Élisée. Moïse est considéré comme le sauveur des Israélites (Ex 2). Il était celui que Dieu a utilisé pour sauver son peuple de l'esclavage. Les prophètes des Églises d'initiative africaine se sont comparés à lui comme étant choisi par Dieu pour libérer les chrétiens africains de l'esclavage du péché et aussi de l'emprise de l'homme blanc. Nous pouvons aussi faire un parallèle avec Moïse quant à l'appel de Kimbangu qui comme lui a résisté à Dieu ne se sentant pas à la hauteur de la tâche. Diangienda affirme que tout comme Moïse qui parlait face-à-face avec Dieu, Kimbangu parlait de la même manière avec Jésus[38]. Quant au prophète Élisée, il est parmi les prophètes de l'Ancien Testament celui qui a fait le plus grand nombre de miracles de guérison et de résurrection. Nous l'avons aussi choisi parce que les prophètes des Églises d'initiative africaine se sont souvent inspirés de ses pratiques.

### Moïse

Moïse est considéré comme le premier prophète dans l'AT. Il a été le porte-parole de Dieu et son représentant auprès du peuple d'Israël. Exode 3 nous donne le récit de l'appel de Moïse par Dieu pour aller en Égypte libérer son peuple de la main des Égyptiens. Le peuple d'Israël était dans une grande détresse à cause de l'oppression qu'il subissait et ses cris étaient montés jusqu'à Dieu (Ex 3.7-10). Moïse était le représentant de Dieu. Celui-ci lui donna le pouvoir d'opérer des miracles et son bâton formait son outil de travail. Il lui donna aussi un assistant en la personne de son frère Aaron, qui fut à son tour le porte-parole de Moïse (Ex 4.1-17). Fort de sa mission, Moïse a infligé les dix plaies à l'Égypte (Ex 7-12) ; il a opéré d'autres miracles tels que l'ouverture et la fermeture de la mer pour laisser passer le peuple en utilisant son bâton sur instruction de Dieu (Ex 14.15-31). Il était aussi l'instrument que Dieu a utilisé pour prononcer des jugements lorsque le peuple devenait récalcitrant (Ex 32). Quand le peuple a été mordu par les serpents à cause de ses plaintes et murmures, c'était par Moïse que Dieu a délivré le peuple en lui faisant fabriquer un serpent de bronze, et lorsque ceux

---

38. DIANGIENDA, *L'histoire du kimbanguisme*, p. 22.

qui étaient mordus par les serpents regardaient ce serpent, ils étaient guéris des morsures et ne mouraient pas (Nb 21.4-9).

### Élisée

Élisée était l'assistant d'Élie, et lorsque la mission de celui-ci était terminée, Élisée est devenu son successeur (2 R 2).

Élisée a opéré son premier miracle à Jéricho où il a purifié une source d'eau qui était empoisonnée et provoquait des fausses couches. Élisée fit apporter un plat neuf et du sel. Il jeta le sel dans la source en disant : « Ainsi parle le Seigneur : J'ai assaini cette eau ; elle ne causera plus ni mort, ni fausse couche » (2 R 2.19-22). Et il en fut ainsi selon les paroles qu'Élisée avait prononcées. Ainsi, les Églises d'initiative africaine utilisent souvent le sel dans leurs pratiques pour purifier les maisons et leur environnement. Les prophètes des Églises d'initiative africaine se sont souvent comparés aux prophètes de l'Ancien Testament. Cependant, les figures centrales de leurs actions demeurent Jésus et ses disciples.

## *Le prophète dans le Nouveau Testament*

Jésus et les prophètes ont toujours été pris comme modèles par les prophètes des Églises d'initiative africaine.

### Jésus

Quand Moïse donnait ses dernières instructions aux Israélites, il leur a prédit que Dieu leur enverrait un prophète comme lui, issu du peuple d'Israël (Dt 18.15-19). Dans son discours dans le temple, Pierre est revenu sur cette prophétie de Moïse (Ac 3.21-24). Jésus est considéré comme ce prophète dont Moïse a parlé : comme Moïse, Jésus est venu pour libérer les captifs. À l'époque de Moïse, les captifs étaient des captifs physiques, tandis que Jésus, lui, est venu libérer d'une captivité qui était spirituelle. Il est venu délivrer de l'esclavage du péché, des démons, des forteresses spirituelles (Col 2.13-15). Jésus était le guérisseur par excellence parce que pendant sa vie sur la terre il a guéri toutes sortes de maladies, chassé des démons, ressuscité des morts, et fait parler des muets.

### Les apôtres

Les apôtres dans le Nouveau Testament sont des personnes que Jésus a appelées pour l'aider dans son ministère lorsqu'il était encore avec eux. Les trois ans qu'ils ont passé avec Jésus avant sa crucifixion sont considérés comme étant un temps de formation. Il arriva un moment où Jésus les envoya pour prêcher la

Bonne Nouvelle ce qui peut être considéré comme une période de stage. Dans leur appel, les prophètes des Églises d'initiative africaine se considèrent aussi comme des appelés tout comme les apôtres.

Dans la description qui est faite des prophètes des Églises d'initiative africaine il y a un paralléle avec Christ et les apôtres :

> [L]es guérisons dont on parle sont presque des parallèles verbaux avec les guérisons de Jésus et des apôtres dans le Nouveau Testament... Nous pouvons parler d'une imitation du Christ et des apôtres. Cependant le but de cette imitation n'était pas de remplacer Christ par un nouveau messie-guérisseur, mais de demeurer dans les limites fixées par le Nouveau Testament[39].

Dans un témoignage recueilli sur Simon Kimbangu, celui-ci aurait entendu la voix de Jésus qui lui disait qu'il allait faire l'œuvre de Pierre et Jean et être lui-même un apôtre. Le prophète aurait déclaré que c'est Jésus qui l'a fait apôtre[40].

Incitée par ce parallèle, nous tenterons une étude comparative entre la Bible et les Églises d'initiative africaine dans la prochaine section.

## Les prophètes-guérisseurs dans les Églises d'initiative africaine et dans la Bible

John Mbiti a fait le constat que les religions traditionnelles africaines ont préparé le terrain à la propagation du christianisme en Afrique sub-saharienne. Son argument est que

> [C]ette religion africaine a préparé les peuples africains pour l'expansion rapide du christianisme parmi eux : elle les a rendus disposés sur le plan religieux, leur fournissant un vocabulaire religieux et une compréhension religieuse qui sont largement compatibles au christianisme. C'est dans les trois quarts de l'Afrique où la religion africaine a été la plus dominante que le christianisme s'est rapidement propagé. Sans ce genre d'arrière-plan la prédication de l'Évangile aurait eu peu de succès et peu d'Africains auraient embrassé la foi chrétienne en un temps si court. Il est vrai que cette évangélisation a souvent été faite en opposition à la religion afri-

---

39. MARTIN, *Kimbangu*, p. 44.
40. RAYMAEKERS, « Histoire de Simon Kimbangu », p. 22.

caine. Néanmoins, le christianisme a utilisé la religion africaine et a été établi sur la base de cette religiosité traditionnelle[41].

En se référant à Mbiti, Kwame Bediako parle des religions traditionnelles comme étant une véritable « préparation pour l'Évangile » (*praeparatio evangelica*)[42]. Les Africains ayant la notion de Dieu dans leur croyance, leur conception de l'Être suprême comme étant à l'origine du monde constitue une piste pour leur prêcher l'Évangile. Bien que le Dieu de la Bible ne puisse en aucun cas être considéré comme le même dieu que celui en qui les Africains croient, cette conception qu'ils ont de l'Être suprême peut être utilisée pour leur faire découvrir le Dieu de la Bible. L'Être suprême est décrit comme étant à l'origine de la création du monde et de l'univers et de tout ce qu'il renferme. Cette croyance peut être un point de contact pour faire connaître le Dieu d'Abraham aux pratiquants des religions traditionnelles. Pour soutenir ces auteurs nous aimerions ajouter que la traduction de la Bible dans les langues vernaculaires a grandement contribué à la propagation de l'Évangile.

Si nous revenons à notre sujet, nous voyons que les deux prophètes africains que nous avons présentés, ont tous les deux grandi dans un centre missionnaire et ont reçu une éducation chrétienne. Dans le cas de Simon Kimbangu, sa tante Kinzembo l'a envoyé à la Baptist Missionary Society de Ngombe à Matadi où il a appris à lire et écrire dans sa langue maternelle[43]. Le prophète Garrick Braide a, lui aussi, grandi dans un centre missionnaire à Bakana[44]. Nous croyons que tous les deux ont été exposés à la Bible dans leur langue maternelle et cela a dû influencer leur conviction et leur engagement à servir Christ. Ayant lu l'Ancien Testament, ils ont pu constater une similitude dans les pratiques du judaïsme et certains rites dans les religions traditionnelles africaines. Ils s'identifiaient aux rites et croyances des Juifs qui respectaient les ancêtres et qui pratiquaient les sacrifices d'expiation. Le judaïsme avait aussi des lois qu'il ne fallait pas transgresser et des tabous qu'il ne fallait pas violer. Pour ce qui concerne le culte, les Juifs avaient un leader spirituel, tel que le prophète, qui était le représentant et le porte-parole de Dieu. Le judaïsme prenait en compte la vie et le bien-être de la communauté dans sa totalité. Rien n'était laissé au hasard.

---

41. John S. Mbiti, « The Future of Christianity in Africa », *CrossCurrents* vol. 28, n° 4, 1978-1979, p. 390 (notre traduction). En ligne : http://www.jstor.org/stable/244579 44 (consulté le 18 novembre 2016).
42. Kwame Bediako, *Theology and Identity. The Impact of Culture upon Christian Thought in the Second Century and Modern Africa*, Oxford, Regnum, 1992, p. 316.
43. Diangienda, *L'histoire du kimbanguisme*, p. 17 ;
44. Sanneh, *West African Christianity*, p. 181 ; Isichei, *A History of Christianity in Africa*, p. 286.

Le Nouveau Testament a aussi eu un impact important sur leur vie dans le sens où ils se sont inspirés de la vie de Jésus et des apôtres. Ils ont noté que Jésus et les apôtres avait un ministère global auprès de la population parmi laquelle ils évoluaient. Le bien-être physique et spirituel du peuple avait de l'importance.

Quand nous prenons les religions traditionnelles africaines, le guérisseur ou le prêtre traditionnel avait un endroit où il restait, et la population venait à lui avec ses problèmes pour trouver une solution. Quand les missionnaires européens sont arrivés, tout cela a changé. Ils ont voulu faire embrasser aux Africains le christianisme à leur manière. Ils ont prêché l'Évangile de telle manière que l'Africain ne se sentait pas pris en compte dans sa totalité. Une vision du monde différente lui a été imposée. Malgré cela, il a accepté l'essentiel du message biblique, qui est le salut par Jésus-Christ. En parlant des missionnaires, Diane Stinton relève :

> [A]u lieu de répondre aux besoins selon la vision du monde des Africains des esprits et de la maladie, les missionnaires ont souvent reproché ou ignoré les approches africaines à la maladie et ont accusé la médecine et les praticiens africains de diaboliques[45].

Comme nous l'avons mentionné précédemment les villes de résidence des deux prophètes présentés sont considérées comme des villes saintes à l'exemple de la nouvelle Jérusalem. Nous voyons donc que N'Kamba, la ville de Simon Kimbangu, et Bakana, celle de Garrick Braide, ont été baptisées respectivement de « nouvelle Jérusalem » et d'« Israël ». Elles sont dans un autre sens la représentation des sanctuaires des guérisseurs traditionnels où la population va lorsqu'elle a un problème.

## Conclusion

Andrew Walls raconte l'histoire imaginaire d'un professeur de religions interplanétaires comparées (*comparative inter-planetary religions*) venu de l'espace, qui effectue périodiquement des visites sur la terre au cours des siècles pour voir l'évolution du christianisme. Son étude consistait à « observer les pratiques et les habitudes qui concernent un échantillon de chrétiens[46] ». Une fois ses visites terminées et de retour dans l'espace, le professeur interplanétaire a fait ce constat : les premiers chrétiens en l'an 37 étaient pour la plupart des Juifs, et Jérusalem

---

45. STINTON, *Jesus of Africa*, p. 82.
46. Andrew F. WALLS, « L'Évangile, prisonnier et libérateur de la culture », *Hokhma* 30, 1985, p. 81.

était le centre du christianisme. C'est aussi à Jérusalem que ces chrétiens ont « posé le fondement des normes et préceptes pour d'autres peuples[47] ». En l'an 325, peu de chrétiens étaient juifs, le centre du christianisme était à l'est de la Méditerranée et la langue qu'ils utilisaient pour lire les livres étaient le grec. En l'an 600, le christianisme s'est déplacé en Occident. Le centre était l'Irlande. Il a aussi constaté que la Grande-Bretagne a joué un rôle important dans l'expansion du christianisme au XIXe siècle. Finalement, la fin du vingtième siècle a vu le centre du christianisme changer de nouveau pour se retrouver au Sud : « …L'Afrique est maintenant le continent le plus notable pour ceux qui professent et s'appellent chrétiens[48] ».

Une personne non avertie peut penser qu'il y a une incohérence dans la manière dont ces chrétiens pratiquent leur foi. Cependant, force est de constater qu'ils ont tous quelque chose en commun : « Des signes de continuité… continuité de pensée sur la signification ultime de Jésus, continuité d'une certaine conscience de l'histoire, continuité dans l'utilisation des Écritures, du pain et du vin, de l'eau[49]. »

Lors de ses différentes expansions transculturelles le christianisme a subi des changements. Ces changements se manifestent dans le sens où il s'enveloppe de la culture de la région qu'il pénètre. Quand le christianisme atteint le continent africain, il va aussi refléter les cultures africaines. Quand Jésus-Christ est mort sur la croix et qu'il est ressuscité, sa résurrection a ouvert la voie d'accès à Dieu pour tous les peuples de la terre. Selon John Mbiti, le christianisme était « universalisé, "cosmicisé" et localisé le jour de la Pentecôte[50] ». Lorsqu'un peuple reçoit le message de la croix et l'accepte, nous pouvons dire que le christianisme s'est installé parmi ce peuple. Il a trouvé un endroit pour s'établir.

Quand le christianisme a atteint l'Afrique, il était habillé de la culture de ceux qui l'ont apporté. Les prophètes africains ont voulu lui donner une connotation africaine. Ils ont fondé des Églises qui sont devenues des « laboratoires » de guérison et de délivrance parce que les gens venaient de loin et parfois mêmes des autres Églises pour chercher la solution à leurs problèmes. À titre d'exemple la ville de N'Kamba est devenue un lieu où les gens affluaient de partout, même d'au-delà les frontières du Congo belge « par dizaine de milliers pour écouter

---

47. *Ibid,.* p. 6 (notre traduction).
48. *Ibid.*
49. *Ibid.*, p. 7 (notre traduction).
50. John S. Mbiti, « The Bible in African Culture », in *Paths of African Theology*, sous dir. Rosino Gibellini, Maryknoll, Orbis, 1994, p. 27.

Kimbangu prêcher ou pour recevoir la guérison[51] ». Les prophètes-guérisseurs sont des personnes qui sont issues des communautés dans lesquelles ils évoluent. Ils ne sont pas des gens venus d'ailleurs qui sont ignorants ou sous-informés des problèmes de leur peuple. Les gens peuvent s'identifier à eux et ils savent que ces prophètes sont prêts à les écouter. Les Églises qui sont fondées par ces prophètes sont devenues des lieux de refuge et d'espoir où on peut obtenir la guérison après avoir tout tenté ailleurs. La présence des Églises d'initiative africaine et leur impact ne peuvent être niés.

## Pour aller plus loin

DIANGIENDA, Kuntima Joseph, *L'histoire du kimbanguisme*, Châtelay, Éditions kimbanguistes France, 2003 (1re éd. : Lausanne, Soc, 1984).

KÄSER, Lothar, *Animisme. Introduction à la conception du monde et de l'homme dans les sociétés axées sur a tradition orale*, Charols, Excelsis, 2010.

MARTIN, Marie-Louise, *Église sans Européens (Le Kimbanguisme)*, Genève, Labor et Fides, 1972. Trad. anglaise : *Kimbangu. An African Prophet and his Church*, Grand Rapids, Eerdmans, 1976.

OOSTHUIZEN, Gerhardus C., *The Healer-Prophet in Afro-Christian Churches*, Leyden/New York, Brill, 1992.

RAYMAEKERS, Paul, « Histoire de Simon Kimbangu, prophète, d'après les écrivains Nfinangani et Nzungu (1921) », *Archives de sociologie des religions* vol. 16, n° 31, 1970, p. 15-42. En ligne : www.jstor.org/stable/30117914.

WALLS, Andrew, « L'Évangile, prisonnier et libérateur de la culture », *Hokhma* 30, 1985.

---

51. DIANGIENDA, *L'histoire du kimbanguisme*, p. 30.

# 10

# Les déviations doctrinales vues à la lumière des religions traditionnelles africaines

## *Fara Daniel Tolno*

Pour mieux cerner le sujet des déviations doctrinales dans les Églises d'initiative africaine, nous avons choisi de le situer dans le cadre des tentatives de définitions du rapport entre le christianisme et les religions traditionnelles africaines dans la théologie des religions. Après un aperçu historique de l'évangélisation en Afrique et de l'approche du phénomène des religions traditionnelles africaines nous présenterons les options prises dans le rapport entre la foi chrétienne et les religions non chrétiennes. Ensuite, nous aborderons quelques doctrines principales comme elles sont exprimées dans les Églises d'initiative africaine pour terminer avec une réflexion sur l'actualité du débat en cours dans la théologie des religions concernant la continuité et la discontinuité entre l'Évangile et les religions traditionnelles africaines.

## Aperçu historique

Pour situer notre sujet dans son contexte, nous présenterons dans cette section un bref historique de l'évangélisation en Afrique et des approches conceptuelles des religions traditionnelles africaines.

## Bref historique de l'évangélisation en Afrique

Le projet de Dieu pour le salut de l'homme pécheur n'épargne aucune nation, aucun peuple. Le salut en Jésus-Christ est donc proposé à tous les hommes. C'est pourquoi Jésus, à la fin de son ministère terrestre, ordonne à ses disciples d'aller et faire de toutes les nations des disciples (Mt 28.19-20), à être ses « témoins à Jérusalem, dans toute la Judée et en Samarie, et jusqu'aux extrémités de la terre » (Ac 1.8). La tâche principale de l'Église est l'évangélisation des peuples. L'Église doit évangéliser jusqu'à la fin du monde, car l'Écriture dit clairement que « cette bonne nouvelle du royaume sera prêchée dans le monde entier, pour servir de témoignage à toutes les nations. Alors viendra la fin » (Mt 24.14).

Depuis la nuit des temps ce plan de Dieu s'accomplit progressivement dans le monde. Au cours des cinq premiers siècles de notre ère, les Églises ont bien germé en Afrique. Les théologiens africains tels que Tertullien, Clément, Origène, Cyprien et Augustin ont contribué à fixer la doctrine chrétienne. Leurs ouvrages ont aidé à poser un fondement solide au développement de la pensée chrétienne dans le monde entier[1]. C'est pourquoi la plupart des Églises rendaient leur culte en grec ou en latin. Ce christianisme primitif était théologiquement profond, mais manquait d'ancrage culturel. L'Évangile s'est mis à stagner dans les premiers foyers théologiques africains (Alexandrie en Égypte, Carthage dans la Tunisie d'aujourd'hui). Les Africains n'ont pas pu se l'approprier[2]. Ils ont continué à croire que le christianisme n'était pas une religion africaine. L'islam, religion à vocation d'intégration culturelle, s'est servi de cette faiblesse pour convertir à lui les peuples de ces pays de l'Afrique du Nord.

Le XIXe siècle a donné au monde chrétien une nouvelle impulsion missionnaire par la naissance de beaucoup de sociétés missionnaires, d'où son nom de « siècle du réveil missionnaire ». À cette époque, la théologie de la mission au loin fut développée et plusieurs missionnaires furent envoyés partout dans le monde. En Afrique, l'Évangile a dépassé les frontières d'Alexandrie et de Carthage pour atteindre d'autres régions du continent, qui n'avaient pas entendu parler de Jésus-Christ. Sur le devant de la scène se trouvaient les sociétés missionnaires européennes et américaines[3]. Arrivées en Afrique, elles ont annoncé l'Évangile

---

1. Cf. Thomas C. ODEN, *Comment l'Afrique a façonné la pensée chrétienne. La redécouverte du terreau du christianisme occidental*, trad. Alain BOUFFARTIGUES, Saint Albain, Publications pour la Jeunesse africaine, 2011.
2. Peter FALK, *La croissance de l'Église en Afrique*, Kinshasa, Institut supérieur théologique de Kinshasa, 1985, p. 39.
3. Jean-François ZORN, *Le grand siècle d'une mission protestante. La mission de Paris de 1822 à 1914*, Paris, Karthala, 1993, p. 23.

aux Africains et plusieurs parmi eux se sont convertis à Christ. Mais elles leur ont apporté non seulement l'Évangile, mais aussi les théologies des Églises d'envoi. De ce fait, elles ont réussi à implanter en Afrique des Églises américaines et européennes constituées de chrétiens africains.

On peut penser qu'en annonçant l'Évangile, les missionnaires n'avaient pas suffisamment d'information sur la culture africaine. Ils se sont moins intéressé aux religions traditionnelles africaines qui sont en quelque sorte le laboratoire de la culture africaine, son creuset. Par conséquent, ils ont produit en Afrique la copie conforme des Églises occidentales. Par réaction, certains chrétiens convertis par les missionnaires ont fondé des Églises d'initiative africaine qui s'identifient à la culture africaine. Parmi eux citons à titre d'exemples les noms de William Wadé Harris, Simon Kimbangu, Samuel Oshoffa et E. A. Adeboye[4]. Face aux religions traditionnelles africaines, les Églises fondées par ces derniers adoptent une approche qui a conduit à des déviations doctrinales. Dans ce qui suit nous ferons une brève présentation des approches conceptuelles des religions traditionnelles africaines pour nous permettre de voir en quoi elles ont conduit la théologie des Églises d'initiative africaine à des déviations doctrinales.

## *Approches conceptuelles des religions traditionnelles africaines*

Les missionnaires catholiques et protestants, de même que les sociologues et ethnologues occidentaux, ont eu du mal à décrire les croyances africaines. N'ayant pas une connaissance suffisante des religions traditionnelles africaines, certains penseurs occidentaux leur ont attribué les noms de totémisme, fétichisme, paganisme ou d'animisme qui semblent être plus proches des croyances africaines[5]. Aucune de ces appellations n'est suffisante pour rendre fidèlement le

---

4. CONSEIL ŒCUMÉNIQUE DES ÉGLISES, *Graines d'Évangile. Aperçu des Églises indépendantes africaines*, Yaoundé, CLÉ, 1973, p. 28.
5. C'est Edward Tylor qui fut le premier à employer le terme animisme à la place de paganisme pour désigner les croyances africaines. C'est à la conférence de Bouaké en 1965 que le terme « religions traditionnelles africaines » a été pour la première fois utilisé pour désigner les croyances traditionnelles africaines. À Bouaké, les théologiens, anthropologues, sociologues et historiens ayant une notoriété internationale ont poussé leur réflexion sur les croyances africaines et ont rejeté à l'unanimité le concept d'animisme, le jugeant inapproprié pour les qualifier. Parmi eux il n'est pas inutile de citer les noms de Jean Daniélou, Placide Frans Tempels, Melville Herskovits, Roger Leenhardt, Vincent Casmao, Vincent Monteil, Alioune Diop, Ba Amadou Hampaté, John Mbiti, etc. Pour ces chercheurs, le terme « la religion traditionnelle africaine » décrit le mieux les croyances traditionnelles. Les théologiens catholiques, protestants et évangéliques ont validé cette appellation, mais certains parmi eux ont préféré écrire « les religions traditionnelles africaines » parce que les croyances africaines sont diversifiées. Mais depuis la rencontre de Bouaké les débats scientifiques

contenu des religions traditionnelles africaines parce que celle-ci sont plus riches et complexes qu'on le pense. Elles ne sont pas une simple croyance qui attribue une âme aux animaux et aux objets. Elles constituent un ensemble de systèmes de croyances, d'éléments juridiques et économiques et de vision du monde qui établit un rapport entre les êtres humains et la spiritualité. Dans cette conception, les notions d'Être suprême, de culte des ancêtres, d'éthique ou de morale, et de secrets initiatiques constituent les principaux éléments.

## Le rapport entre le christianisme et les religions traditionnelles africaines

En réfléchissant sur le rapport entre christianisme et religions non chrétiennes, la philosophie des religions a produit des typologies d'attitudes à prendre vis-à-vis des religions non chrétiennes. Ici nous présenterons la typologie d'Alan Race (1983), qui a été élargie par Paul Knitter (1989) et évaluée par Timothy Tennent (2010)[6]. Cette typologie introduit les notions d'exclusivisme, d'inclusivisme et de pluralisme religieux.

L'exclusivisme considère qu'il n'y a de salut en aucun autre nom que celui de Jésus-Christ. Cette position fut longtemps défendue par les catholiques et les évangéliques. Par contre, l'inclusivisme admet la présence des éléments de grâce dans toutes les religions du monde. Toutefois, il considère que seul le christianisme est pleinement la voie du salut. Le concile de Vatican II a fait de ce type la position officielle de l'Église catholique. Le pluralisme considère que toutes les religions se valent. Elles sont les chemins de salut qui gravissent la même montagne par des voies différentes et se rejoignent toutes au sommet. Cette dernière position est soutenue par exemple par le théologien protestant John Hick et le prêtre catholique Paul Knitter.

---

ont évolué et le terme animisme s'est imposé à nouveau. COLLECTIF, *Les religions africaines traditionnelles*, Rencontre internationale de Bouaké, Paris, Seuil, 1965, p. 33 ; Albert Vianney MUKENA KATAYI, *Dialogue avec la religion traditionnelle africaine*, Paris, l'Harmattan, 2007, p. 23 ; Lothar KÄSER, *Animisme*, Charols, Excelsis, 2010.

6. Alan RACE, *Christians and Religious Pluralism. Patterns in the Christian Theology of Religions*, Londres, SCM, 1983 ; John HICK, *An Interpretation of Religion. Human Responses to the Transcendent*, New Haven, Yale University Press, 1989 ; Timothy C. TENNENT, « An Evangelical Theology of Religions », in *Invitation in World Missions. A Trinitarian Missiology for the Twenty-first Century*, Grand Rapids, Kregel, 2010, p. 191-226 ; pour un résumé de la typologie et du débat en cours, voir Hannes WIHER, « Typologie de la philosophie des religions », in *L'évangélisation en Europe francophone*, sous dir. Hannes WIHER, Charols, Excelsis, 2016, p. 260.

En réponse aux religions traditionnelles africaines les Églises d'initiative africaine ont choisi une approche théologique d'inclusivisme. Qu'est-ce qu'une approche théologique inclusiviste ? Les tenants de cette position considèrent que l'Évangile fait partie intégrante des religions traditionnelles africaines. Autrement dit, bien avant l'arrivée de l'Évangile, le Dieu suprême était déjà connu en Afrique, sa nature divine étant perçue d'une manière infuse. L'approche inclusiviste considère que le principe biblique de pratiquer le bien et d'éviter le mal occupe une place de choix dans les religions traditionnelles africaines. À cet effet, Franck Ismaël Djédjé dit que les religions africaines ne professent pas l'éthique, elles sont « éthique et morale. Ses adeptes, convaincus qu'ils deviennent des divinités après la mort, prennent de la hauteur dans leur comportement au quotidien[7] ».

Selon l'approche inclusiviste, les notions de médiation, de grâce et d'œuvre salvatrice de Jésus-Christ trouveront un accueil favorable dans les religions traditionnelles africaines. Mais le christianisme occidental importé en Afrique doit se débarrasser de ses empreintes gréco-romaines pour devenir entièrement africain, c'est à dire un christianisme qui se vit en Afrique et qui tient compte des aspirations des Africains.

En réalité, le but de l'approche théologique inclusiviste est de créer un christianisme qui corresponde aux croyances et aux pratiques des religions traditionnelles africaines. Sur les éléments d'Évangile doivent se greffer les pratiques traditionnelles, qui intéressent et attirent de nombreux Africains. L'approche inclusiviste a toujours du mal à gérer la tension entre les continuités et les discontinuités qu'engendre la rencontre de l'Évangile avec les religions traditionnelles africaines. Ceci a conduit à des déviations doctrinales que nous exposons dans les sections qui suivent.

## Thèmes doctrinaux et leurs déviations dans les Églises d'initiative africaine

Si les Églises d'initiative africaine sont considérées comme héritières du protestantisme, il n'en demeure pas moins qu'elles ont leurs racines dans les religions traditionnelles africaines. En regardant de près le ministère de leurs grands prophètes, on comprend aisément qu'ils avaient le désir ardent de promouvoir un christianisme qui cadrerait avec l'identité africaine. Ce souci les a conduits à livrer un combat vis-à-vis de certaines pratiques des religions traditionnelles. Éveillés

---

7. Franck Ismael Djédjé, *Le culte des ancêtres. L'Afrique et le mensonge des religions importées. Le christianisme comme exemple*, Paris, Net, 2015, p. 15.

par l'Esprit Saint, ils ont brûlé les gris-gris et condamné plusieurs croyances et cultes des divinités traditionnelles[8]. Ils ont encouragé les femmes et les hommes à pratiquer le bien et à abandonner le mal. Leur ministère prophétique était accompagné de miracles. Ils ont ainsi rendu l'Évangile accessible aux Africains. Cependant, leur souci d'africaniser le christianisme a abouti à un dérapage doctrinal qui mérite d'être examiné à la lumière de l'Écriture.

## *L'Écriture*

La spécificité des Églises d'initiative africaine est de rendre africaine et nôtre la foi chrétienne. Ceci s'exprime avant tout dans l'appropriation des Écritures dans ce qu'on appelle les langues du cœur, c'est à dire les langues du terroir, ce qui permet de mieux saisir l'amour que Dieu a pour l'homme pécheur[9].

Ce procédé a aidé à élaborer « une synthèse entre la prédication apostolique et la spiritualité africaine authentique, synthèse fondée sur des aperçus bibliques tirés des Écritures vernaculaires[10] ». « Nous avons la Bible et nous pouvons l'interpréter[11] », disent les Kimbanguistes. L'étude de l'Écriture en langue du cœur les a conduits à intégrer dans le culte les éléments culturels qui s'accordent avec l'Évangile. Tam-tams, danses, interpellation des noms des saints, expressions de joie et paroles spontanées de foi sont intégrés pendant le culte. De plus, l'Écriture y est enseignée avec une simplicité et une adaptation culturelle qui attirent davantage l'attention de l'Africain. En se servant de l'Écriture, la doctrine des Églises d'initiative africaine s'est penchée sur les points essentiels de l'orthodoxie à savoir Dieu, Jésus-Christ, le Saint-Esprit, l'homme, le salut, la mort et la vie après la mort.

Le point principal concerne leur position vis-à-vis de l'Écriture. Ils croient en la Parole de Dieu, mais n'en cherchent pas une connaissance profonde. Dans leurs Églises, l'Évangile sert d'écran à un syncrétisme voilé par des pratiques chrétiennes, c'est-à-dire d'un mélange de croyances chrétiennes et vétéro-afri-

---

8. David A. Shank, « Le pentecôtisme du prophète William Wadé Harris », *Archives de sciences sociales des religions* vol 105, n° 1, 1999, p. 54.
9. Kwame Bediako, « La foi chrétienne et la religion traditionnelle africaine », in *Jésus en Afrique. L'Évangile chrétien dans l'histoire et l'expérience* africaines, Yaoundé, CLÉ/Regnum, 2000, p. 55-59.
10. Melo Nzeyitu, *Jésus l'Africain. Le secret le mieux cadré de tous les temps*, Kinshasa, Masono, 2012, p. 280.
11. *Ibid*.

caines dans lequel ces dernières exploitent des concepts chrétiens pour susciter une sorte de renaissance des religions traditionnelles africaines[12].

## *La Trinité*

Toutes les religions traditionnelles africaines connaissent la notion d'un Être suprême qui est le fondement ultime de la vie. Tout découle de lui et tout prend fin en lui. Il est le Créateur de l'univers, Tout-puissant et Transcendant, Éternel. Chez les Kissia de la Guinée Conakry, *Mélèka* signifie « le Saint, celui qui est grand et redoutable ». Les Peuls éleveurs l'appelleront *Guéno*, c'est à dire « l'Éternel » ou *Doundari* « celui qui n'a rien à redouter des conséquences de ses actes »[13].

Le concept de la Trinité apparaît rarement dans le discours théologique des Églises d'initiative africaine. Mais en y regardant de près, il est facile de remarquer que les adeptes croient en Yahvé. Paul William Ahui note que chez les Harristes, Dieu est un Être parfait. Il est invisible. « Il est Conscience suprême et Intelligence surpassant toutes les intelligences ». Il ajoute que Dieu « est Éternel et Infini. Il est infiniment grand, infiniment bon, infiniment aimable[14] ». En plus de ces titres, l'auteur dit que Dieu « est Esprit et pensée créatrice par excellence. Il s'est manifesté par le Verbe, c'est-à-dire la Parole ouvrière[15] ». Ceci nous permet de dire que les adeptes de certaines Églises d'initiative africaine croient en Jésus-Christ. Ils confessent que le Jésus historique est Seigneur et Sauveur. En l'affirmant, ils croient à la divinité et l'humanité de Jésus-Christ[16]. Mais les adeptes de Simon Kimbangu disent qu'ils ont prié Dieu et il leur a envoyé Simon Kimbangu issu du peuple noir. Il est le roi et le Sauveur de tous les Noirs et, de ce fait, il a les mêmes droits que Jésus-Christ[17].

Ces Églises affichent une expérience de l'œuvre du Saint-Esprit qui leur a valu le nom d'Églises charismatiques. D'ailleurs, la plupart de leurs fondateurs reconnaissaient avoir été appelés au ministère d'apôtre par l'Esprit Saint de Dieu. Saisi par le Saint-Esprit, Simon Kimbangu s'est réveillé et a commencé à prêcher la Bonne Nouvelle au sein de son peuple au fin fond de l'Afrique. Comme Kimbangu,

---

12. Marie-Louise Martin, *Simon Kimbangu. Un prophète et son Église*, Lausanne, Soc, 1981, p. 160.
13. Amadou Hampaté Bâ, « Animisme en savane africaine », in *Rencontres internationales de Bouaké. Les religions africaines traditionnelles*, Paris, Seuil, 1964, p. 34.
14. W. H. Paul William Ahui, *Église du Christ : Mission harrriste. Éléments théologiques du harrisme paulinien*, Paris, l'Harmattan, 1997, p. 39.
15. *Ibid.*, p. 41.
16. Shank, « Le pentecôtisme du prophète William Wadé Harris », p. 52.
17. Martin, *Simon Kimbangu*, p. 161.

les autres initiateurs d'Églises africaines croyaient en l'œuvre du Saint-Esprit. Dans leurs ministères prophétiques, ils dépendaient de lui et croyaient en la doctrine de la Trinité[18]. Ceci est un héritage du protestantisme d'où sont sorties les Églises d'initiative africaine. Cependant, il convient de noter que cette appartenance est troublée par certaines croyances et pratiques qui nous semblent incompatibles avec l'Évangile. Par exemple, les Kimbanguistes croient que « le Saint-Esprit c'est Simon Kimbangu ! [Selon eux, i]l représente la troisième personne de la Trinité[19] ». Croire en Simon Kimbangu comme le Sauveur des Noirs et le Saint-Esprit de Dieu est contraire à la doctrine biblique.

## *Le culte des ancêtres*

Cette légèreté pour appliquer le cœur à la connaissance profonde des Écritures a conduit Kimbangu à interdire les multiples croyances et cultes d'idoles au Congo, mais dans le but de valoriser le culte des ancêtres, qui sont, dans les religions traditionnelles, comme nous l'avons vu, médiateurs entre l'Être suprême et les hommes. Pis encore, les prédicateurs kimbanguistes, qui se sont succédés à la suite de Kimbangu, n'ont pu lancer un appel à l'abandon du culte des ancêtres. Ironie du sort, ce sont maintenant leurs tombes qui sont entretenues. Les cimetières qui les accueillent deviennent des lieux sacrés et les croyants continuent à croire que leur retour à la vie serait l'âge d'or pour tous les chrétiens[20] ! Le paradoxe c'est que Kimbangu se disait chrétien tout en pratiquant le culte des ancêtres, et que par ses miracles multiples il amenait son auditoire à croire qu'il était le Christ noir[21]. À en juger par les témoignages de premières et de secondes sources, Kimbangu a fait autant de miracles que le Jésus des Blancs[22].

On peut conclure de cet exemple que les Églises d'initiative africaine ont une vive conscience de l'existence et du culte des ancêtres. Pendant mon séjour en Côte d'Ivoire j'ai remarqué que chez les Harristes les cimetières ont une importance capitale. Chaque matin les femmes vont balayer et nettoyer les tombes, et

---

18. Susan Asch, *L'Église du prophète Kimbangu. De ses origines à son rôle actuel au Zaïre (1921-1981)*, Paris, Karthala, 1983, p. 23.
19. *Ibid.*, p. 155.
20. François Michée Nzenza Mpanga, *Kimbanguisme et messianisme juif. Réflexion sur une maïeutique controversée*, Paris, Publibook, 2010, p. 54.
21. *Ibid.*, p. 71.
22. *Ibid.*

plus particulièrement celles des apôtres[23]. Parlant du Christianisme céleste, André Mary constate que les conceptions et les pratiques s'inscrivent dans la « continuité des ressources de la tradition vaudoue, un paradoxe qui ne manque pas de troubler les autres Églises qui soupçonnent quelque compromission avec le fétichisme[24] ». Albert de Surgy ajoute que « les forces saintes qui émanent de Dieu ou de l'Esprit Saint circulent par la médiation des objets et des substances (eau bénite, bougies, huile sainte, pierres de St Michel, etc.), par l'investissement des corps qu'elles agitent (transe visionnaire)[25] ». Les extases mystiques, les transes visionnaires, les danses initiatiques qui font appel à la manipulation de ces forces, à savoir les visions célestes, les prières de force, l'appel aux forces spirituelles, trouvent leurs origines dans les pratiques des religions traditionnelles africaines.

## *Le salut*

Dans les Églises d'initiative africaine le salut est défini en termes de vie en bon état de santé physique, matérielle et financière. Un jour, nous avons reçu la visite du pasteur de la « mission de l'Église primitive », car il avait appris que Marie, ma femme, souffrait d'une tumeur du cerveau. Ayant constaté qu'elle était affaiblie par la maladie, il lui imposa les mains et dit :

> Un vrai chrétien ne peut être ni malade ni pauvre. La maladie est un signe du péché qui conduit à l'enfer. Puisque Marie a péché et par l'onction qui m'est offerte, j'impose mes mains sur elle pour qu'on ne parle plus de maladie et de pauvreté dans sa vie. À partir

---

23. À Abidjan j'ai cherché à participer plusieurs fois aux cultes des Harristes de l'Église locale de Npouto. Sachant que j'étais étudiant à la Faculté de théologie de l'Alliance Chrétienne (FATEAC), pendant le culte on me demandait de m'asseoir à la place des anciens de l'Église. Les différentes prédications que j'ai entendues dans cette Église étaient fondées sur un texte biblique. Mais le culte des Ébriés de Npouto porte pour l'essentiel sur les éléments de la culture. Après le message qui ne durait que quelques minutes, tout le reste du culte était imprégné de la coutume ébrié. À la sortie du culte le collège des apôtres était accompagné par les chants et les danses des jeunes filles, qui de gauche et de droite jetaient des feuilles de plantes. Au début il m'était difficile d'aller jusqu'au bout de cette marche traditionnelle dans l'Église.
24. André MARY, « Afro-christianisme et politique de l'identité. L'Église du Christianisme céleste versus Celestial Church of Christ », *Archives de sciences sociales des religions* n° 118, 2002, p. 48.
25. Albert de SURGY, *L'Église du Christianisme céleste. Un exemple d'Église prophétique au Bénin*, Paris, Karthala, 2001, p. 188.

d'aujourd'hui je déclare la guérison et la prospérité matérielle et financière dans la vie de Marie[26].

De même pendant la fête de Pâques 2015, le pasteur de l'« Église de la Guérison divine », après avoir lu 1 Corinthiens 15, dit : « Puisque Christ est ressuscité, par son nom je déclare la résurrection financière et matérielle pour tous les chrétiens ici présents. Je déclare aussi la résurrection de l'état de santé physique de tous ceux qui sont malades ». « Amen ! », répondaient les chrétiens.

Ces exemples suffisent à étayer la thèse de Hannes Wiher, pour qui les Églises d'initiative africaine déterminent le salut en termes « du bien-être, de l'harmonie et de la prospérité[27] ». Un tel salut met l'accent sur le présent au détriment de l'idée de la vie éternelle. Ainsi les Églises d'initiative africaine doivent repenser leur foi en Dieu. Pour ce faire, elles doivent revenir aux Écritures. C'est seulement par ce moyen qu'elles seront capables de gérer, de manière biblique, la tension entre les continuités et les discontinuités qui existent entre l'Évangile et les religions traditionnelles africaines.

## Actualité du débat sur les continuités et les discontinuités entre l'Évangile et les religions traditionnelles africaines

La relation entre l'Évangile et les religions traditionnelles africaines est un grand problème pour l'Église africaine. Aujourd'hui il existe une abondante littérature sur le sujet. Certains théologiens militent pour une approche inclusiviste telle que nous venons de la souligner. D'autres utilisent une approche exclusiviste. La dernière option est celle non seulement des premiers missionnaires qui ont évangélisé le continent africain, mais aussi de certains théologiens africains comme Byang Kato, Tite Tiénou, Tokunboh Adeyemo, René Daïdanso et Solomon Andria.

### *L'approche inclusiviste*

Les tenants de l'approche inclusiviste ont tellement donné de poids aux religions traditionnelles africaines que ces dernières sont devenues une source de

---

26. Visite du Pasteur fondateur de l'Église de la mission des apôtres de Christ, Conakry 20 janvier 2017.
27. Hannes WIHER, *L'Évangile et la culture de la honte en Afrique occidentale*, Bonn, Science & Culture Publications, 2003, p. 39.

révélation divine. À titre d'exemple, nous essayerons de présenter la position de Mbiti, qui nous semble être le théologien le plus controversé sur ce sujet.

Par réaction à la théologie des sociétés missionnaires et de leurs Églises africaines implantées, Mbiti professe une approche théologique moins exclusiviste et plus conciliante avec les religions traditionnelles africaines. Ses publications sur le sujet du rapport de l'Évangile avec les religions traditionnelles africaines lui ont valu le nom de « père de la théologie africaine[28] ». L'essentiel de sa théologie réside dans la recherche d'une symbiose entre le christianisme et les religions traditionnelles africaines.

Dans sa philosophie Mbiti fait l'apologie des religions traditionnelles africaines, arrivant à la conclusion qu'il existe entre elles et l'Évangile une continuité, fondée sur les croyances et les pratiques traditionnelles qui s'accordent avec l'Évangile de Jésus-Christ. Pour Mbiti le Dieu des religions traditionnelles africaines, c'est-à-dire l'Être suprême, est aussi le Dieu de la Bible, Yahvé. Il en conclut que les croyances, les pratiques et les valeurs sont une « préparation à l'Évangile » (*praeparatio evangelica*)[29]. Cependant, il reconnaît que la foi en Jésus-Christ est nécessaire au salut.

Pour établir le lien entre l'Évangile et les religions traditionnelles africaines, Mbiti considère le culte des ancêtres et des esprits comme un culte rendu à Dieu. Il admet que c'est un des actes d'adoration les plus courants en Afrique. Les exemples en sont nombreux. Dans plusieurs cas, les sacrifices ou les offrandes sont directement offerts à Dieu. Mais dans d'autres cas, ajoute-t-il, ils sont offerts à la fois à Dieu, aux esprits et aux ancêtres ou exclusivement à ces deux derniers parce qu'ils jouent le rôle d'intermédiaires entre Dieu et les vivants[30]. Mbiti parle du culte des ancêtres en termes de relation de respect avec le monde invisible, en particulier celui des ancêtres. Pour lui, lorsque les sacrifices et les offrandes « s'adressent aux morts-vivants, ils sont un symbole de fraternité, une reconnaissance du fait que les défunts sont toujours membres de leurs familles et un gage

---

28. Detlef KAPTEINA, *La théologie évangélique en Afrique. Naissance et évolution (1970-2000)*, Charols, Excelsis, 2015, p. 102.
29. Selon Hannes Wiher, « le terme a été introduit par Eusèbe de Césarée dans son ouvrage *Praeparatio evangelica*. Le concept vient probablement d'Origène de Césarée et est à la base du modèle anthropologique de la contextualisation adopté par Mattéo Ricci et John Mbiti et à leur suite les missiologues catholiques et protestants libéraux ». Hannes WIHER, « Toucher les êtres humains en profondeur », *Théologie Évangélique* vol. 12, n° 3, 2013, p. 66.
30. John S. MBITI, *Concept of God in Africa*, Londres, SPCK, 1970, p. 179.

de respect et de souvenir donné aux morts-vivants[31] ». Cette pensée de Mbiti est aussi l'option de Jean Marc Éla :

> Si donc la relation avec les Ancêtres consiste dans la croyance que la communion profonde établie avec les membres de la famille n'est pas rompue par la mort, mais se maintient malgré et par-delà la mort, il faut admettre qu'il n'y a rien là qui s'oppose à la foi chrétienne[32].

Ici, Mbiti et Éla mettent l'accent sur la relation, le respect que les Africains ont pour les membres trépassés de leurs familles. Éla renchérit sur cette idée en notifiant qu'un fait de culture, « même s'il est d'origine religieuse, ne constitue pas fondamentalement un obstacle pour la pureté de la foi, alors qu'un rite de caractère proprement religieux peut être incompatible avec les exigences de l'Évangile[33] ». Connaissant la place qu'occupent les ancêtres dans la vie quotidienne en Afrique, Mbiti conclut que tous les Africains adorent Dieu à travers les ancêtres[34]. On comprend aisément que l'intérêt qu'il attache au culte des ancêtres s'accorde bien à la pratique du culte dans les religions traditionnelles africaines. Pour le prouver, il s'appuie uniquement sur l'histoire comme source de révélation des religions traditionnelles africaines et ne cite pas l'Écriture. Une évangélisation en Afrique qui ne tient pas compte de l'Écriture comme norme de la théologie produit des chrétiens africains qui ont Jésus-Christ sur les lèvres et le fétiche dans le cœur, les plongeant dans un syncrétisme qui ne dit pas son nom. À cet effet, la Bible n'a-t-elle pas dit : « Malheur à vous, scribes et pharisiens hypocrites ! Parce que vous ressemblez à des sépulcres blanchis, qui paraissent beaux au dehors, et qui, au dedans, sont pleins d'ossements de morts et de toute espèce d'impuretés ? » (Mt 23.27, LSG).

Aujourd'hui, cette pensée de Mbiti a gagné plusieurs penseurs africains[35]. Son approche théologique du rapport entre l'Évangile et les religions traditionnelles africaines lui a valu d'être l'un des théologiens à la fois les plus reconnus et plus controversés en Afrique. Les théologiens évangéliques ont très tôt dénoncé son approche inclusiviste, essayant de reprendre le débat avec un regard critique sur ses thèses. Ils désirent promouvoir à la fois les approches théologiques d'inclu-

---

31. John. S. Mbiti, *Religions et philosophies africaines*, Yaoundé, CLE, 1972, p. 70.
32. Jean-Marc Éla, *Ma foi d'Africain*, Paris, Karthala, 2009, p. 43.
33. *Ibid*.
34. Mbiti, *Concept of God in Africa*, p. 243.
35. Parmi les ténors on peut citer Lamine Sanneh, Kwame Bediako et nombre de théologiens catholiques : Mukena Katayi Albert Vianney, Léonard Santedi Kinkupu, Oscar Bimwenyi Kweshi, Bujo Bénézet.

sion et d'exclusion qui décrivent le mieux les continuités et discontinuités dans la rencontre entre l'Évangile et les religions traditionnelles africaines.

## *L'approche exclusiviste*

Il est important de souligner que Byang Kato, à quelques nuances près, est perçu comme l'héritier de la théologie des missions chrétiennes occidentales. Sa théologie est considérée comme une réponse évangélique à John Mbiti, pour qui les religions traditionnelles africaines sont une « préparation à l'Évangile (*praeparatio evangelica*)[36] ». Face à cette réalité les théologiens évangéliques optent pour deux approches, soit l'exclusivisme, soit un inclusivisme modéré.

Contrairement à Mbiti, Byang Kato pense que les religions traditionnelles africaines sont tellement éloignées et différentes de l'Évangile qu'il est inimaginable de voir entre elles des continuités. En lisant l'Écriture, Kato radicalise sa position. Car l'apôtre Paul dit : « Si quelqu'un est en Christ, il est une nouvelle créature. Les choses anciennes sont passées ; voici, toutes choses sont devenues nouvelles » (1 Co 5.17, LSG). Il multiplie les arguments en se référant au Psaume 14.2-3, à Ésaïe 53 et Romains 3.23. Il affirme que « l'humanité a dévié de la voie qui mène à Dieu et qu'il n'existe pas de religion autre que celle révélée en Jésus-Christ, qui connaisse ni même adore le Dieu trinitaire[37] ». Kato affirme également que « pour celui qui a les même convictions que Paul, il est impossible de ne pas voir le besoin de faire disparaître toute religion non chrétienne[38] ». La théologie de Kato exclut toute relation de l'Évangile avec les autres religions. Il prône leur disparition, pour permettre à l'Évangile de transformer les cultures et les visions du monde des peuples qui acceptent Jésus comme Sauveur. En étudiant Romains 1.18-32 et le Psaume 14.2-3, il range toutes les religions dans le cadre de la révélation naturelle qui ne donne à l'homme qu'une connaissance de Dieu déformée par l'acte odieux de la chute[39]. En parlant de la chute de l'homme, Kato parle de discontinuité parce que le péché a obstrué la connaissance de Dieu et la relation avec lui[40]. Il a même voilé et dénaturé le sens biblique du salut. Par conséquent, les religions non chrétiennes ont gardé en leur sein une connotation négative du salut de l'homme. En même temps, si les religions traditionnelles africaines s'opposent à Dieu en permanence, c'est qu'elles en ont forcément une

---

36. Kapteina, *La théologie évangélique en Afrique*, p. 111.
37. *Ibid.*
38. Byang Kato, *Pièges théologiques en Afrique*, Abidjan, CPE, 1981, p. 82.
39. Kapteina, *La théologie évangélique en Afrique*, p. 113.
40. *Ibid.*

certaine conscience (Rm 1.18-32). En ce sens Kato peut parler de continuité[41]. Mais aveuglées par les effets du péché, elles s'opposent à Yahvé qui sauve[42]. À ce niveau les adeptes des religions traditionnelles africaines ont nécessairement besoin du salut en Jésus-Christ qui est totalement absent dans les religions non chrétiennes[43].

Dans les années 1960, cette position biblique de Kato a été mal accueillie par nombre de théologiens[44]. Mais certains, et non des moindres, l'ont trouvé bonne. Parmi eux citons Tite Tiénou et Tokunboh Adeyemo[45]. Face à la pensée de Mbiti qui voit plusieurs points de continuité entre les religions traditionnelles africaines et l'Évangile et qui les considère comme une préparation à l'Évangile (*praeparatio evangelica*), Tiénou manifeste un sentiment de déception et propose à Mbiti une réponse évangélique, ce qui laisse entendre que l'approche de Mbiti ne l'est pas[46].

Contrairement à Mbiti, Tiénou regarde les religions non chrétiennes avec les lunettes de l'Écriture. Il les considère comme « une déformation de la connaissance de Dieu[47] ». Dans les religions non chrétiennes, les hommes « cherchent Dieu mais suppriment la connaissance de sa personne. Ainsi, poursuit-il, les religions non chrétiennes ne font pas connaître Dieu, car sans la lumière de Christ, tous les hommes sont sans Dieu. Et il ajoute que, la religiosité de l'homme peut seulement le priver d'excuse (Rm 2.1)[48] ».

Le rapport de Thaïlande sur le témoignage chrétien vis-à-vis des religions traditionnelles africaines continue à nourrir le dialogue avec Mbiti[49]. On y voit un rapprochement d'idée avec lui, puisque le rapport parle des éléments de continuité et de discontinuité dans le rapport entre l'Évangile et les religions tradi-

---

41. *Ibid.*, p. 114.
42. Kato a une conception biblique du péché. C'est pourquoi il est capable d'affirmer que « la notion du péché, telle qu'elle existe chez les Jaba, débouche sur une notion également fausse du salut. Si le péché n'est pas plus qu'un acte anti-social, le salut se trouve dans la satisfaction des exigences sociales ». Kato, *Pièges théologiques en Afrique*, p. 46.
43. Kato, *Pièges théologiques en Afrique*, p. 47.
44. Voir par exemple E. Fashole-Luke, « The Quest for African Christian Theologies », *Scottish Journal of Theology* 29, 1976, p. 165.
45. Kapteina, *La théologie évangélique en Afrique*, p. 160.
46. Tite Tiénou, « Tâche théologique de l'Église en Afrique », Actes de la Conférence en mémoire de Byang H. Kato du 17 au 20 avril 1978 à l'ECWA Theological Seminary, Igbaja (Nigéria), Abidjan, CPE, 1980, p. 25.
47. *Ibid.*, p. 25.
48. *Ibid.*, p. 26.
49. Notons que Tiénou était à la rencontre de Pattaya en Thaïlande, mais qu'il n'est pas mentionné dans le rapport. Kapteina, *La théologie évangélique en Afrique*, p. 199. Cf. aussi David J. Bosch, *Dynamique de la mission chrétienne. Histoire et avenir des modèles missionnaires*, Paris, Karthala, 1994, p. 618.

tionnelles africaines[50]. La continuité n'est plus rejetée en bloc chaque fois qu'on évalue les religions traditionnelles africaines à la lumière de la révélation spéciale. L'idée de Mbiti qui considère les religions traditionnelles africaines comme une préparation à l'Évangile est écartée. Cependant, sa comparaison de l'Évangile avec la lumière du soleil, qui éclipse la lueur des chandelles des religions pour faire ressortir le contraste entre le christianisme et les religions traditionnelles africaines, est réévaluée. Dans la foulée, les auteurs dudit rapport décèlent des éléments incompatibles avec la Bible, mais sans en parler en détail[51].

De son côté, Adeyemo renchérit en notant que « la révélation de Dieu peut exister sans salut, mais pas le salut sans révélation de Dieu[52] ». Partant de cette affirmation, le théologien nigérian se démarque des théologiens qui attribuent aux éléments des religions traditionnelles africaines une possibilité de salut. En revanche, il rejette également la position selon laquelle Dieu ne se révèle qu'en la personne de Jésus-Christ « et qu'il n'y a donc pas la moindre connaissance de Dieu dans les religions traditionnelles africaines[53] ». Dans son ouvrage *Salvation in African Tradition*, il affirme que « dans les religions traditionnelles africaines on trouve une connaissance naturelle de Dieu ou une révélation générale de Dieu[54] ». Mais bien que les adeptes des religions traditionnelles africaines aient la foi en un Être suprême, la chute les empêche « d'entrer dans une relation salvatrice avec Dieu[55] ».

Comme nous pouvons le constater, les théologiens évangéliques ont mis l'accent sur l'Écriture pour évaluer le rapport entre l'Évangile et les religions traditionnelles africaines. En empruntant des approches théologiques d'exclusivisme et d'inclusivisme, ils sont restés attentifs et fidèles à l'Écriture, qui s'adresse à toutes les cultures et à l'homme tout entier pour son salut. Ils appellent leurs lecteurs à élaborer une théologie qui soit biblique et qui s'exprime dans un langage africain. Ceci revient à dire que les théologiens africains, tout en restant attachés à l'Écriture, ont la volonté de la rendre accessible aux Africains. Ils rejettent tous les éléments culturels qui sont en porte-à-faux avec l'Évangile. Pour eux, l'Être suprême des religions traditionnelles africaines n'est pas le prototype de Yahvé,

---

50. MOUVEMENT DE LAUSANNE, *Christian Witness to People of African Traditional Religions*, Thailand Report, LOP No. 18, Wheaton, IL, LCWE, 1980, p. 4.
51. KAPTEINA, *La théologie évangélique en Afrique*, p. 200.
52. Tokunboh ADEYEMO, *Salvation in African Tradition*, Nairobi, Evangel, 1979, p. 11.
53. *Ibid.*, p. 19.
54. KAPTEINA, *La théologie évangélique en Afrique*, p. 201.
55. *Ibid.*

le Dieu de la Bible. Ils mettent l'accent sur la spécificité de Dieu et de son Fils Jésus-Christ.

## Conclusion

Depuis l'avènement des indépendances en Afrique, la société africaine a été secouée dans les domaines politique, économique et religieux. Désormais tout peut être revendiqué au bénéfice de la liberté. Ce fut un combat permanent pour les auteurs de la Négritude. Dans les milieux chrétiens africains, on dénonce un christianisme étouffé non seulement par les sociétés missionnaires, mais aussi par leurs Églises occidentales d'origine.

La volonté d'élaborer une théologie africaine est une préoccupation louable. Mais pour être pertinente dans son milieu, cette théologie doit s'appuyer sur l'Écriture et tirer sa nourriture de la sève de l'Évangile. Autrement, elle produirait des déviations doctrinales, comme c'est en grande partie le cas des Églises d'initiative africaine.

## Pour aller plus loin

AHUI, W. H. Paul William, *Église du Christ : Mission harriste. Éléments théologiques du harrisme paulinien*, Paris, L'Harmattan, 1997.

ASCH, Susan, *L'Église du prophète Kimbangu. De ses origines à son rôle actuel au Zaïre (1921-1981)*, Paris, Karthala, 1983.

BÂ, Amadou Hampaté, « Animisme en savane africaine », in *Rencontres internationales de Bouaké. Les religions Africaines traditionnelles*, Paris, Seuil, 1964, p. 33-53.

BUJO, Bénézet, *Introduction à la théologie africaine*, Fribourg (Suisse), Academic Press, 2008.

MOUVEMENT DE LAUSANNE, *Christian Witness to People of African Traditional Religions*, Thailand Report, LOP No. 18, Wheaton, IL, LCWE, 1980.

ÉLA, Jean-Marc, *Ma foi d'Africain*, Paris, Karthala, 2009.

KAPTEINA, Detlef, *La théologie évangélique en Afrique. Naissance et évolution (1970-2000)*, Charols/Nuremberg/Écublens, Excelsis/VTR/AME, 2015.

KATO, Byang, *Pièges théologiques en Afrique*, Abidjan, CPE, 1981.

MUKENA KATAYI, Albert Vianney, *Dialogue avec la religion traditionnelle africaine*, Paris, L'Harmattan, 2007.

MBITI, John S., *Religions et philosophies africaines*, Yaoundé, CLÉ, 1972.

SURGY, Albert de, *L'Église du Christianisme céleste. Un exemple d'Église prophétique au Bénin*, Paris, Karthala, 2001.

Tiénou, Tite, « Tâche théologique de l'Église en Afrique », Actes de la Conférence en mémoire de Byang H. Kato du 17 au 20 avril 1978 à l'ECWA Theological Seminary, Igbaja (Nigéria), Abidjan, CPE, 1980.

Wiher, Hannes, « Le rapport entre le christianisme et les religions non chrétiennes », in *L'évangélisation en Europe francophone*, sous dir. Hannes Wiher, Charols, Excelsis, 2016, p. 258-266.

# 11

# Le rapport des Églises d'initiative africaine avec le mouvement néo-charismatique

*Djimalngar Madjibaye*

## Le problème

En Afrique subsaharienne, le climat religieux frappe par sa diversité. Selon Élisabeth Dorier-Apprill, cette diversité « s'accroît partout avec l'accélération du processus de mondialisation, la circulation des hommes, la liberté d'expression religieuse retrouvée, une perméabilité plus grande aux nouvelles entreprises missionnaires (fondamentalisme musulman et pentecôtisme) et aux médias transnationaux[1] ». De plus, « l'Afrique subsaharienne postcoloniale est fortement marquée entre autre par une explosion extraodinaire de mouvements religieux chrétiens diversement désignées : Églises indépendantes africaines, Églises prophétiques africaines, etc.[2] ». Ces mouvements ont fortement influencé le christianisme en Afrique et les Églises dites historiques[3].

---

1. Élisabeth DORIER-APPRILL, « Les échelles du pluralisme religieux en Afrique subsaharienne », *L'information géographique* n° 70, 2006/4, p. 48.
2. Pialo Pawèlé MADITOMA, « Le phénomène des nouveaux mouvements pentecôtistes charismatiques et son influence sur l'Église Évangélique Presbytérienne du Togo (EEPT) », thèse de doctorat, Hambourg, 2005, p. 15.
3. *Ibid.*

Ce chapitre a pour but de réfléchir sur leur rapport avec le mouvement néo-charismatique et les implications qui en résultent. En effet, les chercheurs s'interrogent sur les motifs de leur succès. Ils analysent les mécanismes et l'ampleur de leurs actions. Mais les reproches formulés à leur endroit s'articulent autour du discours de la « dérive sectaire »[4]. Selon A. Mary, les historiens ont relevé que le « séparatisme » des Églises d'initiative africaine d'avec les Églises historiques missionnaires « masquait une profonde continuité par rapport aux formes ecclésiales et liturgiques des Églises missionnaires, et témoignait d'une sorte de réappropriation indigène du message biblique[5] ». Des anthropologues ont quant à eux avancé que les Églises d'initiative africaine présentaient des continuités avec des « traditions rituelles africaines[6] ». Malgré ces ambivalences, « ces Églises se sont réclamées de la tradition chrétienne "authentique"[7] ».

Au regard de ce qui précède, la question qui va orienter la suite de la réflexion est celle-ci : Quel rapport peut-on établir entre les Églises d'initiative africaine et le mouvement néo-charismatique ? Autrement dit, peut-on parler en termes de continuité ou discontinuité ?

## Comprendre les mouvements pentecôtiste et charismatique

Pour comprendre l'histoire du mouvement néo-charismatique, aussi appelé néo-pentecôtiste, il nous faut d'abord commencer par rappeler l'histoire du pentecôtisme. Son histoire est divisée en trois périodes appelées « les vagues du Saint-Esprit[8] », la première vague étant le mouvement pentecôtiste, la deuxième le mouvement charismatique et la dernière le mouvement néo-charismatique.

### Repères historiques

Tout d'abord, selon les historiens, le pentecôtisme classique est né le 1er janvier 1901 aux États-Unis et à l'initiative de deux pasteurs : Charles Parham

---

4. Elisabeth DORIER-APPRILL & Robert ZIAVOULA, « La diffusion de la culture évangélique en Afrique centrale. Théologie, éthique, et réseaux », *La revue Hérodote* 119, 4, 2005, p. 129-156.
5. André MARY, « Introduction : Africanité et christianité : une interaction première », *Archives de sciences sociales des religions* 143, juillet-septembre 2008, p. 12, consulté en ligne le 8 août 2019, https://journals.openedition.org/assr/16283.
6. *Ibid.*
7. *Ibid.*, p. 13.
8. MADITOMA, « Le phénomène des nouveaux mouvements pentecôtistes charismatiques », p. 5.

(1873-1929) et William Seymour (1870-1922)[9]. En 1901, Charles Parham est pasteur et enseignant dans une école biblique. Son enseignement porte particulièrement sur le Saint-Esprit. Selon lui, « les manifestations spectaculaires attribuées au Saint-Esprit dans le livre des Actes sont encore à vivre dans le présent[10] ». William Seymour, un pasteur noir, écoute avec attention les enseignements de Charles Parham et va les mettre en pratique à son retour dans sa propre Église à Los Angeles. Le pentecôtisme se répand alors très rapidement, et ce dans le monde entier : « Né en 1901, il est déjà international en 1906 : des missionnaires sont envoyés en Afrique[11]. » Ce pentecôtisme « est marqué par une théologie de l'expérience du Saint-Esprit en même temps qu'une théologie méthodiste affirmée[12] ». Charles Parham était d'origine méthodiste et cela a influencé la théologie du pentecôtisme.

Le mouvement charismatique qui a suivi « surgit dans un contexte théologique élargi marqué par un fort accent sur l'œcuménisme[13] ». C'est en 1960 que ce mouvement est officiellement né, quand un pasteur des États-Unis, Dennis Bennett, déclara publiquement qu'il parlait en d'autres langues. Cependant, « les origines lointaines de ce mouvement remontent aux années 1940 et 1950 avec les activités des évangélistes guérisseurs comme W. Branham, O. Roberts, G. Lindsay et T. L. Osborn[14] ».

## *Le mouvement néo-charismatique*

Le mouvement néo-charismatique commença dans les années 1980. C'est Peter Wagner qui le dénomme troisième vague (*Third wave*) aux États-Unis. Ce mouvement se rapproche des mouvements pentecôtiste et charismatique, mais présente aussi des particularités qui en font un mouvement distinct des mouvements de la première et deuxième vague. Le mouvement néo-charismatique connaît aujourd'hui un certain succès sur le continent africain. Sensible d'abord dans les pays anglophones, notamment le Nigéria et le Ghana en Afrique de l'Ouest, le Kenya en Afrique orientale, et l'Afrique du Sud, il gagne dans les

---

9. *Ibid.*
10. Alexandre ANTOINE, « Pentecôtisme, charismatismes et néo-pentecôtismes », in *La foi chrétienne et les défis du monde contemporain*, sous dir. Christophe PAYA & Nicolas FARELLI, Charols, Excelsis, 2013, p. 491.
11. *Ibid.*
12. *Ibid.*, p. 493.
13. *Ibid.*
14. MADITOMA, « Le phénomène des nouveaux mouvements pentecôtistes charismatiques », p. 9.

années 1990 les pays d'Afrique centrale, les deux Congo en particulier et les pays francophones d'Afrique de l'Ouest[15]. Dans le contexte actuel, le terme de « renouveau charismatique » ou de « renouveau » tout court semble avoir supplanté la qualification de néo-charismatique.

## Théologie néo-charismatique

Le mouvement néo-charismatique « cherche à promouvoir un réveil charismatique chez les non-charismatiques pour aboutir à l'unité de toutes les confessions chrétiennes[16] ». De plus, l'expérience du divin a une place centrale dans la théologie de la troisième vague. Selon Alexandre Antoine, « la plupart des points théologiques mis en avant par les mouvements néo-pentecôtistes sont donc rarement argumentés théologiquement[17] ».

Le mouvement néo-charismatique est caractérisé par trois thèmes principaux : l'unité chrétienne, le combat spirituel entre le bien et le mal, entre Dieu et le diable, et la théologie de la prospérité[18]. Peut-on affirmer que ces thèmes sont identifiables dans les Églises d'initiative africaine ? Avant de procéder à leur analyse dans la section intitulée « Points de continuité », nous allons étudier les pratiques du mouvement néo-charismatique.

## Pratiques néo-charismatiques

Le mouvement néo-charismatique considère le culte comme une forme d'adoration. L'accent est mis sur l'expérience amenant les fidèles à rechercher une relation particulière avec le Saint-Esprit. Cette relation particulière intervient en général lors des moments de prière[19]. La prière, l'exorcisme et la délivrance sont des pratiques courantes dans ce mouvement :

> [Le combat spirituel] peut se manifester, d'après ces mouvements, dans des maladies dont le chrétien peut être délivré. On voit ainsi se développer la pratique de chambres de guérison. On y organise des réunions spécialisées pour prier pour les malades. Ces références au combat spirituel entraînent aussi une pratique de l'exorcisme

---

15. Bruno Chenu, « Religions en Afrique. Mouvements religieux actuels », *Regards sur l'Afrique*, décembre 2006, p. 8.
16. Antoine, « Pentecôtisme, charismatismes et néo-pentecôtismes », p. 498.
17. *Ibid.*
18. *Ibid.*
19. *Ibid.*

à différents niveaux. La prière du pasteur pour chasser le mal ou le démon peut se faire faire en faveur de villes, de quartiers, de bâtiments ou d'autres entités géographiques qui seraient sous l'influence démoniaque. On obverve aussi la pratique de la délivrance. [...] Le rite charismatique de la délivrance vise à briser les liens spirituels mauvais qui peuvent entraver l'épanouissement d'une personne[20].

Enfin, si l'un des traits du mouvement néo-charismatique est une adoration vivante, un autre est la mise en service des dons pour l'édification de la communauté. L'étude de ses repères historiques, sa théologie et ses pratiques permettent d'identifier les points de continuité et de discontinuité avec les Églises d'initiative africaine.

## Points de continuité

Les premières Églises d'initiative africaine « sont considérées dans leur ensemble comme des mouvements d'émancipation et de libération de la tutelle des missionnaires [occidentaux][21]. » Ces Églises présentent non seulement des éléments en continuité, mais également des particularités en discontinuité avec le mouvement néo-charismatique.

### La prière de guérison et de délivrance

Selon Maditoma, le mouvement néo-charismatique « a la particularité de placer le ministère de guérison et de délivrance au centre de sa dévotion[22] ». Ce ministère est aussi particulièrement utile pour l'évangélisation, car il attire les personnes malades qui cherchent la guérison. Des témoignages de personnes guéries attestent qu'elles ont dû partir de l'hôpital pour rechercher la prière de guérison, faute d'y avoir obtenu satisfaction. Toutefois, si certains disent ressortir guéris des Églises qui pratiquent les prières de guérison, d'autres affirment ne pas y trouver leur compte. Les expressions souvent utilisées sont : « Je commande à Satan de quitter cette personne au nom de Jésus » ou « Je te réprimande au nom de Jésus ».

---

20. *Ibid.*
21. Maditoma, « Le phénomène des nouveaux mouvements pentecôtistes charismatiques », p. 82.
22. *Ibid.*, p. 47.

Alexandre Antoine relève aussi la manifestation du « "repos dans l'Esprit" ou le fait "d'être terrassé par l'Esprit". Lors de moments de prières, certaines personnes tombent à la renverse ou sur leur face dans un état de prostration. Se manifeste dans cette expérience la volonté de vivre le divin au plus profond de l'humain, jusqu'à l'inconscient[23] ». Il ressort encore le réel désir de faire l'expérience du divin et de la puissance de l'Esprit dans ce mouvement.

La question qu'un observateur curieux peut se poser est celle de savoir d'où les Églises issues du mouvement néo-charismatique ont-elles puisé ces pratiques ? Les ressources que nous avons consultées attestent que le départ de certains fondateurs coïncide avec la découverte du mouvement néo-charismatique[24]. Toutefois, ces pratiques et bien d'autres qui seront encore analysées ne sont pas le pur produit du mouvement néo-charismatique mais une production africaine avec ses points forts et ses points faibles. Jean-Pierre Missié pense que les Églises d'initiative africaine « mobilisent parce qu'elles proposent une autre puissance que celle des sorciers, des génies et des esprits ancestraux. Leurs actions portent sur la fabrication de miracles[25] ». Selon Erick Cakpo, ces miracles sont faits au nom de Jésus et « l'un des slogans les plus scandés est "Jésus-Christ délivre" du poids de la maladie, de la souffrance et de tout tourment. Les guérisons, en plus d'être spectaculaires, sont accompagnées d'aveux publics de la bonté divine[26] ».

## *Le baptême dans l'Esprit*

Le baptême dans l'Esprit est pour le mouvement néo-charismatique et les Églises d'initiative africaine une deuxième expérience distincte de la conversion dont la glossolalie est la principale manifestation. Les événements rapportés dans Actes 2.1-4 sont considérés dans le mouvement néo-charismatique comme pouvant encore se manifester aujourd'hui. L'étape préliminaire du baptême dans l'Esprit est la conversion. La deuxième est la sanctification ou la spiritualité quotidienne. La troisième est le parler en langue qui se produit après l'imposition des

---

23. Antoine, « Pentecôtisme, charismatismes et néo-pentecôtismes », p. 499.
24. Birgit, Meyer, « Christianity in Africa. From African Independent to Pentecostal-Charismatic Churches », *Annual Review of Anthropology* 33, 2004, p. 447-474. Cf. Badze Nduku-Fessau, « Congo. Quelle identité pour l'Église kimbanguiste ? », *Religioscope* 2004, p. 43.
25. Jean-Pierre, Missié, « Religion et identité : les Églises de réveil au Congo », *Les Cahiers de l'interdisciplinaire*, Groupe de recherche sur l'Afrique contemporaine (IGRAC), n° 1, 2005, p. 131.
26. Erick Cakpo, « Le phénomène des nouveaux mouvements religieux en Afrique : L'Église catholique en déroute », *L'Harmattan électronique*, décembre 2013, p. 9.

mains par le leader charismatique. L'expérimentation des dons du Saint-Esprit et leur manifestation dans la vie des croyants est centrale dans le mouvement néo-charismatique. Les Églises de ce mouvement se basent sur le texte de 1 Corinthiens 12.8-10 et malgré les neuf fruits de l'Esprit évoqués, « dans les faits une grande considération est accordée aux trois suivants : la glossolalie, le don de prophétie et de vision et le don de guérison[27] ». Selon Maditoma,

> bien que ces dons soient accessibles à tous les croyants, leur pleine manifestation semble être conditionnée par le degré de participation des laïcs aux séances de prière et par la fonction que l'on assume dans la communauté. Ainsi est établie une sorte de hiérarchie spirituelle au sommet de laquelle se trouve le clergé[28].

Cette conception du baptême dans l'Esprit permet-elle d'établir le lien entre les Églises d'initiative africaine et le mouvement néo-charismatique ? Selon André Mary, le pentecôtisme s'est répandu très tôt dans le continent africain et a conduit à la création des Églises d'initiatives africaines :

> Le pentecôtisme historique dans ses formes afro-américaines mais également européennes est diffusé très tôt dès les années 1910 dans de nombreuses régions de l'Afrique de l'Ouest et de l'Est, de l'Afrique Centrale et du Sud, particulièrement dans les pays anglophones. Les échanges avec les missionnaires pentecôtistes ont répondu localement aux préoccupations séparatistes, souvent de jeunes lettrés des milieux urbains, qui aboutiront à la fondation des premières Églises indépendantes[29].

Les points de convergence entre le mouvement néo-charismatique et les Églises d'initiative africaine sont la conversion, la sanctification et le baptême dans l'Esprit, la vision et les prophéties comme expériences distinctes.

---

27. Maditoma, « Le phénomène des nouveaux mouvements pentecôtistes charismatiques », p. 40.
28. *Ibid.*
29. André Mary, « Culture pentecôtiste et charisme visionnaire au sein d'une église indépendante africaine », *Arch. De Sc. Soc. Des Rel.* 105, 1999 (janvier-mars), p. 29. Même si les Églises d'initiative africaine continuent d'exister, leur situation a considérablement évolué depuis les années 1990, avec l'apparition de nouveaux mouvements religieux qui, quant à eux, revendiquent une action indépendante avec, en ligne de mire, une sotériologie pragmatique.

## Les prophéties, les paroles de sagesse et les rêves

Les Églises rattachées au mouvement néo-charismatique enseignent que Dieu se révèle encore aujourd'hui par des prophéties et des rêves. Le passage de Joël 2.28 est très souvent cité pour « légitimer la pratique de ce don[30] ». Le propre des Églises d'initiative africaine est de se réclamer d'une figure prophétique fondatrice. Elles partagent aussi cette prétention en ouvrant un ministère de la vision et de la prophétie. Pour le Christianisme céleste, par exemple, « la vision informe constamment la vie ordinaire de l'Église et de chacun de ses fidèles[31] ».

> Selon le vocabulaire en usage, le visionnaire *est en esprit* ou *tombe en esprit*, comme en *extase*. Il n'est plus conscient de ce qui se passe autour de lui. Il est alors *agité par l'Esprit*, agité par des tremblements. Il *émet* des paroles en langues ou des sons, qu'un autre sera chargé de traduire. Puis il *est ramené en chair*[32].

Ces enseignements sont véhiculés par le renouveau charismatique qui encourage les fidèles dans des expériences qui incluent des révélations et des prophéties. C'est en continuité avec la pensée de ce mouvement selon laquelle les dons présents dans les Actes ou les lettres de Paul peuvent encore se manifester aujourd'hui :

> À l'un est donnée par l'Esprit une parole de sagesse ; à un autre, une parole de connaissance, selon le même Esprit ; à un autre, de la foi, par le même Esprit ; à un autre, des dons de guérison, par l'unique Esprit ; à un autre, la capacité d'opérer des miracles ; à un autre, celle de parler en prophète ; à un autre, le discernement des esprits ; à un autre, diverses langues ; à un autre, l'interprétation des langues. (1 Co 12.8-10)

Selon Dale Robbins, l'histoire de l'Église montre clairement « que les dons spirituels n'ont jamais été complètement absents de l'Église[33] » et que de nombreux témoignages consignés par des responsables d'Églises attestent de cela. Il cite à titre d'exemple Irénée de Lyon qui a écrit vers 150 apr. J.-C. :

---

30. Maditoma, « Le phénomène des nouveaux mouvements pentecôtistes charismatiques », p. 43.
31. Archidiocèse de Ouagadougou, « Le Christianisme céleste », en ligne : http://www.catholique.bf/protestantisme/nmr/633-le-christianisme-celeste.
32. *Ibid.*, italiques dans l'original.
33. Dale A. Robbins, « Understanding Spiritual Gifts », 1995, http://www.victorious.org/pub/spiritual-gifts-164.

...On entend plusieurs frères dans l'Église qui ont des dons de prophétie, et qui parlent en langues par l'Esprit, et qui amènent également à la lumière les choses secrètes des hommes pour leur bénéfice... [...] Lorsque Dieu le jugeait nécessaire, et que l'Église priait et jeûnait beaucoup, ils accomplirent des choses miraculeuses, jusqu'à ramener l'esprit à un homme mort[34].

D'après Robbins, Tertullien, Origène, Eusèbe de Césarée et Jean Chrysostome ont également fait mention d'événements similaires (prophéties, guérisons, parler en langues, etc.)[35]. La Bible met cependant en garde contre les faux prophètes (Mt 7.15-23 ; 24.11, 23-25 ; Ac 13.6-12) qui cherchent à détourner les croyants de la foi. Elle appelle également à tout examiner : « Ne méprisez pas les messages de prophètes, examinez tout, retenez ce qui est bien ; abstenez-vous du mal sous toutes ses formes » (1 Th 5.20-22).

## *L'évangile de la prospérité*

L'évangile de la prospérité matérielle « consiste à affirmer ou à susciter la certitude que le salut promis par le Christ commence ici sur terre et que celui-ci y pourvoit déjà en gratifiant de biens matériels celui qui met sa confiance en lui et respecte les commandements de l'Église[36]. » L'accent est donc mis sur le succès, la santé et la prospérité dans la vie sur terre. Cet évangile de la prospérité attire et séduit particulièrement les personnes défavorisées. Cette théologie est malheureusement très répandue sur le continent africain. Selon Cakpo, « on ne peut s'empêcher d'établir une corrélation entre la progression galopante des nouveaux mouvements religieux et la concentration de la pauvreté en Afrique subsaharienne. Cette situation garantit sans doute le succès de ces groupes[37] ».

Le fait que la plupart des discours des fondateurs des Églises d'initiative africaine tourne autour de cette théologie, montre une influence idéologique libérale des mouvements néo-charismatiques. Dans ce discours, les pasteurs utilisent la métaphore de la « banque de Dieu » : il faut approvisionner son compte pour son salut. Son influence gagne l'Afrique à partir de la fin des années 1970[38].

---

34. *Ibid.*
35. *Ibid.*
36. Cakpo, « Le phénomène des nouveaux mouvements religieux », p. 8.
37. *Ibid.*
38. Jean-François Bayart, « La cité cultuelle en Afrique noire », in *Religion et modernité politique en Afrique noire*, Paris, Karthala, 1993, p. 310.

## Points de discontinuité

André Mary rapporte que « l'expression Églises Indépendantes Africaines (ou *African Independent Churches* dans le contexte sud-africain) désigne, à l'origine, les Églises "séparatistes" fondées en Afrique, *par* des Africains *pour* des Africains en rupture avec les Églises historiques missionnaires[39] ». Cette séparation a-t-elle entraîné une africanisation de la foi chrétienne ?

### *La question de l'africanisation*

L'africanisation du christianisme a suscité plusieurs peurs : la dénaturation des fondements de la foi chrétienne et le risque de syncrétisme[40]. Dans le cas des Églises d'initiative africaine, « en allant puiser dans le fond religieux traditionnel – thaumaturgie, culte démonstratif, sotériologie pragmatique –, ces Églises s'approprient la culture[41] ».

La question est de savoir s'il faut procéder par une contextualisation non critique des éléments de la culture africaine ou considérer que tout ce qui est dans la culture africaine ne s'accorde pas avec la foi chrétienne. À en croire Kä Mana,

> l'Église du Christianisme céleste par exemple s'est caractérisée pendant longtemps par son souci d'africaniser la foi en faisant une force nouvelle qui donne des réponses nouvelles aux grandes questions africaines de neutralisation des forces du mal, de sécurité face à la sorcellerie et de quête d'un épanouissement vital pour les populations[42].

### *La question du syncrétisme*

« En situation missionnaire, le syncrétisme désigne le plus souvent péjorativement l'amalgame du christianisme et des religions traditionnelles[43] ». Quand le

---

39. André MARY, « Introduction : Africanité et christianité : une interaction première », *Archives de sciences sociales des religions* 143, juillet-septembre 2008, http://journals.openedition.org/assr/16283 ; DOI : 10.4000/assr.16283, consulté en ligne le 1er septembre 2019.
40. CAKPO, « Le phénomène des nouveaux mouvements religieux », p. 14.
41. *Ibid.*
42. KÄ MANA, *L'Afrique, notre projet. Révolutionner l'imaginaire africain*, Yaoundé, Terroirs, 2009, p. 270.
43. Philippe CHANSON, « Syncrétisme », in *Dictionnaire œcuménique de missiologie. Cents mots pour la mission*, sous dir. Ion BRIA, Paris/Genève/Yaoundé, Cerf/Labor et Fides/CLÉ, 2001, p. 329.

christianisme missionaire a été introduit en Afrique, les Occidentaux et les Africains ne voyaient pas les formes religieuses traditionnelles de la même manière :

> Pour les Occidentaux, il ne s'agissait que de simples formes religieuses fragiles et sans aucune base solide. [...] Les Africains soutenaient qu'avant le christianisme l'Afrique avait ses religions et des pratiques spirituelles authentiques, mais le Dieu des Africains n'était pas différent du Dieu des missionnaires. C'est ce qui explique la forte adoption du christianisme par les Africains et la recrudescence de nombreuses pratiques syncrétiques dans leur vie chrétienne[44].

Les quelques cas de pratiques syncrétiques observables dans le christianisme africain sont entre autres le culte des ancêtres et la sorcellerie qui sont considérés comme les traits particuliers des sociétés africaines, mais qui restent très présents dans la vie du chrétien africain.

## Conclusion

Au terme de ce travail d'analyse nous pouvons conclure qu'il existe un rapport entre les Églises d'initiative africaine et le mouvement néo-charismatique. Nous avons dans ce parcours décelé quelques points de continuité : l'unité chrétienne, le combat spirituel entre le bien et le mal, et la théologie de la prospérité. Cependant, les points de discontinuité ne sont pas les moindres. Ils sont les conséquences du paysage religieux africain dans son ensemble. Ces Églises ont rendu le christianisme africain plus populaire qu'il ne l'était, parce qu'elles ont développé une forme de spiritualité qui répond plus ou moins aux besoins des membres. Elles leur ont donné la garantie d'une délivrance des servitudes. De même qu'on ne peut dissocier l'Évangile du contexte culturel dont il s'est servi pour atteindre les hommes, de même on ne peut le dissocier du contexte culturel dans lequel il doit être annoncé. La liste des besoins et des attentes de ceux qui se tournent vers ces Églises deviennent comme un questionnement à l'inadéquate pastorale des Églises historiquement établies : la guérison et le soin des malades ; l'habileté à traiter avec les esprits du mal et les sorciers ; la recherche d'un salut palpable ; un sens fort de la communauté et de la fraternité ; une liturgie avec des expressions libres de prière et de sentiments.

---

44. Eugene Henri KOULLA, « La diaspora bantoue du Québec et la question de l'immigration du syncrétisme identitaire du christianisme africain : cas de chrétiens camerounais et congolais », mémoire présenté à la Faculté de théologie de l'Université de Sherbrooke, 2009, p. 6.

## Pour aller plus loin

Adnès, André & Canivet, Pierre, « Guérisons miraculeuses et exorcismes dans l'Histoire Philothée de Théodoret de Cyr », *Revue de l'histoire des religions* 1967, p. 53-82.

Anderson, Allan, *An Introduction to Pentecostalism*, Cambridge, Cambridge University Press, 2004.

Johnson, Todd M. et al., « Christianity 2018 », *International Bulletin of Mission Research* 42, 1, 2018, p. 20-28.

Bourdanné, Daniel, *L'évangile de la prospérité. Une menace pour l'Église africaine*, Abidjan, Presses Bibliques Africaines, 1999.

Dewel, Serge, *Mouvement charismatique et pentecôtisme en Éthiopie : identité et religion*, Paris, L'Harmattan, 2014.

Fancello, Sandra, « D'un guérisseur à l'autre : diagnostic, délivrance et exorcisme à Bangui », in *Sorcellerie et violence en Afrique*, sous dir. Bruno Martinelli & Jacky Bouju, Paris, Karthala, 2012.

Gifford, Paul, « The Complex Provenance of some Elements of African Pentecostal Theology », in *Between Babel and Pentecost. Transnational Pentecostalism in Africa and Latin America*, sous dir. André Corten & Ruth Marshall-Fratani, Bloomington, Indianapolis, Indiana University Press, 2001.

Sweeney, Douglas A., *The American Evangelical Story. A History of the Movement*, Leicester, Baker Academic, 2005.

## 12

# Entrée et « sortie » du christianisme au Bas-Congo : évolution du kimbanguisme

*Christine Mayani Kalume*

**Introduction**

L'Afrique noire précoloniale était organisée en royaumes. L'un d'entre eux était le royaume kongo. Il regroupait le nord de l'Angola, le sud du Congo-Brazzaville et l'ouest de la République démocratique du Congo. Le roi Joâo du Portugal souhaitait atteindre les Indes et envoya plusieurs bateaux d'exploration. L'expédition de Diego Câo aborda l'embouchure du fleuve Congo en 1482[1]. Ce dernier mit en contact les deux souverains, le roi du Portugal et celui du royaume kongo. Des relations bilatérales fructueuses naquirent de ces contacts. Après une période de prospérité, elles sombrèrent dans la décadence. Les efforts des prêtres jésuites et capucins n'ont pas pu l'arrêter[2].

Quatre siècles s'écoulèrent après le déclin du royaume kongo et la première tentative d'évangélisation par le clergé catholique portugais. L'explorateur Stanley entreprit un grand voyage en Afrique de l'Est vers l'Ouest. Ce déplacement ouvrit des portes à l'exploration et à la mission de ce vaste territoire jusque-là inconnu.

---

1. Marie-Louise MARTIN, *Simon Kimbangu. Un prophète et son Église*, trad. française Christian Glardon et Jacques Dépraz, Lausanne, Soc, 1971, p. 23.
2. *Ibid.*, p. 32.

Une première station missionnaire protestante fut érigée en 1878 à Mpalabala non loin de Matadi[3].

Simon Kimbangu naquit en 1887, environ une décennie après l'implantation de la première station missionnaire. En 1921, à l'âge de 24 ans, il exerça un ministère de guérison d'une courte durée d'environ six mois[4]. Kimbangu sera incarcéré jusqu'à sa mort en 1951. Pendant ce temps, le mouvement subsistera dans la clandestinité grâce à ses adeptes. Ils lui donneront le nom de Kimbangu. Le mouvement est devenu une Église peu avant l'indépendance du pays et existe jusqu'à nos jours. Toutefois, en 1921, à cause de l'arrestation de Kimbangu, beaucoup d'Églises issues de la mission ont perdu un grand nombre de leurs membres. Ce fait s'est répété à l'occasion de la fête de la nativité en 1959[5]. Ce mouvement migratoire continue également de nos jours. Il mérite une attention particulière de tout scientifique afin de mener des investigations.

Nous développerons notre sujet en trois sections : la première se focalisera sur l'arrivée du christianisme dans le royaume kongo par les Portugais aux XVe et XVIe siècles ainsi que l'époque des missions protestantes au XIXe siècle. L'évolution du kimbanguisme, son adhésion et sa sortie des institutions internationales telles que le Conseil œcuménique des Églises (COE) seront le sujet de la deuxième section. La dernière section sera consacrée au déplacement massif des membres des Églises issues de la mission vers principalement l'Église kimbanguiste que nous appelons de manière figurée « la sortie » du christianisme du Bas-Congo.

## Arrivée du christianisme au Bas-Congo

### Christianisation du royaume kongo aux XVe et XVIe siècles

Le Portugal inaugure l'ère des grandes découvertes au XVe siècle avec les explorations qu'il organise vers l'Afrique, l'Amérique et les Indes. L'expédition de Diego Câo découvre en 1482 l'embouchure du fleuve Congo, appelé Nzadi par les autochtones. Il apprit que le roi du royaume kongo, Nzinga Kuwu, appelé aussi Mani Kongo, habitait non loin. Ce dernier avait six provinces dont les territoires s'étendaient dans l'actuel Angola, la République du Congo et la République Démocratique du Congo. Diego Câo envoya des émissaires rencontrer le roi, mais ceux-ci ne revinrent pas avant son voyage de retour pour le Portugal. Alors il

---

3. Joseph SUMBU, *Culte et société*, Uppsala, Faculté de Théologie, 1995, p. 25.
4. Susan ASCH, *L'Église du prophète Kimbangu. De ses origines à son rôle actuel au Zaïre (1921-1980)*, Paris, Karthala, 1983, p. 22.
5. MARTIN, *Simon Kimbangu*, p. 127.

amena quatre otages et promit de les ramener. Cette première rencontre des deux peuples n'a pas connu de choc culturel, car les autochtones supposaient avoir à faire aux revenants selon une légende de la zone côtière[6].

Dès son retour au Congo, Diego Câo rendit visite au roi et lui remit les cadeaux de son homologue portugais. Par la même occasion, il persuada le roi Nzinga Kuwu de croire en Jésus-Christ et de sauver ainsi son âme. Suite au récit que lui relatèrent ses sujets encore éblouis par la splendeur de Lisbonne et les fastes de la cour, le roi voulut à tout prix moderniser son royaume. Il demanda des ouvriers, des femmes portugaises pour initier les femmes congolaises aux arts ménagers. Il émit également le vœu de communier au rituel qui donnait la puissance aux blancs[7]. Marie-Louise Martin relate que le roi du royaume kongo envoya quelques-uns des principaux sujets de sa cour au Portugal pour qu'ils soient baptisés et enseignés dans la foi chrétienne[8]. Diego Câo laissa des commerçants portugais et un prêtre au Congo qui préparaient le terrain aux missionnaires attendus. Le prêtre apprit le kikongo et devint l'interprète des nouveaux arrivants. Le message chrétien et les activités commerciales étaient menés de front. De ce qui précède, nous estimons que cette évangélisation a été faite selon une stratégie des 3 P déficiente (présence, persuasion et proclamation) : les Portugais étaient présents, persuadant les autochtones de croire, mais ils ont négligé la proclamation de la Bonne Nouvelle en insistant beaucoup plus sur le baptême. L'accent a été plus mis sur la forme que le fond de l'Évangile.

En 1491, une nouvelle expédition accosta avec des ouvriers et des missionnaires. Le Mani Kongo fut baptisé ainsi que son fils Mbemba Nzinga. Il prit le nom de João, celui de son homologue portugais, et son fils celui d'Afonso. Après la mort du roi João, son fils Don Afonso lui succéda et favorisa l'expansion du christianisme sous son règne. Il y a eu continuité entre les deux règnes, Afonso demanda encore davantage de prêtres. Il souhaitait avoir un clergé indigène et que tous les sujets de son royaume deviennent chrétiens. C'est pourquoi le roi n'avait pas hésité à envoyer beaucoup de Congolais pour être formés et baptisés. Son fils, Don Henrique, est revenu du Portugal après sa formation en théologie avec le titre d'évêque. Il fut le premier évêque africain. Le roi portugais s'était plaint du coût élevé de la mission et désormais le roi Kongo devait payer un tribut (ivoire, cuivre et esclaves). Vu ce qui précède, nous estimons que les pensées des deux souverains étaient opposées : celles du roi du Portugal convergeaient

---

6. Isidore NDAYWEL Ê NZIEM, *Histoire générale du Congo. De l'héritage ancien à la République Démocratique*, Paris/Bruxelles, De Boeck & Larcier, 1998, p. 85.
7. *Ibid.*, p. 86.
8. MARTIN, *Simon Kimbangu*, p. 24.

vers le patronat et celles de Mani Kongo se concentraient sur le développement et la christianisation de son territoire. Après la découverte de l'Amérique, le roi portugais était attiré par les nouvelles terres mais elles demandaient de la main d'œuvre. C'est pour cette raison qu'il se focalisa sur l'esclavage et les biens en nature qui lui permettront de financer ces nouveaux engagements.

Marie-Louise Martin indique qu'après une brève période de floraison sous le règne d'Afonso, la décadence commença lentement mais sûrement. Les habitudes scandaleuses et immorales des prêtres, des séculiers et des missionnaires, avant tout l'esclavage qui dépouillait le royaume kongo, rendaient tout succès réel impossible[9]. Les efforts des prêtres jésuites et capucins n'ont pas pu arrêter ce mal. Ainsi s'effondrèrent deux siècles de christianisation empreinte de la formation des autochtones dans tous les domaines. Cette première rencontre des peuples occidentaux avec ceux du royaume kongo, particulièrement du Bas-Congo, a eu lieu quatre siècles avant la période de la colonisation et l'arrivée des missionnaires de l'époque moderne.

### *Évangélisation du Bas-Congo au xix$^e$ siècle*

Après cette expérience portugaise du xv$^e$ siècle, deux groupes arrivèrent simultanément au Bas-Congo au xix$^e$ siècle. Il s'agit du colonisateur et des sociétés missionnaires. Les missionnaires désavouèrent la pratique de l'esclavage et militèrent pour sa cessation.

Concernant le colonisateur, le roi belge Léopold II cherchait une occasion de créer une Belgique d'outre-mer, intention qu'il avait explicitée dans une déclaration en 1860[10]. Ensuite, le roi convoqua la conférence géographique de Bruxelles en 1876. Cette conférence aboutit à la création de l'Association internationale africaine (AIA) sous la direction du roi[11]. Entre temps, la société missionnaire de Londres n'ayant pas de nouvelles de son missionnaire David Livingstone demanda à l'explorateur Henry Morton Stanley d'aller à sa recherche. Les deux hommes se rencontrèrent en 1871 à Ujiji sur la rive est du lac Tanganyka. À son retour, Stanley traversa le Congo de l'Est vers l'Ouest, depuis le lac Tanganyka jusqu'à l'embouchure du fleuve Congo. John Baur atteste que « dès son arrivée en Europe, Stanley a lancé un appel d'offre pour occuper le bassin du Congo en vue de son

---

9. Martin, *Simon Kimbangu*, p. 32.
10. Émile Braeckman, *Histoire du protestantisme au Congo*, Bruxelles, Éclaireurs, 1961, p. 16.
11. *Ibid.*, p. 16-17.

développement. Le gouvernement britannique, contacté en premier ne montra aucun intérêt, par contre le roi belge Léopold II accepta avec passion[12] ».

Bien que le gouvernement ne fût pas intéressé, les cercles missionnaires britanniques s'organisèrent en une société missionnaire interconfessionnelle en 1877, la Livingstone Inland Mission (LIM). Elle eut pour objectif l'expansion de la Parole de Dieu. Selon nous, elle voulait participer à la progression de la mission, et quitter la sphère monoculturelle vers une sphère transculturelle. La Baptist Missionary Society (BMS), une composante de la Livingstone Inland Mission, arriva à Matadi en 1878. Au cours de la même année, elle érigea sa première station missionnaire à Mpalabala non loin de Matadi. Sumbu confirme qu'elle était la première station missionnaire protestante et ajoute que vers la fin de la même année vingt missions s'étaient établies dans la région et la LIM devenait la société missionnaire de contact pour les autres protestants qui voulaient œuvrer au Congo[13]. Les sociétés missionnaires protestantes seront les premières à s'implanter en grand nombre dans la région. Elles ont précédé les sociétés missionnaires catholiques.

Entre temps, le roi belge Léopold II maintenait l'explorateur Stanley à ses services et fonda en 1878 le Comité d'études du Haut-Congo[14]. Selon Braeckman, « le roi et ses collaborateurs créèrent l'État indépendant du Congo (EIC), qui fut reconnu par diverses puissances. Lors de la conférence de Berlin en 1885, le nouvel État a siégé tel un État souverain[15] ». Il était sous la supervision du roi Léopold II[16]. Son projet de société fut le développement de l'intérieur du Congo. Ainsi pourrait se réaliser son rêve de créer une Belgique d'outre-mer, un État civilisé. Selon lui, les Congolais n'avaient aucune culture. La civilisation commençait par l'assurance du salut exprimé par le baptême. Les Belges soutenus par le roi reconnaissaient en les autochtones des personnes ne possédant aucune notion de vie. Ils étaient réduits à nullité. Nous considérons cette attitude comme une idéologie d'anéantissement, au lieu de pratiquer une méthode de contextualisation, construire un mieux-être à partir de la culture congolaise. Le roi était conscient de son attitude négative envers les autochtones. Il demanda au pape de n'envoyer au Congo que des missionnaires ou prêtres catholiques de nationalité belge. Il craignait que ceux d'autres nationalités et confessions ne dévoilent les mauvais

---

12. John Baur, *2000 ans de christianisme en Afrique. Une histoire de l'Église africaine*, Kinshasa, Médias Paul, 2001, p. 225.
13. Sumbu, *Culte et société*, p. 25.
14. *Ibid.*, p. 23.
15. Braeckman, *Histoire du protestantisme au Congo*, p. 19.
16. Baur, *2000 ans de christianisme en Afrique*, p. 227.

traitements infligés aux autochtones. En 1908, le roi céda l'EIC à l'État belge qui l'accepta malgré lui. L'EIC devint ainsi le « Congo belge » sous l'administration de la Belgique. Il y eut continuité entre l'administration de l'époque du roi Léopold II et celle de l'État belge : les mauvais traitements et l'abrogation des droits des autochtones. Bien que la conférence de Berlin ait reconnu la liberté d'opinion et de religion, les Belges continuèrent de favoriser les missions catholiques. Les missionnaires protestants n'étaient pas appréciés par l'administration en place, parce qu'ils soutenaient la théologie de proximité, encourageaient la lecture de la Bible et son interprétation par les autochtones, alors que l'attitude des missionnaires catholiques était contraire. Le kimbanguisme va naître dans un contexte de répression coloniale et de tension entre catholiques et protestants.

## Évolution du kimbanguisme

### De Simon Kimbangu à l'Église kimbanguiste

Le kimbanguisme a été le fait d'un homme, Simon Kimbangu. Il a été nommé prophète par ses partisans. Déjà de son vivant il les corrigeait et insistait que tout ce qu'il réalisait n'était que l'œuvre du Saint-Esprit. Nous vous recommandons la lecture du quatrième chapitre de cet ouvrage relatant la vie, la vocation et le ministère de Simon Kimbangu et l'histoire du kimbanguisme.

Un évènement marqua le début de ce mouvement : la guérison miraculeuse le 6 avril 1921 d'un enfant du village voisin de N'Kamba, le village natal de Kimbangu. Dès lors, il devint un évangéliste itinérant, allant de village en village, annonçant la Bonne Nouvelle, priant et guérissant les malades. Isidore Ndaywel relate qu'« il reçut des encouragements des missionnaires protestants, fascinés par la vigueur de son enseignement qui réussissait si bien même sur le terrain où l'évangélisation classique protestante et catholique ne récoltait que de maigres fruits[17] ». Kimbangu était chrétien membre de la BMS. La nouvelle se répandit et de nombreuses foules ne cessèrent d'arriver à N'Kamba. L'administration coloniale réagit aux multiples plaintes des missionnaires catholiques, des commerçants de Thysville et des entrepreneurs de Kinshasa, à cause de la désertion des travailleurs et des ruptures de contrat d'engagement ainsi que de l'abandon des hôpitaux. Le 6 juin 1921 un mandat d'arrêt fut lancé contre Kimbangu et le 12 septembre de la même année il se rendit et fut condamné à mort par le conseil de guerre. Les missionnaires protestants ne pouvaient rester indifférents, car Kimbangu fut un de leurs membres. Susan Asch note que

---

17. Ndaywel ê Nziem, *Histoire générale du Congo*, p. 146.

le procureur général Dupuis interviendra en [la faveur de Kimbangu] avec l'appui des missionnaires protestants et une partie de l'opinion publique [...] Le roi Albert lui accorde sa grâce, et sa peine sera commuée en détention à perpétuité. Kimbangu fut déporté à Elisabethville, (Lubumbashi), où il mourut après trente années de captivité [en 1951][18].

Le pouvoir colonial espérait mettre fin au mouvement avec l'arrestation de Kimbangu. Toutefois, les déportations massives de ses adeptes à travers toute la colonie favoriseront la survie et l'expansion du kimbanguisme. Elles sont dues également à la non-violence des déportés, au maintien et à la diffusion du message de Kimbangu, symbole vivant du salut. Il ne restera pas lié aux seuls Bakongo, mais s'étendra à plusieurs tribus et nations frontalières. Durant la période allant de 1921 à 1957, « trente-sept mille chefs de familles seront déportés[19] ». Le nombre total des déportés est estimé à cent mille personnes. Nombre d'entre eux sont morts à cause du mauvais traitement et de la dureté des travaux[20]. Il n'y a eu que trois mille d'entre eux qui retournèrent à leur domicile lors de la proclamation de l'indépendance du pays.

Il y eut des mouvements qui se réclamaient de Kimbangu tel le ngounzisme, le salutisme et le mpadisme. D'autres n'avaient aucun lien avec le kimbanguisme. Dès l'année 1953, Joseph Diangenda, fils de Kimbangu, s'installa à Kinshasa et prépara l'unification du mouvement en vue de la création d'une Église. Certains groupes dissidents revinrent et se joignirent à Diangenda. Celui-ci demanda aux sympathisants kimbanguistes de sortir de la clandestinité, quitter les Églises issues de la mission et ne pas craindre les représailles. Faisant suite à cet appel, les jeunes se regroupèrent en une Association des jeunes adeptes kimbanguistes (AJAK). À partir de 1958, l'administration coloniale commença à être tolérante. En mars de la même année le mouvement prend le nom de l'« Église de Jésus-Christ sur terre par son Envoyé spécial Simon Kimbangu » (EJCSK). Susan Asch confirme qu'au cours du premier congrès kimbanguiste tenu à Kinshasa, les congressistes ont élevé Joseph Diangenda comme chef spirituel de l'EJCSK[21]. La reconnaissance officielle par l'administration coloniale est intervenue le 24 décembre 1959 par un arrêté officiel[22]. Le gouvernement colonial belge considère depuis lors l'EJCSK

---

18. Asch, *L'Église du prophète Kimbangu*, p. 24.
19. Martin, *Simon Kimbangu*, p. 124, 128.
20. Asch, *L'Église du prophète Kimbangu*, p. 34-35.
21. *Ibid.*, p. 40.
22. *Ibid.* L'arrêté n° 2211/846.

au même titre que les Églises catholique et protestante. Ce fait encouragea ceux qui fréquentaient les Églises catholique, protestante et salutiste, à se rattacher officiellement à l'EJCSK. Quelques-unes des Églises issues de la mission prirent des mesures répressives. Des milliers d'enfants kimbanguistes seront renvoyés des écoles catholiques et protestantes et les malades kimbanguistes le seront dans des hôpitaux. Ce phénomène suscita un malaise entre l'EJCSK et l'Église protestante. L'EJCSK s'organisa en interne durant la période postcoloniale malgré le séisme politique que traversait le pays. Le malaise subi en 1956 rendit les Kimbanguistes prévoyants. Ils créèrent dès leur reconnaissance outre les temples, des écoles et des hôpitaux afin d'éviter l'humiliation de leurs membres. Leur siège est à N'Kamba, village natal de Simon Kimbangu, dénommé « La nouvelle Jérusalem ».

Le 24 novembre 1965 Monsieur Mobutu prit la présidence, et le pays commença à être pacifié. Ce retour au calme favorisa une forte expansion du kimbanguisme, surtout à cause de la crise entre le gouvernement et l'Église catholique. Elle fut la seule Église d'initiative africaine agréée en ce temps-là. Beaucoup d'autres Églises vinrent se rattacher à elle pour leur survie. Elle multiplia des contacts sur le plan extérieur recherchant une reconnaissance au niveau mondial par des institutions internationales telles que le Conseil Œcuménique des Églises (COE).

## *Entrée du kimbanguisme au COE*

En 1961, le chef spirituel de l'EJCSK effectua un voyage à l'étranger. Selon Asch, « Diangenda pensait entamer les démarches d'admission de son Église au sein du COE[23] ». Les dirigeants étaient conscients que l'ouverture de l'EJCSK vers le protestantisme exigerait une profonde réforme : au point de vue théologique, abandonner la doctrine selon laquelle Simon Kimbangu serait le consolateur promis par Jésus. Cette position provoqua un écart entre la direction réformiste de l'EJCSK et la masse des adeptes traditionalistes. Toutefois, les traditionalistes seront tolérés tant qu'ils accepteront l'autorité du chef spirituel et respecteront les principes et les méthodes. Cette politique nécessita un double discours[24]. Les dirigeants de l'EJCSK décidèrent malgré tout de continuer leur correspondance avec le COE. En 1966, une première mission d'étude du COE composée des représentants du Mouvement international de la réconciliation (EIRENE) et de l'International Fellowship of Reconciliation (IFOR) visitera l'EJCSK à Kinshasa,

---

23. *Ibid.*, p. 57.
24. *Ibid.*, p. 117.

N'Kamba et Kisangani[25]. Leur témoignage fut déterminant pour l'admission de l'EJCSK au COE. Le représentant de l'EIRENE affirme que « l'EJCSK est une Église protestante orthodoxe et non-violente[26] ». Pendant ce temps, le secrétaire général de l'EJCSK devient boursier du COE et fréquente la communauté morave en Suisse. C'est là qu'il fera connaissance de Marie-Louise Martin. En 1968, l'Église morave enverra le pasteur Willy Béguin et Marie-Louise Martin au Congo pour enquêter sur l'EJCSK. Ils visitèrent tous ses lieux d'implantation. Leur rapport fut favorable à son adhésion au COE malgré le fait qu'ils aient constaté deux courants dans le kimbanguisme : le kimbanguisme officiel et le kimbanguisme traditionnel. Toutefois, les leaders du COE restèrent hésitants à cause des rapports tendus avec le Conseil protestant du Congo (CPC). Un émissaire fut envoyé pour une réconciliation effective, car l'une des conditions d'adhésion au COE est d'avoir la capacité d'être en relation œcuménique avec les autres confessions chrétiennes. Le COE tardait à prendre une décision concernant l'adhésion de l'EJCSK. Celle-ci, impatiente, proposa le retrait de sa candidature. Après la menace, elle sera invitée à participer aux assises du COE organisées à Canterbury en 1969, au cours desquelles le COE lui signifiera son adhésion, grâce à l'appui du comité central[27]. Quelques années plus tard elle sera admise à la Conférence des Églises de toute l'Afrique (CETA). Elle sera également co-fondatrice de l'Organisation des Églises indépendantes africaines (OEIA). Cependant, la problématique du rôle du prophète Simon Kimbangu, témoin du Christ ou incarnation du Saint-Esprit, demeure. Cette tension sépare les deux courants du kimbanguisme. Le kimbanguisme officiel regroupe l'élite, les intellectuels, et le kimbanguisme traditionnel tient du vécu quotidien des autres membres. Après avoir sillonné toutes les provinces, où l'EJCSK exerce son ministère, Susan Asch corrobore que

> Le kimbanguisme officiel concerne principalement les cercles dirigeants tandis que le kimbanguisme tel qu'il est vécu au quotidien par les membres est plutôt dominé par les croyances traditionalistes en contradiction avec l'orientation protestante des réformistes ainsi que celle du prophète lui-même qui prônait la foi en seul Christ, non pas en lui ni en aucune autre puissance. Seule la Bible a autorité sur tout[28].

---

25. *Ibid.*, p. 62-63.
26. *Ibid.*, p. 120.
27. *Ibid.*, p. 67.
28. *Ibid.*, p. 59.

Ces deux tendances ont accompagné le kimbanguisme durant toute son histoire. À ce propos Asch relate que

> le pasteur Willy Béguin et mademoiselle Marie-Louise Martin ont escamoté la question du rôle du prophète. Cela pour combler le fossé qui sépare le kimbanguisme traditionnel et le christianisme œcuménique. Ils écartent une mauvaise interprétation et présentent une interprétation bonne qui sera soutenue par les dirigeants de l'EJCSK et acceptable au COE[29].

Par la suite, le COE recommanda Martin à l'EJCSK pour aider à élaborer sa théologie doctrinale. L'EJCSK lui confia la direction de la faculté de théologie kimbanguiste afin qu'elle conçoive une nouvelle doctrine centrée sur Jésus-Christ. Ainsi seront remplacées les notions traditionnalistes qui assimilaient Simon Kimbangu au Saint-Esprit. Marie-Louise Martin occupera ce poste jusqu'à sa mort en 1990. Ainsi l'Église kimbanguiste a connu une intervention protestante remarquable dans la formation universitaire selon les idées du christianisme protestant présent au COE. Nous estimons que le kimbanguisme contient à la fois des éléments de la doctrine commune à tous les chrétiens et des formulations propres enracinées aussi bien dans le ministère de Simon Kimbangu que dans la préoccupation du salut de la race noire. Ce fait a soutenu la doctrine kimbanguiste malgré la réforme proclamée et l'instauration de deux discours. Les objectifs prioritaires des leaders kimbanguistes étaient atteints : la reconnaissance nationale et internationale de leur ministère. Quant à la pratique de la réforme, la responsabilité a été confiée à Martin. Son œuvre n'a pas su modifier la foi populaire. Cette problématique pneumatologique est encore d'actualité.

## *Sortie du kimbanguisme du COE*

Après la mort des pionniers de la réforme, le kimbanguisme officiel a commencé à confesser la doctrine du kimbanguisme traditionnel : « Simon Kimbangu est assimilé au Saint-Esprit, ses trois fils font partie de la divinité[30]. » Face à cette situation, « en 1992, le milieu protestant congolais a le premier réagi contre ce dérapage. Une décennie plus tard, cette dérive a été constatée par la Commission

---

29. *Ibid.*, p. 121.
30. Asch, *L'Église du prophète Kimbangu*, p.114.

pour la formation œcuménique du COE[31] du COE[32] ». Elle a fait constater aux leaders du COE la non-conformité de la doctrine trinitaire au sein de l'EJCSK. Celle-ci attendait une réaction officielle du COE qui initierait la procédure d'exclusion. L'Église catholique était la dernière à se manifester face à cette crise. La Conférence épiscopale nationale du Congo (CENCO) déclara des implications œcuméniques de cette nouvelle doctrine. Par cette même occasion elle informait ses membres du changement des relations qu'elle entretiendrait désormais avec le kimbanguisme. Celles-ci s'en tiendront au dialogue interreligieux. Josée Ngalula remarque que « le regard interne croit en un christianisme spécifiquement africain indépendant du christianisme occidental, alors que l'œil externe le considère comme un mouvement messianique africain[33] ». Considéré comme tel, ce mouvement perd sa place dans le cercle œcuménique. La représentation du COE de Kinshasa était informée de la décision. Elle proposa d'user du dialogue théologique avant son application. Malgré tout, les Kimbanguistes continuent de confesser leur doctrine trinitaire : la divinité de Simon Kimbangu et de ses fils.

Suivant la proposition de la représentation du COE à Kinshasa, une première rencontre de dialogue doctrinal interviendra en 2003. Les participants à ses assises furent l'Église du Christ du Congo (ECC), la Conférence des Églises de toute l'Afrique (CETA), le COE, les Orthodoxes et quelques Églises du Congo membres du COE. Les Kimbanguistes ont affirmé leur doctrine trinitaire confessant la divinité de Kimbangu et de ses fils[34]. Il n'y a pas eu un terrain d'entente. Une deuxième rencontre a eu lieu en 2004. Malheureusement il n'y a pas eu de résolution du conflit. Ils se rencontrèrent une troisième fois une année plus tard. Les dirigeants kimbanguistes ont reconnu la présence de la foi populaire (croyance de la majorité des membres), mais aussi leur incapacité à garder la doctrine officielle que le premier chef spirituel avait proclamée. Ainsi ils officialisèrent la foi populaire. Si de plus en plus de communautés chrétiennes du Congo RDC, d'Afrique et d'ailleurs rompaient leurs relations avec l'EJCSK, alors sa présence au COE serait problématique.

En bref, si l'EJCSK a quitté le COE, la raison principale est dogmatique. Elle a renié la base doctrinale sur laquelle se fondent les Églises chrétiennes en général, et en particulier celles réunies dans le COE : confesser le Seigneur Jésus-Christ comme Seigneur et Sauveur, répondre à une commune vocation pour la seule

---

31. *Commission on Education and Ecumenical Formation of the World Council of Churches.*
32. Josée NGALULA, *Du pouvoir de la piété populaire. Enjeux théologiques de la crise kimbanguiste entre 1990 et 2005*, Kinshasa, Facultés catholiques de Kinshasa, 2007, p. 44.
33. *Ibid.*, p. 18.
34. *Ibid.*, p. 45.

gloire de Dieu, Père, Fils et Saint-Esprit. Après avoir dessiné les contours du kimbanguisme, nous voulons appréhender le phénomène de déplacement des chrétiens vers le kimbanguisme, ce que nous avons appelé de manière figurée « la sortie » du christianisme du Bas-Congo.

## La ruée des chrétiens du Bas-Congo vers les Églises kimbanguistes

Le troisième millénaire présente plusieurs défis ecclésiaux dont le départ massif des chrétiens issus des Églises missionnaires vers principalement l'EJCSK. Un bref aperçu historique nous révèle que ce mouvement s'était déjà produit au début du ministère de Simon Kimbangu. Des Congolais à la quête de guérison et de miracles se précipitèrent vers N'Kamba, le village natal de Simon Kimbangu ; plusieurs abandonnèrent leur lit d'hôpital ; certains désertèrent de leur travail. Ce fut l'un des griefs retenus à la charge de Simon Kimbangu lors de sa condamnation en 1921. Une seconde fois un pareil évènement s'est produit lorsque les élèves et les malades kimbanguistes ont été renvoyés de certaines écoles et hôpitaux. Par la suite, « l'afflux des adhésions a atteint des proportions que le kimbanguisme avait connu en 1921[35] ».

Après plus d'un siècle d'évangélisation, ce déplacement est toujours d'actualité, car de nombreux motifs occasionnent sa résurgence : la pratique dans le vécu quotidien de certains chrétiens, les défis culturels et spirituels et la quête d'identité. Le christianisme issu des missions se bute à ces défis importants qu'il est appelé à relever. Par manque d'enracinement de la parole de Dieu, plusieurs chrétiens sont ballotés à tout vent de doctrine. La Bonne Nouvelle est en tension avec la culture kongo, c'est-à-dire, en termes missiologiques il y a discontinuité. La culture kongo est empreinte du spiritisme appelé *binkundi*[36] et de voyants *mandona*. Dans le *binkundi* les gens entrent en transe, puis intervient la révélation, et enfin la guérison ou la solution du problème posé. Dans cette perspective culturelle, à chaque fois que des chrétiens se présentent devant Dieu et s'attendent à une parole de sa part, les manifestations au milieu de l'assemblée confirmeront la présence de Dieu. Le chrétien en quête de cette prise en charge culturelle la chercherait ailleurs que dans son église locale issue de la mission. Mais certains pasteurs imitent cette pratique afin de garder leurs membres. Dans les rencontres kimbanguistes existent des moments pareils au *binkundi*. Nous estimons qu'il y a continuité entre la culture et le kimbanguisme, mais discontinuité entre christia-

---

35. Asch, *L'Église du prophète Kimbangu*, p. 54.
36. *Binkundi* « devin, nganga » : personne qui interroge le monde spirituel en vue de connaître l'origine et la solution d'un problème.

nisme et kimbanguisme. Il y a tension entre l'agir de Dieu et celui de Kimbangu : Dieu tarde à répondre, tandis que Kimbangu répond tout de suite.

Les Bakongo ont une culture orale et transmettent leur culture oralement d'une génération à une autre. C'est ainsi que la plupart des Bakongo connaissent leur histoire depuis la première tentative de la christianisation à travers l'époque coloniale jusqu'à Kimbangu. Ils croient que le christianisme est teinté de colonialisme et une importation de l'homme blanc et de sa culture, raison pour laquelle le colon a détruit la culture kongo. Dans ce cas le déplacement vers l'Église kimbanguiste a un motif ethnique. Un autre motif est l'accomplissement de la prophétie de Kimbangu concernant le temps nouveau qui va bientôt s'accomplir. Seuls les Kimbanguistes pourront en être bénéficiaires. La problématique des conflits de génération demeure : les jeunes à la quête de repères culturels sont pris en otage par les conservateurs.

En bref, ces chrétiens partent surtout à cause de l'organisation du culte. Ils recherchent les éléments de leur culture qui confirment la présence de Dieu et leur appartenance à lui, parce qu'ils ne sont pas enracinés dans la parole de Dieu.

## Conclusion

Au $XV^e$ siècle le Portugal inaugure une ère de grandes découvertes et envoie des expéditions explorer le nouveau monde. L'expédition conduite par Diego Câo aborde l'embouchure du fleuve Congo. À partir de Diego Câo des relations fructueuses naissent entre le roi du Portugal et le roi du royaume kongo. Après son baptême et celui de son fils, le roi kongo souhaite le développement et la christianisation de tout son royaume. C'est ainsi qu'il permit la formation de beaucoup d'autochtones non seulement en théologie mais également dans les autres sciences en vogue en Europe. Mais le roi portugais s'intéresse plus aux activités commerciales. À ce titre il instaure un tribut pour la mission et l'esclavage qui mène à la ruine du royaume et à la fin de leur relation.

Quatre siècles plus tard, au retour du voyage de Stanley, l'Europe fait la découverte d'un vaste territoire non encore colonisé. À cette nouvelle, les missionnaires créent une société missionnaire interconfessionnelle, LIM, qui envoie des missionnaires au Bas-Congo. Ils sont les premiers à établir une première station missionnaire protestante. Mais cette ère missionnaire coïncide avec la période coloniale. Le roi belge crée l'EIC et préfère des missionnaires belges catholiques aux missionnaires d'autres nationalités et confessions. Il craint que ces derniers dévoilent le mauvais traitement que son administration infligeait aux autochtones. La préférence du roi crée une tension entre catholiques et protestants. Les protestants traitent les autochtones à titre d'égal, pendant que le rapport des catholiques envers les autochtones est paternaliste.

Le kimbanguisme voit le jour dans un contexte de répression coloniale. Kimbangu en est le leader charismatique, mais il exerce son ministère seulement pendant six mois. Il est incarcéré, condamné à vie, et meurt en prison trente années plus tard. Le mouvement évolue dans la clandestinité. Finalement, les menaces proférées à l'endroit du pouvoir colonial contribuent à sa reconnaissance en tant qu'Église au même titre que les Églises catholique et protestante peu avant l'indépendance du pays. Plus tard, l'Église kimbanguiste obtient aussi une reconnaissance internationale par le COE. L'Église kimbanguiste évolue dans l'ambiguïté entre le rôle de Kimbangu et celui du Saint-Esprit. Cette crise l'amène à se désengager de la sphère internationale protestante. Cela n'empêche pas beaucoup de chrétiens de quitter les Églises issues de la mission vers l'Église kimbanguiste, non à cause de motifs doctrinaux mais surtout culturels. Ceci est un défi important auquel le christianisme au Bas-Congo est appelé à faire face après cinq cents ans de christianisation.

## Pour aller plus loin

Asch, Susan, *L'Église du prophète Kimbangu. De ses origines à son rôle actuel au Zaïre (1921-1980)*, Paris, Karthala, 1983.

Diangenda, Kuntima Joseph, *L'histoire du kimbanguisme*, Kinshasa, Éditions kimbanguistes, 1984.

Ndaywel ê Nziem, Isidore, *Histoire générale du Congo. De l'héritage ancien à la République Démocratique*, Paris/Brusselles, De Boeck & Larcier, 2001.

Martin, Marie-Louise, *Simon Kimbangu et son Église*, Lausanne, Soc, 1971.

# 13

# L'Église harriste et les Églises méthodiste et mennonite en Afrique occidentale : réussite ou échec ?

*Christine Mayani Kalume*

L'Afrique traditionnelle a connu au cours du XIXe siècle des temps nouveaux. Ce fut l'ère de la colonisation ainsi que de la mission chrétienne. Chacune des deux semblait apporter une nouveauté : la colonisation amenait la civilisation tandis que la mission une nouvelle spiritualité. Des éléments de la culture africaine telles que les fétiches, les pratiques religieuses et les amulettes furent rejetés par les missionnaires. En réponse à ce comportement plusieurs mouvements messianiques sont nés. Ils promettaient un avenir meilleur pour le peuple noir et connaissaient un succès remarquable. Toute l'Afrique subsaharienne fut marquée par ce phénomène. Nous nous intéresserons particulièrement au harrisme en Côte d'Ivoire et à son interaction avec les Églises méthodistes et mennonites. Ce mouvement messianique « se distingue par [sa] popularité et [son] dynamisme structurel et fonctionnel[1] ».

Ainsi ce chapitre évaluera le travail de l'Église harriste et des Églises méthodiste et mennonite en Côte d'Ivoire. Il sera subdivisé en deux sections : la pre-

---

1. Lékpéa Alexis DÉA, « Le christianisme occidental à l'épreuve des messianismes indigènes en Côte d'Ivoire coloniale : le Harrisme et le Dehima », *Religioscope, Études et analyses* n° 30, 2013, p. 3.

mière concernera l'Église harriste et l'Église méthodiste et la seconde se penchera sur le rapport entre les Églises mennonite et harriste en Côte d'Ivoire.

## L'Église harriste et l'Église méthodiste en Côte d'Ivoire

### L'Église harriste

Le harrisme est un mouvement religieux mené et lancé par le prophète William Wadé Harris (1860-1929). Il fut l'un des prédicateurs de l'Église méthodiste épiscopale du Libéria. Il commença son ministère prophétique en Côte d'Ivoire, mais celui-ci ne dura que quelques mois (1913-1914)[2].

Rubin Pohor rapporte que « le prophète William Wadé Harris a mené une campagne d'évangélisation qui a connu un succès indéniable dans la zone côtière et provoqué un mouvement de conversion de masse remarquable[3] ». Appuyé par Solomon Andria, il affirme également que « le nombre de personnes touchées qui ont abandonné leurs pratiques religieuses traditionnelles pour embrasser le christianisme oscille entre 100 000 et 200 000 personnes[4] ». Adrian Hastings considère « cet évènement comme la plus remarquable campagne d'évangélisation que l'Afrique ait jamais connue[5] ». Après avoir accompli ce grand exploit, le prophète fut expulsé de la Côte d'Ivoire par les autorités coloniales qui craignaient d'éventuels soulèvements populaires pour deux raisons : d'une part l'interdiction du travail de dimanche que les commerçants et les employeurs européens n'appréciaient pas et d'autre part le fait que les autorités françaises craignaient que les colons anglais ne puissent utiliser le prophète (originaire d'un pays anglo-saxon) pour affaiblir l'autorité française de Côte d'Ivoire. Harris regagna le Libéria, son pays.

Pohor explique qu'« il est unanimement reconnu que l'ensemble des communautés chrétiennes (catholique et protestante) en A.O.F. a bénéficié des retombées de ces conversions de masse. Pour ce qui est des communautés méthodistes on

---

2. Pour plus d'information sur le prophète William Wadé Harris, nous recommandons de lire le chapitre 5 de présent ouvrage.
3. Rubin POHOR, « L'Église protestante méthodiste unie de Côte d'Ivoire. Une approche sociohistorique (1870-1964) », *Études théologiques religieuses* 84, 1, 2009, p. 27.
4. *Ibid.* ; Solomon ANDRIA, « Réveils et initiatives africaines », dans *Les Églises et ministères d'initiative africaine. Enjeux et avenir*, sous dir. Rubin POHOR et Issiaka COULIBALY, Abidjan, FATEAC, 2015, p. 101.
5. Adrian HASTINGS, cité par David SHANK, « Bref résumé de la pensée du prophète William Wadé Harris », *Perspectives missionnaires* n° 5, 1983, p. 35.

situe le nombre de personnes converties entre 25 000 et 30 000[6] ». Cette croissance numérique de leurs fidèles influença celle des lieux de culte. Par contre, une communauté fidèle au prophète Harris ne rejoignit ni l'Église catholique ni l'Église protestante. Après son extradition il se posa la question de la gestion de cet héritage. L'Église méthodiste se porta garant selon les paroles suivantes du prophète :

> Après moi viendront les Blancs, serviteurs de Dieu, avec le Livre, et ils vous enseigneront par la prédication et les écoles tout ce qui est écrit dans la Bible. C'est chez un Pasteur de votre race instruit par eux, que moi-même quand je n'étais qu'un petit garçon, j'ai appris à lire la Parole de Dieu. C'est cette parole sacrée apportée par les Blancs que vous devrez recevoir et à laquelle il faudra obéir sans murmures, si vous voulez avoir part à la Vie éternelle après la mort[7].

Un pasteur méthodiste lui rendit visite en 1926 et ramena une photo le confirmant. Harris avait un message invitant ses fidèles à rejoindre l'Église protestante. Deux années plus tard un groupe fidèle au prophète refusa la légitimité de l'Église méthodiste. Il envoya une délégation conduite par John Ahui. Elle revint également avec une photo du prophète et ses délégués. Les véritables acquis de ce voyage sont la canne et la Bible du prophète. Ces deux éléments devinrent le symbole de la légitimité et de l'orthodoxie de leur action. Au congrès tenu en 1955 la communauté s'organisa en une institution et investit John Ahui comme premier chef spirituel. De ce fait il hérita la canne et la Bible du prophète. L'Église harriste fut reconnue officiellement en 1956. Concernant cette grande œuvre de conversion de masse, Pohor indique qu'« une minorité seulement s'est constituée en Église indépendante harriste. Ces faits tendent à montrer que la réponse massive de la population côtière aux appels à la conversion de William Wadé Harris émanait d'abord du contenu religieux de ses messages[8]. » Actuellement, l'Église harriste est une des grandes confessions religieuses de la Côte d'Ivoire.

Nous pouvons conclure que l'action d'évangélisation transculturelle du prophète Harris en Côte d'Ivoire a été bénéfique pour tous, séculiers et clergés. Le colonisateur pouvait constater le progrès économique, social et même religieux grâce à la proclamation de l'Évangile. Les confessions religieuses catholique et protestante ont d'ailleurs vécu une croissance numérique de leurs membres et des lieux de culte. Malheureusement, après l'extradition du prophète Harris, à

---

6. Pohor, « L'Église protestante méthodiste unie de Côte d'Ivoire », p. 28.
7. Déa, « Le christianisme occidental à l'épreuve des messianismes », p. 8.
8. Pohor, « L'Église protestante méthodiste unie de Côte d'Ivoire », p. 33.

cause du manque d'enracinement dans la parole de Dieu, nombre de ceux qui avaient été évangélisés régressèrent. L'historique de l'Église méthodiste nous informera encore davantage sur son rapport avec l'Église harriste.

## *L'Église méthodiste*

Selon Pohor, « L'Église Protestante Méthodiste Unie de Côte d'Ivoire (désormais désignée par le sigle EMU-CI), est la première à s'implanter sur le territoire ivoirien[9] ». Le développement des Églises méthodistes en Côte d'Ivoire s'est effectué en deux vagues : la première en 1870 et la seconde en 1890[10]. Les premiers arrivants en 1870 provenaient du Ghana et entraient en Côte d'Ivoire par des villages frontaliers. « Ces premiers chrétiens méthodistes en Côte d'Ivoire étaient enregistrés comme des "clarks" (fonctionnaires subalternes) par l'administration coloniale ou comme "chrétiens méthodistes allogènes ou immigrés" par la population autochtone[11] ». La majorité appartenait à la tribu Fanti. La seconde vague était composée d'une communauté hétérogène « constituée de chrétiens méthodistes originaires du Ghana (Fanti), du Libéria et de la Sierra Léone, d'ethnie nzima[12] ». Cette population était surtout composée de « commerçants et d'ouvriers[13] ». Les premières communautés méthodistes étaient principalement ethniques (une fois en Côte d'Ivoire, ces communautés s'organisaient en groupes ethniques selon leur arrivée en terre d'exil). Elles ont gardé beaucoup d'éléments de leur contexte culturel d'origine : langue, traditions ethniques, etc. Pohor rapporte que ces communautés n'ont pas beaucoup augmenté en nombre pour plusieurs raisons :

> Tiraillés entre le désir d'être acceptés au sein de la société d'accueil et de s'y intégrer, et la crainte de l'assimilation et de la perte de leur identité ethnique, les premiers chrétiens méthodistes allogènes en Côte d'Ivoire n'ont pu fournir d'effort en matière d'évangélisation envers les autochtones et ont eu très peu d'influence sur l'État colonial[14].

---

9. *Ibid.*, p. 23.
10. *Ibid.*
11. *Ibid.*, p. 25-26.
12. *Ibid.*, p. 26.
13. *Ibid.*
14. *Ibid.*, p. 26-27.

De ce qui précède, nous pouvons conclure qu'il y avait une continuité entre les communautés des chrétiens allogènes en Côte d'Ivoire et les Églises méthodistes venant du même pays. Les chrétiens se retrouvèrent et vécurent dans la monoculture malgré le fait qu'ils aient franchi les frontières.

C'est grâce au ministère de William Wadé Harris débuté en 1914 que la croissance de l'Église méthodiste a considérablement évoluée. Selon Pohor, « L'année 1914 a marqué l'histoire de l'Église du pays, particulièrement celle de l'Église méthodiste de Côte d'Ivoire qui en a fait une référence pour sa genèse[15] ». Nous avons noté plus haut que les communautés méthodistes ont accueilli entre « 25 000 à 30 000 » nouveaux convertis.

Les premières communautés méthodistes ont cependant été confrontées à plusieurs difficultés liées à l'implantation qui n'ont pas favorisé leur croissance : « des conflits internes linguistiques et de cohabitation, et des problèmes sociopolitiques avec l'administration coloniale[16]. » Le problème linguistique concernait la langue à utiliser durant le culte. Les nouveaux convertis ne pouvaient suivre le culte qu'en français et non dans une autre langue. Par contre, les chrétiens allogènes avaient la possibilité d'utiliser l'anglais, étant ressortissants des colonies anglaises, ou le fanti parce qu'il y avait une importante colonie ghanéenne. Nous estimons que cette croissance numérique significative aurait incité les prédicateurs à l'usage des langues locales. Leur usage aurait été utile et aurait influencé la traduction de la Bible dans les langues couramment exploitées.

Ensuite, concernant les problèmes de cohabitation et sociopolitiques avec l'administration coloniale, Pohor indique :

> Les problèmes de coexistence ont souvent abouti à des formes de violence ; d'abord violence psychologique portant atteinte à l'intégrité affective de la victime (intimidation, chantage, manipulation des quelques immigrés dans la ville de Bassam) ; ensuite violence structurelle liée aux structures sociales et économiques (misère, injustices, exclusion des immigrés dans la ville de Dabou) ; enfin violence symbolique ou culturelle, c'est-à-dire tout ce qui, dans le discours, dans l'image, dans l'idéologie, sert à justifier la violence, à en légitimer les autres formes, par exemple envers les Dahoméens (Béninois). Cette difficulté d'ordre relationnel, voire sociologique, débordant le cadre ecclésial, était entretenue par l'idéologie colo-

---

15. *Ibid.*, p. 27.
16. *Ibid.*, p. 29.

niale qui faisait une nette distinction entre les « clarks », fonctionnaires subalternes de l'administration coloniale, et les autochtones[17].

Heureusement, Pohor affirme plus loin que le problème d'unité a été résolu[18]. Concernant les problèmes linguistiques et sociologiques, il indique :

> [Ils] ont toujours trouvé une solution à l'intérieur des communautés grâce à l'insistance sur les textes bibliques appelant à l'unité des chrétiens au cours des prédications et des enseignements bibliques. On peut aussi relever le plaidoyer pour une meilleure qualité de la cohabitation résultant d'une volonté nouvelle des chrétiens de mener un ensemble d'actions cohérentes dans le sens souhaité par la communauté, en l'occurrence la traduction des messages dans les langues majoritairement représentées au sein des Églises locales[19].

Deux évènements ont finalement contribué à la stabilité et à l'expansion de l'Église méthodiste de Côte d'Ivoire : « Le rapatriement de William Wadé Harris en avril 1915 et [...] la fermeture de la communauté de Grand-Bassam en 1923, suite au décret du 14 février 1922 qui interdisait dans les cultes l'emploi des langues autres que le français, le latin et les langues locales[20]. »

Nous concluons que les actions menées par les deux Églises harriste et méthodiste et leurs relations ont été enrichissantes. Elles ont abouti à une satisfaction de part et d'autre, à une vraie réussite. L'Église méthodiste a connu une croissance numérique de ses membres et des lieux de culte grâce à l'annonce de la Bonne Nouvelle par Harris. Cet acte a cependant provoqué une discontinuité dans plusieurs Églises locales méthodistes en Côte d'Ivoire. Elles étaient plus fréquentées par les chrétiens allogènes, mais, avec l'arrivée de plusieurs autochtones, elles ont dû modifier certaines de leurs habitudes. L'unité a été favorisée par le décret du 14 février 1922.

L'Église harriste n'a pas seulement été en contact avec l'Église méthodiste unie de Côte d'Ivoire, mais aussi avec l'Église mennonite d'Amérique du Nord. Cette relation nous préoccupera dans la prochaine section.

---

17. *Ibid.*, p. 30.
18. Révérend H. G. Martin, « Rapport de synthèse, année 1915 », cité dans Pohor, « L'Église protestante méthodiste unie de Côte d'Ivoire », p. 32.
19. Pohor, « L'Église protestante méthodiste unie de Côte d'Ivoire », p. 33.
20. *Ibid.*

## L'Église harriste et l'Église mennonite

Dans un article paru en 1990 dans la revue *Perspectives missionnaires*, James Krabill raconte son ministère parmi les Harristes dida[21]. L'Église harriste est représentée dans ce partenariat par l'Église locale du village de Yocouboué auprès du peuple dida se trouvant au sud de la partie centrale de la Côte d'Ivoire non loin du Golfe de Guinée. Quant à l'Église mennonite, c'est le Bureau missionnaire mennonite de l'Amérique du Nord qui coordonna ce partenariat.

### *Partenariat*

Modeste Beugré Lévry, un apôtre harriste de Yocouboué, prit le premier l'initiative d'inviter les Mennonites à travailler en partenariat avec l'Église harriste. Il rencontra le missionnaire mennonite David Shank en 1979 à l'occasion d'un repas donné par l'un des responsables de l'Église harriste locale. Modeste Beugré Lévry raconte sa requête à David Shank : « Je sollicitai aussitôt une aide de sa part pour l'étude de la Bible et de la vie du Prophète W. D. Harris au bénéfice des prédicateurs et des jeunes responsables harristes de Yocouboué[22] ». Ils choisirent le 4 mai 1979 pour une séance de travail qui réunirait les responsables de l'Église harriste et les Mennonites afin d'étudier la faisabilité d'un partenariat[23]. Le début de l'exécution du programme était initialement prévu au cours de l'année 1980, mais il fut retardé par manque d'infrastructures. Le projet démarra en 1982, deux années plus tard. Le missionnaire James Krabill vint s'installer à Yocouboué afin de dispenser « les cours bibliques localement et dans les villages environnants selon le programme qui avait été arrêté avec les élèves de chaque localité[24] ». Les Mennonites n'ont donc pas répondu à un besoin créé par des structures mises en place par des missionnaires, mais bien à l'appel lancé par une Église d'initiative africaine : l'Église harriste.

### *Aspect pratique*

Avec ce partenariat conclu avec les Mennonites d'Amérique du Nord, les autochtones exprimèrent leur engagement de prendre à nouveau le risque de

---

21. James KRABILL, « Le ministère des Églises mennonites auprès des Harristes dida en Côte d'Ivoire », *Perspectives missionnaires* n° 20, 1990, p. 62-77.
22. *Ibid.*, p. 63.
23. *Ibid.*, p. 64.
24. *Ibid.*

traiter avec les Blancs. Ces derniers les avaient trompés maintes fois par le passé. Ils ont réitéré leur engagement de collaborer avec les Blancs soixante ans après la dernière visite qu'un administrateur colonial français rendit aux Dida[25]. La démarche des dirigeants de l'Église harriste de Yocouboué de solliciter l'aide des Mennonites nord-américains est considérée par James Krabill « comme un miracle de notre temps, une preuve que Dieu est plus que jamais engagé dans son projet éternel de faire se rassembler des hommes que tout sépare[26] ». C'est d'abord et avant tout un grand défi à relever qui marqua un nouveau départ, de nouvelles bases de collaboration entre l'Église harriste et les Blancs. Compte tenu de ce qui précède, James Krabill décida de concentrer ses « efforts sur les relations personnelles beaucoup plus que sur un "programme de développement" proprement dit[27] ».

Après son arrivée, le missionnaire ne s'est pas seulement appliqué à son cahier de charges concernant l'enseignement, mais aussi à toutes les vicissitudes de la vie quotidienne des habitants de Yocouboué. Les lignes qui suivent explicitent concrètement quelques domaines d'intervention du missionnaire dans l'exercice de ses fonctions en rapport avec la nourriture spirituelle et le service.

Le domaine de l'enseignement nécessite un équipement adéquat pour parvenir à de meilleurs résultats. Dans ce cas-ci, les ressources pour l'éducation locale étaient très limitées pour se permettre un équipement adéquat, raison pour laquelle le missionnaire les dota d'une librairie et monta une bibliothèque. De plus, le missionnaire constata que ces jeunes responsables et prédicateurs avaient des niveaux d'instruction très divers. C'est ainsi que l'organisation de cours d'alphabétisation s'avéra nécessaire pour les responsables d'Église qui n'avaient pas été formés préalablement. Le missionnaire mit aussi sa maison au profit de la communauté pour pallier le manque de soins médicaux adéquats et elle fut transformée en mini-clinique. La voiture du missionnaire était également utilisée comme ambulance, corbillard et taxi de brousse[28].

La plus grande part du ministère de James Krabill et sa famille ne fut donc pas l'enseignement mais plutôt le soutien aux habitants au quotidien et le développement des relations. Nous avons apprécié que la présence du missionnaire et son implication aient été réclamées dans toutes les activités des villageois. Cette participation du missionnaire est un fait positif pour son intégration et un moyen

---

25. *Ibid.*, p. 65.
26. *Ibid.*, p. 66.
27. *Ibid.*, p. 66.
28. *Ibid.*, p. 68.

appréciable pour son acculturation et sa contextualisation. Ce fut certainement le point central de sa réussite.

L'enseignement était le nœud de leur partenariat. Il débuta d'abord dans la maison du missionnaire et portait sur l'étude de l'Évangile selon Marc. Treize villages alentours, désirant également être formés, reçurent un enseignement biblique décentralisé en trois années de ministère[29]. C'est la raison pour laquelle les responsables de l'Église harriste demandèrent une prolongation d'une autre période de trois années. La requête fut acceptée et le Bureau missionnaire mennonite reconduisit le missionnaire James Krabill pour une autre durée de trois ans. C'est ainsi qu'en 1986 le missionnaire mennonite se déplace vers le Nord à Divo, lieu « qui devait constituer la base à partir de laquelle l'enseignement biblique serait dispensé dans cinq nouveaux centres (Tata, Bada, Gnawalilié, Zéhiri et Tiègba)[30] ».

C'est ainsi que le missionnaire définit un plan d'études efficace dont le programme suivra un schéma d'une durée de trois années. Au programme le missionnaire envisagea un temps d'étude d'ensemble. Le missionnaire développait deux thèmes : « l'un se rapportant au "Peuple de Dieu" (Israël/Église) et l'autre à la figure centrale de Jésus-Christ[31]. » Le choix porta sur l'apprentissage des textes du livre des Actes des apôtres. Cette étude fut très pertinente pour deux raisons selon lui :

> D'une part, les caractéristiques de ce livre sont spécialement intéressantes pour des chrétiens en contexte africain : questions touchant la possession par l'esprit ou le démon, confrontation avec les magiciens, conflits entre tribus et racisme (Juifs, Samaritains, « adorateurs », « païens »), discussion sur la Loi et la Grâce, rôle des Africains du Nord dans les premiers temps de l'expansion de l'Église primitive. D'autre part, il y a des parallèles frappants entre le récit des Actes et l'histoire de la façon dont la foi chrétienne est parvenue au peuple dida à travers le ministère du prophète Harris en 1913. Pour aider les élèves à repérer ces analogies, je leur ai donné chaque semaine un petit travail à faire à la maison. Ils devaient se transformer en « petits Luc » et en s'inspirant du livre des Actes faire une enquête auprès des personnes âgées du village. Un certain nombre de leurs trouvailles furent rassemblées dans une brochure

---

29. *Ibid.*, p. 67-68.
30. *Ibid.*, p. 69.
31. *Ibid.*, p. 70-71.

de 23 pages donnée à chaque élève comme une sorte d'histoire de l'église (locale) primitive[32].

L'approche de James Krabill montre un réel désir de faire saisir aux locaux le lien entre l'histoire de la Bible et leur propre histoire.

Nous avons relevé quelques-uns des facteurs de réussite du partenariat des Églises mennonites et l'Église harriste parmi le peuple dida, ici selon Modeste Beugré Lévry : « l'œuvre constructive entreprise au service de ces Églises est un exemple riche d'enseignements que les chrétiens harristes dida n'oublieront jamais[33]. » De plus, James Krabill a contribué à l'édition d'une brochure en langue dida composée de textes importants tirés de l'ancienne liturgie harriste dida : prières, confession de foi, catéchisme[34]. D'anciens chants harristes ont aussi été répertoriés et classés. Ces ressources sont précieuses pour la pratique et la croissance des Églises harristes.

James Krabill a réussi à développer des amitiés profondes et sincères. Il conclut son rapport en disant qu'au travers de cette expérience,

> un certain nombre de Harristes en sont venus, dès à présent, à mieux comprendre que la Bible n'est pas exclusivement le « papier des Blancs » et que l'œuvre que réalise le Christ par son Église ne concerne pas une race particulière, mais l'univers entier. C'est un projet qui unit des peuples différents et qui les rend capables, dans le respect mutuel, de vivre et d'étudier ensemble, de prier et de créer ensemble un épisode modeste mais significatif du Royaume du Christ qui vient[35].

En définitive, il se dégage que les Églises mennonites ne sont pas venues implanter une œuvre missionnaire. Elles sont venues dans le cadre d'un partenariat de renforcement des capacités qui a suscité des vocations parmi les jeunes harristes, futurs leaders de l'Église. Ce partenariat a connu un succès important, notamment la création de recueils de cantique de l'époque primitive de l'Église harriste.

---

32. *Ibid.*, p. 71-72.
33. *Ibid.*, p. 64.
34. *Ibid.*, p. 73.
35. *Ibid.*, p. 76.

## Conclusion

Les premières communautés méthodites en Côte-d'Ivoire sont une œuvre purement africaine, car elles ont été implantées par des chrétiens méthodistes africains immigrés des pays voisins. Leur croissance a d'abord été faible mais a ensuite été favorisée par le ministère du prophète William Wadé Harris. L'Église méthodiste unie de Côte-d'Ivoire a donc finalement connu une croissance élevée, et grâce à elle l'Église méthodiste s'est organisée en districts.

Le partenariat entre les Églises harriste et mennonite a été couronné d'un succès percutant. Les jeunes responsables et prédicateurs harristes de plusieurs villages ont été formés. Ils ont acquis une meilleure connaissance de l'histoire harriste. Le missionnaire confectionna un recueil de cantiques de l'époque des origines du harrisme qui est utilisé jusqu'à aujourd'hui.

## Pour aller plus loin

ANDRIA, Solomon, « Réveils et initiatives africaines », in *Les Églises et ministères d'initiative africaine. Enjeux et avenir*, sous dir. Rubin POHOR et Issiaka COULIBALY, Abidjan, FATEAC, 2015, p. 97-106.

KRABILL, James, « Le ministère des Églises mennonites auprès des Harristes dida de Côte d'Ivoire », *Perspectives missionnaires* n° 20, 1990, p. 62-77.

DÉA, Lékpéa Alexis, « Le christianisme occidental à l'épreuve des messianismes indigènes en Côte d'Ivoire coloniale : le Harrisme et le Dehima », *Religioscope. Études et analyses* n° 30, 2013.

POHOR, Rubin, « L'Église protestante méthodiste unie de Côte d'Ivoire. Une approche socio-historique (1870-1964) », *Études théologiques et religieuses* 84, 1, 2009, p. 23-48.

SHANK, David, « Bref résumé de la pensée du prophète William Wadé Harris », *Perspectives missionnaires* n° 5, 1983, p. 34-54.

# 14

# Leçons à tirer des Églises d'initiative africaine

*Fara Daniel Tolno*

L'objectif principal de ce chapitre consiste à décrire de quelle manière les Églises d'initiative africaine contextualisent l'Évangile. Cela suggère d'autres questions d'intérêt général : Comment ces Églises voient-elles le rapport entre l'Évangile et la culture ? Pourquoi les Africains s'intéressent-ils à elles ? Quelles leçons les Églises historiques peuvent-elles tirer de la contextualisation des Églises d'initiative africaine ? Pour répondre à ces questions, nous examinerons les éléments positifs et négatifs qui découlent d'une telle contextualisation.

## Qu'est-ce que la contextualisation ?

Avant de présenter les éléments positifs et négatifs, il nous semble judicieux de commencer par définir le concept de contextualisation. Présenté par Shoki Coe en 1972 « en remplacement des termes d'enculturation, inculturation, accommodation et indigénisation[1] », la contextualisation selon Ruth Julian « est un processus consistant à rendre l'Évangile pertinent pour les personnes, de sorte qu'il puisse s'adresser à leur cœur[2] ». Selon Hannes Wiher, elle décrit « le processus qui consiste à rendre l'Évangile pertinent dans un contexte socioculturel

---
1. Hannes WIHER, *L'Évangile et la culture de honte en Afrique occidentale*, Bonn, Culture and Science Publications, 2003, p. 66.
2. Ruth JULIAN, « La contextualisation en profondeur », in *L'Église mondiale et les théologies contextuelles. Une approche évangélique de la contextualisation*, sous dir. Matthew COOK et al., Nuremberg/Écublens/Charols, VTR/AME/Excelsis, 2015, p. 214.

particulier[3] ». Dans ce cas, la contextualisation est un processus d'insertion de l'Évangile dans la langue et la culture d'une part, et de la transformation de la culture par l'Évangile d'autre part.

La compréhension de l'Évangile par les personnes d'une culture est l'un des objectifs de la contextualisation. Mais le but final est le salut de l'homme. C'est pourquoi la contextualisation qui se veut critique et pertinente doit se fonder sur l'Écriture. Elle doit être attentive non seulement à la révélation générale, mais aussi à la culture cible, pour que l'Évangile, à travers des éléments culturels, soit pertinent et reçoive un accueil favorable. L'Écriture est donc le principe qui en gouverne le processus. La contextualisation ne doit être ni omise ni négligée et la réflexion se doit d'être biblique. C'est en tenant compte de cette réalité biblique que nous évaluons la contextualisation des Églises d'initiative africaine.

## Leçons positives

Dans les Églises d'initiative africaine les fidèles mettent l'accent sur la communion fraternelle et s'appellent entre eux « mon bien aimé frère (ou sœur) en Christ ». Cette ferveur se fait sentir non seulement dans la cité où ils vivent, mais aussi au moment du culte. Les croyants savent tous qu'ils ne sont pas seuls. Cette nouvelle fraternité à l'intérieur de l'Église remplace la communauté tribale et familiale, ce qui, socialement parlant, est d'une grande portée dans la culture africaine. Dans la nouvelle communauté chrétienne, les fidèles se sentent en sécurité et s'engagent pour elle[4]. Bengt Sundkler « constate que les Églises plus anciennes ont échoué dans la relation personnelle et surtout dans la responsabilité pastorale et que ce défaut a donné lieu aux sécessions[5] ». En effet, dans les Églises issues des missions occidentales, les pasteurs passent l'essentiel de leur temps au bureau. Ils sont plus proches des sociétés missionnaires que de leurs fidèles. Ces Églises sont tellement institutionnalisées qu'elles ont perdu ou négligé la communion fraternelle. Par conséquent, la plupart de ces Églises historiques sont devenues des foyers de tension entre pasteurs et missionnaires occidentaux ou entre pasteurs et fidèles[6].

---

3. Hannes WIHER, « Qu'est-ce que la contextualisation ? », in COOK, L'Église mondiale et les théologies contextuelles, p. 1.
4. Marie Louise MARTIN, Simon Kimbangu. Un prophète et son Église, Lausanne, Soc, 1981, p. 160.
5. SUNDKLER cité par CONSEIL ŒCUMÉNIQUE DES ÉGLISES, Graines d'Évangile. Aperçu des Églises indépendantes africaines, Yaoundé, CLÉ, 1973, p. 60.
6. Solomon ANDRIA, Église et Mission à l'époque contemporaine, Yaoundé, CLÉ, 2007, p. 49.

Les pasteurs des Églises d'initiative africaine prêchent de manière simple et très souvent dans la langue du cœur. Quand ils s'adressent aux fidèles, ils le font de la manière d'un père africain s'adressant à ses enfants ou aux membres de sa famille. Sans avoir leurs notes sous la main, ils expliquent le texte biblique en y joignant des illustrations qui cadrent avec le contexte africain. La méthode de prédication est essentiellement narrative : le texte biblique est expliqué comme un conte. Par contre, dans les Églises historiques on assiste à une crise de la prédication parce que les prédicateurs ont tendance à utiliser un langage complexe que l'auditeur moyen ne comprend pas. La plupart des sermons sont monotones, ennuyeux et peu intéressants. Dans ces Églises, la prédication est le plus souvent sans rapport avec les préoccupations d'aujourd'hui. La prédication ne communique pas et ne conduit pas les personnes au changement parce les sermons comprennent trop d'analyses et pas assez de réponses. Les sermons sont trop formels et trop impersonnels. Ils contiennent trop de raisonnements et pas assez d'illustrations[7].

Les Église d'initiative africaine ont une organisation sociale simple qui n'exige pas trop de charge financière contrairement aux Églises historiques. Quand ces dernières concentrent leurs efforts sur la mobilisation des fonds, les Églises d'initiative africaine s'activent dans la communion fraternelle, pratiquant l'entraide réciproque et cherchant des réponses aux questions qui se posent à la communauté : santé physique et spirituelle, famine, mariages, pour ne citer que celles-ci. De plus, les Églises d'initiative africaine accordent une grande importance au ministère des laïcs et des femmes. Chez elles l'évangélisation et la mission ne sont pas spécifiquement confiées aux spécialistes, mais à tous et à toutes. Par ce procédé plusieurs de leurs Églises ont été fondées par des laïcs et quelques-unes par des femmes. La consécration aux différents ministères n'est pas une passion comme nous le constatons dans les Églises institutionnalisées. Dans les Églises d'initiative africaine les dons des individus sont mis à profit. Très souvent les fidèles mettent leurs dons au service de la communauté dans un esprit de bénévolat et de faiseurs de tentes. Cela favorise l'esprit missionnaire qui dans les Églises historiques se trouve paralysé par le manque de soutien missionnaire.

Les temples des Églises d'initiative africaine sont construits de manière simple et sobre. La plupart d'entre elles débutent leur premier culte sous un hangar ou même sous l'arbre à palabre. Au contraire, les Églises historiques ont tendance à construire des temples de référence, qui leur demandent beaucoup d'argent alors qu'elles n'en possèdent pas suffisamment pour faire tourner leur

---

7. Jean-Philippe BRU, « Prêcher par l'Esprit », *Nuance* n° 233, mars 2013.

administration. À titre d'exemple on peut citer le projet de construction des temples de l'Église protestante évangélique d'Entag Fassa et de Coleah en République de Guinée Conakry. Le montant du devis s'élève à environ 229 735 euros pour le premier et de 156 847 euros pour le second[8].

Les Églises fondées par les sociétés missionnaires attachent une importance capitale au pouvoir et aux cérémonies qui l'accompagnent. L'élection est le système de désignation des responsables d'Églises. Cela fragilise la communauté chrétienne, car elle se regroupe en ethnies ou régions qui se rallient derrière leurs fils candidats. Et quand ils sont élus, la facture de la cérémonie d'investiture est lourde et hallucinante. À titre d'exemple on peut citer l'investiture du comité exécutif national de l'Église protestante évangélique de Guinée (EPEG) tenue le 5 mai 2017. Elle a coûtée 25 000 000 de Fg soit 2 306 euros[9] ! Or, dans les Églises d'initiative africaine, il n'y a pas d'élection parce qu'elles estiment qu'être prophète, apôtre, pasteur, évangéliste est un don de Dieu. Ici les présidents d'Églises sont prophètes, apôtres, ou pasteurs, et ils le sont à vie. De ce fait, l'autorité est mieux respectée que dans les Églises fondées par les sociétés missionnaires.

Les fidèles des Églises d'initiatives africaines se réunissent régulièrement pour prier et écouter les enseignements bibliques. Chaque jour, matin et le soir, les petits groupes se réunissent pour prier. Dans la semaine, trois jours sont réservés pour le culte qui regroupe la majorité des membres de l'Église. Le culte dominical est caractérisé par des chœurs de louange et d'adoration, la prière, les offrandes et la lecture de la Bible. La prédication de l'Évangile est l'élément principal du culte dominical. Après le Culte, l'apôtre ou le pasteur organise une prière pour les malades.

Il est important de relever que ces Églises font aussi une utilisation intensive de la prière pour connaître la volonté de Dieu, ce qui les pousse à croire que la puissance se trouve dans la prière. Or, la puissance ne se trouve pas dans nos cris, mais dans le Seigneur. Puisque la prière est une puissance, les prophètes y recourent pour interpréter les rêves et les songes, prophétiser et prononcer des bénédictions de tous ordres. Très souvent la prière s'appuie moins sur Christ que sur le charisme du prophète. Elle est caractérisée par l'emploi en abondance du « je » et de l'impératif comme « Je t'ordonne de sortir, je recommande ta guérison, je déclare que tu es guéri ». Les expressions comme « reçois la guérison et

---

8. « Projets de construction des lieux de culte en Basse Côte », Archives du Comité zonal de la Basse-Côte de l'Église protestante évangélique de Guinée (EPEG), Conakry, 20 mars 2016.
9. « Lettre circulaire tenant lieu de l'investiture des membres du Comité Exécutif National », Archives du Comité zonal de la Basse-Côte de l'Église protestante évangélique de Guinée (EPEG), Conakry, 17 avril 2017.

l'onction de Dieu, dis au Seigneur je suis guéri, Jéhova déverse ta puissance sur ce malade, je te recommande de chasser cet esprit en lui » sont employées de manière récurrente.

Les fidèles de ces Églises observent une dépendance absolue de Dieu et une ascèse basée sur une maîtrise de soi qui attirent davantage les Africains. Ils ne fument pas, ne boivent pas d'alcool et ne croquent pas de noix de cola[10].

Au regard de ces éléments positifs nous pouvons affirmer que les Églises d'initiative africaine essaient de contextualiser la vie chrétienne dans tous les domaines. Les Églises évangéliques peuvent en tirer des leçons. Mais ce n'est pas suffisant pour approuver en tout leur contextualisation. C'est pourquoi nous voudrions, dans ce qui suit, nous pencher sur les éléments négatifs.

## Leçons négatives

Dans les Églises d'initiative africaine la culture occupe une place de choix. Cet intérêt est non seulement une force d'attraction, mais aussi une stratégie d'évangélisation. En Afrique la polygamie est le système de mariage reconnu et accepté par la coutume. Quand les missionnaires occidentaux sont arrivés, ils ont attaqué le mariage polygamique et proposé aux chrétiens africains la monogamie, à l'époque mal perçue par les Africains. Les peuples musulmans peul et malinké de la République de Guinée considèrent un homme qui épouse une seule femme comme un demi-célibataire. Dans un passé récent, épouser plusieurs femmes était un signe d'honneur, de prestige, de richesse et de gloire. Certaines Églises d'initiative africaine ont donc entériné la polygamie en s'appuyant sur les textes vétérotestamentaires. C'est pourquoi le prophète William Wadé Harris était pendant ses voyages missionnaires en compagnie de trois à six femmes qui étaient ses disciples. Celles-ci étaient « habituellement considérées comme des épouses supplémentaires » du prophète Harris[11].

Dans la société africaine le culte des ancêtres est encore vivace. Il est au cœur des religions traditionnelles africaines. On peut même dire qu'il y est essentiel. Connaissant l'emprise que les ancêtres ont sur les peuples africains, les prophètes des Églises d'initiative africaine n'ont pas pu éradiquer de leur culte, mais l'ont accommodé au culte chrétien. C'est l'un des points de démarcation avec le christianisme occidental, qui a rejeté le culte des ancêtres dès son arrivée en Afrique. Dans son ministère prophétique, Simon Kimbangu n'a pas rejeté

---

10. Martin, *Simon Kimbangu*, p. 160.
11. Conseil œcuménique des Églises, *Graines d'Évangile*, p. 28.

le culte des ancêtres parce qu'il savait qu'en Afrique, « les vivants et les morts forme une unité, la *communio sanctorum*, « la communion des saints dans le ciel et sur la terre »[12].

Notons que la conception de la Trinité n'a pas toujours été bien comprise par les Kimbanguistes. Ils ont africanisé la notion de Trinité en prêtant à Simon Kimbangu le nom de Ngunza Mfumu, c'est-à-dire l'envoyé ou le prophète du Seigneur[13]. À cet effet, le pasteur Ntalani Ndofunsu, l'un des hommes influents du kimbanguisme disait qu'il existe bel et bien une Trinité : Dieu le Père, le Fils et le Saint-Esprit. Mais « le Saint-Esprit c'est Tata Simon Kimbangu, il fait partie de Dieu[14] ». Il poursuit sa pensée en ajoutant que son fils, Joseph Diangienda est aussi appelé le Saint-Esprit[15]. Une telle perception de la Trinité n'est qu'une déformation du sens original de l'Écriture (Dt 6.4 ; Ps 90.2 ; Mt 28.19 ; 1 Co 13.13). Cela nous amène à affirmer qu'une contextualisation qui valorise la culture au détriment de l'Écriture conduit inévitablement à l'hérésie.

En Afrique, le sacré a une importance capitale. La forêt sacrée ou la maison sacrée ne sont habitées que par les initiés. Et le maître d'initiation est le détenteur du secret des initiés. De ce fait, il est craint et respecté par la société. De même, le sacré dans les Églises d'initiative africaine occupe une place importante. Le prophète, à l'image du maître d'initiation, détient l'objet sacré duquel il reçoit un certain pouvoir. Dans le cas spécifique des Églises harristes et kimbanguistes, la canne qui symbolise le pouvoir spirituel représente l'objet sacré[16]. Le symbole de l'eau de N'Kamba est le plus connu des objets sacrés des Kimbanguistes parce que les pasteurs et les évangélistes utilisent cette eau pour la guérison des malades. Les malades pouvaient en boire ou l'appliquer sur la partie souffrante du corps. Cet usage de la source de N'Kamba bénie par Kimbangu a des parallèles dans beaucoup d'Églises d'initiative africaine[17]. Certaines parmi elles utilisent l'huile d'onction ou du savon de protection.

Les Églises d'initiative africaine par le truchement de l'approche inclusiviste s'attellent à l'africanisation du christianisme. Ce travail certes est noble, mais il ne faudrait pas que le souci légitime de désoccidentaliser le christianisme pour

---

12. Chez les chrétiens kimbanguistes, sont appelés ancêtres les personnes décédées dans la foi. MARTIN, *Simon Kimbangu*, p. 129.
13. Susan ASCH, *L'Église du prophète Kimbangu. De ses origines à son rôle actuel au Zaïre (1921-1981)*, Paris, Karthala, 1983, p. 114.
14. Le pasteur Ntalani Ndofunsu cité par ASCH, *L'Église du prophète Kimbangu*, p. 148.
15. *Ibid.*
16. Jean-Pierre LEHMANN, *Prophètes guérisseurs dans le sud de la Côte d'Ivoire*, Paris, L'Harmattan, 2012, p. 27 ; ASCH, *L'Église du prophète Kimbangu*, p. 140.
17. MARTIN, *Simon Kimbangu*, p. 178.

l'enraciner vraiment en terre africaine nous fasse oublier la place centrale de l'Écriture. Alors les Églises d'initiative africaine devront faire appel à une herméneutique fondée sur trois éléments principaux : écouter la Parole de Dieu à partir de la situation présente ; discerner des aspects de la situation présente que le texte biblique éclaire ou met en question ; et tirer de la plénitude de sens du texte biblique les éléments susceptibles de faire évoluer la situation présente d'une manière féconde, conforme à la volonté salvatrice de Dieu dans le Christ[18]. Par ricochet, le processus herméneutique sera essentiellement calqué sur une analyse minutieuse de la culture, une exégèse sérieuse de la Bible, un examen de la culture à la lumière de la Bible, et si nécessaire, la création de nouveaux concepts utiles à la compréhension de l'Évangile par l'Africain. Dans ce cas, l'Écriture devient la norme d'une bonne contextualisation.

## Conclusion

Les Églises d'initiative africaine deviennent de plus en plus nombreuses en Afrique. Les Africains s'intéressent à elles à cause de leur attachement à leur culture. Pour être à l'écoute de la culture, ces Églises ont emprunté une approche inclusiviste extrême qui prône l'adaptation de l'Évangile à la culture. De ce fait, les Églises historiques ont du mal à collaborer. Cependant, elles peuvent tirer des leçons des Églises d'initiative africaine qui ont su garder certaines valeurs de la culture africaine s'accordant avec la parole de Dieu. À titre d'exemples, les Églises historiques devraient cultiver en leur sein la communion fraternelle et le don de soi pour servir Dieu. Elles devraient repenser la prédication pour qu'elle touche le cœur de l'Africain et transforme sa culture. Pour y arriver, elles devraient être à l'écoute de l'Écriture pour savoir articuler les approches exclusiviste et inclusiviste. Dans le processus de la contextualisation de l'Évangile, ces deux approches se complètent. La première approche rejette tous les éléments culturels qui sont incompatibles à l'Évangile. Mais la seconde cherche à garder les valeurs culturelles qui s'accordent avec la Parole de Dieu. Alors favoriser une des deux approches au détriment de l'autre conduirait soit à un manque de pertinence dans la culture ou à des déviations doctrinales qui obscurciront davantage la connaissance de la Parole de Dieu.

La contextualisation qui s'appuie uniquement sur une des deux approches, distingue rarement ce qui est compatible avec l'Évangile de ce qui ne l'est pas.

---

18. Jean-Luc Vesco, *L'interprétation de la Bible dans l'Église*, Commission Biblique Pontificale, Paris, Cerf, 1994, p. 105.

Cela conduit à un mélange doctrinal qui expose les croyants à un syncrétisme religieux ayant pour résultat une mauvaise contextualisation, qui favorise la culture au détriment de l'Évangile. Or c'est l'Évangile qui doit évaluer et juger la culture parce « qu'elle a des démons que seul l'Évangile est capable de chasser[19] ». Sur cette question, Tite Tiénou est clair lorsqu'il dit « qu'aucune culture, occidentale ou africaine, n'a le droit de domestiquer l'Évangile. Sans cesse la culture doit être soumise au jugement de l'Évangile[20] ». Mais pour mieux contextualiser l'Évangile il faut gérer la tension entre les approches exclusiviste et inclusiviste. Les Églises historiques et les Églises d'initiative africaines sont appelées à faire face à ce défi pour que l'Évangile touche le cœur des Africains en profondeur.

## Pour aller plus loin

Conseil œcuménique des Églises, *Graines d'Évangile. Aperçu des Églises indépendantes africaines*, Yaoundé, CLÉ, 1973.

Kapteina, Detlef, *La théologie évangélique en Afrique. Naissance et évolution (1970-2000)*, Charols, Excelsis, 2015.

Julian, Ruth, « La contextualisation en profondeur », in *L'Église mondiale et les théologies contextuelles. Une approche évangélique de la contextualisation*, sous dir. Matthieu Cook *et al.*, Nuremberg/Écublens/ Charols, VTR/AME/Excelsis, 2015, p. 213-239.

Lehmann, Jean-Pierre, *Prophètes guérisseurs dans le sud de la Côte d'Ivoire*, Paris, L'Harmattan, 2012.

Tiénou, Tite, *The Problem of Methodology in African Christian Theologies*, Ann Arbor, UMI, 1986.

---

19. John S. Mbiti, « Christianity and Culture in Africa », cité par M. Cassidy & L. Verlinden, *Facing the New Challenges. The Message of PACLA, December 16-19, 1976*, Nairobi, Evangel, 1978, p. 283.
20. Tite Tiénou cité par Timothée Welch, *L'Afrique et les Africains dans la Bible. Une approche géographique et ethnique*, Abidjan, CPE, 2001, p. 3.

# 15

# Les Églises d'initiative africaine : un laboratoire de contextualisation

*Djimalngar Madjibaye*

## Le problème

Pendant longtemps, le christianisme africain a été identifié au mouvement missionnaire du XIXe siècle. Cependant, nous savons que depuis le début du XXe siècle l'Afrique a été le terrain fertile d'une autre sensibilité chrétienne : les Églises d'initiative africaine. Selon les analyses de Peter Falk, elles peuvent être classées en trois catégories : les Églises de « type éthiopien[1] », de « type sioniste[2] » et de « type messianique[3] ». Parmi les grands leaders de ces mouvements, deux ont eu une grande influence sur le christianisme africain : William Wadé Harris et Simon Kimbangue. Ces Églises, en effet, deviennent un sujet de débat parmi les

---

1. Les adhérents de ce mouvement appréciaient des références bibliques présentant une espérance aux Africains. Voir Peter FALK, *La croissance de l'Église en Afrique*, Kinshasa, Institut supérieur de théologie de Kinshasa, 1985, p. 446.
2. Le début de ce mouvement se situe dans l'Église chrétienne catholique apostolique de Sion, fondée à Chicago aux États-Unis en 1896. Sa doctrine était basée sur la guérison par la foi, le triple baptême d'adultes par immersion et la conviction que la seconde venue de Jésus était proche. *Ibid.*, p. 447.
3. Le type messianique est celui des Églises groupées autour d'une personne dominante ou d'un prophète, qui implique une sorte d'identification avec le Christ. La ligne de séparation entre sionisme et messianisme est difficile à repérer.

anthropologues, les sociologues, les gouvernants et les religieux et mérite aussi l'attention de tout chercheur. Leur création est motivée par le désir de s'émanciper de la tutelle des missionnaires occidentaux. Detlef Kapteina pense que « ces groupements coupés des Églises issues de la mission, et surgis indépendamment d'elles, pratiquent une piété chrétienne populaire et sont considérées par la plupart des théologiens africains comme des formes d'évolution à prendre au sérieux sur la voie d'une contextualisation de la vie communautaire[4] ». Pour Hannes Wiher, la plupart de ces Églises « se formèrent autour d'un prophète opérant des miracles et entreprirent de contextualiser fortement les formes de croyances. Voilà pourquoi certains affirment que ces Églises ont réussi la contextualisation alors que d'autres les considèrent comme des mouvements de guérison sectaires[5] ». Les théologiens africains ont des points de vue très mitigés. Tite Tiénou, par exemple, se refuse à les désigner comme des sectes syncrétistes[6]. Tokunboh Adeyemo, après avoir longtemps gardé ses distances, a fini par les considérer comme étant au stade préliminaire d'un christianisme africain authentique auquel il ne manque plus qu'une théologie fondée sur la Bible[7]. Kä Mana, pour sa part, affirme :

> Quand on considère attentivement l'évolution des [Églises d'initiative africaine], celles qui sont nées de la prédication des grands prophètes noirs du début du XXe siècle, on peut distinguer quatre pathologies spirituelles dont les traits s'affirment de plus en plus avec netteté dans les pratiques sociales et les systèmes dogmatiques des communautés[8].

Selon Kä Mana, la première pathologie est le passage de la centralité du Christ à la centralité du prophète-fondateur. L'exemple type est celui de l'Église kimbanguiste. La deuxième est la mise en avant de la théologie de la prospérité. La troisième est celle de la « vaudouisation » de Dieu. C'est le cas du Christianisme

---

4. Detlef, KAPTEINA, *La théologie évangélique en Afrique. Naissance et évolution (1970-2000)*, Charols, Excelsis, 2015, p. 48. Nous nous en sommes largement inspirés pour la suite de notre analyse.
5. Hannes WIHER, *L'Évangile et la culture de la honte en Afrique occidentale*, Bonn, Culture and Science Publications, 2003, p. 39.
6. Tite TIÉNOU, « The Church in African Theology. Description and Analysis of Hermeneutical Presuppositions », in *Biblical Interpretation and the Church. The Problem of Contextualization*, sous dir. Donald A. CARSON, Nashville, Nelson, 1984, p. 151-165.
7. Tokunboh ADEYEMO, « The Church of the Future and the Future of the Church », *Perception* 15, 2, 1979, p. 2-7.
8. KÄ MANA, *L'Afrique, notre projet*, Yaoundé, Terroirs, 2009, p. 267-274.

céleste au Bénin. La quatrième enfin, est le tribalisme et la volonté de puissance dans l'Église harriste[9].

Au regard des positions assez contradictoires des théologiens occidentaux et africains, peut-on affirmer que les Églises d'initiative africaine sont un laboratoire de contextualisation ? Pour répondre à cette question, notre démarche consistera à présenter le modèle critique de contextualisation de Paul Hiebert[10] accepté par la plupart des évangéliques.

## La notion de contextualisation

Dans l'Ancien Testament, Dieu et les prophètes contextualisent leur communication, et il en va de même pour Jésus et les apôtres dans le Nouveau Testament[11]. La grande contextualisation opérée par Dieu, c'est l'Incarnation de Jésus-Christ. Dieu devient homme : « La Parole est devenue chair » (Jn 1.14), et Jésus-Christ « s'est dépouillé lui-même, en prenant une forme de serviteur, en devenant semblable aux hommes » (Ph 2.7, LSG). Étant venu dans le monde comme enfant, il a dû passer pleinement par l'apprentissage de la langue et de la culture juives, c'est-à-dire l'enculturation, pour devenir un vrai Juif du premier siècle de notre ère. Ainsi Jésus devient le médiateur entre Dieu et l'homme (1 Tm 2.5). Il enseigne comme un vrai rabbin juif. Il choisit le langage, le style de communication, le contenu du message et son application selon les auditeurs.

Au regard de ce qui précède, le rapport entre l'Évangile et la culture est une question capitale pour la mission chrétienne. C'est pourquoi les théologiens africains sont sensibles au processus complexe de la communication de l'Évangile dans un christianisme missionnaire à bien des égards surchargé de culture occidentale. L'effort vise à « libérer » le message chrétien de la culture étrangère occidentale et de contextualiser l'Évangile[12]. Les chercheurs s'intéressent depuis longtemps à la contextualisation et une conférence s'est tenu à ce sujet

---

9. *Ibid.*, p. 274.
10. Paul HIEBERT, *Mission et culture*, Saint-Légier, Emmaüs, 2002, p. 240.
11. WIHER, « Qu'est-ce que la contextualisation ? », in *L'Église mondiale et les théologies contextuelles*, sous dir. Matthew COOK *et al.*, Commission théologique de l'Alliance évangélique mondiale, Nuremberg/Écublens/Charols, VTR/AME/Excelsis, 2015, p. 1. Cf. Benno VAN DEN TOREN, « La contextualité de l'Évangile et de la doctrine chrétienne », *Hokhma* 98, 2010, p. 60 ; Cf. Christopher J. H. WRIGHT, « The World in the Bible », *Evangelical Review of Theology* 34, 3, 2010, p. 219.
12. KAPTEINA, *La théologie évangélique en Afrique*, p. 245.

à Willowbank en 1978[13]. Kwame Bediako, Gottfried Osei-Mensah, Tite Tiénou et John Mbiti étaient les quatre participants africains officiels[14]. Les conclusions de cette rencontre ont probablement inspiré Bediako à affirmer que les Églises d'initiative africaine seraient « un laboratoire [de contextualisation] où se produit une authentique rencontre de la religiosité africaine avec l'Évangile[15] ». Cette affirmation rejoint-elle la définition de la contextualisation proposée par Dean Flemming ? Rien n'est moins sûr. Flemming propose la définition suivante :

> La contextualisation est le processus dynamique et intégral par lequel l'Évangile est incarné dans une situation concrète, à la fois historique et culturelle. Ceci se fait de telle manière que l'Évangile s'exprime authentiquement dans un contexte local, tout en transformant ce contexte de manière prophétique. La contextualisation cherche à rendre le peuple de Dieu capable de vivre selon l'Évangile dans l'obéissance à Christ au sein des cultures et des situations où il se trouve[16].

Au regard de cette définition, nous pouvons conclure ceci : La contextualisation critique est une bonne méthode de la communication transculturelle.

## *La contextualisation critique*

La contextualisation critique comprend un processus linéaire en quatre étapes[17] : la première étape analyse la culture. Il s'agit de récolter et d'analyser les croyances et coutumes traditionnelles sans porter de jugements préalables

---

13. L'Évangile ne peut se confondre avec aucune culture particulière. Il ne doit pas non plus anéantir les cultures dans lesquelles il s'incarne. La tension permanente qui demeure entre la culture et l'Évangile a été l'un des sujets d'études du Congrès pour l'évangélisation mondiale à Lausanne en 1974. C'est aussi pour prolonger cette réflexion que le groupe « Éducation et théologie » du Comité de Lausanne, présidé par John Stott, a convoqué une consultation internationale à Willowbank (Bermudes) en 1978. Voir *La culture au risque de l'Évangile*, Rapport de Willowbank, Lausanne, Presses Bibliques Universitaires, 1978.
14. Voir Kwame Bediako, « Willowbank Consultation, Jan. 1978. A Personal Reflection », *Themelios* 5, 2, 1980, p. 25-32.
15. Bediako, *Christianity in Africa*, p. 253-255. Cf. Harold W. Turner, « The Contribution of Studies on Religion in Africa to Western Religious Studies », in *New Testament Christianity*, sous dir. M. Glasswell & E. Fashole-Luke, Londres, SPCK, 1974, p. 169-178.
16. Dean Flemming, cité par McTair Wall, « La contextualisation de l'Évangile dans la Première épître aux Thessaloniciens », *Théologie évangélique* vol. 8, n° 1 &2, 2009, p. 36.
17. Hiebert, « Une contextualisation critique », p. 191-216 ; Cf. R. Daniel Shaw, « Contextualizing the Power and the Glory », *International Journal of Frontier Missions* 12, n° 3, juillet-septembre 1999, p. 155-160.

sur leur valeur ou sur leur vérité. La deuxième phase fait l'exégèse des Écritures. Dans cette étape, le but est de considérer l'ensemble des éléments bibliques pour dévoiler la position de Dieu envers la pratique culturelle. La troisième étape évalue la pratique culturelle à la lumière de l'Écriture. Deux résultats sont possibles : 1) la pratique est conforme à l'exégèse biblique. Il y a continuité. 2) La pratique est contraire aux exigences bibliques. Il y a discontinuité. La quatrième et dernière étape est l'élaboration d'une réaction culturellement authentique et bibliquement pertinente. La communauté peut accepter, rejeter, tolérer ou modifier la pratique culturelle pour la rendre bibliquement acceptable. Ces quatre étapes sont à rééditer aussi souvent que nécessaire : la contextualisation critique est donc un processus permanent.

## *Importance de la contextualisation critique*

La contextualisation critique fait partie de la typologie des modèles évangéliques de contextualisation développée par Scott Moreau[18]. Selon Moreau, il est clair que « les évangéliques se passionnent pour la contextualisation et pour le développement et la mise en œuvre de méthodes de contextualisation qui apportent du changement dans la vie des autres[19] ». Les richesses des ressources évangéliques, jointes à la saine diversité des approches, tout cela est prometteur pour l'avenir de la contextualisation évangélique. Si Bevans affirme que « tous les modèles ont leur place dans certaines situations[20] », Wiher pense plutôt que « du point de vue évangélique chaque modèle devrait inclure une évaluation critique de la culture à la lumière de la Bible[21] ». Dean Gilliland, pour sa part, affirme que le modèle de la contextualisation critique n'est pas un modèle comme les autres, mais plutôt un « méta-modèle »[22]. De par l'évaluation de la culture à la lumière de la Bible il comporte une approche qui devrait être adoptée par tous les modèles.

En somme, la contextualisation est axée sur la vision du monde du peuple, sur l'impact des forces sociopolitiques, économiques et culturelles. « Elle reconnaît la nature continuellement changeante de toutes les situations humaines, et la

---

18. A. Scott MOREAU, « Typologie de modèles évangéliques de contextualisation », in COOK, *L'Église mondiale et les théologies contextuelles*, p. 213-250.
19. *Ibid.*, p. 249.
20. Stephen B. BEVANS, « Models of Contextual Theology », *Missiology* 13, n° 2, avril 1985, p. 185-202.
21. WIHER, « Qu'est-ce que la contextualisation ? », p. 23.
22. Dean S. GILLILAND, sous dir., *The Word Among Us. Contextualizing Theology for Mission Today*, 2ᵉ éd., Eugene, OR, Wipf & Stock, 2002.

possibilité du changement, ouvrant ainsi la voie à l'avenir[23]. » La pratique de la contextualisation par les Églises d'initiative africaine s'inscrit-elles dans cette logique ? L'étude de quelques cas permettra de répondre à cette préoccupation.

## Quelques études de cas de contextualisation
### Conception du Christ dans le kimbanguisme

L'histoire du kimbanguisme remonte à la date du 6 avril 1921[24]. C'est à cette date que Simon Kimbangu a guéri une femme malade. Ses guérisons se multiplient par la suite et les nouvelles se répandent vite. Le prophète est devenu, de ce fait, le centre d'une spiritualité du peuple en quête d'une force d'en haut. Pour résister aux affres de la situation coloniale, le peuple a recours à « Papa Simon » comme énergie spirituelle[25]. Au cours de la période d'indépendance du Congo en 1960, la foi kimbanguiste s'est trouvée dans une situation nouvelle[26]. Elle reçut une visibilité grandiose et impressionnante, dont le pouvoir du Président Mobutu Sese Seko s'est servi pour valider la philosophie d'une authenticité religieuse africaine contre l'hégémonie des Églises issues de l'œuvre évangélisatrice en situation coloniale. Selon Kä Mana, « l'ambiance devint favorable pour imposer Kimbangu comme centre de la foi et messie africain. Cette tendance n'a cessé de s'accroître d'année en année au point de devenir la doctrine officielle d'une importante branche de l'Église kimbanguiste aujourd'hui[27] ». Kimbangu n'est pas perçu comme un simple prophète. Il est vu comme le Saint-Esprit que Jésus a promis. Il est le Saint-Esprit noir qui devait vivre parmi les Noirs afin de leur venir en aide[28]. De plus, ses trois fils représentent les formes corporelles de la divinité. Le kimbanguisme privilégie le schéma d'une désignation africaine du sacré. Ce schéma, c'est l'adoration de l'Être suprême avec comme centre le pro-

---

23. Texte du TEF, cité par Jean-François Zorn, « La contextualisation. Un concept théologique ? », *Revue d'histoire et de philosophie religieuses* 77, 1992/2, p. 174.
24. Kuntima Diangienda, *Histoire du kimbanguisme*, Kinshasa, Éditions kimbanguistes, 1984, p. 11.
25. Déclarations de Diangienda, chef spirituel de l'Église kimbanguiste, lors des soirées spirituelles organisées à l'intention des responsables kimbanguistes du 14 août 1989 au 20 janvier 1990 à Kinshasa.
26. Kä Mana, *L'Afrique, notre projet*, p. 268.
27. Kä Mana, « Congo-Kinshasa : Les maladies spirituelles des Églises africaines indépendantes », article disponible sur Allafrica.com.
28. Josée Ngalula, *Du pouvoir de la piété populaire. Enjeux théologiques de la crise kimbanguiste entre 1990 et 2005*, Kinshasa, Facultés Catholiques, 2007, p. 17.

phète Kimbangu, la progéniture directe du prophète étant la sphère immanente d'une transcendance manifestée en elle sous la forme de la trinité divine.

En outre, dans les Églises d'initiative africaine, il n'y a guère de différence entre le Saint-Esprit et l'esprit des ancêtres. Ainsi, l'être africain ne peut avoir de relations avec le monde surnaturel sans passer par les ancêtres[29]. Les pratiques héritées des ancêtres continuent donc d'être une référence obligée. De nombreux sociologues ont remarqué la récurrence d'un modèle pastoral fort. Jean-Paul Willaime, lui, insiste sur le fait que, « dans les communautés pentecôtistes, c'est le charisme du leader qui reste l'un des facteurs principaux de l'unité de la communauté[30] ».

## *Célébration du culte*

Dans les Églises d'initiative africaine le culte est marqué par les formes et les expressions traditionnelles de la culture africaine. La musique et la danse y ont une place importante. Kofi Appiah-Kubi remarque : « Jouer le tam-tam et battre des mains ainsi que la danse procurent aux fidèles africains, avec le plein accord de leur Église, un défoulement émotionnel qui éloigne d'eux la tentation des night-clubs[31]. » Joseph Ki-Zerbo, lui, pense que « la danse, surtout dans le contexte africain, est plutôt une technique privilégiée de participation qu'un spectacle[32] ». Ainsi, lors des cultes, toute l'assistance défile en chantant et en battant des mains, au rythme de la musique généralement accompagnée du tam-tam, vers l'autel pour déposer les offrandes et les dons en nature et en espèce. Mais la détente devient aussi un problème dans la mesure où, d'une part, elle prend trop de temps et rompt ainsi l'équilibre du culte. D'autre part, elle fatigue l'auditoire avant l'écoute de la Parole de Dieu. Ces chants et danses représentent une expression culturelle et théologique de grande valeur. C'est ce que soutient Engelbert Mveng dans son article « liturgie cosmique et langage religieux » :

> L'art, pour nous Négro-africains, est notre expression par excellence. La spéculation a ses mérites, certes, mais l'art représente

---

29. *Ibid.*, p. 20.
30. Jean-Paul WILLAIME, « Le pentecôtisme : contours et paradoxes d'un protestantisme émotionnel », *Archives de sciences sociales des religions* 105, 1999, p. 5-28.
31. Kofi APPIAH-KUBI, « Les Églises indépendantes. Signes d'authenticité », in *Libération ou adaptation ? La théologie africaine s'interroge. Le colloque d'Accra*, sous dir. Kofi APPIAH-KUBI & Sergio TORRES, Paris, l'Harmattan, 1979, p. 147.
32. Joseph KI-ZERBO, *Le monde africain noir. Histoire et civilisation*, Paris/Kinshasa, Hatier, 1963, p. 78.

> dans toutes les civilisations, le sommet de l'expérience créatrice de l'homme... Voilà pourquoi nous pensons qu'il est nécessaire de promouvoir en Afrique un art religieux dynamique et authentiquement africain. L'architecture sacrée, la liturgie, la musique, la danse, les arts plastiques sous toutes les formes, doivent aider le peuple dans la recherche du dialogue avec Dieu. On évitera autant que possible, cette religion « athée », sans Église, ou des Églises vides de tout symbole religieux, sans art, sans musique, sans joie et sans espérance[33].

La particularité du culte dans la pratique des Églises d'initiative africaine est de garder la musique traditionnelle, mais d'en changer les paroles, plutôt que de présenter une nouvelle hymnologie : une liturgie qui intègre les éléments de la culture africaine pour marquer la différence avec les Églises issues de la mission occidentale. La pratique de la guérison par l'imposition des mains est courante. Les participants chantent et le prophète écoute l'anamnèse que le patient lui raconte à propos de sa maladie. Le prophète entre, ensuite, en transe, et parle un langage inintelligible à tous, en posant la main sur le ou la malade. Selon S. Fancello, « Le phénomène global de la délivrance est au cœur de l'explosion du pentecôtisme en Afrique depuis le début des années 1990. Cette pratique repose sur une vision dichotomique du monde perçu comme le terrain d'affrontement de la puissance divine contre les forces du Mal[34]. » Le Christianisme céleste, par exemple, s'est caractérisé pendant longtemps par son souci d'africaniser la foi en créant une forme nouvelle qui donne des réponses nouvelles aux grandes questions africaines de neutralisation des forces du mal, de sécurité face à la sorcellerie et de quête d'un épanouissement vital pour les populations. Kä Mana indique que :

> Dans cette volonté de donner à ses disciples une vision sécurisante du monde et une existence harmonieuse grâce aux principes de la foi chrétienne et d'une interprétation africaine de l'Évangile, le Christianisme céleste avait pu intégrer dans sa pratique les réalités comme celle de la vision, de la guérison ou de l'interprétation de rêves[35].

---

33. Engelbert MVENG, « Liturgie cosmique et langage religieux », *Bulletin de théologie africaine*, vol. 1, n° 1, 1979, p. 103.
34. Sandra FANCELLO, *Les aventuriers du pentecôtisme ghanéen : nation, conversion et délivrance en Afrique de l'Ouest*, Paris, Karthala, 2006, p. 147.
35. KÄ MANA, « Congo-Kinshasa ».

Il constate encore que

> Pendant un temps, ces ministères avaient pu s'ancrer dans le socle d'une herméneutique de la Bible qui laissait une place raisonnable aux énergies de la rationalité et à la force du bon sens. Une sorte d'équilibre s'était ainsi établi entre une compréhension raisonnable de la parole de Dieu et une attention aux besoins typiquement locaux de mysticisme spiritiste et d'inflation de l'invisible[36].

Mais depuis quelques années précise-t-il, cet équilibre s'est brisé au profit d'une forte « vaudouisation » de la foi et d'une inexorable « charlatanisation » des pratiques religieuses[37]. Toujours selon Kä Mana, la théologie du Christianisme céleste

> brasse aujourd'hui beaucoup d'illusions mystificatrices qui poussent à se méfier de la médecine moderne, de la réflexion sur les causes physiques des maladies et de toute vision du monde qui verrait autrement Dieu que comme *deus ex machina*, une providence à tout faire qui ne se révèlerait que dans les pratiques nocturnes[38].

## *Théologie de la prospérité dans l'Église Aladura*

Fondée en 1930 par Josiah Olunowo Oshitelu, ancien moniteur-catéchiste anglican yoruba, Aladura International Church est une grande Église d'initiative africaine du Nigéria. Elle a au départ une théologie claire basée sur la prière. Aujourd'hui, son message semble avoir débordé par l'évolution matérialiste. La volonté de se doter d'une puissance financière à la hauteur des enjeux a conduit les responsables à vouloir être une Église riche. Le problème avec cet enrichissement et cette opulence, c'est qu'ils ne sont pas au service d'une foi qui soit capable de transformer la société dans le sens du développement durable. Le constat est qu'au sein de l'Église, beaucoup de pauvres demeurent pauvres pendant que les leaders vivent dans une aisance matérielle insolente.

Cette dérive de la foi s'inscrit dans l'ambiance globale des Églises d'initiative africaine qui manifestent une tendance vers la mouvance de la théologie de la prospérité, avec le risque de faire de la foi en Dieu une escroquerie spirituelle et une vaste entreprise collective.

---

36. *Ibid.*
37. *Ibid.*
38. *Ibid.*

## Évaluation

Le point de départ de l'acceptation du terme « laboratoire de contextualisation » est d'affirmer que dans les Églises d'initiative africaine la Parole de Dieu est règle universelle absolue et immuable de la foi et de la pratique pour l'homme dans tous les temps, tous les lieux, et toutes les cultures. C'est pourquoi, après l'analyse de la pratique de la contextualisation, l'on est en droit de se demander, si réellement ces Églises constituent « un laboratoire de contextualisation » ?

### *Force de la contextualisation dans les Églises d'initiative africaine*

Les Églises d'initiative africaine représentent l'émergence d'une nouvelle identité africaine qui recouvre à la fois les pratiques culturelles traditionnelles et bibliques. Les causes fonctionnelles de leur succès sont multiples. La plus évidente cause est la contextualisation. Elles se distinguent en effet des Églises issues des missions occidentales en s'adaptant aux réalités africaines. Il s'agit en fait de la nécessité de recréer du lien social et de redonner du sens à la vie, après le profond traumatisme causé par la colonisation et les mouvements des populations qui conduisent à une crise d'identité sans précédent. Pour prendre un cas concret, selon W. M. Lufungula et W. K. Matumona,

> Le succès récolté par les Églises de réveil en RDC semble être dû principalement à leur prétention de proposer des solutions rapides aux échecs et difficultés de la vie quotidienne de leurs adhérents meurtris par la déstructuration profonde du tissu économique et social, occasionnée notamment par la mal-gouvernance de la part des dirigeants (corruption, pillage des ressources nationales, etc.), les guerres de 1997 et 2003 et les conflits armés internes actuels. Ces solutions sont essentiellement l'évangile de prospérité matérielle et immatérielle [...] et la distribution des guérisons-miracles. La réussite matérielle et immatérielle, perçue ici comme une bénédiction de Dieu, serait acquise après une séance de désenvoûtement, encore mieux de délivrance de tout lien satanique, source d'échec et de blocage[39].

Il est facile de comprendre l'attrait de ces Églises dans un tel contexte. D'un côté, les Églises d'initiative africaine répondent aux sensibilités de l'Africain, mais d'un autre, elles ont également leurs limites et leurs enseignements sont parfois en opposition avec la Bible.

---
39. Willy Musitu Lufungula et W. Kitoko Matumona, « Nouveaux mouvements religieux et identité culturelle », *Classiques des sciences sociales*, n° inédit, 6 avril 2007.

## Faiblesse de la contextualisation dans les Églises d'initiative africaine

Comme la notion de contextualisation a été introduite par le mouvement œcuménique, puis repris par l'Église catholique dans la notion d'inculturation, qui, elle, est basée sur le concept de l'accommodation, elle n'a pas été conçue sur une base biblique solide. Un souci important des évangéliques en ce qui concerne la notion de contextualisation a été le syncrétisme. Pour justifier cette affirmation, Wiher rapporte que le professeur Arthur Glasser avait l'habitude de dire à ses étudiants de l'école missiologique de Fuller : « Là où il y a contextualisation, il y a aussi syncrétisme[40]. » Beaucoup d'évangéliques en tirent la conséquence qu'il vaut mieux éviter de contextualiser ; ainsi on pourra également éviter le syncrétisme.

En étudiant les trois cas de contextualisation dans les Églises d'initiative africaine, nous avons remarqué que leur problème est d'intégrer les pratiques africaines d'une manière non critique. Le résultat en est un syncrétisme ouvert. Une telle approche présente de sérieux problèmes. Elle ouvre grandement la voie au syncrétisme parce que ceux qui se disent chrétiens persistent dans des croyances et pratiques en opposition avec l'Évangile. Ils ignorent que l'Évangile est une semence de transformation qui change la vie du nouveau converti et transforme certains aspects de sa culture.

## Conclusion

Tout observateur attentif est tenté d'affirmer que les Églises d'initiative africaine mélangent les traditions du continent africain et les croyances chrétiennes. Ce constat peut conduire à déclarer qu'elles seraient des Églises syncrétistes. C'est d'ailleurs l'une des définitions données de ces Églises comme nous l'avons souligné au début de cette analyse. Les Églises d'initiative africaine doivent veiller activement à ce que leur pratique contextualisée rende gloire à Dieu. Pour ne pas glisser vers l'idolâtrie, elles peuvent veiller à ce que les éléments soient centrés sur Christ. Pour vivre la liberté qu'apporte Christ, Paul a écrit : « Là où est l'Esprit du Seigneur, là est la liberté » (2 Co 3.17). Elles seront « un laboratoire de contextualisation », si, et seulement si, elles insistent en toute occasion sur l'autorité de la Bible en matière de foi et de vie. La contextualisation ne peut être synonyme de transformation de l'Évangile en tradition et coutume. L'Évangile qui n'atteint pas l'homme et laisse intacte sa culture peut devenir une fermen-

---

40. WIHER, « Rapport entre la contextualisation et le syncrétisme », in COOK, *L'Église mondiale et les théologies contextuelles*, p. 21.

tation et une expression du péché qu'on décèlera plus ou moins facilement dans l'ethnocentrisme équivalant à l'orgueil culturel. Le modèle critique de Hiebert, de par l'évaluation de la culture à la lumière de la Bible, a une approche qui devrait être adoptée par les Églises d'initiative africaine. Ce modèle protège contre la domination occidentale, favorise une dépendance du Saint-Esprit, cultive une Église consciente de la mission, favorise la croissance et la multiplication rapide d'Églises, implique un Évangile multidimensionnel pour des besoins multidimensionnels et ouvre enfin le chemin pour le témoignage incarné.

> Une contextualisation fidèle signifie pratiquer un christianisme culturellement approprié à la Parole de Dieu dans toutes les dimensions. Pratiquer le christianisme contextualisé inclut une croissance dans la sanctification, dans le comportement personnel et style de vie, dans les relations familiales et la spiritualité personnelle, dans un style adapté à la culture[41].

Enfin, les Églises d'initiative africaine peuvent constamment être ramenées dans la spirale herméneutique afin d'être aiguisées, ce qui leur permettra d'être plus pertinentes et de représenter une voix plus prophétique dans telle ou telle culture. Il est de leur devoir d'amener les adeptes à percevoir leur relation avec le passé comme une combinaison faite de rupture et de continuité.

## Pour aller plus loin

HIEBERT, Paul, « Une contextualisation critique », in *Mission et culture*, Saint-Légier, Emmaüs, 2002, p. 191-216.

KAPTEINA, Detlef, *La théologie évangélique en Afrique. Naissance et évolution (1970-2000)*, Charols, Excelsis, 2015.

WILLAIME, Jean-Paul, « Le pentecôtisme : contours et paradoxes d'un protestantisme émotionnel », *Archives de sciences sociales des religions* 105, 1999.

WIHER, Hannes, « Qu'est-ce que la contextualisation ? », in *L'Église mondiale et les théologies contextuelles. Une approche évangélique de la contextualisation*, sous dir. Matthew Cook et al., Charols, Excelsis, 2015, p. 1-39.

---

41. « La contextualisation fidèle : Traverser les frontières de la culture avec l'Évangile éternel », article de blog des Éditions Vie et Santé, http://blog.viesante.com/2016/05/la-contextualisation-fidele-traverser-les-frontieres-de-la-culture-avec-levangile-eternel/.

# Synthèse théologique et missiologique

*Hannes Wiher*

Dans cette section nous proposons une réflexion de fond sur l'arrivée de la foi chrétienne dans un nouveau contexte socio-culturel afin de mieux cerner les enjeux de la contextualisation et du syncrétisme. Suivra une réflexion sur le rapport entre les religions traditionnelles africaines, l'islam, le christianisme et le sécularisme en Afrique. Munis des résultats de ces réflexions fondamentales nous nous demanderons quelles sont les leçons à apprendre et quel est l'apport des Églises d'initiative africaine au christianisme mondial, et si l'émergence de ces mouvements amène une réformation, un renouveau ou un réveil en Afrique.

## L'arrivée de la foi chrétienne dans un nouveau contexte

Dans notre réflexion sur l'arrivée de la foi chrétienne dans un nouveau contexte socio-culturel nous aurons recours aux deux modèles proposés dans la section « Cadre historique de référence » de la synthèse historique. D'une part, c'est l'affirmation de la science des religions qu'une religion se développe pour répondre aux questions et pour satisfaire aux besoins de ses membres. Cela implique une interaction entre la religion et le contexte socio-culturel qui peut entraîner une contextualisation et aboutir à un syncrétisme. D'autre part, nous revenons au schéma des trois phases de l'entreprise missionnaire vue sous l'angle de la *missio Dei* telles que proposées par Lamin Sanneh et Kwame Bediako : 1) l'initiation divine par la tradition préchrétienne d'un peuple, 2) la transmission missionnaire historique, et 3) l'assimilation indigène[1]. Une rencontre de l'Évangile et de la culture est également impliquée dans les deux dernières phases,

---

1. Lamin SANNEH, « The Horizontal and the Vertical Mission. An African Perspective », *International Bulletin of Missionary Research* 7, 4, 1983, p. 165-171 ; résumé dans idem, *West African Christianity*, p. 247s, et repris par Kwame BEDIAKO, *Christianity in Africa. The Renewal of a Non-Western Religion*, Édimbourg/Maryknoll, Edinburgh University Press/Orbis, 1995, p. 109-125, particulièrement p. 121. L'ensemble de la réflexion est résumé dans Timothy C.

celles de la transmission historique de l'Évangile et de l'assimilation indigène. À l'aide de ces deux modèles nous tenterons de réfléchir sur l'arrivée de l'Évangile dans les différents contextes socio-culturels pendant les époques de l'histoire de l'Église significatives pour notre sujet : celle de Jésus-Christ lui-même, de l'Église primitive, de l'époque patristique, de la christianisation de l'Europe au Moyen Âge, de la Réforme protestante en Europe, de l'entreprise missionnaire du XIXe siècle en Afrique et de l'émergence des Églises d'initiative africaine.

Comment Jésus-Christ a-t-il vu son rapport avec les cultures ambiantes de la Palestine du Ier siècle de notre ère ? « La Parole est devenue chair » (Jn 1.14). Le Fils de Dieu est devenu homme, et est particulièrement né Juif dans la Palestine multiculturelle du Ier siècle. Ainsi il a passé par un processus d'apprentissage de la culture, le même pour tous les enfants, ce qui en anthropologie culturelle s'appelle une « enculturation[2] ». Jésus a répondu aux besoins physiques et spirituels des hommes de son contexte en les touchant par ses paroles et ses actes de miséricorde, par des guérisons, des exorcismes et la production de nourriture, mais aussi par sa simple présence bienfaisante parmi eux. Il a respecté les autorités religieuses, qui ne répondaient aux besoins du peuple que partiellement, mais il les a aussi contournées pour satisfaire aux besoins spirituels et physique de l'homme commun. Son message fut celui d'un rabbin juif réinterprété de façon à toucher les personnes d'arrière-plan juif ou non juif. Il a dit : « Vous avez entendu qu'il a été dit aux anciens… Mais moi, je vous dis » (Mt 5.21s, 28s, 33s, 38s, 43s). Ainsi Jésus-Christ a posé des signes du règne à venir.

Comment l'Église primitive a-t-elle réussi à introduire la foi chrétienne dans la région méditerranéenne au Ier siècle ? L'attraction initiale du christianisme a concerné les Juifs qui étaient culturellement proches de cette foi aux racines hébraïques. Ensuite, les prosélytes et les craignant-Dieu, qui s'étaient culturellement rapprochés des Juifs, se sont intéressés à la nouvelle foi. La « continuité culturelle » a été un facteur important dans l'évangélisation de l'Église primitive. Rodney Stark remarque : « Les gens sont d'autant plus prêts à adopter une nouvelle religion qu'elle maintient une continuité culturelle avec la ou les religions

---

TENNENT, *Invitation to World Missions. A Trinitarian Missiology for the Twenty-first Century*, Grand Rapids, Kregel, 2010, p. 69-73.

2. À distinguer de l'« inculturation », terme de l'anthropologie culturelle qui désigne l'apprentissage de la culture par un adulte. Ce terme a été utilisé par l'Église catholique pour désigner ce que le mouvement œcuméniquef a appelé « contextualisation », concept basé sur les approches d'adaptation et d'accommodation. Pour une discussion détaillée, voir Hannes WIHER, « Qu'est-ce que la contextualisation ? », in *L'Église mondiale et les théologies contextuelles. Une approche évangélique de la contextualisation*, sous dir. Matthew COOK *et al.*, Nuremberg/Écublens/Charols, VTR/AME/Excelsis, 2015, p. 1-39.

conventionnelles avec laquelle ou lesquelles ils sont déjà familiarisés[3]. » Alan Kreider, en parlant de l'attractivité de l'Église primitive, met l'accent sur la vie sainte des premiers chrétiens, les actes de miséricorde et les miracles et exorcismes. Il parle de « relations de réconciliation » (*peace making relationships*) et d'un démarquage par une conformité à Jésus (*Jesus-shaped distinctiveness*)[4]. Les premiers chrétiens se sont démarqués par leurs soins pour les malades lors des épidémies de variole, de rougeole et de peste favorisées par la mauvaise hygiène des centres urbains. Stark remarque : « Les épidémies ont submergé les capacités d'explication et de réconfort du paganisme et de la philosophie hellénistique[5]. » Michael Green, quant à lui, met en avant l'importance de l'évangélisation personnelle dans les maisons par les esclaves, les pédagogues des enfants et les épouses[6]. La fidélité des premiers témoins les a souvent conduits jusqu'au martyre augmentant ainsi leur crédibilité, comme l'a bien dit Tertullien : « Le sang des martyrs est la semence de l'Église[7]. »

Sur l'époque patristique nous avons déjà amplement réfléchi dans le survol historique de l'Introduction. En Afrique du Nord, la foi chrétienne fut celle des Romains dont les langues utilisées furent le grec et le latin. La théologie réfléchissait sur la foi chrétienne en rapport avec la philosophie grecque et négligea la culture berbère. Après quelques siècles il n'y avait toujours pas de traduction de la Bible en berbère. Dans son ouvrage *Hearing and Knowing* la théologienne ghanéenne Mercy Amba Oduyoye fait des réflexions critiques sur le rapport entre Évangile et culture pendant cette période :

> Cyprien et Augustin ont apporté une compréhension romaine de la loi et de la culpabilité et ainsi n'ont pas pu toucher les profondeurs de la spiritualité en Afrique du Nord... Les chrétiens donatistes de l'Afrique du Nord se sont peut-être convertis à l'islam parce que la foi chrétienne n'a pas pris au sérieux la spiritualité berbère... Le christianisme éthiopien a peut-être survécu parce qu'il a reflété la

---

3. Rodney STARK, *L'essor du christianisme. Un sociologue revisite l'histoire du christianisme des premiers siècles*, trad. Philippe MALIDOR, Charols, Excelsis, 2013, p. 72.
4. Alan KREIDER, *Worship and Evangelism in Pre-Christendom*, Joint Liturgical Studies 32, Cambridge, Grove Books Limited, 1995, p. 11, 19s.
5. STARK, *L'essor du christianisme*, p. 94.
6. Michael GREEN, *L'évangélisation dans l'Église primitive. Le développement de la mission chrétienne des origines au milieu du troisième siècle*, traduit de l'anglais, Lavigny/Saint-Légier, Groupes Missionnaires/Emmaüs, 1981, p. 250-276. Cf. aussi Roland ALLEN, *Spontaneous Expansion of the Church*, Grand Rapids, Eerdmans, 1927/1962.
7. *Semen est sanguis martyrum*. TERTULLIEN, *Apologie* 50.13. Cf. aussi STARK, *L'essor du christianisme*, p. 203-236.

religion traditionnelle de cette région... [Elle conclut,] l'Évangile doit être dans une relation dynamique avec la religion traditionnelle d'un peuple[8].

Comment le rapport entre Évangile et culture a-t-il été géré pendant la christianisation de l'Europe au cours de l'époque médiévale ? Neal Blough constate :

> Avec Clovis et Charlemagne, l'Europe [...] voit de nombreuses populations s'appeler chrétiennes suite à l'application de moyens missionnaires parfois plus que douteux. À côté des moyens politiques et militaires pour répandre le christianisme, citons néanmoins le travail patient d'évangélisation et d'enseignement accompli par les communautés monastiques[9].

Pourquoi ces moyens politiques (d'alliance et de mariage) et militaires sanglants ? James Russell, un historien catholique, spécialiste du Moyen Âge, explique ce fait par le refus des peuples germaniques d'accepter la foi chrétienne. Telle qu'elle fut présentée, selon Russell, elle ne fut pas attrayante pour eux. Ils avaient déjà les religions traditionnelles germaniques qu'ils considéraient apparemment comme meilleures. En conséquence, toujours selon Russell, les missionnaires catholiques ont adapté la méthodologie missionnaire de « l'accommodation et de la progression[10] ». En rapport avec la spiritualité germanique ils ont mis l'emphase sur des objets sacrés et des rituels : la Croix, la présence réelle pendant l'eucharistie, la Vierge, les Écritures, la liturgie de la messe, des processions, et le culte des saints analogue au culte des héros dans la culture germanique[11]. Avec la montée au pouvoir du royaume des Francs et son influence sur Rome, selon Russell, cette réinterprétation de la foi chrétienne est entrée dans le droit canon[12].

Que s'est-il passé pendant l'époque de la Réforme protestante ? Les Réformateurs ont mis un accent particulier sur la traduction de la Bible et du catéchisme ainsi que l'organisation du culte dans la langue du peuple. Toutefois, ils n'ont pas réorganisé l'Église et n'ont pas aboli le modèle de la chrétienté, c'est-à-dire l'Église liée à l'État.

---

8. Mercy Amba ODUYOYE, Hearing and Knowing. Theological Reflections on Christianity in Africa, Maryknoll, Orbis, 1986, p. 23.
9. Neal BLOUGH, « Évangéliser en France. Regards en arrière », in *La mission de l'Église au xxie siècle. Les nouveaux défis*, sous dir. Hannes WIHER, Charols, Excelsis, 2010, p. 37.
10. James C. RUSSELL, *The Germanization of Early Medieval Christianity. A Sociohistorical Approach to Religious Transformation*, New York, Oxford University Press, 1994, p. 181.
11. *Ibid.*, p. 43.
12. *Ibid.*, p. 39.

Le mouvement missionnaire du XIXᵉ siècle en lien avec les réveils anglo-saxons s'est basé sur ce modèle de traduction de la Bible et de chrétienté. Sur la base de la notion d'« Église indigène », souhaitée pour les jeunes Églises implantées, Rufus Anderson et Henry Venn y ont ajouté celle de la « triple autonomie » : l'autonomie administrative, financière et missionnaire. Poussés par ce désir de christianiser le monde, les missionnaires occidentaux n'ont orienté que peu leur attention sur la rencontre avec d'autres cultures et religions et les besoins des populations autochtones. Nlenanya Onwu en fait le bilan suivant :

> Le christianisme missionnaire lié en Afrique au colonialisme et au capitalisme et sa proclamation abstraite de l'Évangile a créé une confusion culturelle et une crise spirituelle profonde dans la société africaine contemporaine[13].

De cette « confusion culturelle » et « crise spirituelle », que le jésuite camerounais Engelbert Mveng nomme « l'annihilation et la paupérisation anthropologiques » des Africains, émerge un « nouveau mouvement religieux » initié par les Africains eux-mêmes, que nous appelons aujourd'hui les Églises d'initiative africaine. Ce phénomène ne paraît pas étonnant pour Rodney Stark, car il confirme que « toutes les religions émergent en réaction à des crises[14] ». Selon Harold Turner, les Églises d'initiative africaine « ont été fondées en Afrique par les Africains principalement pour les Africains[15] ». Leurs fondateurs ont intuitivement le souci de répondre aux questions et de satisfaire aux besoins des Africains. De l'extérieur ces Églises ont l'apparence d'un mélange entre christianisme et religions traditionnelles africaines. En conséquence, les réactions sont diverses. Selon la première évaluation de Bengt Sundkler, un missionnaire luthérien suédois, les Églises d'initiative africaine sont « le pont par lequel les Africains sont ramenés au paganisme[16] ». Le Zimbabwéen Marthinus Daneel arrive à une conclusion opposée :

> La vraie attractivité des Églises d'initiative africaine pour leurs membres et leur croissance dérive de leurs tentatives originelles et créatives d'articuler la Bonne Nouvelle d'une manière significative

---

13. Nlenanya ONWU, « Debate on African Theology Revisited », *Revue africaine de théologie* 10, 19, 1986, p. 37.
14. STARK, *L'essor du christianisme*, p. 99.
15. Harold W. TURNER, « A Typology of African Religious Movements », *Journal of Religion in Africa* 1, 1, 1967, p. 17.
16. Bengt G. M. SUNDKLER, *Bantu Prophets in South Africa*, 2ᵉ éd. rév., Londres, Oxford University Press, 1948/1961, p. 297.

et symboliquement compréhensible aux besoins les plus profonds de l'Afrique. Ce faisant, elles sont dans un processus de réussir – et ont déjà en grande partie réussi – à créer de vrais « refuges africains d'appartenance »... Leurs Églises croissent à cause du développement unique d'une vision missionnaire, et [...] elles sont capables d'agir sans être biaisées d'une manière ou d'une autre par des différences et préjudices dénominationnels. Leurs rites adaptés concernant la guérison par la foi, la production de la pluie, la fertilité, la magie et d'autres ne sont pas nécessairement ou exclusivement suscités par des considérations pragmatiques par rapport à l'appui à l'évangélisation de ces adaptations, mais aussi des produits d'un engagement conscient et existentiel pour la « bonne nouvelle » du Dieu chrétien, sans considération des prescriptions ou positions d'une Église issue d'une mission occidentale[17].

En répondant aux besoins profonds des Africains, les Églises d'initiative africaine ont, selon le mémorable Alioune Diop, perçu et réalisé la vraie vocation de l'Église :

> L'Église a la vocation de n'être étrangère à personne et de ne tenir personne pour étranger. Toute souffrance, toute joie, toute expérience humaine est nécessaire à son expérience du monde et à son jugement[18].

Dans le cadre de notre deuxième modèle des trois phases de l'entreprise missionnaire, la réinterprétation lors de la transmission missionnaire et de l'assimilation locale fut la plus prononcée pendant les époques patristique et médiévale et pendant l'émergence des Églises d'initiative africaine. Avec une telle réinterprétation du christianisme se posent les questions de la préservation de l'Évangile, et donc de la contextualisation et du syncrétisme, et de la frontière entre contextualisation et syncrétisme.

---

17. Martinus L. Daneel, *Quest for Belonging*, Gweru, Zimbabwe, Mambo Press, 1987, p. 101.
18. Alioune Diop, « Postface », dans *Un hommage africain à Jean XXIII*, Paris, Société africaine de culture, 1965, p. 117. Cf. aussi René Luneau, *Laisse aller mon peuple. Églises africaines au-delà des modèles*, Paris, Karthala, 1987, p. 191s.

## Les Églises missionnaires et les Églises d'initiative africaine : l'analogie de l'iceberg

Pour comprendre la rencontre entre la foi chrétienne et le contexte socio-culturel dans les Églises missionnaires et les Églises d'initiative africaine, David Barrett propose l'analogie de l'iceberg[19]. Il conclut que depuis 1862 un grand nombre de mouvements chrétiens de protestation et de renouveau existent à l'intérieur et à l'extérieur des Églises missionnaires en Afrique. Ceux de l'intérieur des Églises missionnaires représentent, selon Barrett, une masse amorphe de dissidence ou renouveau, dont en 1967 environ mille mouvements avaient pris un nom distinct. Selon Barrett, il est probable qu'un grand nombre d'autres mouvements ont tenté de se séparer des Églises missionnaires mais ont échoué. Environ cinq mille mouvements semblables se sont séparés des Églises missionnaires représentant un renouveau et une réformation du christianisme en Afrique, le mouvement des Églises d'initiative africaine. Ce complexe de six mille mouvements est entouré par une marge de mouvements syncrétiques pas spécifiquement chrétiens. Barrett perçoit donc du syncrétisme à la marge des Églises missionnaires et des Églises d'initiative africaine comme le graphique suivant essaie de le montrer[20].

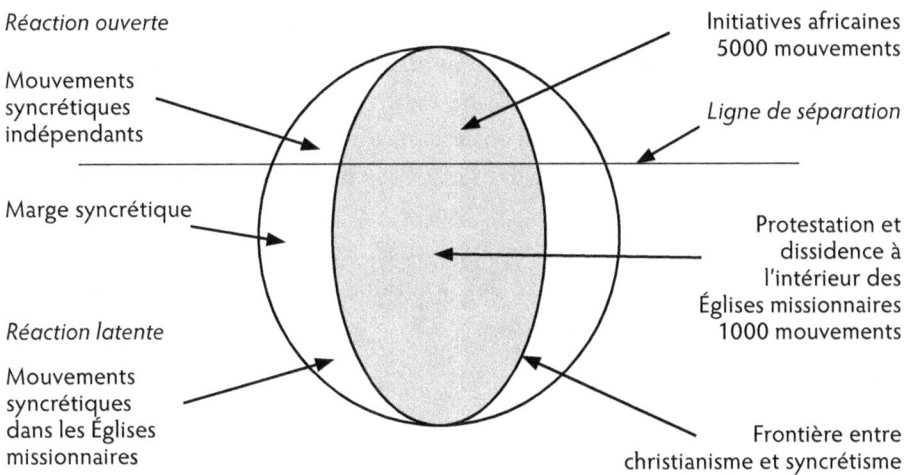

---

19. Dans cette section nous suivons David B. BARRETT, *Schism and Renewal in Africa. An Analysis of Six Thousand Contemporary Religious Movements*, Nairobi, Oxford University Press, 1968, p. 6, 78s.
20. Adapté de BARRETT, *Schism and Renewal in Africa*, p. 6.

## Le syncrétisme

Le terme « syncrétisme » est dérivé étymologiquement du grec *sun-* « avec » et *krasis* « mélange ». Après une longue histoire adoptant plusieurs sens, le terme désigne depuis le début du XXe siècle un échange d'éléments culturels entre deux peuples qui entrent en contact prolongé avec un mélange culturel et religieux[21]. Sur la base de cette définition l'école de l'histoire des religions a émis la thèse que toutes les religions sont le résultat de processus syncrétiques. Suivant la logique de cette définition englobante, Leonardo Boff, un théologien catholique et promoteur de la théologie de la libération, peut dire que « le christianisme lui-même offre l'exemple parfait d'un syncrétisme[22] ». Lamin Sanneh le suit quand il remarque que « le christianisme est une des religions les plus syncrétiques[23] ». Boff renchérit avec une appréciation générale du christianisme :

> En réalité [la religion chrétienne] est un produit culturel, l'activité d'êtres humains influencée par l'intervention de Dieu. D'une part, elle est un don de Dieu et a ainsi justement une origine surnaturelle ; d'autre part, elle est une construction humaine dans laquelle beaucoup d'étapes et de phases peuvent être étudiées et décrites… L'Église comme structure est aussi syncrétique que d'autres expressions religieuses[24].

Pour Robert Schreiter, un missiologue catholique, le syncrétisme est, toujours dans l'optique d'une définition englobante, le brassage d'éléments culturels et religieux, suggérant que le syncrétisme est un phénomène incontournable qui intervient lorsque deux systèmes entrent en contact l'un avec l'autre. Ainsi, les expressions de la foi chrétienne dans tous les contextes culturels sont syncrétiques[25].

Selon la même logique, James Russell constate un processus de syncrétisme dans l'évangélisation de l'Europe. L'Église aurait, par exemple, emprunté les rites funéraires des cultures germanique et celte, et la fête de Noël serait une refonte

---

21. Amos Yong, « Syncretism », in *Dictionary of Mission Theology. Evangelical Foundations*, sous dir. John Corrie, Samuel Escobar, Wilbert Shenk, Downers Grove, IVP, 2007, p. 373.
22. Leonardo Boff, *Church, Charism, and Power. Liberation Theology and the Institutional Church*, Londres, SCM, 1985, p. 99.
23. Lamin Sanneh, *West African Christianity. The Religious Impact*, Maryknoll, Orbis, 1983, p. 245.
24. Boff, *Church, Charism, and Power*, p. 92.
25. Robert J. Schreiter, « Defining Syncretism. An Interim Report », *International Bulletin of Missionary Research* 17, 2, 1993, p. 50.

de la fête de Thor, la divinité germanique de la foudre. Il déplore « la réticence des chrétiens occidentaux d'accepter la notion que leur tradition religieuse principale est elle-même le résultat d'un développement syncrétique qui finalement est devenu normatif[26] ».

Walter Hollenweger, le grand théoricien du pentecôtisme, cite Boff et fait le même constat[27]. Pour lui, « toutes les formes du christianisme, et notamment celles de l'Occident, s'avèrent semblablement syncrétiques[28] ». Des exemples contemporains, selon Hollenweger, sont en Amérique latine la réapparition d'anciens éléments culturels mexicains dans le pentecôtisme de ce pays, la pénétration de la religion populaire dans les pentecôtismes chilien et brésilien, puis l'Afrique noire à la racine du pentecôtisme américain, le kimbanguisme congolais et le sionisme sud-africain. Pour les mouvements africains, il constate en citant Anderson : « Le Saint-Esprit a sanctifié des expressions religieuses qui se trouvent dans l'Afrique traditionnelle[29]. » Et concernant la transformation pentecôtisante du chamanisme coréen il remarque :

> Le premier pentecôtisme [coréen] était un mouvement populaire qui a passé par les formes du chamanisme (caractérisées par la guérison des malades, des visions, des extases, la prêtrise des femmes et l'absence de formation théologique). Ces formes ont été adaptées à la manière pentecôtiste[30].

Hollenweger trouve des exemples bibliques de syncrétisme « assumé » dans la construction du temple, chez Matthieu par la présence des mages auprès du Messie nouvellement né et chez Paul dans l'hymne de l'amour dans 1 Corinthiens 13. Cela dit, Hollenweger adopte une définition englobante du syncrétisme mais la nuance : il introduit la notion d'un « syncrétisme théologiquement défendable[31] ».

Par rapport aux Églises d'initiative africaine, Hollenweger remarque :

---

26. James C. RUSSELL, *The Germanization of Early Medieval Christianity. A Sociohistorical Approach to Religious Transformation*, New York, Oxford University Press, 1994, p. 39.
27. Walter HOLLENWEGER, « Foreword », in POBEE & OSITELU, *African Initiatives in Christianity*, p. xii.
28. Walter HOLLENWEGER, « Réalité du syncrétisme. Pour une franche évaluation théologique », *Perspectives missionnaires* 36, 2, 1998, p. 22. Cet article est la traduction de l'article, « A Plea for a Theologically Responsible Syncretism », *Missionalia* 25, 1, 1997, p. 5-18, réimpr. in *Pentecostalism. Origins and Developments Worldwide*, Peabody, Mass., Hendrickson, 1998, p. 132-143.
29. Allan H. ANDERSON, *Moya. The Holy Spirit in an African Context*, Ph.D. Thesis, Pretoria, University of South Africa Press, 1991, p. 123, cité dans HOLLENWEGER, *Pentecostalism*, p. 52.
30. HOLLENWEGER, *Pentecostalism*, p. 101.
31. HOLLENWEGER, « Réalité du syncrétisme », p. 24.

> Avant que nous critiquions les Églises d'initiative africaine à cause de leur syncrétisme, nous examinons notre propre pratique et demandons ensuite nous-mêmes et les uns les autres sous quelles conditions et quand le syncrétisme est non seulement acceptable mais nécessaire[32].

Louis Luzbetak, comme Hollenweger, prend une position intermédiaire et considère le judaïsme et le christianisme comme syncrétiques, cela d'un point de vue anthropologique et comparés à leurs origines. Pour Luzbetak, le syncrétisme est « un amalgame théologiquement indéfendable[33] ». Et R. Daniel Shaw et William Burrows proposent de laisser tomber le terme syncrétisme à connotation négative. Ils introduisent le néologisme « hybridité » qui exprime mieux, selon eux, la problématique du pluralisme culturel contemporain, symptôme de la mondialisation[34].

À l'opposé se situent David Barrett, Paul Hiebert et Scott Moreau. Ils proposent une définition restreinte du syncrétisme qui inclut une évaluation critique. Pour Barrett,

> un mouvement syncrétique est un mouvement qui amalgame la religion chrétienne avec des croyances et concepts traditionnels, et souvent avec d'autres systèmes religieux non chrétiens comme l'astrologie, à un degré tel que la révélation en Jésus-Christ et la seigneurie de Christ sur toutes les autres divinités est obscurcie, défiée ou reniée, en laissant seulement une apparence chrétienne extérieure avec un contenu préchrétien[35].

Hiebert définit le syncrétisme comme « la combinaison d'éléments du christianisme avec des croyances et pratiques populaires de telle sorte que l'Évangile y

---

32. Hollenweger, « Foreword », p. xii.
33. Louis Luzbetak, *L'Église et les cultures. Une anthropologie appliquée pour l'ouvrier apostolique*, Bruxelles, Lumen Vitae, 1968.
34. R. Daniel Shaw & William R. Burrows, sous dir., *Traditional Rituals as Christian Worship. Dangerous Syncretism or Necessary Hybridity*, Maryknoll, Orbis, 2017. Voir le résumé dans R. Daniel Shaw, « Beyond Syncretism. A Dynamic Approach to Hybridity », *International Bulletin of Mission Research* 42, 1, 2018, p. 6-19, et l'article qui pose sa base. R. Daniel Shaw, « Beyond Contextualization. Toward a Twenty-first-Century Model for Enabling Mission », *International Bulletin of Mission Research* 34, 4, 2010, p. 208-215.
35. Barrett, *Schism and Renewal*, p. 47. Cette définition théologique suit celle de Willem A. Visser't Hooft, *No Other Name. The Choice between Syncretism and Christian Universalism*, Londres, SCM, 1963, p. 11.

perd son intégrité et son message[36] ». Moreau opte également pour une définition sur le registre traditionnel de l'évaluation critique. Pour lui le syncrétisme est « le remplacement ou la dilution des vérités essentielles de l'Évangile par l'incorporation d'éléments non chrétiens[37] ». Pour ces trois auteurs le syncrétisme implique donc un mélange non critique de la foi chrétienne avec des éléments culturels. Un autre missiologue évangélique, John Roxborough, se base sur le modèle de la contextualisation critique de Hiebert, mais introduit une nuance dans la définition du syncrétisme qui rejoint quelque peu celles de Hollenweger et Luzbetak, en argumentant pour un « syncrétisme critique » en vue de la loyauté de l'Église à Christ[38].

Outre ce large éventail de définitions, le débat autour du syncrétisme se préoccupe encore d'un autre aspect. Alors qu'au cours des mouvements d'initiative locale dans les différents continents du sud les processus syncrétiques de renouveau sont devenus fréquents, Amos Yong, Robert Schreiter et d'autres se demandent si le syncrétisme représente le résultat final du mélange ou un processus de mélange[39]. Alan Tippett se situe dans le registre du résultat quand il dit que « le syncrétisme est l'interface entre ce qui était là quand les missionnaires sont arrivés et ce qui reste quand ils partent[40] ». Schreiter, quant à lui, réfléchit dans les termes de processus. Il remarque que le processus de conversion avec la formation d'une nouvelle identité est un processus beaucoup plus long que nous en avons pensé :

> Le processus de conversion… est beaucoup plus lent que nous avions pensé au départ… Ce qui semble être un syncrétisme… ne pourrait que refléter des étapes dans le processus de conversion… Les fon-

---

36. Paul G. HIEBERT, R. Daniel SHAW & Tite TIÉNOU, *Understanding Folk Religion. A Christian Response to Popular Beliefs and Practises*, Grand Rapids, Baker, 1999, p. 177. Pour une définition analogue du syncrétisme, voir Gailyn VAN RHEENEN, « Syncretism and Contextualization. The Church on a Journey Defining Itself », in *Contextualization and Syncretism. Navigating Cultural Currents*, sous dir. Gailyn VAN RHEENEN, Pasadena, William Carey Library, 2006, p. 7-13.
37. A. Scott MOREAU, « Syncretism », *Evangelical Dictionary of World Missions*, sous dir. A. Scott MOREAU, Grand Rapids, Baker, 2000, p. 924.
38. John ROXBOROUGH, « Loyalty to Christ. Conversion, Contextualization, and Religious Syncretism », in *Living in the Family of Jesus. Critical Contextualization in Melanesia and Beyond*, sous dir. William K. LONGGAR & Tim MEADOWCROFT, Auckland, NZ, Archer Press, 2016, p. 358.
39. YONG, « Syncretism », p. 374 ; SCHREITER, « Defining Syncretism », p. 52.
40. Alan R. TIPPETT, *Slippery Paths in the Darkness. Papers on Syncretism, 1965-1988*, Pasadena, CA, William Carey Library, 2014, p. 62-66.

dements solides que nous avons aujourd'hui n'ont pas été faciles à construire. Il n'y a pas de doute qu'ils auraient pu apparaître comme un syncrétisme dangereux pour une génération précédente[41].

Dans la logique du processus, Marie-Louise Martin et Bengt Sundkler ont corrigé leur évaluation de l'Église kimbanguiste, de la Zion Christian Church et d'autres soi-disant « mouvements messianiques ». Après des études plus approfondies de l'Église kimbanguiste Martin remarque :

> À la lumière de ce que nous avons observé parmi les Kimbanguistes, les tendances de plusieurs « mouvements messianiques » en Afrique australe devraient être étudiées à nouveau toutes les quelques années. Ce qui a paru être encore un mouvement messianique hier pourrait aujourd'hui déjà devenir une Église de Jésus-Christ sur la base de l'Esprit de Dieu toujours renouvelant[42].

Il y a entre vingt et quarante ans, Martin et Schreiter étaient très optimistes par rapport au développement de certaines Églises d'initiative africaine vers une orthodoxie croissante. En 1997, Schreiter a classé comme « jugement étique[43] » toute évaluation de syncrétisme[44]. C'est vrai qu'avec la création de la Faculté kimbanguiste et le développement d'une formation théologique solide, Marie-Louise Martin a pu accomplir une œuvre importante parmi l'Église kimbanguiste. Mais entretemps nous avons vu l'Église kimbanguiste (et d'autres Églises d'initiative africaine) partir dans une dérive inattendue et finalement être renvoyées du Conseil œcuménique des Églises[45].

---

41. Robert J. SCHREITER, *Constructing Local Theologies*, Maryknoll, Orbis, 1985, p. 158.
42. Marie-Louise MARTIN, *Kimbangu. An African Prophet and His Church*, Oxford, Blackwell, 1975, p. 171.
43. En anthropologie et en sciences sociales et du comportement, émique et étique se réfèrent à deux types de recherche sur le terrain et les points de vue qui en découlent : *émique* de l'intérieur du groupe social (du point de vue de l'objet d'étude) ; et *étique* de l'extérieur (du point de vue de l'observateur).
44. Robert J. SCHREITER, *The New Catholicity. Theology between the Global and the Local*, Maryknoll, Orbis, 1997, p. 70.
45. Voir le chapitre 12 : « Entrée et sortie du christianisme au Bas-Congo ».

## Un cadre épistémologique de référence

Cette problématique nous amène à la question d'un cadre épistémologique[46] de référence pour évaluer la contextualisation faite par les Églises d'initiative africaine. Apparemment cette contextualisation conduit dans certains cas vers un syncrétisme, « nécessaire » pour les uns, hétérodoxe pour d'autres. Mais quels sont les critères pour l'évaluation de ces phénomènes religieux ?

Pour nous, évangéliques, la Bible est « l'autorité souveraine en matière de foi et de vie ». Elle est la révélation et la Parole de Dieu et, en tant que telle, la vérité absolue. Ainsi, la Bible représente naturellement la source des critères et le standard par lequel nous voudrons évaluer tout phénomène culturel et religieux. Pour John Pobee les Églises d'initiative africaine se positionnent entièrement dans cette perspective : elles sont pour lui un « mouvement radicalement bibliciste[47] ». Et le Révérend Apôtre Professeur H. Olu Atansuyi de l'Église de Dieu (Aladura) insiste sur le fait que les Églises d'initiative africaine s'appuient sur la Bible : « Elles regardent la Bible en termes du Christ et Christ en termes bibliques, c'est-à-dire sans théologiser[48]. » D'une certaine manière, nous sommes arrivés au mot d'ordre des Réformateurs : « l'Écriture seule » (*sola scriptura*).

Mais Grant Osborne nous montre que l'interprétation de la Bible est inhérente à sa lecture et implique un processus complexe de construction théologique avec, pour lui, cinq composantes[49] : la Bible est bien sûr le premier élément. Mais il serait naïf de faire abstraction de nos présupposés dépendants de notre tradition théologique et ecclésiastique, notre communauté ecclésiale et notre expérience personnelle[50]. Le cinquième élément, qui est la philosophie, aiderait, selon ce théologien occidental, à éviter un raisonnement subjectif et à compléter le processus inductif de l'exégèse d'une approche déductive d'herméneu-

---

46. L'épistémologie est la science qui étudie la question « comment connaître ? » et qui discute donc la théorie de la connaissance.
47. John S. POBEE, « African Instituted Churches », *Dictionary of the Ecumenical Movement*, sous dir. N. LOSSKY, éd. rév., Genève/Grand Rapids, Conseil œcuménique des Églises/Eerdmans, 2002, p. 13.
48. H. Olu ATANSUYI, « Gospel and Culture from the Perspective of African Instituted Churches », exposé présenté à la Consultation du Conseil œcuménique des Églises avec les Églises d'initiative africaine, Ogere, Nigéria, 9-14 janvier 1996, en ligne : http://www.pctii.org/wcc/olu96.html.
49. Grant R. OSBORNE, « Components of Theological Construction », in *The Hermeneutic Spiral. A Comprehensive Introduction to Biblical Interpretation*, Downers Grove, IVP, 1991, p. 287-298.
50. Cf. aussi les quatre éléments (Écriture, tradition, culture, changement culturel) proposés par Stephen B. BEVANS, *Models of Contextual Theology*, éd. rév., Maryknoll, Orbis, 2002, p. 3-7.

tique. Si les Réformateurs et les évangéliques mettent l'accent sur les Écritures, l'Église catholique reconnaît aussi l'importance de la tradition ecclésiastique et théologique. Ni les uns ni les autres n'auraient traditionnellement admis une influence des présupposés culturels dans la forme de la communauté ecclésiale et d'expériences personnelles, comme par exemple les vocations et les visions des prophètes-fondateurs des Églises d'initiative africaine. Ces dernières sont fortement imprégnées par la culture africaine avec sa vision du monde tendant vers une approche holistique, pratique et narrative de la Bible. De plus, souvent ces Églises ne considèrent guère l'histoire de la dogmatique avec les Crédos des premiers siècles, ce qui peut les conduire, selon Nussbaum, vers la fragmentation, le syncrétisme et le messianisme[51]. Les Églises d'initiative africaine incluent les éléments contextuels davantage dans leur processus théologique que les Églises historiques, dans les termes d'Osborne ceux de la communauté ecclésiale et de l'expérience personnelle.

En outre, des cinq composantes d'une interprétation biblique, le nœud du problème se trouve, toujours selon Osborne, dans la place de la révélation et dans le choix des critères d'évaluation. Si traditionnellement pour l'Église catholique la source de la révélation était « la Bible et la tradition », et pour les Réformés et les évangéliques « la Bible seule », pour les Églises d'initiative africaine ce serait plutôt « la Bible et la révélation », ou dans les termes d'Osborne « la Bible et l'expérience »[52]. Pour leurs prophètes-fondateurs, l'inspiration ne serait pas réservée aux auteurs de la Bible, comme compris dans la théologie occidentale, mais pourrait aussi être appliquée à leurs visions. Plusieurs prophètes ont rapporté avoir eu des révélations pour une langue secrète, un nom pour leur localité d'origine, ou de manière continuelle des diagnostics et thérapies pour les maux de leurs adeptes. De plus, dans le contexte d'une culture orale en bonne partie illettrée, le recours à la Bible aurait moins de poids que des communications directes du divin. Néanmoins, la rencontre avec la Bible en langue vernaculaire est souvent intense dans les Églises d'initiative africaine, mais génère d'autres interprétations que dans les Églises historiques.

Le deuxième enjeu dans le processus est la validation des phénomènes religieux. Osborne propose les critères de cohérence interne, d'exhaustivité théo-

---

51. Stan Nussbaum, « African Initiated Churches », *Dictionary of Mission Theology. Evangelical Foundations*, sous dir. John Corrie, Samuel Escobar, Wilbert Shenk, Downers Grove, IVP, 2007, p. 6.
52. Osborne, *The Hermeneutic Spiral*, p. 299. Cf. aussi Wolfgang Bühne, *La troisième vague Le plus grand réveil de l'histoire de l'Église ? Enseignements et pratiques de C. Peter Wagner, John Wimber, Paul Yonggi Cho et Reinhard Bonnke*, trad. française Antoine Doriath, Prévérenges/Bielefeld, Maison de la Bible/Christliche Literatur-Verbreitung, 1992, p. 28.

rique et d'adéquation pratique[53]. Ces critères philosophiques et scientifiques courants peuvent aussi s'appliquer au processus théologique et à la vision du monde[54]. Sur la base de la Parole de Dieu et contrôlé par l'histoire du dogme, ces critères permettraient, selon Osborne, d'évaluer les phénomènes religieux et de décider dans le cas de déviation d'une doctrine cardinale d'émettre une discipline, et dans la déviation d'une doctrine non essentielle d'user de tolérance avec une approche de dialogue. Toutefois, la question est toujours de savoir ce qui est une doctrine principale ou secondaire. De plus, il semble que les critères philosophiques et scientifiques ne soient pas très appropriés pour une culture avec un fonctionnement tout autre que la culture occidentale qui a passé par les Lumières.

Dans le souci d'amener « toute pensée captive à l'obéissance de Christ » (2 Co 10.5, LSG), l'Église a dû se demander dès ses débuts quel enseignement et quelle pratique sont tolérables dans son sein et quelles sont les limites à établir. Ceci, par exemple, quand l'apôtre Paul a écrit à l'Église de Colosses qui a évolué dans un milieu multi-religieux. Flemming remarque que la lettre aux Colossiens est « un modèle instructif pour l'Église, dans son interaction actuelle avec le syncrétisme[55] ». De même, les apôtres Pierre et Jean ainsi que Jude avertissent les Églises contre les faux esprits et les faux prophètes (1 Pierre ; 1 Jean ; Jude). Dans la même veine nous lisons :

> Bien-aimés, ne croyez pas tout esprit ; examinez plutôt les esprits pour savoir s'ils sont de Dieu, car beaucoup de prophètes de mensonge sont sortis dans le monde. À ceci vous connaissez l'Esprit de Dieu : tout esprit qui reconnaît Jésus-Christ venu en chair est de Dieu. (1 Jn 4.1-2)

En Afrique du Nord, l'Église « une, sainte, catholique, apostolique » a dû réfléchir à la problématique des limites ecclésiales pendant les schismes donatiste et arien des premiers siècles. Église « catholique » signifiait alors « universelle », compris comme l'ensemble de l'Église. S'y distinguent les « hérésies » (du grec *haíresis* « choix, préférence pour une idée ou pensée ») qui étaient à l'origine de « sectes » (du latin *secare, sectus* « couper »), des groupes qui se « coupaient » de

---

53. OSBORNE, *The Hermeneutic Spiral*, p. 310s.
54. Cf. Hannes WIHER, « Toucher les êtres humains en profondeur (première partie) », *Théologie Évangélique* vol. 12, n° 1, 2013, p. 83.
55. Dean FLEMMING, « Contextualiser selon l'exemple de Paul », in COOK, *L'Église mondiale et les théologies contextuelles*, p. 69 ; cf. idem, *Contextualization in the New Testament. Patterns for Theology and Mission*, Leicester, Intervarsity, 2005, p. 214-233.

l'ensemble de l'Église « catholique ». Justo González explique ce processus dans son histoire du christianisme :

> Afin de se séparer des différents groupes hérétiques et des sectes, l'Église ancienne a commencé à s'appeler « catholique ». Ce titre a souligné à la fois son universalité et son inclusion du témoignage sur lequel elle s'est fondée. C'était l'Église « selon l'ensemble », c'est-à-dire selon le témoignage intégral de tous les apôtres. Les différents groupes gnostiques n'étaient pas « catholiques » parce qu'ils ne pouvaient pas réclamer ce fondement large. En fait, ceux parmi eux qui réclamèrent une origine apostolique le firent sur la base d'une tradition secrète et hypothétique transmise par un seul apôtre. Seule l'Église « catholique », l'Église « selon l'ensemble » a pu réclamer le témoignage intégral des apôtres. Ironiquement, par une évolution à travers des siècles, les débats concernant le vrai sens du terme « catholique » sont arrivés à être centrés sur la personne et l'autorité d'un seul apôtre – Pierre[56].

Comment appliquer maintenant ces considérations de base à notre sujet des Églises d'initiative africaine ? Selon John Pobee et Gabriel Ositelu, trois critères d'évaluation devraient nous orienter : la convergence en ce qui concerne les doctrines de la Trinité, du Saint-Esprit et du baptême[57]. La raison pour leur choix est que plusieurs prophètes-fondateurs se sont considérés comme l'incarnation d'une personne de la Trinité et que souvent le baptême est considéré comme un rituel de purification calqué sur ceux des religions traditionnelles. Yves Mulume, l'un des auteurs de cet ouvrage, a, dans une perspective évangélique, modifié et élargi ce catalogue de critères. Il propose d'inclure également le rôle de la Bible, l'attitude des membres de l'Église vis-à-vis de la personne du fondateur ainsi que l'orientation générale de la spiritualité et des pratiques, théocentrique ou anthropocentrique[58].

Revenons à l'affirmation du professeur Atansuyi avec laquelle nous avons débuté notre réflexion : les Églises d'initiative africaine « regardent la Bible en termes du Christ et Christ en termes bibliques, c'est-à-dire sans théologiser ». Que veut-il dire par cela ? Certainement qu'elles veulent comprendre la Bible et le Christ sans passer par la théologie occidentale qui leur a été imposée. Elles

---

56. Justo González, *The Story of Christianity*, vol. 1, New York, Harper One, 2010, p. 66, cité dans Pobee & Ositelu, *African Initiatives in Christianity*, p. 61.
57. Pobee & Ositelu, *African Initiatives in Christianity*, p. 17.
58. Voir les critères d'évaluation dans l'Annexe 5.

adoptent une approche directe et originelle à la Bible et au Christ, avec des interprétations quelques fois étonnantes, mais toujours dans la logique des religions traditionnelles africaines. Beaucoup de fidèles sont en dialogue spontané et décomplexé avec Jésus qui les a libérés de maladies et de possession démoniaque. Dans la synthèse historique nous avons déjà parlé de la compréhension « iconique » des prétentions des prophètes-visionnaires à être des intermédiaires entre Jésus et les fidèles, qui ont amené quelques observateurs extérieurs à l'évaluation de ces mouvements comme « messianiques ».

Si, selon Osborne, la construction théologique se fait non seulement à partir de la Bible, mais également à partir de la tradition théologique, de la communauté ecclésiale et d'expériences personnelles, il faudrait que ces dernières soient évaluées par rapport à leur convergence avec les Écritures. Une méthode qui inclut une telle évaluation est la contextualisation critique. Dans la prochaine section nous la présenterons dans le contexte de l'émergence des autres modèles de contextualisation.

## La contextualisation critique

Le néologisme « contextualisation » fut introduit dans le discours œcuménique en 1972 par Shoki Coe du Fonds pour la formation théologique du COE[59]. Par la suite, après le Concile Vatican II, ce nouveau concept fut repris par l'Église catholique dans une refonte basée sur les notions catholiques d'adaptation et d'accommodation en adoptant le terme anthropologique d'inculturation[60]. Pendant ces années après les indépendances, avec le retour en Afrique de beaucoup de jeunes théologiens après leurs études théologiques aux États-Unis ou en Europe, il y a eu un grand engouement pour expérimenter la contextualisation et l'inculturation, de sorte que l'Afrique est devenue un vrai « laboratoire de contextualisation ».

Afin de clarifier cette nouvelle notion œcuménique et catholique, le missiologue américain mennonite Paul Hiebert a proposé en 1984 un modèle de contextualisation qui inclut une évaluation critique de la théologie et de la pra-

---

59. En anglais *World Council of Churches Theological Education Fund*.
60. Pour une discussion critique des deux concepts, voir Jean-François Zorn, « La contextualisation. Un concept théologique ? », *Revue d'Histoire et de Philosophie religieuses* 77, 2, 1997, p. 171-189.

tique ecclésiale à la lumière de la Bible[61]. Les quatre étapes de la démarche de la contextualisation critique sont selon lui : 1) une analyse du phénomène dans la culture, 2) une analyse du phénomène dans la Bible (on peut aussi intervertir la démarche des deux premiers points pour des thématiques bibliques par exemple), 3) une étude comparée de la Bible et de la culture qui évalue la culture (donc les enseignements théologique et les pratiques ecclésiales ou culturelles) à la lumière de la Bible afin de cristalliser les éléments convergents et divergents, en termes missiologiques les éléments en continuité et en discontinuité, et 4) le développement d'une théorie (théologie) et/ou d'une pratique fidèles à la Bible et pertinentes pour la culture. Cette dernière étape inclut la prise de décision par rapport à chaque élément culturel étudié : peut-on l'accepter, tolérer ou transformer, ou doit-on le refuser ou même le créer, ou, dans la terminologie de Dean Flemming, affirmer, relativiser, transformer ou s'opposer à des éléments culturels[62] ?

## Le rapport entre la contextualisation et le syncrétisme

Jusqu'ici nous avons parlé de contextualisation et de syncrétisme séparément. Mais qu'en est-il de leur articulation ? Y a-t-il un lien direct, indirect ou aucun lien ? Pour certains évangéliques c'est la contextualisation qui conduit directement au syncrétisme. C'est pourquoi, disent-ils, il faut éviter de contextualiser. Beaucoup ne réalisent pas que chacun de nous contextualise intuitivement sans s'en rendre compte. Et quand c'est le cas, la contextualisation s'opère selon notre vision du monde inconsciente. Nous avons discuté ailleurs ce phénomène plus en détail et avons montré que le phénomène de la contextualisation est aussi ancien que la Bible : Dieu lui-même, les patriarches, les prophètes, Jésus et les apôtres, tous ont contextualisé[63].

---

61. Paul G. HIEBERT, « Une contextualisation critique », dans *Mission et culture*, Saint-Légier, Emmaüs, 1998, p. 191-216. Version anglaise originale : « Critical Contextualization », *Missiology* 12, 1984, p. 287-296, réimpr. : *International Bulletin of Missionary Research* 11, 3, 1987, p. 104-112. Pour une discussion des différents modèles de contextualisation, voir Hannes WIHER, « Les modèles de contextualisation », in COOK, *L'Église mondiale et les théologies contextuelles*, p. 283-288 ; A. Scott MOREAU, « Une typologie des modèles évangéliques de contextualisation », in COOK, *L'Église mondiale et les théologies contextuelles*, p. 241-282.
62. FLEMMING, « Contextualiser selon l'exemple de Paul », p. 41-71.
63. Cf. WIHER, « Qu'est-ce que la contextualisation ? », in COOK, *L'Église mondiale et les théologies contextuelles*, p. 1-39 ; Dean S. GILLILAND, sous dir., *The Word Among Us. Contextualizing Theology for Mission Today*, 2ᵉ éd., Eugene, OR, Wipf & Stock, 2002, p. 32-73 ; FLEMMING, *Contextualization in the New Testament*.

Pour les tenants d'une définition large du syncrétisme, dès que deux cultures sont en contact prolongé l'une avec l'autre, il y a contextualisation et échange d'éléments culturels, et donc forcément aussi syncrétisme. Ainsi le professeur Arthur Glasser du Fuller Seminary pouvait dire que là où on contextualise il y a du syncrétisme. Pour les défenseurs d'une définition étroite, comme Paul Hiebert, professeur au même Fuller Seminary, le rapport entre contextualisation et syncrétisme est plus complexe. On ne peut plus dire que chaque fois qu'on contextualise on crée du syncrétisme, ou inversement, et quand on évite de contextualiser on évite également le syncrétisme. Hiebert a montré que c'est là une illusion[64].

Un refus non critique des éléments culturels fait que l'Évangile reste étranger et le plus souvent refusé. Dans un tel cas les chrétiens continuent souvent leurs pratiques culturelles clandestinement et donnent naissance à un *syncrétisme caché*. Étant donné la fréquence d'un refus des coutumes culturelles chez les évangéliques, on pourrait appeler cette attitude le « modèle évangélique ». On le rencontre dans le monde entier ; en Afrique c'était le modèle du mouvement missionnaire protestant. Bien que l'excision des filles soit interdite dans les Églises, elle y est pratiquée communément. La consultation des ancêtres ou des devins et guérisseurs par les chrétiens en cachette est un autre exemple courant. L'autre extrême est d'accepter les éléments culturels d'une manière non critique. Le résultat en est un *syncrétisme ouvert*. Les exemples de la christianisation médiévale en Europe sont nombreux : la fête du Dieu-Soleil Jupiter au moment du solstice d'hiver devient la fête de Noël avec le sapin et ses bougies ; la fête de la déesse germanique Ostara avec le symbole de fertilité des œufs devient la fête de Pâques, ou le culte des ancêtres devient le culte des saints. En Afrique on trouve beaucoup d'exemples de ce genre dans les Églises d'initiative africaine.

La seule manière de circonscrire le problème du syncrétisme est de contextualiser chaque élément culturel de manière critique en passant par les quatre étapes de la contextualisation critique. On ne peut éviter le syncrétisme en évitant la contextualisation contrairement à ce que beaucoup pensent[65].

Néanmoins, la frontière entre une bonne contextualisation et le syncrétisme est très mince. Ce qui est une bonne contextualisation pour l'un peut être interprété comme syncrétisme par l'autre. Autant il est vrai que vouloir éviter la contextualisation amène directement au syncrétisme, il est vrai aussi que contex-

---

64. Hiebert, *Mission et culture*, p. 205-213.
65. Cf. aussi Hollenweger, « Réalité du syncrétisme » ; Natee Tanchanpongs, « Contextualisation et syncrétisme », dans Cook, *L'Église mondiale et les théologies contextuelles*, p. 187-211 ; Gailyn Van Rheenen, sous dir., *Contextualization and Syncretism*, Pasadena, William Carey Library, 2006.

tualiser comporte le risque du syncrétisme. Le chemin de la contextualisation est empreint de subjectivité. Néanmoins, la contextualisation est inévitable si on ne veut pas que l'Église devienne un corps étranger dans la société et aussi parce que la vision du monde pousse inconsciemment à contextualiser.

Concernant l'évaluation des Églises d'initiative africaine nous nous trouvons dans la même situation : pour les tenants d'une définition large du syncrétisme, la contextualisation faite par les Églises d'initiative africaine implique du syncrétisme comme corollaire inévitable et aussi acceptable. Pour les promoteurs d'une définition étroite, en général les évangéliques, il y a dans les Églises d'initiative africaine souvent une intégration d'éléments culturels incompatible avec l'Évangile, avec en conséquence un syncrétisme ouvert.

Observant les premiers essais de contextualisation en vue d'une « théologie africaine », Byang Kato, le premier Secrétaire général de l'Association des évangéliques d'Afrique et de Madagascar (AEAM)[66], a réagi très rapidement en tirant la sonnette d'alarme :

> Le terme de « théologie africaine »… porte en lui le danger du syncrétisme. C'est pourquoi ce terme est considéré avec soupçon. Il est préférable de parler de théologie chrétienne et de définir, ensuite, à quel contexte elle se trouve reliée, par exemple les reflets d'Afrique[67].

Quelle position faudrait-il adopter en tant qu'évangéliques ? En ce qui concerne la théologie africaine, partageant le souci de Kato, nous avons opté pour parler de la théologie évangélique en Afrique[68]. Par rapport aux Églises d'initiative africaine, nous maintenons une définition étroite du syncrétisme incluant une évaluation critique à la lumière de la Bible, tout en gardant le souci de considérer le regard de l'intérieur, la perspective « émique » des représentants de ce mouvement, dans une attitude de sympathie.

## Le rapport entre les religions traditionnelles africaines, l'islam, le christianisme et le sécularisme

Le missiologue Aylward Shorter commente l'arrivée du christianisme en Afrique subsaharienne au XIXe siècle comme suit :

---

66. Aujourd'hui Association des évangéliques d'Afrique (AEA).
67. Byang Kato, « Théologie noire et théologie africaine », *La Revue réformée* XXVIII, 110, 2, 1977, p. 119.
68. Voir par exemple Detlef Kapteina, *La théologie évangélique en Afrique. Naissance et évolution (1970-2000)*, Charols/Nuremberg/Écublens, Excelsis/VTR/AME, 2015.

> Le christianisme qui fut amené en Afrique au XIXᵉ siècle était un christianisme qui était en retrait par rapport à l'avance de la science, un « christianisme du Dieu vacataire » [*God-of-the-gaps Christianity*]. Il semblait supérieur aux religions traditionnelles africaines parce qu'il fut prêché par des hommes blancs, basé sur un livre et exprimé dans une culture qui était techniquement supérieure... Toutefois, de la manière qu'il fut présenté, il semblait socialement moins pertinent que la religion qu'il déplaça. Dans quelques domaines le résultat fut d'encourager le sécularisme[69].

C'est effectivement le nœud du problème. En termes de pertinence sociale, beaucoup d'Africains ont perçu et perçoivent encore les religions traditionnelles africaines comme plus pertinentes et dynamiques que les deux religions missionnaires importées, l'islam et le christianisme. Toutefois, Bolaji Idowu remarque en 1973 :

> Les yeux des peuples africains, particulièrement des théologiens africains, se sont ouverts au fait qu'ils ont un héritage, don de Dieu, qui a sa propre valeur et avec qui est lié le destin de l'âme de sa race..., [et il ajoute,] nous pensons que les religions traditionnelles africaines sont la religion de la majorité des Africains aujourd'hui. Nous pouvons ajouter que le processus de modernisation et de syncrétisme avec la religion traditionnelle comme élément principal dans le mélange continuera[70].

Shorter et Idowu pensent que les religions traditionnelles africaines sont plus à même aujourd'hui de répondre aux questions et de satisfaire aux besoins des Africains que l'islam et le christianisme. Face à cette évaluation de Shorter et Idowu, il peut être surprenant que ce ne sont pas les religions traditionnelles africaines qui ont vu la plus grande émergence vers la fin du XXᵉ siècle et au début du XXIᵉ siècle, mais les Églises d'initiative africaine de type « charismatique » qui toutefois, elles aussi, construisent sur la vision africaine du monde.

Un épisode d'une rencontre entre un missionnaire et un chef des Massaï en Tanzanie illustre bien cette rencontre entre les deux cultures. Après que le missionnaire occidental ait présenté la personne et l'œuvre de Jésus-Christ à un groupe de Massaï, le chef massai lui a posé trois questions : Ce Jésus, a-t-il tué un lion ? Combien de vaches Jésus possédait-il ? Et combien de femmes et d'enfants

---

69. Aylward SHORTER, *African Christian Spirituality*, Londres, Chapman, 1975, p. 37.
70. Bolaji IDOWU, *African Traditional Religion. A Definition*, Londres, SCM, 1973, p. x, 208.

Jésus avait-il ? Ces questions avaient pour but de situer le chef par rapport à la crédibilité de Jésus : était-il un homme adulte digne d'être écouté ? Les deux dernières questions devaient lui indiquer le statut social de Jésus. L'épisode montre aussi la complexité d'une telle rencontre.

Lamin Sanneh va plus loin que Shorter et Idowu quand il avance l'idée que ce sont les religions traditionnelles qui ont influencé les deux religions nouvellement venues. Nous le réalisons bien : en disant cela il parle de la phase d'assimilation indigène de la nouvelle religion par la culture hôte.

> L'Afrique a imposé son caractère aux deux religions [christianisme et islam], en les soumettant à sa propre expérience historique et en les immergeant dans ses traditions culturelles et religieuses… L'Afrique a dissout beaucoup de ce qui est arrivé chez elle et a reconstitué ce qui en a résulté comme un renforcement des éléments préexistants de sa vie religieuse. C'est pourquoi la question la plus fondamentale à laquelle les deux religions missionnaires ont dû faire face en Afrique est si et comment elles peuvent entrer en réciprocité avec les religions africaines dans un idiome mutuellement reconnaissable[71].

Nous nous trouvons ici dans la logique de l'école de l'histoire des religions pour qui toute rencontre entre deux religions a pour résultat un échange d'éléments culturels, et donc un syncrétisme.

L'islam, qui était le premier arrivé, s'est rendu utile et acceptable en Afrique subsaharienne par la production d'amulettes, fétiches protège-malheur, et de talismans, fétiches porte-bonheur. Cette adaptation a été faite par les marabouts malgré les réticences et les interdictions des représentants du mouvement de réforme islamique, préoccupés par l'acceptation dans l'islam africain d'éléments culturels interdits (*haram*)[72]. Dans la politique de la table rase du mouvement missionnaire protestant nous retrouvons la même réticence vis-à-vis de la culture d'accueil, mais pas du tout dans le christianisme d'initiative africaine. Il est intéressant de constater beaucoup de ressemblances entre les Églises Aladura et les cultes des religions traditionnelles. En prenant le rôle du devin et du guérisseur traditionnel, les prophètes des Églises d'initiative africaine ont avancé dans le cœur même des religions traditionnelles[73]. On a également pu constater des paral-

---

71. Lamin SANNEH, *West African Christianity. The Religious Impact*, Maryknoll, Orbis, 1983, p. 249.
72. *Ibid.*, p. 234s.
73. *Ibid.*, p. 236-241. Une enquête dans cinq pays africains (Ghana, Burkina Faso, Cameroun, Éthiopie, Zimbabwe) a montré que près de la moitié des personnes interrogées consultaient les devins. Anthony BALCOMB *et al.*, « Spirituality and Hope in Africa. A Study in Five

lèles frappants entre les Églises d'initiative africaine et l'islam. « La pratique de la prière [*aladura*] et l'activité divinatoire ont fourni deux cadres très fertiles pour une influence mutuelle... [En fait,] les Églises d'initiative africaine ont dépassé l'islam dans l'usage audacieux de symboles religieux[74]. » On peut dire que le mouvement Aladura a puisé du matériel religieux d'une forme africaine de l'islam[75]. Ces parallèles entre religions traditionnelles africaines, Églises d'initiative africaine et islam africain confirment la thèse de Sanneh que la religion préexistante influence et forme les religions qui arrivent dans un milieu socio-culturel. Mais s'agit-il chez les Églises d'initiative africaine de contextualisations critiques ou non critiques ? Une évaluation à la lumière des Écritures a-t-elle été faite ? Des études devront le montrer cas par cas.

Finalement, le manque de pertinence des religions importées de l'islam et du christianisme, mais aussi des religions traditionnelles africaines affaiblies par la politique de la table rase et la modernité qui s'impose, favorise la sécularisation de la société africaine. Ce sont elles, selon la définition de Clifford Geertz, les « systèmes de sens socialement disponibles[76] ». Le schéma des trois phases de Sanneh et Bediako et la réflexion sur le rapport entre les trois religions jette une nouvelle lumière sur le phénomène relativement peu étudié de la sécularisation en Afrique subsaharienne[77].

## L'évangile de la prospérité

Une belle illustration du résultat potentiel de la rencontre de deux visions du monde, celle du christianisme et celle des religions traditionnelles africaines, est l'évangile de la prospérité[78]. Qu'est-ce qu'il y a derrière cet évangile ? Daniel Bourdanné répond :

> Une théologie basée sur une interprétation particulière de la Bible. La théologie de la prospérité soutient que le salut de l'homme est total. Dieu sauve le corps, l'âme et l'esprit. Il délivre l'homme du

---

Countries », *International Bulletin of Mission Research* 41, 4, 2017, p. 340.
74. Sanneh, *West African Christianity*, p. 223.
75. *Ibid.*, p. 187s.
76. C'est la définition de la religion de Clifford Geertz, *The Interpretation of Cultures*, New York, Basic Books, 1973.
77. Une exception louable est : Abel Ngarsouléde, *Enjeux sociologiques et théologiques de la sécularisation. Une étude de cas à N'Djaména en République du Tchad*, Langham Monographs, Carlisle, UK, Langham Partnership, 2016.
78. En anglais *Health and Wealth Gospel*.

> péché mais aussi de la pauvreté, de la maladie et de la dépression. Les chrétiens sont des enfants de Dieu et non du diable. Dieu, leur Père, est tout-puissant. Il possède tout, peut tout et fait tout. Jésus, le Fils de Dieu, par sa mort, libère l'homme des liens du péché. La libération du péché concerne l'esprit. La libération de l'âme, quant à elle, procure la paix intérieure, la plénitude et la joie. La libération du corps entraîne et garantit la guérison divine aux malades physiques. La libération de chaque composante de l'homme procure une bénédiction qui s'y rattache[79].

Daniel Bourdanné résume ici l'aspect théologique de l'évangile de la prospérité. En fait, Dieu nous offre comme don « une vie en abondance » (Jn 10.10), verset souvent cité par les promoteurs de la théologie de la prospérité. Et l'apôtre Jean souhaite pour Gaïus « que tu prospères à tous égards » (3 Jn 1.2). Toutefois, cette vie abondante est souvent (pas toujours) offerte dans le paradoxe. Cela est manifeste dans la vie de Job qui, dans la souffrance, découvre Dieu, trouve la paix et dit : « Mon oreille avait entendu parler de toi ; maintenant mon œil t'a vu », et le narrateur conclut : « Le Seigneur bénit la fin de Job » (Job 42.5, 12). De même, dans les Béatitudes, le bonheur est offert à ceux qui sont à l'écart de la société et ceux qui souffrent :

> Heureux les pauvres en esprit, car le royaume des cieux est à eux ! Heureux ceux qui pleurent, car ils seront consolés ! Heureux ceux qui sont doux, car ils hériteront la terre ! Heureux ceux qui ont faim et soif de justice, car ils seront rassasiés ! Heureux ceux qui sont compatissants, car ils obtiendront compassion ! Heureux ceux qui ont le coeur pur, car ils verront Dieu ! Heureux les artisans de paix, car ils seront appelés fils de Dieu ! Heureux ceux qui sont persécutés à cause de la justice, car le royaume des cieux est à eux ! (Mt 5.3-10)

Les Béatitudes nous rappellent que la bénédiction est un don de Dieu qui est offert aux « petits ». Il n'est pas accessible au moyen de la manipulation du monde invisible par l'intermédiaire du pasteur-fondateur proche de la figure traditionnelle du devin-marabout, ou au moyen de la « pensée positive », qui croit l'avoir déjà reçu.

La théologie de la prospérité ne tient pas compte du fait que nous nous situons actuellement dans l'intérim eschatologique, c'est-à-dire entre les deux venues de Jésus-Christ, et que le salut ne sera total que dans la nouvelle création.

---

79. Daniel Bourdanné, *L'évangile de la prospérité. Une menace pour l'Église africaine*, Abidjan, Presses Bibliques Africaines, 1999, p. 18s.

Jusques là, la pauvreté et la maladie seront encore avec nous. Ce manque de considération de l'intérim eschatologique est en partie lié à ce que nous appelons une « orientation vers le passé ». De quoi s'agit-il ?

Beaucoup de peuples, comme les Hébreux, regardent vers leurs traditions ancestrales. Ces gens sont comme des rameurs dans leur bateau, le regard tourné vers l'arrière. Ils conçoivent l'avenir comme étant dans leur dos (Ps 143.5 ; És 46.10 ; Jr 29.11)[80]. John Mbiti montre un fait similaire pour le swahili. Dans sa thèse il va jusqu'à dire que l'Africain n'a pas de notion d'avenir[81]. Plusieurs ont à juste titre critiqué cette approche extrême[82]. Avec Leonard Nyirongo et Bennie van der Walt nous préférons dire qu'il ne s'agit pas d'une incapacité de concevoir l'avenir, mais d'une différence dans l'orientation principale, soit vers le passé soit vers l'avenir[83]. Pour une personne ou une culture orientée principalement vers le passé il est extrêmement difficile de prévoir des problèmes qui vont surgir dans l'avenir, par exemple une rupture de stock de médicaments dans une pharmacie, ou planifier par objectifs.

Comment le passage de l'orientation vers le passé à celle tournée vers l'avenir s'est-il opéré dans l'Ancien Testament ? Selon Gerhard von Rad, c'est suite à l'annonce constante du jour de Yahvé par les prophètes que les Israélites commencent à regarder vers l'avenir et que la notion de temps devient linéaire[84]. Cette orientation vers l'avenir, particulièrement vers « les derniers temps », devient un paramètre important de la notion de temps du Nouveau Testament. Ses auteurs se situent dans l'intérim eschatologique entre les deux venues du Christ et sont axés vers l'avenir eschatologique[85].

Cette vision eschatologique très différenciée du temps a été un phénomène très particulier dans le Proche-Orient ancien et pour certains très difficile à com-

---

80. Hans Walter WOLFF, « § 10. La notion de temps dans l'Ancien Testament », in *Anthropologie de l'Ancien Testament*, p. 75-82 ; Andrew E. HILL, « 'ḥr », *NIDOTTE*, vol. 1, p. 361s.
81. John S. MBITI, *Religions et philosophies africaines*, Yaoundé, CLÉ, 1972, p. 18-25.
82. Byang KATO, *Pièges théologiques en Afrique*, Abidjan, Centre de Publications Évangéliques, 1981, p. 66-79.
83. Leonard NYIRONGO, « The African and Biblical View of Time, History and Progress », in *The Gods of Africa or The God of the Bible ?* Potchefstroom, Potchefstroom University, 1997, p. 87-98 ; Bennie J. VAN DER WALT, « Time moving "Past" Man Versus Man Moving "Through" Time », in *Afrocentric or Eurocentric?* Potchefstroom, Potchefstroom University, 1997, p. 64-66 ; Hannes WIHER, *Shame and Guilt*, Bonn, Culture and Science Publications, 2003, p. 286s.
84. Gerhard VON RAD, « Les idées d'Israël sur le temps et l'histoire. L'eschatologie des prophètes », in *Théologie de l'Ancien Testament, tome 2 : Théologie des traditions prophétiques d'Israël*, trad. André Goy, Genève, Labor et Fides, 1967, p. 87-110.
85. Oscar CULLMANN, *Christ et le temps. Temps et histoire dans le christianisme primitif*, 2ᵉ éd., Neuchâtel, Delachaux et Niestlé, 1966.

prendre. C'est probablement la raison pour laquelle elle a été négligée par les tenants de l'évangile de la prospérité. Sur la base de la notion culturelle de salut, qui est très proche de la notion vétérotestamentaire de *shalom*, une foi chrétienne sincère est automatiquement associée à la bonne santé et au succès dans la vie. Si je donne à Dieu, il me rendra le centuple selon la formule : « Je te donne afin que tu me donnes ». D'après ce mouvement, un chrétien qui a une vraie foi ne peut pas être malade ou pauvre. Du point de vue théologique ce mouvement ne tient compte ni de l'intérim eschatologique ni de la notion néotestamentaire de salut : Jésus-Christ a rendu possible le salut par son sacrifice expiatoire ; il est un don gratuit de Dieu et ne peut pas être manipulé. Mais nous ne sommes pas encore arrivés à l'état parfait de la nouvelle Jérusalem (Ap 21-22). Le règne de Dieu s'est approché avec la première venue de Jésus (Mc 1.15), mais il ne sera réalisé pleinement qu'après le retour du Christ et la nouvelle création.

Du point de vue anthropologique et plus particulièrement en ce qui concerne la vision du monde, nous pouvons retenir les éléments suivants : le mouvement de l'évangile de la prospérité a une vision anthropocentrique et holistique du monde. Du point de vue de la notion de salut il fait une identification d'une notion culturelle avec la notion vétérotestamentaire, mais néglige la différenciation néotestamentaire, surtout la dimension eschatologique de la notion de salut. Le mouvement de l'évangile de la prospérité est porté par une vision relationnelle du monde qui recherche l'harmonie, l'honneur et la puissance devant les hommes, le bien-être et la prospérité pour soi-même[86]. Ainsi la majorité de la population mondiale tend, de par sa vision du monde, à pencher vers l'évangile de la prospérité et remplit les Églises de pasteurs qui adoptent cette théologie. Dans un contexte de pauvreté cela semble marcher à merveille. C'est l'un des facteurs qui fait le grand succès de certains pasteurs qui sautent dans ce train. Le phénomène a commencé dans des Églises afro-américaines aux États-Unis et a eu une suite impressionnante dans certaines Églises d'initiative africaine. Amos Yong remarque que la notion de prospérité est un élément central dans la globalisation du pentecôtisme et que la théologie de la prospérité prend son chemin du Nord vers le Sud et inversement.

Asamoah-Gyadu et Yong perçoivent un lien entre la théologie de la prospérité et la « théologie de la domination » (en anglais *dominion theology*). Le terme de domination fait référence à Genèse 1.28 où Dieu accorde à l'humanité la domination sur la terre. La « théologie de la domination » assume dans la foi la domina-

---

86. Pour une discussion plus détaillée de l'orientation relationnelle de la conscience, voir Hannes WIHER, « Toucher les êtres humains en profondeur », *Théologie Évangélique* 12, 1, 2013, p. 69-85, et 12, 3, 2013, p. 61-88.

tion sur tous les problèmes et besoins de l'être humain : mariage, emploi, santé, promotion professionnelle et bien-être général. Dans cette logique, le Kingsway International Christian Centre à Londres de Matthew Ashimolowo fait sa promotion par le slogan « Conquérir des territoires et susciter des champions » (« *Taking Territories and Raising Champions* »). Et la International Central Gospel Church au Ghana fondée par Mensa Otabil dit qu'elle est l'outil pour « développer des leaders, transmettre une vision et influencer la société par le Christ » (« *Raising Leaders, Shaping Vision and Influencing Society through Christ* »). Le terme de domination entre même dans les noms de leurs institutions. Ainsi le temple du Kingsway International Christian Centre à Accra (Ghana) s'appelle Dominion Centre, et le nom de l'université de l'Action Chapel International est le Dominion University College. On comprend que la domination sur les maux de ce monde et sur Satan, leur source, est engagée dans un combat spirituel entre le Bien et le Mal. La suite logique de la domination est la prospérité. C'est ainsi que sont liés les théologies de la domination, du combat spirituel et celle de la prospérité[87]. La section africaine du Groupe de travail théologique du Mouvement de Lausanne y remarque : Nous nous demandons « si, pour une bonne part, le christianisme populaire ne serait pas une superstructure syncrétique s'appuyant sur une vision du monde qui n'a pas été radicalement transformée par l'Évangile biblique[88] ».

## Les leçons à tirer des Églises d'initiative africaine

Le phénomène des Églises d'initiative africaine est, selon David Barrett, « un produit inattendu du mouvement missionnaire[89] ». Parmi elles nous trouvons les plus grandes Églises des capitales africaines et des mouvements internationaux avec une force missionnaire impressionnante. Nous nous montrerons sages si nous sommes prêts à en apprendre quelques leçons.

John Pobee et Gabriel Ositelu mettent tout d'abord en avant l'« africanité » des Églises d'initiative africaine :

---

87. J. Kwabena ASAMOAH-GYADU, « Declaring the Wonders of God in Our Own Tongues. Africa, Mission and the Making of World Christianity », in *The State of Missiology. Global Innovations in Christian Witness*, sous dir. Charles E. VAN ENGEN, Downers Grove, IVP, 2016, p. 260-262. Cf. aussi Amos YONG, *In the Days of Caesar. Pentecostalism and Political Theology*, Grand Rapids, Eerdmans, 2010.
88. Groupe de Travail théologique de Lausanne, « Déclaration de Lausanne sur l'évangile de la prospérité ». Le texte intégral se trouve dans l'Annexe 4.
89. BARRETT, « African Initiated Church Movement », p. 43.

> Les Églises d'initiative africaine nous rappellent que le Christ aimerait être aussi un Africain et que les constructions euro-américaines de l'Évangile ne sont ni satisfaisantes pour les Africains ni pour l'ensemble du christianisme dans le monde[90].

Ensuite, ils attirent notre attention sur leurs approches théologiques novatrices. Du fait que leurs membres sont pour la plupart illettrés et pauvres, et j'ajouterais qu'ils ont en grande majorité une vision relationnelle du monde, on ne trouvera pas chez elles de positions théologiques bien définies[91]. En ce qui concerne leur théologie, Walter Hollenweger remarque :

> Peut-être les théologiens occidentaux peuvent apprendre des Églises d'initiative africaine que des éléments autres que la conformité doctrinale sont nécessaires... qu'on peut être un dirigeant d'Église sans comprendre le Symbole de Nicée, que les dénominations basées sur des catégories théologiques ne sont pas la seule manière de classer les Églises chrétiennes, et peut-être même pas la meilleure manière... Peut-être que nous pouvons apprendre que la séparation du « naturel » et du « surnaturel » n'est pas une manière particulièrement biblique de pratiquer la théologie[92].

Et Hollenweger continue par rapport à leur mode de communication :

> Les modes de communication ne sont pas des propositions mais des histoires, pas des arguments théologiques mais des témoignages, pas des définitions mais la danse participative, pas des concepts mais des banquets, pas des arguments systématiques mais des cantiques, pas une analyse herméneutique mais la guérison[93].

On pourrait résumer la manière des Églises d'initiative africaine de faire de la théologie comme une théologie pratique, narrative et holistique. En réfléchissant sur leurs efforts de contextualisation, Léonard Santedi Kinkupu, le recteur de l'Université catholique du Congo, propose une inculturation comme suit :

> Ce qui compte ici, ce n'est plus la récitation des formules, mais un effort pour dégager la signification actuelle de la Parole de Dieu et du dessein de salut à partir de l'intelligence historique que l'Africain prend de lui-même et du monde. C'est dire qu'un tel projet n'aboutit

---

90. Pobee & Ositelu, *African Initiatives in Christianity*, p. 46.
91. Pobee, « African Instituted Churches », p. 12-14.
92. Hollenweger, « Foreword », p. xi.
93. *Ibid.*, p. ix.

que lorsqu'il favorise les capacités d'innovation dont sont porteuses les Églises d'Afrique, lorsqu'elles inventent des réponses neuves aux contraintes inédites imposées... Cette inculturation doit être vitale... elle devra être attirante, ce qui suppose une codification appropriée à la mentalité de notre époque et aux requêtes des foules qui demandent à comprendre ; elle devra être convaincante, percutante, pertinente, c'est-à-dire source d'un nouveau sens de la vie. Et elle n'atteindra ce but qu'en étant, redisons-le, dialogale, prophétique dans la dénonciation des oppressions historiques dont souffre notre continent, et poétique dans l'invention des formules novatrices[94].

Troisièmement, nous devons comprendre la difficulté d'évaluer les Églises d'initiative africaine par un regard externe, en termes missiologiques, dans une perspective « étique ». Dans sa première évaluation, Bengt Sundkler exprime sa crainte que les Églises d'initiative soient « le pont par lequel les Africains sont ramenés au paganisme[95] ». Marie-Louise Martin, dans ses débuts en Afrique, classa la Zion Christian Church et l'Église kimbanguiste comme des mouvements messianiques[96]. Ces deux auteurs ont corrigé leur évaluation par la suite quand ils ont mieux compris ces mouvements et ont adopté un regard de l'intérieur, c'est-à-dire une perspective plus « émique ».

Quatrièmement, Kwame Bediako attire notre attention sur le fait qu'une identité se construit sur l'intégration des expériences du passé et a donc besoin de la tradition et de la mémoire : « La conscience théologique présuppose une tradition religieuse, et la tradition a besoin de la mémoire, et la mémoire est nécessaire pour une identité[97]. » Les chrétiens africains ne peuvent donc pas construire sur une table rase, mais ont besoin des éléments culturels des religions traditionnelles africaines pour pouvoir les transformer et les intégrer dans une vision biblique du monde. Ce constat renvoie au schéma des trois phases de Sanneh et implique particulièrement celle de l'« assimilation indigène[98] ».

---

94. Léonard Santedi KINKUPU, *Les défis de l'évangélisation dans l'Afrique contemporaine*, Paris, Karthala, 2005, p. 88s.
95. SUNDKLER, *Bantu Prophets in South Africa*, p. 297.
96. MARTIN, *The Biblical Concept of Messianism and Messianism in Southern Africa*.
97. Kwame BEDIAKO, « Identity and Integration », thèse de doctorat, University of Aberdeen, 1983, p. 294, publiée comme *Theology and Identity*, 1995.
98. Cf. aussi Kwame BEDIAKO, « Imagination primitive et opportunité d'un nouvel idiome théologique », in *Jésus en Afrique*, p. 183-206 ; SANNEH, « The Horizontal and the Vertical Mission », p. 165-171 ; WIHER, « Toucher les êtres humains en profondeur (deuxième partie) », p. 74-76.

Stan Nussbaum, qui est personnellement impliqué au siège de l'Organisation des Églises d'initiative africaine, a observé les déviations de quelques-uns de ses membres dans les cas suivants : un manque de considération pour les problématiques de l'histoire de l'Église, et quand l'expérience personnelle était vue comme substitut de l'étude de la Bible et d'une intégration dans le christianisme mondial. Dans ces cas il a constaté une fragmentation et une fossilisation des Églises, le syncrétisme et le messianisme[99].

Ces cinq leçons ne sont certainement pas exhaustives, mais elles nous semblent les leçons les plus importantes. Dans une étude de cas sur l'Église « Fraternité évangélique de Pentecôte en Afrique au Congo (FEPACO) Nzambe Malamu », George Pirwoth Atido arrive à une conclusion similaire par rapport aux leçons à tirer des Églises d'initiative africaine[100]. Selon Atido, la FEPACO est aujourd'hui une des plus grandes Églises d'initiative africaine au Congo RDC, avec plus de 300 assemblées à Kinshasa et une centaine dans chacune des grandes villes. Le nom de « Nzambe Malamu » est lui-même déjà un message. Il signifie en lingala « Dieu est bon ». Le mot d'ordre de la FEPACO « Ensemble pour Christ », et l'« Opération Basakoli » qui incite les chrétiens à apporter tout ce qui peut soutenir les pasteurs et les missionnaires chaque troisième semaine du mois, traduisent une approche participative dans la logique du sacerdoce universel. Le programme « Viens et vois » stimule les fidèles à faire profiter des personnes extérieures à l'Église aux bénédictions du culte et représente ainsi une approche missionnaire participative. Le culte bien contextualisé comporte tout ce qui peut attirer un Congolais en termes d'adoration et de louanges et un message parlant des bénédictions spirituelle, physique, sociale et économique. La FEPACO soutient une ouverture au ministère féminin, 40 % des pasteurs étant des femmes en 2016, et défend et libère les enfants soupçonnés d'être des sorciers. De plus, elle promeut la solidarité mutuelle des fidèles. Atido conclut que la FEPACO a adopté une approche participative dans sa théologie de la mission et sa théologie de la prospérité, soutenue par la promotion de la justice pour les femmes, les enfants et les défavorisés, en tout une approche holistique. Selon lui, un enracinement plus profond dans la Parole de Dieu et le dialogue avec le christianisme mondial serait profitable pour la FEPACO afin de calibrer certaines approches théologiques et pratiques.

---

99. Nussbaum, « African Initiated Churches », p. 6.
100. George Pirwoth Atido, « Church Revitalization in Congo. Missiological Insights from One Church's Efforts at Glocalization », *International Bulletin of Mission Research* 41, 4, 2017, p. 326-334.

Nous reviendrons à ce sujet sous un angle légèrement différent dans la prochaine section où nous réfléchirons sur l'apport des Églises d'initiative africaine au christianisme mondial.

## L'apport au christianisme mondial

Lamin Sanneh voit deux contributions majeures des Églises d'initiative africaine au christianisme mondial auxquelles John Pobee ajoute quatre autres.

La première contribution est pour Sanneh l'interprétation innovante de la Bible par les chrétiens africains : « Le matériel biblique a été soumis à la capacité régénérative de la perception africaine, et le résultat a été une contribution unique de l'Afrique à l'histoire du christianisme[101]. » Kwame Bediako le rejoindrait certainement dans cette affirmation[102].

La deuxième contribution que Sanneh perçoit est celle d'une religion paisible qui ne va pas s'imposer en détruisant d'autres systèmes culturels :

> La contribution africaine au nouveau phénomène de pluralisme religieux pourrait déjà représenter une initiative majeure parce que la vision du monde des religions traditionnelles n'est pas construite sur la défaite et la domination d'autres. Contrairement aux religions missionnaires du christianisme et de l'islam, qui sont entrées dans le continent africain en venant de l'extérieur, les religions africaines n'ont pas besoin de la ruine et de la désintégration d'autres cultures afin que leurs affirmations soient valides… Les religions traditionnelles ont pénétré le christianisme et l'islam et les ont dotées d'une capacité de tolérance et d'absorption[103].

En ce qui le concerne, John Pobee perçoit quatre contributions[104] : d'abord la qualité des Églises d'initiative africaine pour être un refuge pour les Africains où ils peuvent se sentir à la maison et avoir un sentiment d'appartenance. Marthinus Daneel parle de « refuges d'appartenance[105]. » Cela dit, les Églises d'initiative africaine font une réelle appropriation africaine de la foi et représentent ainsi un mouvement d'indigénisation. Elles offrent une religion festive pleine de symboles,

---

101. SANNEH, *West African Christianity*, p. 180.
102. Kwame BEDIAKO, « Pleure Jésus ! Théologie et présence africaines dans l'Afrique moderne », et « Un chant en mille langues », in *Jésus en Afrique*, p. 25-54, 171-182.
103. SANNEH, *West African Christianity*, p. 87.
104. POBEE, « African Instituted Churches », 13-14.
105. DANEEL, *Quest for Belonging*, p. 22.

intégrant la musique et la danse. Elles contrastent ainsi avec la religion cérébrale et verbale promue par le christianisme occidental.

Deuxièmement, les Églises d'initiative africaine mettent l'accent sur l'expérience du Saint-Esprit pendant que les Églises occidentales font surtout ressortir la christologie. Ainsi on y trouvera une emphase sur les phénomènes de la guérison divine, l'exorcisme et la glossolalie. Cela se fait en continuité et en discontinuité avec l'épistémologie et l'ontologie traditionnelles africaines. On pourrait classer cette approche comme « supernaturalisme expérientiel ».

Troisièmement, Pobee évalue les Églises d'initiative africaine comme un mouvement radicalement bibliciste. Toutefois, le regard africain perçoit des éléments négligés jusqu'ici : à titre d'exemples, les rêves, visions et transes comme média pour la révélation divine, ainsi que la polygamie et les tabous.

Contrairement aux Églises occidentales avec leur approche individualiste, selon Pobee, les Églises d'initiative africaine vivent leur foi en communauté. En créant une communauté auto-sélectionnée, elles agissent comme une famille élargie ou une tribu de substitution, par exemple les Holy Apostles of Aiyetoro au Nigéria.

Ce sens communautaire, joint à une approche holistique, expression d'une conscience relationnelle, se manifeste aussi dans des œuvres sociales que beaucoup d'Églises d'initiative africaine entreprennent. Dans ce registre il faudra mentionner l'approche holistique de l'Église kimbanguiste et l'apport de la Zion Christian Church à la paix en Afrique du Sud.

Nous ajouterions encore que les Églises d'initiative africaine montrent bien que le Dieu de la Bible, Ancien et Nouveau Testament, est toujours le même (Hé 13.9). Il opère des miracles aujourd'hui comme il l'a fait aux temps bibliques. Les Églises d'initiative africaine ne nous présentent pas un Dieu du passé ou de l'avenir, mais un Dieu qui se préoccupe de nos besoins actuels.

Enfin, nous mentionnerons l'élan missionnaire impressionnant des Églises d'initiative africaine de sorte qu'on les trouve dans tout le continent africain, y compris aussi l'Afrique du Nord, et dans beaucoup de centres urbains européens, américains, et du monde entier. Ainsi, les plus grandes Églises de Paris, Londres, Amsterdam et Kiev sont des Églises d'initiative africaine.

Le lecteur trouvera les contributions au christianisme mondial comme perçues par les Églises d'initiative africaine elles-mêmes dans l'Annexe 3.

## Les Églises d'initiative africaine, un mouvement pentecôtiste ?

Walter Hollenweger considère que les Églises d'initiative africaine sont à classer dans le mouvement pentecôtiste plus large. Voici son schéma où on peut voir les cinq racines du pentecôtisme que Hollenweger discerne : les racines catholique, critique, œcuménique, évangélique et celle des religions traditionnelles africaines[106].

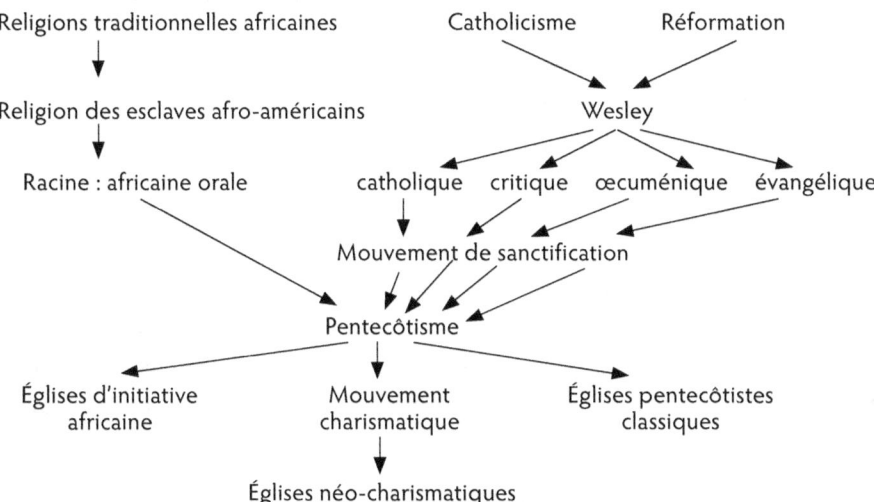

Hollenweger fait son analyse avec la fierté d'un pentecôtiste et utilise une définition très large du pentecôtisme dans lequel il inclut tous les mouvements qui mettent un accent particulier sur l'expérience du Saint-Esprit. À l'opposé on peut assigner le terme pentecôtisme au pentecôtisme classique qui a ses origines au début du XXe siècle dans différents endroits du globe. Pour un souci de clarté et de distinction nous soutenons cette dernière option. Dans cette optique nous avons changé le nom d'Églises néo-pentecôtistes, qui figure dans le schéma de Hollenweger, en Églises néo-charismatiques.

Mais ce qui nous intéresse ici, c'est l'inclusion des religions traditionnelles africaines dans les racines du pentecôtisme. Le lecteur pourrait être étonné de les trouver citées parmi les racines du pentecôtisme. Il ne faut pas oublier que le réveil pentecôtiste a ses origines à la rue Azusa à Los Angeles en 1906 par un pasteur afro-américain du nom de William Joseph Seymour (1870-1922) très préoccupé par la ségrégation raciale. Cette nouvelle forme de foi bouillante et

---

106. Adapté de HOLLENWEGER, *Pentecostalism*, p. 2.

émotionnelle fut très attrayante pour les Afro-Américains, et bientôt également pour les personnes relationnelles dans le monde entier, car le pentecôtisme a fait preuve dès le début d'un élan missionnaire extraordinaire.

Pour répondre à la question si les Églises d'initiative africaine représentent un mouvement pentecôtiste, nous dirions oui et non. Comme le schéma de Hollenweger l'indique, l'influence pentecôtiste sur les Églises d'initiative africaine est indéniable. Toutefois, les « trois vagues » présentent des caractéristiques bien distinctes l'une de l'autre comme le montrent clairement Wagner et Antoine, entre autres[107]. Les Églises d'initiative africaine, avec leurs figures de prophète-guérisseur et leurs rituels et objets symboliques tirées des religions traditionnelles africaines, marquent bien la différence avec les mouvements pentecôtistes et charismatiques de l'Afrique et des autres continents. C'est pourquoi il nous semble plus approprié de distinguer le pentecôtisme classique du mouvement charismatique et néo-charismatique et enfin des Églises d'initiative africaine. J. Kwabena Asamoah-Gyadu évite ce problème terminologique en parlant d'un « christianisme pneumatique d'initiative africaine[108] ».

Toutefois, Hollenweger attire l'attention avec raison sur le fait que les cultures orales de l'Afrique et l'importance qu'y ont les religions expressives et expérientielles facilitent l'émergence dans ce continent de formes pentecôtisantes de la foi.

## Réformation, renouveau, revitalisation ou réveil ?

Tout d'abord, David Barrett intitule sa thèse de doctorat de manière programmatique « Schisme et renouveau » (*Schism and Renewal*, 1968) et il inclut un chapitre dans sa troisième partie « Renouveau et réformation en Afrique ». Allan Anderson, à son tour, intitule son ouvrage « réformation africaine » (*African Reformation*, 2001) et prévoit un dernier chapitre « Réformation et renouveau ». En même temps, quand nous nous promenons dans les grandes villes africaines nous percevons beaucoup d'Églises de réveil. Qu'en est-il ? Devons-nous évaluer le phénomène des Églises d'initiative africaine en termes de réformation à l'image de la Réforme protestante européenne, ou comme renouveau ou même réveil ?

---

107. C. Peter WAGNER, *The Third Wave of the Holy Spirit. Encountering the Power of Signs and Wonders Today*, Ann Arbor, Vine Books, 1988 ; Alexandre ANTOINE, « Pentecôtisme, charismatismes et néo-pentecôtismes », dans *La foi chrétienne et les défis du monde contemporain*, sous dir. Christophe PAYA & Nicolas FARELLI, Charols, Excelsis, 2013, p. 490-499. Pour ce qui concerne la terminologie, Antoine suit Hollenweger.

108. ASAMOAH-GYADU, « Declaring the Wonders of God » ; idem, *Contemporary Pentecostal Christianity*.

Alors qu'Anderson intitule son ouvrage « réformation africaine » en général, Barrett argumente pour appuyer l'idée que le mouvement « éthiopien » avec son esprit anticolonial et les sécessions des Églises missionnaires peut être comparé à la Réforme protestante du XVIe siècle :

> D'un point de vue religieux, la révolte des Églises éthiopiennes contre le protestantisme européen a eu un parallèle dans la révolte de Luther contre le catholicisme ; c'était seulement une extension du principe luthérien que la religion doit être en harmonie avec l'esprit national ; et le cri anglais contre l'Église romaine a son écho dans le cri éthiopien de l'Afrique pour les Africains[109].

On peut suivre Barrett, et Wood qu'il cite, dans ce que la Réforme protestante du XVIe siècle en Europe était en même temps un renouveau spirituel avec la traduction et un retour à la Bible. Si on trouve des convergences de la Réforme protestante européenne avec la première génération des Églises d'initiative africaine, c'est-à-dire les « Églises éthiopiennes », on aura plutôt des divergences à enregistrer avec les générations qui ont suivi, les « Églises prophétiques et charismatiques ». Anderson est néanmoins très conscient des critiques exprimées à l'égard de cette conception de « réformation africaine ».

John Pobee, quant à lui, penche plutôt vers un mouvement de renouveau. Les raisons qu'il avance incluent un biblicisme intense, une meilleure communication de l'Évangile et l'urgence d'une parousie imminente du Christ[110]. Dans le même esprit, il cite Marthinus Daneel qui mentionne l'appropriation africaine de la foi chrétienne à un degré élevé :

> Leur réponse créative à la Parole de Dieu est co-déterminée par beaucoup plus qu'une réaction négative à la mission. Leurs interprétations de la Bible, leurs formes distinctes du culte et les rites modifiés font partie d'une réponse indigène authentique à l'Évangile, un dynamisme indépendant libre de la supervision européenne et de l'esprit radical qui aurait caractérisé une réaction réelle à la mission... La vraie attractivité des Églises d'initiative africaine pour leurs membres et leur croissance vient de leurs tentatives originelles et créatives d'articuler la Bonne Nouvelle d'une manière significative et symboliquement compréhensible aux besoins les plus profonds de l'Afrique. En faisant cela elles sont dans un processus de réus-

---

109. A. V. Wood, *The Bantu Reaction to Christianity*, Londres, SCM, 1962, p. 10, cité dans Barrett, *Schism and Renewal*, p. 161.
110. Pobee, « African Instituted Churches », p. 12-14.

site – et ont déjà en grande partie réussi – à créer de vrais « refuges africains d'appartenance »[111].

S'inspirant de Mark Shaw[112], George Pirwoth Atido propose la notion de « revitalisation ». Celle-ci comporte, selon Atido, les marques d'une théologie indigène, d'une théologie de la mission et d'une conception holistique de la prière. Atido l'illustre par l'exemple de l'Église « Fraternité évangélique de Pentecôte en Afrique au Congo (FEPACO) Nzambe Malamu », qui développe plusieurs approches africaines du sacerdoce universel dont une intégration des femmes, une théologie missionnaire axée sur le bien-être et la prière pour tous les besoins des fidèles[113].

Quant au réveil, beaucoup de chrétiens de tendance pentecôtisante aiment s'en réclamer. Ils se considèrent volontiers comme des « chrétiens réveillés[114] ». Bien que le mouvement des Églises d'initiative africaine montre une croissance rapide, on n'y trouve pas les caractéristiques typiques d'un réveil[115], avec l'action souveraine de l'Esprit, comme on les a vues dans les divers réveils pentecôtistes au début du XXe siècle et pendant le Réveil est-africain entre 1929 et 1970. Par ailleurs, il est intéressant de constater qu'au centre du Réveil est-africain, au Rwanda et au Burundi, le phénomène des Églises d'initiative africaine a eu peu d'essor. Serait-ce dû au fait que le renouveau avait déjà eu lieu ?

Ainsi les avis des trois auteurs principaux, David Barrett, John Pobee et Allan Anderson, convergent vers un renouveau avec une appropriation africaine impressionnante de la foi chrétienne, des innovations nombreuses, une « démocratisation » de l'Église et une croissance rapide du mouvement. En 1972, John Taylor a fait le constat suivant sur l'action du Saint-Esprit :

---

111. DANEEL, *Quest for Belonging*, 22, 25, 100s.
112. Mark SHAW, « Politics of Revival. Aladura Movement and Ghanaian Neo-Pentecostalism as Evangelical Revitalization Movements », in *African Missiology. Contributions of Contemporary Thought*, sous dir. Stephen Mutuku SESI et al., Nairobi, Uzima, 2009.
113. ATIDO, « Church Revitalization in Congo », *International Bulletin of Mission Research* 41, 4, 2017, p. 326-334. Cette Église est présentée dans la section « Les leçons à tirer des Églises d'initiative africaine » ci-dessus.
114. Patrick Johnstone parle aussi de « chrétiens renouvelés » (*Renewal Christians*). Patrick JOHNSTONE, *L'Église mondiale, quel avenir ?* Charols, Excelsis, 2019, p. 121-138, surtout p. 130.
115. Les marques d'un réveil sont selon Jonathan Edwards : 1) l'exaltation de Jésus-Christ, 2) l'attaque au règne de Satan, 3) le respect pour et l'étude intense des Écritures, 4) la doctrine saine, 5) l'amour pour Dieu et le prochain. Jonathan EDWARDS, *The Distinguishing Marks of a Work of the Spirit of God*, Édimbourg, imprimerie T. Lumisden et J. Robertson, 1741, cité dans Wilbert R. SHENK, « Revival/renewal », *Dictionary of Mission Theology. Evangelical Foundations*, sous dir. John CORRIE et al., Downers Grove, InterVarsity, 2007, p. 347.

Dans l'Afrique d'aujourd'hui il semble que l'Esprit incalculable a choisi d'utiliser le mouvement d'Églises d'initiative africaine pour une autre avancée spectaculaire. Cela ne signifie pas nécessairement que leur enseignement est vrai, mais cela montre qu'elles ont la matière première de laquelle une Église missionnaire est faite : la spontanéité, l'engagement total et les réponses originelles qui naissent des profondeurs de la vie[116].

Les Églises d'initiative africaine de la dernière génération, les « Églises charismatiques », apparues vers la fin du XXe siècle, sont souvent composées de jeunes cadres intellectuels relativement sécularisés. Par leurs pratiques holistiques, extatiques et expérientielles, elles sont attrayantes pour la nouvelle génération urbanisée et occidentalisée. Leurs membres ont tout à fait le sentiment d'être le peuple de Dieu « né de nouveau » et appelé à être une communauté sainte et mise à part pour être des témoins à cette nouvelle vie qu'ils expérimentent. Dans nombre d'Églises le mot d'ordre est tiré de 1 Pierre 2.9 : « Vous êtes une race élue, un sacerdoce royal, une nation sainte, un peuple acquis, afin que vous annonciez les vertus de celui qui vous a appelés des ténèbres à son admirable lumière » (LSG).

---

116. John V. Taylor, *The Go-Between God. The Holy Spirit and the Christian Mission*, Londres, SCM, 1972, p. 3.

# Conclusion

## *Hannes Wiher*

Les Églises d'initiative africaine sont, selon David Barrett, un « produit inattendu du mouvement missionnaire[1] ». Aujourd'hui, elles représentent plus de cent millions de chrétiens africains ou environ 20 % de la population chrétienne en Afrique. Déjà en 1967, Barrett comptait cinq millions d'Églises distinctes dans plus de trois cents ethnies. Dès l'an 2000, les plus grandes dénominations ont été la Zion Christian Church avec douze millions de membres dans dix pays, principalement en Afrique du Sud, et l'Église kimbanguiste avec huit millions, surtout au Congo RDC. Selon l'origine des Églises d'initiative africaine on peut distinguer trois générations différentes : les premières ont émergé dans la deuxième moitié du XIXe siècle dans le cadre du mouvement « éthiopien », un mouvement de protestation et de dissidence des Églises missionnaires. C'étaient des Églises *pour* les Africains et *par* les Africains, des « refuges d'appartenance ». Au début du XXe siècle ont suivi les Églises « prophétiques » qui sont émergées autour d'une figure d'un leader charismatique avec les dons de prophétie, de guérison et de délivrance. Cette deuxième génération représentait une réelle africanisation de la foi chrétienne. Vers la fin du XXe siècle un troisième groupe a vu le jour, les Églises « charismatiques », avec en majorité des jeunes leaders bien formés, qui représentent une nouvelle contextualisation pour un monde urbain et plus séculier. Si les Églises d'initiative africaine représentent un vrai « laboratoire de contextualisation », elles sont aussi un foyer de croyances et de pratiques syncrétiques. Leur évaluation dépend en partie de la perspective de l'observateur, soit de l'intérieur des Églises d'initiative africaine, soit de l'extérieur des Églises missionnaires ou de l'Occident. Les critères pour l'évaluation de leur contextualisation incluent leur convergence avec les enseignements bibliques en général et particulièrement concernant les trois personnes de la Trinité, leur attitude vis-à-vis de la personne du leader principal et la spiritualité en général, théocentrique ou anthropocentrique. Quoiqu'il en soit, le phénomène des Églises d'initiative africaine représente un mouvement important de renouveau chrétien en Afrique, un vrai enracinement de la foi chrétienne en terre africaine.

---

1. BARRETT, « African Initiated Church Movement », p. 43.

# Annexe 1

# Dates d'émergence et statistiques des Églises d'initiative africaine (1967)

Source : adapté de David B. BARRETT, *Schism and Renewal in Africa. An Analysis of Six Thousand Contemporary Religious Movements*, thèse de doctorat, Nairobi, Oxford University Press, 1968, p. 78-79, Tableau II.

Remarque : après l'enquête de Barrett, qui s'arrête en 1967, il n'y a plus eu d'enquête d'une envergure pareille sur les Églises d'initiative africaine.

| Région et pays[1] | Année[2] | Églises[3] | Adeptes[4] | Ethnie[5] | Litt[6] |
|---|---|---|---|---|---|
| Afrique occidentale | | | | | |
| Ghana | 1862 | 200 | 200 000 | 10 | 55 |
| Nigéria | 1888 | 500 | 500 000 | 19 | 75 |
| Bénin | 1899 | 5 | 4500 | 2 | 2 |
| Côte d'Ivoire | 1913 | 40 | 200 000 | 13 | 62 |
| Togo | 1940 | 4 | 1000 | 4 | 1 |
| Libéria | 1947 | 30 | 30 000 | 6 | 6 |
| Sierra Léone | 1947 | 3 | 3000 | 2 | 14 |

1. Les régions et les pays sont mentionnés dans l'ordre chronologique.
2. Date du premier mouvement d'initiative africaine dans le pays.
3. Nombre d'Églises/structures avec un nom distinct.
4. Une estimation du nombre d'adeptes en 1967.
5. Nombre d'ethnies impliquées.
6. Nombre de publications sur le sujet.

| Région et pays | Année | Églises | Adeptes | Ethnie | Litt |
|---|---|---|---|---|---|
| Burkina Faso | 1959 | 1 | 100 | 1 | - |
| Gambie | - | - | - | - | - |
| Guinée | - | - | - | - | 1 |
| Guinée Bissau | - | - | - | - | - |
| Mali | - | - | - | - | 2 |
| Niger | - | - | - | - | - |
| Sénégal | - | - | - | - | - |
| **Afrique du Nord** | | | | | |
| Égypte | 1869 | 7 | 12 000 | 1 | 3 |
| Algérie | - | - | - | - | 2 |
| Lybie | - | - | - | - | - |
| **Région et pays** | **Année** | **Églises** | **Adeptes** | **Ethnies** | **Litt.** |
| Mauritanie | - | - | - | - | - |
| Maroc | - | - | - | - | - |
| Tunisie | - | - | - | - | - |
| **Afrique australe** | | | | | |
| Lesotho | 1872 | 100 | 50 000 | 1 | 3 |
| Afrique du Sud | 1882 | 3000 | 3 100 000 | 20 | 217 |
| Zambie | 1900 | 40 | 100 000 | 18 | 47 |
| Botswana | 1902 | 20 | 10 000 | 3 | 5 |
| Swaziland | 1904 | 30 | 29 000 | 1 | 5 |
| Zimbabwe | 1906 | 100 | 500 000 | 8 | 6 |
| Mozambique | 1921 | 80 | 50 000 | 5 | 5 |
| Namibie | 1946 | 10 | 30 000 | 3 | 19 |
| Angola | 1949 | 5 | 10 000 | 6 | 13 |
| **Afrique centrale** | | | | | |
| Cameroun | 1888 | 11 | 60 000 | 10 | 12 |
| Congo RDC | 1921 | 500 | 1 000 000 | 39 | 150 |
| Congo | 1921 | 5 | 20 000 | 6 | 7 |
| Cabinda | 1930 | 2 | 2000 | 2 | 1 |

| Région et pays | Année | Églises | Adeptes | Ethnie | Litt |
|---|---|---|---|---|---|
| Guinée équatoriale | 1937 | 3 | 600 | 2 | 4 |
| Gabon | 1945 | 3 | 10 000 | 4 | 14 |
| Tchad | 1951 | 4 | 2000 | 4 | - |
| Rép. centrafricaine | 1956 | 3 | 8000 | 3 | - |
| **Afrique orientale** | | | | | |
| Madagascar | 1894 | 20 | 200 000 | 7 | 1 |
| Malawi | 1900 | 40 | 50 000 | 7 | 24 |
| Kenya | 1914 | 160 | 60 000 | 11 | 81 |
| Uganda | 1914 | 7 | 10 000 | 13 | 20 |
| Tanzanie | 1921 | 25 | 25 000 | 14 | 10 |
| Soudan | 1937 | 2 | - | 3 | 4 |
| Éthiopie | 1937 | 3 | 25 000 | 5 | 2 |
| Burundi | 1959 | 2 | 20 000 | 1 | - |
| Rwanda | - | - | - | - | 7 |
| Somalie | - | - | - | - | - |
| Somaliland | - | - | - | - | - |
| **Afrique** | | | | | |
| rapporté | 1862 | 4965 | 6 862 200 | 254 | 980 |
| non rapporté (estimé) | | 66 | 6600 | 66 | 520 |
| **Total d'Afrique** | | 5031 | 6 868 800 | 320 | 1500 |

# Annexe 2

# Manifeste de l'Organisation des Églises d'initiative africaine :
## Une nouvelle force d'Églises chrétiennes (1996)

Sources : OAIC, « An OAIC Manifesto », *Baragamu* juillet 1996. Réimpr. dans POBEE, John S. & OSITELU, Gabriel, « An OAIC Manifesto », in *African Initiatives in Christianity*, Geneva, WCC, 1998, p. 67-69 ; OSITELU, Rufus Okikiola O., « OAIC Manifesto », in *African Instituted Churches*, Hamburg, LIT, 2002, p. 81-83.

Nous, les Églises d'initiative africaine, ne pouvons plus être ignorées. L'indifférence ne nous fera pas disparaître. Les Églises d'initiative africaine sont l'un des phénomènes qui croît le plus rapidement dans le monde entier. En fait, nous sommes les Églises qui croissent le plus rapidement, même davantage que les Églises pentecôtistes de l'Amérique du Sud. La *World Christian Encyclopedia* indique qu'en Afrique du Sud seule il y avait un total de 6 249 800 membres dans les années 1980, un chiffre qui devait augmenter à 12 737 000 en 2000. Le nombre des adeptes des Églises d'initiative africaine au Congo RDC, où la dénomination la plus large de l'Afrique est l'Église de Jésus-Christ sur terre par le prophète Simon Kimbangu, était de 4 777 500 membres dans les années 1980 et devait augmenter à 8 848 5000 en 2000.

L'existence des Églises d'initiative africaine est due à leur décision d'arrêter les relations ou de ne pas avoir des relations avec les Églises missionnaires, leurs missionnaires et leurs structures. Pourquoi ?

Une des raisons principales est parce que nos leaders ont eu l'impression que le zèle missionnaire de sauver les âmes de la damnation éternelle dans le christianisme habillé de robes étrangères ne tenait pas compte du fait que le Dieu des Occidentaux était spirituellement inadéquat et manquait de pertinence pour traiter avec la réalité de beaucoup d'aspects de nos vies. Le résultat était une foi chrétienne et une conviction qui était superstitieuse et pas plus profonde que la peau, malgré la propagation réussie du christianisme dans le continent. La question se posait et se pose encore de savoir qu'elle est la profondeur réelle de la foi chrétienne quand autant de ses adeptes continuent de rendre visite aux gardiens des religions traditionnelles africaines.

Les Églises d'initiative africaine sont des tentatives pour les chrétiens africains de vivre notre foi chrétienne dans notre costume nationale sans *a priori* théologique. Nous avons pensé établir un christianisme de la Bible comme nous la percevons, sans des additions occidentales, et en harmonie avec notre héritage culturel. Nous avons tenté de venir à bout des croyances, des pratiques et des visions du monde traditionnelles impliquées, afin de raviver la foi chrétienne selon notre manière de penser et notre culture.

Nous pouvons aussi dire que les Églises d'initiative africaine – ou les Églises spirituelles comme certains d'entre nous s'appellent – sont des entités sociales africaines, dont quelques-unes se sont développées dans le contexte des changements du rapport entre les secteurs traditionnels et modernes de nos communautés plus larges, c'est-à-dire une transformation sociale comme réaction à la société urbaine.

Les nouveaux systèmes de croyance poursuivent l'idée d'une continuité entre les visions traditionnelles et modernes du monde, un effort pour trouver de nouvelles manières chrétiennes d'affronter la sorcellerie, la désintégration de la famille élargie, la solitude urbaine et d'autres problèmes. Les Églises d'initiative africaine servent d'institutions d'adoption et de substitution pour nous aider à affronter la transformation sociale en cours.

Nous nous sommes aussi développés à cause du sentiment nationaliste montant, ne participant pas toujours à la lutte politique de manière active, mais répondant à une conscience africaine. Les valeurs africaines ont été restaurées dans la tradition chrétienne.

Nous, les Églises d'initiative africaine, essayons de vivre le christianisme avec notre propre habillement national, en harmonie avec notre héritage culturel, cherchant des moyens pour l'adoration qui ravivent la foi chrétienne pour nous comme Africains. Nous avons développé notre propre liturgie et notre propre hymnologie, nos propres points importants de doctrine. Dans le désir de satisfaire une soif spirituelle, nous avons réintroduit la « profondeur émotionnelle » dans le christianisme.

Les Églises d'initiative africaine sont les plus nécessiteuses en termes d'éducation, les plus ridiculisées et les plus redoutées, au point que quelques-unes furent persécutées par des décrets gouvernementaux proscrivant leur existence, comme au Togo. Bien que dans beaucoup de pays plusieurs d'entre nous aient gagné le respect de nos gouvernements, il y a dans quelques endroits encore une pression forte des Églises historiques sur leurs gouvernements pour cette non-reconnaissance de notre existence. Cela arrive même quand les Églises d'initiative africaine sont les plus faibles de la famille chrétienne en termes de vulnérabilité et devraient donc recevoir des soins de la part des plus fortes.

# Annexe 3

# Contributions des Églises d'initiative africaine au christianisme mondial (1996)

Sources : OAIC, « AIC Contributions to the World Church », *Baragamu* juillet 1996. Réimpr. dans POBEE, John S. & OSITELU, Gabriel, « AIC Contributions to the World Church », in *African Initiatives in Christianity*, Geneva, WCC, 1998, p. 69-71 ; OSITELU, Rufus Okikiola O., « AIC Contributions to the World Church », in *African Instituted Churches*, Hamburg, LIT, 2002, p. 61-63.

Malgré les opinions de beaucoup dans le monde occidental, la plupart des Églises d'initiative africaine sont des Églises stables et qui croissent, avec une doctrine chrétienne fondée sur la Bible comme autorité unique, une dispensation spéciale du Saint-Esprit, une foi au Dieu de la Bible et la confiance dans ses promesses. On peut dire avec conviction que les Églises d'initiative africaine sont une partie de l'Église universelle et ont une grande contribution à sa vie. En voici quelques-unes qui peuvent enrichir l'Église mondiale.

1. Les Églises d'initiative africaine ont aidé l'Église occidentale à découvrir les éléments secondaires et négociables dérivés de la culture occidentale et importés avec l'Évangile en Afrique. En d'autres mots, nous pouvons maintenant distinguer entre l'Évangile, un don universel de Dieu à l'humanité, et ses enveloppes occidentales. Nous avons donné une nouvelle vie à notre culture qui avait été déclarée pécheresse par les missionnaires, ce qui a entrainé beaucoup d'Africains à abandonner la foi chrétienne comme non africaine.

2. Nous avons aidé les Églises principales dans les pays du Sud à découvrir et développer de nouvelles manières d'être Église en Afrique, en cessant d'être une Église missionnaire ou occidentale.
3. Nous montrons comment un recentrage sur le caractère holistique du monde, spirituel et matériel, est possible en contraste avec la vision du monde dichotomique de l'Occident qui sépare le sacré du profane, l'esprit de la matière, le surnaturel du naturel. Notre relation à l'ensemble de la création de Dieu est empreinte de respect et de reconnaissance.
4. Peut-être que nous ne sommes pas tous formés dans la théologie littéraire, mais nous exprimons la foi dans notre liturgie, notre adoration et nos structures. Nos cultes sont vivants avec des expressions chaleureuses de joie alors que nous frappons des mains et dansons au rythme des nouveaux cantiques indigènes. Il est inutile de dire que les populations viennent parce qu'elles se sentent à l'aise.
5. Les Églises d'initiative africaine ne sont pas des agents de domination politique, économique et culturelle, parce que nous n'avons pas perdu notre identité, étant conscientes que le mythe de « la civilisation occidentale universelle » ronge l'amour et la confiance chrétiens parmi les enfants de Dieu.
6. Nous avons contribué à l'idéal chrétien de diversité en œcuménicité comme un exemple pour des nations et des Églises « d'être elles-mêmes ».
7. Nous réveillons des thèmes qui sont devenus dormants ou latents dans l'Église universelle du fait de l'influence destructive de la technologie et de la science sur la vie relationnelle, comme :
    a. *Le caractère holistique de la création* : le monde occidental a perdu l'intuition du sacré en rejetant des symboles qui créaient un lien.
    b. *Fécondité* : la génération de la vie et son partage par des relations interpersonnelles sont soulignés.
    c. *Les humains en communauté* : nous avons une vision spirituelle de la vie qui nourrit notre sens de la famille et de la communauté.
    d. *La communion des saints* : la relation entre les vivants et les morts enrichit nos Églises comme les vivants nourrissent la mémoire de leurs prédécesseurs qui influencent toujours nos vies par leur contribution au bien-être de nos communautés pendant qu'ils étaient encore en vie.

e. *L'Église comme un organe vivifiant dans la société* par l'influence de ses membres dans la vie publique, parce que notre foi n'est pas privée, mais littéralement « portée sur nos manches » ou nos habits.
f. *Le renouveau par le Saint-Esprit*, en continuité et en même temps plus grand que les esprits autour de nous. Notre dépendance du Saint-Esprit pour la protection de puissances malveillantes nous a libérés de l'angoisse, une proposition attrayante dans le contexte africain comme ailleurs.
g. *La guérison divine* est dans la plupart des Églises d'initiative africaine, dans un sens littéral, l'objectif principal de nos cultes et pratiques liturgiques, et est ainsi la cause principale de notre croissance impressionnante.

# Annexe 4

# Déclaration de Lausanne sur l'évangile de la prospérité
## Groupe de travail théologique d'Afrique du Mouvement de Lausanne

Présentée par la section Afrique du Groupe de travail théologique du Mouvement de Lausanne lors de sa consultation à Akropong (Ghana), les 8-9 octobre 2008 et les 1-4 septembre 2009[1].

N.B. Il s'agit d'une déclaration conçue comme base de discussion pour poursuivre la réflexion (théologique, éthique, pastorale et missiologique, socio-politique et économique) sur l'énorme expansion dans le monde entier et en Afrique en particulier de l'enseignement sur la prospérité. Les aspects retenus ci-dessous sont un résumé des nombreux points soulevés au cours de la discussion de trois documents lors de la consultation d'octobre 2008 et de dix autres à l'occasion de celle de septembre 2009.

Pour nous, la théologie de la prospérité est l'enseignement selon lequel les croyants ont droit aux bénédictions de la santé et de la richesse (*health and wealth*) et qu'ils peuvent y accéder par des confessions de foi positives et en « semant des semences », c'est-à-dire en versant fidèlement dîmes et offrandes. Nous constatons que cet enseignement de la prospérité est un phénomène qui traverse les frontières des dénominations. Il peut se rencontrer à des degrés

---

1. La version originale anglaise de cette déclaration a été publiée dans *Evangelical Review of Theology* 34, 2, 2010, p. 99-102. Le texte est reproduit avec la permission de l'éditeur de *Evangelical Review of Theology*, Thomas Schirrmacher. Le texte a été traduit en français par Jean-Jacques Streng.

divers dans des Églises établies protestantes, pentecôtistes, aussi bien que charismatiques. Ce dont il est question ici, c'est le phénomène de l'enseignement de la prospérité et non telle ou telle dénomination ou tradition particulières.

Par ailleurs nous reconnaissons que certains aspects de l'enseignement de la prospérité ont des racines dans la Bible et nous prenons position ci-dessous pour de telles parcelles de vérité. Nous ne voudrions pas être systématiquement négatifs et nous sommes conscients des réalités sociales catastrophiques dans lesquelles cette doctrine se répand et de la mesure d'espoir qu'elle offre à des gens désespérés. Quoi qu'il en soit et tout en reconnaissant ces points positifs, notre point de vue général est que ceux qui propagent le plus résolument l'« évangile de la prospérité » diffusent des enseignements faux qui tordent gravement la Bible. Bien souvent leur pratique est contraire à l'éthique et au caractère du Christ. Leur impact sur de nombreuses Églises provoque des dommages sur le plan pastoral et compromet la santé spirituelle. Non seulement ils n'offrent pas d'espoir durable, mais ils peuvent même détourner les gens du message et des moyens de salut éternel. Sous cet angle cet enseignement peut être tout simplement qualifié de faux Évangile.

Nous lançons un appel pour que la réflexion sur ces questions se poursuive dans l'Église chrétienne et demandons au Mouvement de Lausanne de bien vouloir faire une déclaration très claire rejetant les excès de l'enseignement de la prospérité comme étant incompatibles avec la foi chrétienne biblique évangélique.

1. Nous proclamons la grâce et la puissance miraculeuse de Dieu et constatons avec joie la croissance d'Églises et de ministères qui en sont la preuve et amènent des gens à exercer une foi qui attend quelque chose du Dieu vivant et de sa puissance surnaturelle. Nous croyons en la puissance du Saint-Esprit.

    *Mais nous rejetons comme non biblique l'idée que la puissance miraculeuse de Dieu puisse être considérée comme automatique ou à la disposition de techniques humaines ou encore comme pouvant être manipulée par des paroles, des actes ou des rituels opérés par l'homme.*

2. Nous proclamons qu'il existe une manière biblique d'envisager la prospérité de l'homme et que la Bible, dans ses enseignements relatifs à la bénédiction de Dieu prévoit aussi le bien-être matériel (aussi bien du point de vue de la santé que de la richesse). Cet aspect requiert une analyse et une explication plus approfondies à travers toute la Bible et dans les deux Testaments. Il faut éviter tout dualisme non biblique découlant d'une dichotomie entre le matériel et le spirituel.

*Mais nous rejetons l'idée non biblique que le bien-être spirituel puisse se mesurer au bien-être matériel ou que la richesse soit toujours un signe de la bénédiction de Dieu (car elle peut aussi s'obtenir par l'oppression, la tromperie ou la corruption) ou que la pauvreté, la maladie ou la mort prématurée soient toujours un signe de la malédiction de Dieu, d'un manque de foi ou de malédictions humaines (car la Bible dit explicitement que ce n'est pas toujours le cas).*

3. Nous proclamons que la Bible enseigne l'importance de travailler dur et de faire un usage positif de toutes les ressources que Dieu nous a données : des facultés, des dons, la terre, l'instruction, la sagesse, des capacités, les biens matériels, etc. Et dans la mesure où certains aspects de l'« enseignement de la prospérité » encouragent cela, ils peuvent avoir un effet bénéfique sur la vie des gens. Nous ne croyons pas en un ascétisme non biblique qui rejette ces choses, ni en un fatalisme non biblique qui voit en la pauvreté un destin contre lequel on ne peut rien.

    *Mais nous rejetons comme dangereusement contradictoire de la souveraine grâce de Dieu l'idée que le succès dans la vie serait entièrement le résultat de nos propres efforts, de notre lutte, de nos négociations ou de notre habileté. Nous rejetons les éléments de l'enseignement de la prospérité qui sont virtuellement identiques à la « pensée positive » ou d'autres sortes de techniques d'autosuffisance.*

    *Nous sommes également peinés de constater que l'enseignement de la prospérité a mis l'accent sur la richesse et le succès de l'individu, sans que celui-ci ait des responsabilités envers la communauté. Ce faisant il a en fait gravement porté atteinte à une caractéristique traditionnelle de la société africaine qui est l'engagement à se préoccuper de sa famille élargie et de la communauté sociale en général.*

4. Nous constatons que l'enseignement de la prospérité se développe dans des environnements de pauvreté extrême et que pour bien des gens il constitue leur seul espoir face à la frustration constante et à l'incapacité des politiciens et des ONG de leur assurer un avenir meilleur ou du moins un présent plus supportable. Nous nous irritons de voir persister une telle pauvreté et déclarons que la Bible montre que Dieu s'en irrite aussi et que ce n'est pas sa volonté que des gens vivent dans une pauvreté dégradante. Nous reconnaissons et confessons qu'en bien des situations l'Église a perdu sa parole prophétique sur la place publique.

> *Mais nous ne croyons pas que l'enseignement de la prospérité apporte un remède efficace et biblique à la pauvreté des gens parmi lesquels il se développe. De plus nous constatons qu'une bonne part de cet enseignement s'alimente à des sources d'Amérique du Nord où les gens ne connaissent pas le même type de pauvreté matérielle.*
> 
> a. *Il enrichit considérablement ceux qui le prêchent, mais laisse des foules de gens sans aucune amélioration de leur situation, avec le fardeau supplémentaire de leurs espoirs déçus.*
> 
> b. *Il met l'accent sur de multiples causes prétendument spirituelles ou démoniaques de la pauvreté, mais n'accorde que peu ou pas d'attention aux causes d'ordre économique et politique, comme l'injustice, l'exploitation, des pratiques inéquitables dans le commerce international, etc.*
> 
> c. *Il a tendance à faire des pauvres des victimes en leur faisant croire que leur pauvreté est de leur propre faute (ce que la Bible ne dit pas), mais évite d'interpeller et de dénoncer ceux dont la cupidité précipite d'autres dans la pauvreté (ce que la Bible ne cesse de faire).*
> 
> d. *Certaines formes de l'enseignement de la prospérité ne se préoccupent pas du tout d'aider les pauvres et ne proposent aucune réponse acceptable aux véritables causes de la pauvreté.*

5. Nous reconnaissons qu'un certain nombre d'enseignants de la prospérité s'efforcent d'utiliser la Bible pour expliquer et promouvoir leur doctrine.

   > *Mais nous nous affligeons de ce qu'une grande part de ces recours à la Bible déforme celle-ci gravement en opérant des choix et en manipulant les textes. Nous appelons à une exégèse textuelle plus rigoureuse et à une herméneutique biblique plus englobante. Nous dénonçons la manière dont beaucoup de textes sont tordus en les arrachant de leur contexte et employés d'une manière qui contredit maint enseignement biblique élémentaire.*
   > 
   > *Et ce que nous déplorons tout particulièrement, c'est que dans bien des Églises où prévaut l'enseignement de la prospérité, la Bible est rarement prêchée d'une manière tant soit peu rigoureuse et explicative. Le chemin du salut, comprenant la repentance du péché, la foi salvatrice en Christ pour le pardon des péchés et l'espoir de la vie éternelle, est dénaturé et remplacé par le bien-être matériel.*

6. Nous nous réjouissons de la phénoménale augmentation du nombre de chrétiens professants dans bien des pays où les Églises qui ont adopté l'Enseignement de la prospérité et ses pratiques, sont très populaires.

    *Mais la croissance numérique ou des statistiques énormes ne sont pas forcément une preuve de la véracité du message qui les accompagne ou du système de croyances qu'elles cachent. La popularité ne prouve pas la véracité et on peut tromper des gens même nombreux.*

7. Nous observons avec satisfaction que beaucoup d'Églises et de dirigeants se montrent critiques et, dans certains cas, dénoncent et rejettent ouvertement tout lien avec certains aspects spécifiques des religions primitives ou traditionnelles et de leurs pratiques, lorsque celles-ci s'avèrent opposées à la révélation biblique et à sa vision du monde.

    *Il nous semble cependant évident que beaucoup d'aspects de l'Enseignement de la prospérité plongent leurs racines dans ce terrain. Cela nous amène à nous demander si, pour une bonne part, le christianisme populaire ne serait pas une superstructure syncrétique s'appuyant sur une vision du monde qui n'a pas été radicalement transformée par l'Évangile biblique. Nous nous demandons également si la popularité et l'attractivité de l'Enseignement de la prospérité n'est pas un signe de l'échec de la contextualisation de l'Évangile en Afrique.*

8. Nous constatons que beaucoup de gens déclarent que l'Enseignement de la prospérité a eu un impact positif sur leur vie personnelle ou professionnelle : il les a encouragés à faire preuve de plus de foi, à chercher à acquérir davantage de formation et à améliorer leur vie professionnelle. Nous nous en réjouissons. Pareil témoignage a une grande force et nous remercions Dieu lorsque certains de ses enfants reçoivent sa bénédiction.

    *Mais nous constatons parallèlement que bien des gens ont été trompés par cet enseignement et entraînés dans une fausse foi et de fausses attentes. Et lorsque celles-ci ne sont pas satisfaites, ils « abandonnent Dieu » ou perdent complètement la foi et quittent l'Église. C'est là une tragédie, qui doit être douloureuse pour Dieu.*

9. Nous reconnaissons qu'un grand nombre d'enseignants de la prospérité ont le plus souvent leurs racines dans des Églises et des traditions évangéliques, ou ont grandi sous l'influence de ministères évangéliques para-ecclésiastiques.

    *Mais nous déplorons le fait évident que beaucoup d'entre eux se soient écartés des points de doctrine centraux et fondamentaux de la foi évangélique, y compris de l'autorité et de la primauté de la Bible comme Parole de Dieu, ainsi que de la centralité de la croix du Christ.*

10. Nous savons qu'il arrive que Dieu donne à certains dirigeants une position de notoriété et d'influence publiques considérables.

    *Mais dans le mode de vie et dans le comportement de bien des prédicateurs de l'enseignement de la prospérité nous observons certains aspects déplorables, contraires à l'éthique et carrément idolâtres (l'idole étant Mammon) et pour certains de ces points nous sommes amenés à identifier et à rejeter de tels traits comme des marques distinctives de faux prophètes, d'après les critères trouvés dans la Bible. En voici quelques-uns :*
    a. *une richesse ostentatoire et abusive accompagnant des modes de vie extravagants*
    b. *des techniques de manipulation contraires à l'éthique*
    c. *une insistance permanente sur l'argent (c'est-à-dire le Mammon), comme si c'était le bien suprême*
    d. *l'appel traditionnel à la repentance et à la foi est remplacé par l'appel à verser de l'argent*
    e. *la convoitise qui est une idolâtrie*
    f. *un mode de vie et un comportement totalement incompatibles tant avec l'exemple de Jésus qu'avec le type de vie de disciple qu'il enseignait*
    g. *le fait d'ignorer ou de contredire les enseignements très clairs du Nouveau Testament sur les dangers des richesses et du péché idolâtre de la convoitise*
    h. *le fait de ne pas prêcher la Parole de Dieu d'une manière qui nourrisse le troupeau du Christ*
    i. *le fait de ne pas prêcher la totalité du message évangélique sur le péché, la repentance, la foi et l'espérance éternelle*
    j. *le fait de ne pas prêcher tout le conseil de Dieu, mais de le remplacer par ce que les gens ont envie d'entendre*

k. *le fait de remplacer le temps pour l'évangélisation par des manifestations et des appels destinés à collecter des fonds.*

La première version de ce texte a été rédigée par le Révérend Christopher Wright, président du Groupe de travail théologique du Mouvement de Lausanne. Le texte a été publié par le Révérend Dr. John Azumah, membre du Groupe de travail théologique du Mouvement de Lausanne, en collaboration avec le Révérend J. Kwabena Asamoah-Gyadu, président des consultations d'Akropong. Le texte final est une collation résumée des points soumis par de nombreux contributeurs, à partir de documents rédigés et des discussions qui s'en sont suivies.

## *Pour aller plus loin*

Cette bibliographie indicative a été ajoutée par la rédaction de cet ouvrage.

Bourdanné, Daniel, *L'évangile de la prospérité. Une menace pour l'Église africaine*, Abidjan, Presses Bibliques Africaines, 1999.

Buss, Théo, « Théologie de la libération, théologies pentecôtistes et théologies de la prospérité », *Perspectives missionnaires* 53, 1, 2007, p. 35-50.

Conseil National des Évangéliques de France, *La théologie de la prospérité*, Marpent, BLF, 2012.

Keglo, Simon, « La théologie de la prospérité », Mémoire, Faculté libre de théologie évangélique, Vaux-sur-Seine, 1996.

Mutombo Mukendi, Félix, « Les vestiges de la cosmogonie ancestrale dans la théologie de la prospérité en Afrique », *Perspectives missionnaires* 53, 1, 2007, p. 22-34.

Rapold, Manuel, *Que le pauvre dise : « Je suis riche ». Une invitation à changer de mentalité pour sortir de la pauvreté*, Lausanne, Campus pour Christ, 2017.

# Annexe 5

# Critères d'évaluation des Églises d'initiative africaine

*Yves Mulume*

| Doctrine et pratique | Orthodoxie | Hétérodoxie | Observation |
|---|---|---|---|
| Dieu le Père | Fondée sur Dieu | Fondée sur Dieu et sur des pratiques | |
| Dieu le Fils | Jésus-Christ, intermédiaire entre Dieu et les hommes | Outre Jésus-Christ, la personne du leader principal devient comme une référence intermédiaire | Ici, l'accent est focalisé sur la personne de… On entend dire Dieu de… comme c'est le cas du Dieu d'Abraham |
| Dieu le Saint-Esprit | Le Saint-Esprit est la troisième personne de la Trinité | Le Saint-Esprit est une influence qui peut être domptée par la personne du leader principal | Dans les Églises d'initiative africaine hétérodoxes on entend dire : Recevez la puissance du Saint-Esprit, il est de ce côté-ci, il est là, il va vous faire rire |

| Doctrine et pratique | Orthodoxie | Hétérodoxie | Observation |
|---|---|---|---|
| La Bible | La Bible est la seule source de la foi | À côté de la Bible il y a d'autres sources de la foi | |
| | Toute la Bible est prise en considération | L'accent particulier est placé sur l'Ancien Testament, proche de la culture africaine | |
| | Tout est focalisé sur les Saintes Écritures et tout s'explique par elles | Les expériences vécues, partant de la manifestation divine ont de l'ampleur | |
| | Les leaders et les autres membres accordent de l'importance à la formation biblique et théologique | L'illumination divine compte, la formation biblique est accessoire | |

| Doctrine et pratique | Orthodoxie | Hétérodoxie | Observation |
|---|---|---|---|
| La personne du leader principal | Dieu est l'unique auteur des miracles et guérisons | Une certaine considération est accordée au leader principal de l'Église | |
| | L'architecture du temple ne prévoit pas de place uniquement réservée au leader principal | L'architecture du temple prévoit une place uniquement réservée au leader principal | |
| | Le pasteur principal n'a pas de siège ou chaise sous forme de trône qui lui est réservé spécifiquement | Le pasteur principal a un siège ou une chaise sous forme de trône qui lui est réservé spécifiquement | |
| | Le culte est rendu seulement à Dieu | À côté de l'adoration rendue à Dieu, la torsion de la parole de Dieu donne lieu au fait que l'oint de Dieu a droit à un double honneur | Pour les Églises d'initiative africaine hétérodoxes, ceci donne lieu à des pratiques comme celles de poser un tapis rouge par terre pour que l'oint de Dieu marche dessus |
| Spiritualité | Spiritualité théocentrique | Spiritualité à tendance anthropocentrique | |

# Annexe 6

# Églises d'initiative africaine orthodoxes et hétérodoxes par pays

Remarque : il est très délicat d'entreprendre un exercice comme celui-ci d'évaluer les Églises d'initiative africaine par rapport à leur saine doctrine (orthodoxie) ou doctrine déviante (hétérodoxie). Nous sommes entièrement conscients de la fragilité d'une telle démarche par des observateurs extérieurs. Dans le souci des évangéliques de maintenir une saine doctrine biblique, nous avons, malgré tout, tenté de le faire. Ce faisant, nous avons suivi les critères établis dans le tableau de l'Annexe 5.

Notre objectif était de lister les Églises d'initiative africaine de toute l'Afrique francophone dont les Églises d'initiative africaine ne sont pas énumérées dans les listes du site de l'Organisation des Églises d'initiative africaine. Mais nous n'avons pas atteint cet objectif. Nous présentons ci-après les pays dont nous avons réussi de compiler des listes plus ou moins complètes. Toutefois, arriver à lister toutes les Églises d'un mouvement qui ajoute chaque jour de nouvelles implantations est impossible. Pour les Églises d'initiative africaine des pays anglophones nous renvoyons le lecteur au site de l'Organisation des Églises d'initiative africaine (www.oaic.org).

Pour le Congo RDC nous devons la majorité des mentions à Trudon Yakasongo. Fara Daniel Tolno était l'initiateur des autres listes : celle du Cameroun compilée par Élie Moktomo, celle de la Côte d'Ivoire fournie par Abel Koundou Koundouno, et celle de la République de Guinée de Fara Daniel Tolno lui-même.

## République démocratique du Congo

| Nom | Siège |
|---|---|
| **Églises d'initiative africaine orthodoxes** | |
| Armée de Victoire | Kinshasa |
| Assemblée missionnaire de l'Ordre Suprême | Kinshasa |
| Centre d'évangélisation Parole abondante | Kinshasa |
| Chapelle des vainqueurs | Lagos |
| Communauté des Églises missionnaires évangéliques La Résurrection | Kinshasa |
| Communauté charismatique Cité de refuge | Kinshasa |
| Communauté chrétienne Péniel | Kinshasa |
| Communauté des Églises Choisis la Vie | Kinshasa |
| Communauté des Églises Christ Vie | Kinshasa |
| Communauté des Églises la Fraternité | Kinshasa |
| Communauté des Églises Maranatha | Kinshasa |
| Communauté des Églises Mont-Carmel | Kinshasa |
| Communauté évangélique Christ Pain de Vie | Kinshasa |
| Communauté La Présence de Dieu | Kinshasa |
| Communauté Manahaïm | Kinshasa |
| Église Armée de Vainqueurs | Kinshasa |
| Église Armée de Victoire | Kinshasa |
| Église Armée des Combattants pour Christ | Kinshasa |
| Église Cité Emmanuel | Kinshasa |
| Église de la Bonne Semence | Kinshasa |
| Église du Christ Jésus | Kinshasa |
| Église École de la Foi | Kinshasa |
| Église Espérance bénie | Kinshasa |
| Église évangélique de Patmos | Kinshasa |
| Église évangélique de Péniel | Kinshasa |
| Église évangélique en action | Kinshasa |
| Église évangélique le Rocher | Kisantu |

| Nom | Siège |
|---|---|
| Église évangélique le Salut en Christ | Kinshasa |
| Église intercommunautaire Prince de la Paix | Kinshasa |
| Église Jésus-Christ debout au Congo | Kinshasa |
| Église l'Heure du Choix | Kisantu |
| Église la Bonne Parole | Kinshasa |
| Église la Compassion | Kinshasa |
| Église la Grâce | Kinshasa |
| Église la Louange | Kinshasa |
| Église la Réconciliation | Kinshasa |
| Église la Rédemption | Matadi |
| Église la Restauration | Kinshasa |
| Église la Sanctification | Kinshasa |
| Église la Vie éternelle | Kinshasa |
| Église la Vie nouvelle | Kinshasa |
| Église la Vie nouvelle en Christ | Kinshasa |
| Église la Voix du Salut | Kinshasa |
| Église le Chemin du Christ | Muanda |
| Église le Chemin et la Vérité | Kinshasa |
| Église le Fondement des Apôtres | Kisantu |
| Église le Rocher Frapper | Kinshasa |
| Église le Troupeau de Dieu | Kisantu |
| Église les Disciples du Christ | Kisantu |
| Église Les gagneurs d'âmes | Kinshasa |
| Église Maos | Kisantu |
| Église missionnaire la Restauration | Kinshasa |
| Église Pain de Vie | Kinshasa |
| Église pentecôtiste de la Victoire | Kinshasa |
| Église Philadelphie | Kinshasa |
| Église Plus que Vainqueurs | Kinshasa |
| Église Salem | Kinshasa |

| Nom | Siège |
| --- | --- |
| Église Siloé | Kinshasa |
| Église Sion | Kinshasa |
| Fraternité évangélique de Pentecôte en Afrique au Congo Nzambe Malamu | Kinshasa |
| La bergerie évangélique pour la charité | Kinshasa |
| Ministère la Puissance du nom de Jésus | Kinshasa |
| Mission évangélique des âmes perdues | Kinshasa |
| Mission Évangélique Shalom | Kinshasa |
| **Églises d'initiative africaine hétérodoxes** | |
| Action missionnaire d'évangélisation des nations | Kinshasa |
| Assemblée chrétienne Baruti | Kinshasa |
| Assemblée chrétienne de Kinshasa | Kinshasa |
| Centre de réveil Walesa | Kinshasa |
| Centre international de formation mondiale et de combat spirituel | Kinshasa |
| Centre missionnaire évangélique Jéhovah Mikkadesh Church | Kinshasa |
| Communauté Shalom | Kinshasa |
| Communauté Vie comblée | Kinshasa |
| Greater Liberation City Chris Okafor World Outreach | Kinshasa |
| Dibundu dia Badwenga dia Kintwandi | Lukala |
| Ebale Bonge | Kinshasa |
| Église Arche de Noé | Kinshasa |
| Église Armée de l'Éternel | Kinshasa |
| Église Cité Béthel | Kinshasa |
| Église Cité Béthel By-Pass | Kinshasa |
| Église Clinique des Miracles | Kinshasa |
| Église de Dieu Tokotiste | Kinshasa |
| Église de Jésus-Christ sur la Terre par son envoyé spécial Simon Kimbangu | N'Kamba |
| Église de la prophétie | Kinshasa |

| Nom | Siège |
|---|---|
| Église du Christ en mission | Kinshasa |
| Église du Christianisme céleste | Kinshasa |
| Église du Dieu vivant de Nehemia Sikatenda | Kinshasa |
| Église évangélique et prophétique Chars de Feu | Kinshasa |
| Église évangélique Liloba | Kinshasa |
| Église Feu de l'Eternel | Kinshasa |
| Église Foi abondante | Kinshasa |
| Église Image de l'Éternel | Kinshasa |
| Église la Foi audacieuse internationale | Kinshasa |
| Église la Résurrection By-pass | Kinshasa |
| Église le Sang précieux | Kinshasa |
| Église Lumière du Christ au Congo | Kinshasa |
| Église Mangembo | Kinshasa |
| Église Parlement Céleste | Kinshasa |
| Église primitive | Kinshasa |
| Église Prophète Dodo Kamba | Kinshasa |
| Église Sacerdoce royal | Kinshasa |
| Église Signes et Prodiges | Kinshasa |
| Église Sikatende | Kinshasa |
| Église Tahonda | Kongo Central |
| Église universelle du royaume de Dieu | Kinshasa |
| Mbima | Kinshasa |
| Message du Royaume de Dieu | Kinshasa |
| Ministère Amen | Kinshasa |
| Ministère évangélique Foi en action | Kinshasa |
| Ministère Rhèma | Kinshasa |
| Mpeve ya Longo (Église nationale du Saint-Esprit) | Kinshasa |

| Nom | Siège |
|---|---|
| **Mouvements non chrétiens du retour à l'authenticité africaine** | |
| Bundu dia kongo | Kongo Central |
| Dibundu dia mayala | Kongo Central |
| Église des Noirs en Afrique | Kinshasa |
| Vuvamu | Kinshasa |

## *Cameroun*

| Nom | Siège |
|---|---|
| **Églises d'initiative africaine orthodoxes** | |
| Apostolic Faith Church | Bangem |
| Bethel World Outreach Ministries | Douala |
| Church of God of Prophecy | Kumba |
| Communauté chrétienne missionnaire internationale | Yaoundé |
| Église Arche de la Gloire de l'Eternel | Yaoundé |
| Église biblique de la Vie profonde | Bonaberi |
| Église du temps de la moisson | Bonaberi |
| Église Jean-Baptiste du Cameroun | Sang-Melima |
| Église messianique évangélique du Cameroun | Yaoundé |
| Église presbytérienne africaine | Yaoundé |
| Église presbytérienne orthodoxe Saint-Esprit du Cameroun | Yaoundé |
| Église protestante africaine du Cameroun | Lolodorf |
| Église universelle du règne de Dieu | Yaoundé |
| Faith Bible Church International | Douala |
| Gospel of Christ Ministries | Douala |
| Grace Bible Church in Cameroon | Yaoundé |

| Nom | Siège |
| --- | --- |
| La vraie Église de Dieu au Cameroun | Yaoundé |
| Ministère international de la conquête des océans | Bonaberi |
| Mission chrétienne du Cameroun | N'Ko'emvon |
| Mission évangélique internationale | Douala |
| Mission évangélique Vie et Paix du Cameroun | Yaoundé |
| Mission internationale Maison de prière | Yaoundé |
| Native Baptist Church | Douala |
| Native Church of the Cameroon | Ndom |
| The True Church of God | Bonaberi |
| **Églises d'initiative africaine hétérodoxes** | |
| Appel de la Victoire internationale | Yaoundé |
| Assemblée chrétienne Témoins du Christ | Douala |
| Assemblée spirituelle nationale | Limbe |
| Cathédrale de la foi | Yaoundé |
| Communauté sabatéenne du Cameroun | Yaoundé |
| Église de la sanctification | Yaoundé |
| Église Frontières globales | Kumba |
| Église Jean-Baptiste du Cameroun | Sang-Melima |
| Église messianique et évangélique du Cameroun | Yaoundé |
| Église universelle du Christ | Yaoundé |
| Grace of God Mission | Nkololoun |
| La voie du Cameroun | Yaoundé |
| Mission du plein Évangile | Muyuka |
| Paroisse la Bonne Nouvelle | Nkololoun |
| Winners Chapel | Douala |
| World Mission Agency | Yaoundé |
| World Wide Mission | Muyuka |

## Côte d'Ivoire

| Nom | Siège |
|---|---|
| **Églises d'initiative africaine orthodoxes** | |
| Église baptiste Œuvres et Mission | Abidjan |
| Église de la providence | Abidjan |
| Église évangélique missionnaire Israël | Abidjan |
| Église évangélique réveil international | Abidjan |
| Église Fondation pour Christ | Abidjan |
| Église protestante évangélique missionnaire | Abidjan |
| Église Vase d'honneur | Abidjan |
| Mission Emmaüs | Abidjan |
| Mission Galilée | Abidjan |
| Mission internationale de l'évangélisation et de délivrance | Abidjan |
| **Églises d'initiative africaine hétérodoxes** | |
| Christianisme céleste | Abidjan |
| Église Ambassade de miracles | Abidjan |
| Église Cekangba | Abidjan |
| Église Cénacle du Saint-Esprit | Abidjan |
| Église Chadrak | Abidjan |
| Église Décima | Abidjan |
| Église du Buisson ardent | Abidjan |
| Église glorieuse des moissonneurs de Jésus-Christ | Abidjan |
| Église harriste | Abidjan |
| Église la Bénédiction | Abidjan |
| Église le Rocher | Abidjan |
| Église Papa nouveau | Abidjan |
| Église Réveil | Abidjan |
| Église Saint feu | Abidjan |
| Méga Église | Abidjan |
| Ministère du plein Évangile | Abidjan |
| Mission Christ victoire | Abidjan |

| Nom | Siège |
|---|---|
| Mission internationale de délivrance et de guérison | Abidjan |
| Mission internationale de l'évangélisation | Abidjan |
| Mission pentecôtiste du Jourdain | Abidjan |
| Raoul Wafo Ministries | Abidjan |
| Winners Chapel | Abidjan |

## *République de Guinée*

| Nom | Siège |
|---|---|
| **Églises d'initiative africaine orthodoxes** | |
| Centre international d'évangélisation | Conakry |
| Chapelle de l'espoir | Conakry |
| Chapelle internationale de la restauration | Conakry |
| Communauté missionnaire chrétienne internationale | Conakry |
| Communion des croyants (Believers Fellowship) | Conakry |
| Église Amour de Dieu | Conakry |
| Église baptiste Œuvres et Mission | Conakry |
| Église chrétienne des rachetés de Dieu | Conakry |
| Église Pentecôte de Guinée | Conakry |
| Église Pentecôte Restauration | Conakry |
| Mission Alpha | Conakry |
| Mission internationale Shékinah | Conakry |
| **Églises d'initiative africaine hétérodoxes** | |
| Chapelle de la meilleure lumière de toutes les nations | Conakry |
| Chapelle des vainqueurs | Conakry |
| Christ Life Church | Conakry |
| Église apostolique du Christ | Conakry |
| Église de Dieu en Christ Ministère de la vie nouvelle | Conakry |
| Église Flamme de feu | Conakry |
| Église glorieuse de la mission de Christ | Conakry |
| Église internationale du plein Évangile | Conakry |

| Nom | Siège |
|---|---|
| Église internationale le Phare | Conakry |
| Église Jésus qui guérit | Conakry |
| Église Pentecôte Nouvelle Jérusalem | Conakry |
| Healing Temple of Christ Mission | Conakry |
| Mission de la réconciliation et de guérison | Conakry |
| Mission des Apôtres de Dieu | Conakry |
| Mission évangélique de la découverte valeureuse de l'amour | Conakry |
| Mission Healing Temple of Christ | Conakry |
| Mission Perazim | Conakry |
| Mission Rhèma | Conakry |

# Bibliographie

## Églises d'initiative africaine
### Ouvrages et articles en français

Archidiocèse de Ouagadougou, « Le Christianisme céleste », en ligne : http://www.catholique.bf/protestantisme/nmr/633-le-christianisme-celeste.

ADEBOYE, E. A., *L'École de disciples. Ministère de Christ le Rédempteur*, Lagos-Ibadan, RCCG, 1985.

AHUI, W. H. Paul William, *Église du Christ : Mission harriste. Éléments théologiques du harrisme paulinien*, Paris, L'Harmattan, 1997.

ANDRIA, Solomon, *Église et Mission à l'époque contemporaine*, Yaoundé, CLÉ, 2007.

ANDRIA, Solomon, « Réveils et initiatives africaines », in *Les Églises et ministères d'initiative africaine. Enjeux et avenir*, sous dir. Rubin POHOR et Issiaka COULIBALY, Abidjan, FATEAC, 2015, p. 97-106.

ANTOINE, Alexandre, « Pentecôtisme, charismatismes et néo-pentecôtismes », in *La foi chrétienne et les défis du monde contemporain*, sous dir. Christophe PAYA & Nicolas FARELLI, Charols, Excelsis, 2013, p. 490-499.

APPIAH-KUBI, Kofi, « Les Églises indépendantes. Signes d'authenticité », in *Libération ou adaptation ? La théologie africaine s'interroge. Le colloque d'Accra*, sous dir. Kofi APPIAH-KUBI & Sergio TORRES, Paris, L'Harmattan, 1979.

ASCH, Susan, *L'Église du prophète Kimbangu. De ses origines à son rôle actuel au Zaïre (1921-1980)*, Paris, Karthala, 1983.

ASSOHOTO, Barnabé, *Le salut en Jésus-Christ dans la théologie africaine*, 3 vol. Cotonou, CART, 2002.

Ayegboyin, Deji Isaac, « "Guérir les malades et chasser les démons" : la réponse de Aladura », *Études dans le monde du christianisme* 10, 2, 2005, p. 233-249.

BÂ, Amadou Hampaté, « Animisme en savane africaine », in *Rencontres internationales de Bouaké. Les religions Africaines traditionnelles*, Paris, Seuil, 1964, p. 33-53.

BALANDIER, Georges, « Messianismes et nationalismes en Afrique noire », *Cahiers internationaux de sociologie* 14, 1953, p. 41-65.

BASTIAN, Jean-Pierre, « Les raisons sociologiques du succès des pentecôtistes en Amérique latine », *Perspectives missionnaires* 37, 1, 1999, p. 5-13.

BASTIAN, Jean-Pierre & CHAMPION, Françoise & ROUSSELET, Kathy, sous dir., *La globalisation du religieux*, Paris, L'Harmattan, 2001.

BASTIDE, Roger, *Les messianismes congolais*, Paris, Payot, 1972.

BATENDE, Gaston Mwene, « Le kimbanguisme et les nouvelles spiritualités à Kinshasa », *Cahiers interdisciplinaires des religions* vol. 11, n° 3, 2017.

BAUR, John, *2000 ans de christianisme en Afrique. Une histoire de l'Église africaine*, Kinshasa, Paulines, 2001.

BAYART, Jean-François, *Religion et modernité politique en Afrique noire*, Paris, Karthala, 1993.

BEDIAKO, Kwame, *Jésus en Afrique. L'Évangile chrétien dans l'histoire et l'expérience africaines*, Yaoundé, CLÉ/Regnum, 2000.

BEECKMANS, René, « Église du Christ sur la Terre par le prophète Simon Kimbangu : l'adhésion de l'Église kimbanguiste au Conseil œcuménique des Églises », *Congo-Afrique* 39, 1969.

BINDA, Ngoma, « De la méconnaissance à la reconnaissance. La réception du kimbanguisme par les intellectuels congolais », in *Simon Kimbangu. Le prophète de la libération de l'homme noir*, sous dir. Elikia M'BOKOLO et Kivilu SABAKINU, Actes de la Conférence internationale sur Simon Kimbangu (1887-1951), du 24 au 28 juillet 2011, Paris, L'Harmattan, 2014.

BLANDENIER, Jacques & BLOCHER, Jacques, *Précis d'histoire des missions*, 2 vol., Nogent-sur-Marne/Lavigny, Institut Biblique de Nogent/Groupes Missionnaires, 1998-2003.

BLOUGH, Neal, « Évangéliser en France. Regards en arrière », in *La mission de l'Église au XXI$^e$ siècle. Les nouveaux défis*, sous dir. Hannes WIHER, Charols, Excelsis, 2010, p. 35-47.

BOLIYA, Ngoy, « Église de Réveil. Fondement théologique de doctrine », in *Économie des Églises de Réveil et le développement durable en R.D.C.*, Kinshasa, Facultés catholiques, 2003.

BONHOMME, Julien, « Bantu Prophets in South Africa de Bengt G. M. Sundkler, Cambridge, James Clarke & Co., 2004 », *Archives de sciences sociales des religions*, 148, 2009, p. 4, en ligne : http://assr.revues.org/21679.

BOURDANNÉ, Daniel, *L'évangile de la prospérité. Une menace pour l'Église africaine*, Abidjan, Presses Bibliques Africaines, 1999.

BRAECKMAN, Émile, *Histoire du protestantisme au Congo*, Bruxelles, Éclaireurs, 1961.

BRANDT-BESSIRE, Daniel, *Aux sources de la spiritualité pentecôtiste*, Genève, Labor et Fides, 1994.

BÜHNE, Wolfgang, *La troisième vague, le plus grand réveil de l'histoire de l'Église ? Enseignements et pratiques de C. Peter Wagner, John Wimber, Paul Yonggi Cho et Reinhard Bonnke*, trad. française Antoine DORIATH, Prévérenges/Bielefeld, Maison de la Bible/Christliche Literatur-Verbreitung, 1992.

BUJO, Bénézet, *Introduction à la théologie africaine*, Fribourg (Suisse), Academic Press, 2008.

BUREAU, René, *Le prophète de la lagune. Les harristes de Côte-d'Ivoire*, Paris, Karthala, 1996.
BUSS, Théo, « Théologie de la libération, théologies pentecôtistes et théologies de la prospérité », *Perspectives missionnaires* 53, 1, 2007, p. 35-50.
CADIER, Pierre, « Samuel Ajayi Crowther. L'esclave devenu évêque anglican », *Perspectives missionnaires* 49, 1, 2005, p. 62-67.
CAKPO, Erick, « Le phénomène des nouveaux mouvements religieux en Afrique : L'Église catholique en déroute », *L'Harmattan électronique*, décembre 2013.
CHENU, Bruno, *Théologies chrétiennes des tiers mondes*, Paris, Centurion, 1987.
CHOMÉ, Jules, *La passion de Simon Kimbangu*, Bruxelles, Les amis de la présence africaine, 1958.
COLLECTIF, *Les religions africaines traditionnelles*, Rencontre internationale de Bouaké, Paris, Seuil, 1965.
COLLECTIF, « Églises de Réveil. Défis messianiques et eschatologiques ? », Actes de la Conférence internationale organisée par l'Université protestante au Congo et Protestant Theological University (Pays-Bas) du 11 au 16 mai 2011, *Revue congolaise de théologie protestante*, numéro spécial 23, 2011.
Comité théologique du Conseil national des Évangéliques de France, « La guérison miraculeuse », *Théologie Évangélique* 16, 1, 2017, p. 126-145.
Conseil national des Évangéliques de France, *La théologie de la prospérité*, Marpent, BLF, 2012.
Conseil œcuménique des Églises, *Graines d'Évangile. Aperçu des Églises indépendantes africaines*, Yaoundé, CLÉ, 1973.
COOK, Matthew, HASKELL, Rob, JULIAN, Ruth, TANCHANPONGS, Natee & WIHER, Hannes, sous dir., *L'Église mondiale et les théologies contextuelles. Une approche évangélique de la contextualisation*, Nuremberg/Écublens/Charols, VTR/AME/Excelsis, 2015.
CORTEN, André, *Le pentecôtisme au Brésil. Émotion du pauvre et romantisme théologique*, Paris, Karthala, 1995.
COX, Harvey, *Retour de Dieu. Voyage en pays pentecôtiste*, Paris, Desclée de Brouwer, 1995.
DECORVET, Jeanne, *Samuel Ajayi Crowther. Un père de l'Église en Afrique noire*, Paris/La Côte-aux-Fées, Cerf/Groupes Missionnaires, 1992.
DEWEL, Serge, *Mouvement charismatique et pentecôtisme en Éthiopie : identité et religion*, Paris, L'Harmattan, 2014.
DIANGIENDA, Kuntima Joseph, *L'histoire du kimbanguisme*, Châtenay, Éditions kimbanguistes, 2003 (1re éd. : Lausanne, Soc, 1984).
DIOP, Alioune, *Un hommage africain à Jean XXIII*, Paris, Société africaine de culture, 1965.
DJÉDJÉ, Franck Ismael, *Le culte des ancêtres. L'Afrique et le mensonge des religions importées. Le christianisme comme exemple*, Paris, Net, 2015.

DORIER-APPRILL, Elisabeth, « Les échelles du pluralisme religieux en Afrique subsaharienne », *L'information géographique* n° 70, 2006/4, p. 46-65.

DORIER-APPRILL, Elisabeth & ZIAVOULA, Robert, « La diffusion de la culture évangélique en Afrique centrale. Théologie, éthique, et réseaux », *La revue Hérodote* 119, 4, 2005, p. 129-156.

DROOGERS, André, « Kimbangu at the Grass Roots », *Journal of religion in Africa* vol. xi, 3, 1980.

Église chrétienne des rachetés de Dieu, Documentation du site : www.rccg.org.

Église du Christianisme céleste, « Constitution Bleue de l'Église du Christianisme céleste (1980) », en ligne : http://egliseduchristianisme celeste-nonofficiel. org/wp-content/uploads/2016/12/Constitution-Bleue .pdf.

ÉLA, Jean-Marc, *Ma foi d'Africain*, Paris, Karthala, 2009.

ETAMBALA, Matthieu Zana, « Les dernières revendications et les premiers défis : L'E.J.C.S.K. à un tournant de son histoire, 1955-1965 », *Cahiers interdisciplinaires des religions* vol. 11, n° 3, 2017.

FALK, Peter, *La croissance de l'Église en Afrique*, Kinshasa, Institut supérieur de théologie de Kinshasa, 1985.

FANCELLO, Sandra, « D'un guérisseur à l'autre : diagnostic, délivrance et exorcisme à Bangui », in *Sorcellerie et violence en Afrique*, sous dir. Bruno MARTINELLI & Jacky BOUJU, Paris, Karthala, 2012.

FANCELLO, Sandra, *Les aventuriers du pentecôtisme ghanéen : Nation, conversion et délivrance en Afrique de l'Ouest*, Paris, Karthala, 2006.

FOURCHARD, Laurent, MARY, André & OTAYEK, René, *Entreprises religieuses transnationales en Afrique de l'Ouest*, Paris, Karthala, 2005.

GAMPIOT, Aurélien Mokoko, *Le kimbanguisme en France. Expression messianique d'une Église afro-chrétienne en contexte migratoire*, Paris, L'Harmattan, 2010.

GAMPIOT, Aurélien Mokoko, « L'éthique kimbanguiste et l'esprit de développement », in *Simon Kimbangu. Le prophète de la libération de l'homme noir*, sous dir. Elikia M'BOKOLO et Kivilu SABAKINU, Actes de la Conférence internationale sur Simon Kimbangu (1887-1951), du 24 au 28 juillet 2011, Paris, L'Harmattan, 2014.

GAYOMBO, Kilola, « Le langage symbolique dans les pratiques religieuses des Églises indépendantes africaines. Essai sur la symbolique religieuse kimbanguiste », thèse de doctorat en théologie soutenue à l'Université de Genève en 1990.

GILLILAND, Dean S., « Peut-on appeler "chrétiennes" les églises indépendantes d'Afrique ? », *Perspectives missionnaires* 17, 1989, p. 43-63.

GREEN, Michael, *L'évangélisation dans l'Église primitive. Le développement de la mission chrétienne des origines au milieu du troisième siècle*, traduit de l'anglais, Lavigny/Saint-Légier, Groupes Missionnaires/Emmaüs, 1981.

GRIPPAY, Ronan, « Le système de divination Ifa au Nigéria », en ligne : http://www.unesco.org/culture/intangible-heritage/29afr_fr.htm.

HEBGA, Meinrad P., « Sorcellerie et prière de guérison », in *Cahiers d'études africains*, Abidjan, Publications Bibliques Africaines, 1982.

HENRY, Christine & NORET, Joël, « Le Christianisme céleste en France et en Belgique », en ligne : https://dipot.ulb.ac.be/dspace/bitstream/2013/ 98628/1/Henry_et_Noret_2008.pdf.

Hiebert, Paul, « Une contextualisation critique », in *Mission et culture*, Saint-Légier, Emmaüs, 2002, p. 191-216.

HOLLENWEGER, Walter, « "Guérissez les malades !" La guérison comme don et mission pour la communauté », *Perspectives missionnaires* 19, 1990, p. 59-74, et 20, 1990, p. 49-61.

HOLLENWEGER, Walter, « De l'Azusa Street au phénomène de Toronto. Les racines historiques du mouvement pentecostal », *Concilium* vol. 265, 1996.

HOLLENWEGER, Walter, « Réalité du syncrétisme. Pour une franche évaluation théologique », *Perspectives missionnaires* 36, 2, 1998, p. 21-32. Version anglaise originale : « A Plea for a Theologically Responsible Syncretism », *Missionalia* 25, 1, 1997, p. 5-18, et dans *Pentecostalism. Origins and Developments Worldwide*, Peabody, Hendrickson, 1998.

HOLLENWEGER, Walter J., « Le pentecôtisme, avenir du christianisme du tiers-monde », *Cahiers de l'IRP* 39, 2001, p. 3-19.

HOUSSAY-HOLZSCHUCH, Myriam, « Le même drapeau que les John Frum : Églises de Sion en Afrique du Sud », in *B. comme Big Man, Hommage à Joël Bonnemaison*, Paris, PRODIG, 1998, p. 83-88, en ligne : https://hal.archives-ouvertes.fr/hal-00186087/file/JOEL1.pdf.

JANZON, Göran, *« La seconde conversion ». D'une mission suédoise à des Églises africaines sur le champ de travail de la Mission d'Örebro en Afrique Centrale*, 1914-1962, Örebro, Votum, 2008/2012.

JULIAN, Ruth, « La contextualisation en profondeur », in *L'Église mondiale et les théologies contextuelles. Une approche évangélique de la contextualisation*, sous dir. Matthew COOK *et al.*, Nuremberg/Écublens/Charols, VTR/AME/Excelsis, 2015, p. 213-239.

JOHNSTONE, Patrick, *L'Église mondiale, quel avenir ?* Charols, Excelsis, 2019.

KAMANGALA, Robert, « Théologie et droit canonique aux défis actuels de la société congolaise », in *La théologie au service de la société*, sous dir. André KABASELE, Kinshasa, Facultés catholiques de Kinshasa, 2007.

KÄ MANA, *La nouvelle évangélisation en Afrique*, Paris/Yaoundé, Karthala/CLÉ, 2000.

KÄ MANA, *L'Afrique, notre projet. Révolutionner l'imaginaire africain*, Yaoundé, Terroirs, 2009.

KÄ MANA, « Congo-Kinshasa : Les maladies spirituelles des Églises africaines indépendantes », article disponible sur Allafrica.com.

KAPTEINA, Detlef, *La théologie évangélique en Afrique. Naissance et évolution (1970-2000)*, Charols/Nuremberg/Écublens, Excelsis/VTR/AME, 2015.

KÄSER, Lothar, *Animisme. Introduction à la conception du monde et de l'homme dans les sociétés axées sur la tradition orale*, Charols, Excelsis, 2010.

KATO, Byang, « Théologie noire et théologie africaine », *La Revue réformée* XXVIII, 110, 2, 1977, p. 106-119.

KATO, Byang, *Pièges théologiques en Afrique*, Abidjan, CPE, 1981.

KEGLO, Simon, « La théologie de la prospérité », Mémoire, Faculté libre de théologie évangélique, Vaux-sur-Seine, 1996.

KINKUPU, Léonard Santedi, *Les défis de l'évangélisation dans l'Afrique contemporaine*, Paris, Karthala, 2005.

KOUASSI, Boussou G. Benoît, *Les funérailles harristes*, Abidjan, NEA, 1984.

KOUASSI, Célestin, « Réflexion historique sur la gestion des biens ecclésiastiques face à l'essor des Églises et ministères d'initiative africaine », in *Églises et ministères d'initiative africaine. Enjeux et avenir*, sous dir. Rubin Pohor & Issiaka Coulibaly, Actes du colloque international de la FATEAC, 22 au 23 mai 2014 à Abidjan (Côte d'Ivoire), Abidjan, FATEAC, 2015.

KOULLA, Eugene Henri, « La diaspora bantoue du Québec et la question de l'immigration du syncrétisme identitaire du christianisme africain : cas de chrétiens camerounais et congolais », mémoire présenté à la Faculté de théologie de l'Université de Sherbrooke, 2009.

KRABILL, James, « Le ministère des Églises mennonites auprès des Harristes dida de Côte d'Ivoire », *Perspectives missionnaires* n° 20, 1990, p. 62-77.

KUTI, Mbuiti, « Étude sur les structures de l'Église de Jésus-Christ sur la terre par le prophète Simon Kimbangu », Mémoire Vaux-sur-Seine, 1997.

LABANA, Jean, « Le kimbanguisme comme vecteur de manifestation extérieure de la République démocratique du Congo », in *Simon Kimbangu. Le prophète de la libération de l'homme noir*, sous dir. Elikia M'BOKOLO et Kivilu SABAKINU, Actes de la Conférence internationale sur Simon Kimbangu (1887-1951), du 24 au 28 juillet 2011, Paris, L'Harmattan, 2014.

LEHMANN, Jean-Pierre, *Prophètes guérisseurs dans le sud de la Côte d'Ivoire*, Paris, L'Harmattan, 2012.

LEPKEA, Alexis, « Le christianisme occidental à l'épreuve des messianismes indigènes en Côte d'Ivoire coloniale : le Harrisme et le Dehima », *Religioscope, Études et analyses* n° 30, 2013.

LUNEAU, René, *Laisse aller mon peuple. Églises africaines au-delà des modèles*, Paris, Karthala, 1987.

MADITOMA, Pialo Pawèlé, « Le phénomène des nouveaux mouvements pentecôtistes charismatiques et son influence sur l'Église Évangélique Presbytérienne du Togo (EEPT) », thèse de doctorat, Hambourg, 2005.

MAMBUENE YABU, André-Jacques, *La méthodologie missionnaire en Afrique. Étude des méthodes missionnaires au Bas-Congo*, Kinshasa, Médias Paul, 2008.

MARTIN, Marie-Louise, *Simon Kimbangu et son Église*, Lausanne, Soc, 1971 (2ᵉ éd. 1981).

MARTIN, Marie-Louise, *Église sans Européens (Le Kimbanguisme)*, Genève, Labor et Fides, 1972. Trad. anglaise : *Kimbangu. An African Prophet and his Church*, Grand Rapids, Eerdmans, 1976.

MARTINELLI, Bruno & BOUJU, Jacky, sous dir., *Sorcellerie et violence en Afrique*, Paris, Karthala, 2012.

MARY, André, « Culture pentecôtiste et charisme visionnaire au sein d'une Église indépendante africaine », *Archives de sciences sociales des religions* n° 105, 1, 1999, p. 29-50.

MARY, André, « Globalisation des pentecôtismes et hybridité du christianisme africain », in *La globalisation du religieux*, sous dir., Jean-Pierre Bastian et al., Paris, L'Harmattan, 2001, p. 153-169.

MARY, André, « Afro-christianisme et politique de l'identité : l'Église du Christianisme céleste Versus Celestial Church of Christ », *Archives de sciences sociales des religions*, 118, 2, 2002, p. 45-56.

MARY, André, « Introduction. Africanité et christianité : une interaction première », *Archives de sciences sociales des religions* 143, 3, 2008, p. 162-183.

MATTHEY, Jacques, « Mission et guérison. Le rôle des communautés chrétiennes selon quelques textes choisis du Nouveau Testament », in *Figures bibliques de la mission. Exégèse et théologie de la mission. Approches catholiques et protestantes*, sous dir. Marie-Hélène ROBERT, Jacques MATTHEY, Catherine VIALLE, coll. Lectio divina, Paris, Cerf, 2010, p. 211-240.

MBITI, John S., *Religions et philosophies africaines*, Yaoundé, CLÉ, 1972.

M'BOKOLO, Elikia & SABAKINU, Kivilu, sous dir., *Simon Kimbangu. Le prophète de la libération de l'homme noir*, sous dir. Actes de la Conférence internationale sur Simon Kimbangu (1887-1951), du 24 au 28 juillet 2011, Paris, L'Harmattan, 2014.

MIKOBI, Bope, « Les prophètes d'Israël et la contextualisation », *Revue de Théologie Réformée au Zaïre* n° 2, 1995.

MILLARD, J. A., « Mokone, Mangena Maake (1851-1931) : Église éthiopienne en Afrique du Sud », *Dictionnaire biographique des chrétiens d'Afrique*, en ligne : http://www.dacb.org/stories/southafrica/f-mokone_mangena.html.

MISSIÉ, Jean-Pierre, « Religion et identité : les Églises de réveil au Congo », *Les Cahiers de l'interdisciplinaire*, Groupe de recherche sur l'Afrique contemporaine (IGRAC), n° 1, 2005.

MOREAU, A. Scott, « Typologie de modèles évangéliques de contextualisation », in *L'Église mondiale et les théologies contextuelles*, sous dir. Matthew COOK et al., Commission théologique de l'Alliance Évangélique Mondiale, Nuremberg/Écublens/Charols, VTR/AME/Excelsis, 2015, p. 213-250.

Mouvement de Lausanne, « Déclaration de Lausanne (1974) », en ligne : http://www.lausanne.org/fr.

Mouvement de Lausanne, *La culture au risque de l'Évangile*, Rapport de Willowbank, Lausanne, Presses Bibliques Universitaires, 1978.

Mouvement de Lausanne, Groupe de Travail théologique, « Déclaration de Lausanne sur l'évangile de la prospérité », in *L'Afrique d'aujourd'hui et les Églises. Quels défis ?* sous dir. Hannes WIHER, Carlisle, UK, Langham Global Library, 2017, p. 181-208.

MUKENA KATAYI, Albert Vianney, *Dialogue avec la religion traditionnelle africaine*, Paris, L'Harmattan, 2007.

MULULENDO, Zola, « L'Église kimbanguiste et la théologie africaine. Bilan et perspective », in *Théologie africaine. Bilan et perspective*, dix-septième semaine théologique de Kinshasa, Kinshasa, Facultés Catholiques de Kinshasa, 1989.

MUSITU LUFUNGULA, W. & MATUMONA, W. Kitoko, « Nouveaux mouvements religieux et identité culturelle », *Classiques des sciences sociales*, n° inédit, 2007.

MUTOMBO MUKENDI, Félix, « Les vestiges de la cosmogonie ancestrale dans la théologie de la prospérité en Afrique », *Perspectives missionnaires* 53, 1, 2007, p. 22-34.

MVENG, Engelbert, « Liturgie cosmique et langage religieux », *Bulletin de théologie africaine*, vol. 1, n° 1, 1979.

NDAYWEL Ê NZIEM, Isidore, *Histoire générale du Congo. De l'héritage ancien à la République Démocratique*, Paris/Brusselles, De Boeck & Larcier, 2001.

NGALULA, Josée, *Du pouvoir de la piété populaire. Enjeux théologiques de la crise kimbanguiste entre 1990 et 2009*, Kinshasa, Facultés Catholiques de Kinshasa, 2007.

NGARSOULÉDÉ, Abel, *Enjeux sociologiques et théologiques de la sécularisation. Une étude de cas à N'Djamena en République du Tchad*, Carlisle, UK, Langham Monographs, 2016.

NGOMA, Mabiala, « Kimbanguisme face à la sureté coloniale (1921-1959) », in *Simon Kimbangu. Le prophète de la libération de l'homme noir*, sous dir. Elikia M'BOKOLO & Kivilu SABAKINU, Actes de la Conférence internationale sur Simon Kimbangu (1887-1951), du 24 au 28 juillet 2011, Paris, L'Harmattan, 2014.

NZENZA MPANGU, François Michée, *Kimbanguisme et messianisme juif. Réflexions sur une maïeutique controversée*, Paris, Publibook, 2010.

NZEYITU, Melo, *Jésus l'Africain. Le secret le mieux gardé de tous les temps*, Kinshasa, Masono, 2012.

ODEN, Thomas C., *Comment l'Afrique a façonné la pensée chrétienne. La redécouverte du terreau du christianisme occidental*, trad. Alain Bouffartigues, Saint Albain, Publications pour la Jeunesse africaine, 2011.

PÉNOUKO, Efoé-Julien, *Église d'Afrique. Proposition pour l'avenir*, Paris, Karthala, 1984.

PIEDRO, Arturo, « Théologie de la grâce / théologie de la prospérité », *Perspectives missionnaires* 53, 1, 2007, p. 6-21.

POHOR, Rubin & COULIBALY, Issiaka, sous dir., *Les Églises et ministères d'initiative africaine. Enjeux et avenir*, Actes du colloque international de la FATEAC, 22 au 23 mai 2014 à Abidjan (Côte d'Ivoire), Abidjan, FATEAC, 2015.

POHOR, Rubin, « L'Église protestante méthodiste unie de Côte d'Ivoire. Une approche socio-historique (1870-1964) », *Études théologiques et religieuses* 84, 1, 2009, p. 23-48.

RAPOLD, Manuel, *Que le pauvre dise : « Je suis riche ». Une invitation à changer de mentalité pour sortir de la pauvreté*, Lausanne, Campus pour Christ, 2017.

RAYMAEKERS, Paul, « Histoire de Simon Kimbangu, prophète, d'après les écrivains Nfinangani et Nzungu (1921) », *Archives de sociologie des religions* vol. 16, no 31, 1970, p. 15-42. En ligne : www.jstor.org/stable/30117914.

SANTEDI KINKUPU, Léonard, *Les défis de l'évangélisation dans l'Afrique contemporaine*, coll. Chrétiens en liberté, Paris, Karthala, 2005.

SHANK, David, « Bref résumé de la pensée du prophète William Wadé Harris », *Perspectives missionnaires* n° 5, 1983, p. 34-54.

SHANK, David A., « Le pentecôtisme du prophète William Wadé Harris », *Archives de sciences sociales des religions* vol 105, n° 1, 1999.

SPINDLER, Marc & LENOBLE-BART, Annie, *Chrétiens d'outre-mer en Europe. Un autre visage de l'immigration*, Paris, Karthala, 2000.

STARK, Rodney, *L'essor du christianisme. Un sociologue revisite l'histoire du christianisme des premiers siècles*, trad. Philippe MALIDOR, Charols, Excelsis, 2013.

SURGY, Albert de, *L'Église du Christianisme céleste. Un exemple d'Église prophétique au Bénin*, Paris, Karthala, 2001.

TALL, Emmanuel Kadja, « Dynamique des cultes voduns et du Christianisme céleste au sud-Bénin » *Cahiers des sciences humaines* n° 31, 4, 1995.

TIÉNOU, Tite, « Tâche théologique de l'Église en Afrique », Actes de la Conférence en mémoire de Byang H. Kato du 17 au 20 avril 1978 à l'ECWA Theological Seminary, Igbaja (Nigéria), Abidjan, CPE, 1980.

TRICHET, Pierre, *Côte d'Ivoire, les premières tentatives d'évangélisation*, Abidjan, La Nouvelle, 1995.

TRICHET, Pierre, *Côte d'Ivoire, les premiers pas d'une Église*, 4 vol., Abidjan, La Nouvelle, 2000.

TUCKER, Ruth, *De Jérusalem à Irian Jaya*, Saint-Légier, Emmaüs, 1997.

VAN DEN TOREN, Benno, « La contextualité de l'Évangile et de la doctrine chrétienne », *Hokhma* 98, 2010, p. 57-70.

VAN WING, Joseph, « Kimbanguisme vu par un témoin », *Zaïre* vol. xii, n° 8, 1958, p. 563-618.

VELUT, Jean-Luc, *Simon Kimbangu, 1921 : de la prédication à la déportation. Vol. 1 : Les sources*, Bruxelles, Académie royale des sciences d'outre-mer, 2005.

WALL, McTair, « La contextualisation de l'Évangile dans la Première épître aux Thessaloniciens », *Théologie évangélique* vol. 8, n° 1 &2, 2009, p. 35-53.

WALLS, Andrew, « L'Évangile, prisonnier et libérateur de la culture », *Hokhma* 30, 1985.

WARIBOKO, Nimi, *Nigerian Pentecostalism*, Martlesham, UK, Boydell & Brewer, 2014.

WATTO, Albert, « L'engagement des Églises issues de l'immigration pour la mission », in *La mission de l'Église au XXI$^e$ siècle. Les nouveaux défis*, sous dir. Hannes WIHER, Charols, Excelsis, 2010, p. 83-92.

WELCH, Timothée, *L'Afrique et les Africains dans la Bible*, Abidjan, FATEAC, 2010.

WIHER, Hannes, *L'Évangile et la culture de la honte en Afrique occidentale*, Bonn, Science & Culture Publications, 2003.

WIHER, Hannes, « Une spiritualité missionnaire », in *Bible et mission, vol. 2. Vers une pratique missionnaire évangélique de la mission*, sous dir. Hannes WIHER, Charols, Excelsis, 2012, p. 75-100.

WIHER, Hannes, « Toucher les êtres humains en profondeur », *Théologie Évangélique* vol. 12, n° 1, 2013, p. 69-85, et vol. 12, n° 3, 2013, p. 61-88.

WIHER, Hannes. « Qu'est-ce que la contextualisation ? », in *L'Église mondiale et les théologies contextuelles. Une approche évangélique de la contextualisation*, sous dir. Matthew Cook *et al.*, Charols, Excelsis, 2015, p. 1-39.

WIHER, Hannes, « *Missio Dei* : de quoi s'agit-il ? », *Théologie Évangélique* 14, 1, 2015, p. 45-61, et 14, 3, 2015, p. 51-67.

WIHER, Hannes, « Le rapport entre le christianisme et les religions non chrétiennes », in *L'évangélisation en Europe francophone*, sous dir. Hannes WIHER, Charols, Excelsis, 2016, p. 258-266.

WILLAIME, Jean-Paul, « Le Pentecôtisme : contours et paradoxes d'un protestantisme émotionnel, *Archives de sciences sociales des religions* n° 105, 1999, p. 5-28.

YE'OR, Bat, *Les chrétientés de l'Orient entre djihad et dhimmitude, VII$^e$-XX$^e$ siècle*, Paris, Cerf, 1991.

ZORN, Jean-François, « La contextualisation. Un concept théologique ? », *Revue d'histoire et de philosophie religieuses* 77, 1992/2.

ZORN, Jean-François, *Le grand siècle d'une mission protestante. La mission de Paris de 1822 à 1914*, Paris, Karthala, 1993.

## Ouvrages et articles en anglais

ABIODUN, Emmanuel, *Celestial Vision of Her Most Rev. Mother Captain Mrs. C. Abiodun Emmanuel*, 4th ed., Yaba, Lagos, Charity Press, 1962.

ADEWALE, Ogunrinade, « Predilection for African Indigenous Practices in the Pentecostal Tradition of African Indigenous Churches with reference to Christ Apostolic Church Agbala Itura », en ligne : http://www.pctii.org/cyberj/cyberj18/adewale.html.

ADEYEMO, Tokunboh, « The Church of the Future and the Future of the Church », *Perception* 15, 2, 1979, p. 2-7.

ADEYEMO, Tokunboh, *Salvation in African Tradition*, Nairobi, Evangel, 1979.

ADEYEMO, Tokunboh, « Towards an Evangelical African Theology », *Evangelical Review of Theology* 7, 1, 1983.

AFEOSEMIME, U. A., *Celestial Church of Christ. The Politics of Cultural Identity in a West African Prophetic-Charismatic Movement*, Berne, Peter Lang, 1999.

AJAYI, J. Ade & AYANDELE, E. A., « Writing African Church History », in *The Church Crossing Frontiers. Essays on the Nature of Missions in Honour of Bengt Sundkler*, sous dir. Peter BEYERHAUS, Uppsala, Gleerup, 1969, p. 90-108.

AKINYELE, Y., *Cherubim and Seraphim*, New York, NOK Publishers, 1982.

ALLEN, Roland, *Spontaneous Expansion of the Church*, Grand Rapids, Eerdmans, 1927/1962.

ANDERSON, Allan H., « The Prosperity Message in the Eschatology of Some New Charismatic Churches », *Missionalia* IS, no. 2, 1987, p. 7283.

ANDERSON, Allan H., *Moya. The Holy Spirit in an African Context*, Ph.D. Thesis, Pretoria, University of South Africa Press, 1991.

ANDERSON, Allan H., *Bazalwane. African Pentecostals in South Africa*, Pretoria, University of South Africa Press, 1992.

ANDERSON, Allan H., « African Pentecostalism and the Ancestors », *Missionalia* 21, 1, 1993, p. 26-39.

ANDERSON, Allan H., « Challenges and Prospects for Research into African Initiated Churches in Southern Africa », *Missionalia* 23, 3, 1995.

ANDERSON, Allan H., « The Gospel and Culture in Pentecostal Mission in the Third World », *Missionalia* 27, 2, 1999.

ANDERSON, Allan H., « Types and Butterflies. African Initiated Churches and European Typologies », *International Bulletin of Missionary Research* 25, 3, 2001, p. 107-112.

ANDERSON, Allan H., *African Reformation. African Initiated Christianity in the 20th Century*, Trenton, NJ, Africa World Press, 2001.

ANDERSON, Allan H., sous dir., *Studying Global Pentecostalism. Theories and Methods*, Berkeley, University of California Press, 2009.

ANDERSON, Allan H., *An Introduction to Pentecostalism. Global Charismatic Christianity*, Cambridge, Cambridge University Press, 2014.

ANDERSSON, Ephraim, *Messianic Popular Movements in the Lower Congo*, Studia Ethnographica Upsaliensis XVI, Uppsala, Almquist & Wiksells, 1958.

ANUMAH Isaiah, *African Church Leaders*, Lagos, WATS, s.d.

ASAMOAH-GYADU, J. Kwabena, *African Charismatics. Current Developments within Independent Indigenous Pentecostalism in Ghana*, Leiden, Brill, 2005.

ASAMOAH-GYADU, J. Kwabena, « An African Pentecostal on Mission in Eastern Europe. The Church of the "Embassy of God" in Ukraine », *Pneuma. Journal of Pentecostal Studies* 27, 2, 2005, p. 297-321. Réimpr. dans *International Bulletin of Missionary Research* 30, 2, 2006, p. 73-75.

ASAMOAH-GYADU, J. Kwabena, *Contemporary Pentecostal Christianity. Interpretations from an African Context*, Oxford, Regnum, 2013.

ASAMOAH-GYADU, J. Kwabena, « Migration, Diaspora Mission, and Religious Others in World Christianity. An African Perspective », *International Bulletin of Missionary Research* 39, 4, 2015, p. 189-192.

ASAMOAH-GYADU, J. Kwabena, « Declaring the Wonders of God in Our Own Tongues. Africa, Mission and the Making of World Christianity », in *The State of Missiology. Global Innovations in Christian Witness*, sous dir. Charles E. VAN ENGEN, Downers Grove, IVP, 2016, p. 250-266.

ASSIMENG, Max, *Religion and Social Change in West Africa*, Accra, Ghana University Press, 1989.

ASSIMENG, Max, *Saints and Social Structures*, Tema, Ghana, Ghana Publishing Corporation, 1986.

Atansuyi, H. Olu, « Gospel and Culture from the Perspective of African Instituted Churches », Paper presented at the Consultation of the WCC with the AIC, Ogere, Nigeria, 9-14 janvier 1996, en ligne : http://www.pctii.org/wcc/olu96.html.

ATIDO, George Pirwoth, « Church Revitalization in Congo. Missiological Insights from One Church's Efforts at Glocalization », *International Bulletin of Mission Research* 41, 4, 2017, p. 326-334.

AYEGBOYIN, Deji & ISHOLA, S. Ademola, *African Indigenous Churches*, Lagos, Nigeria, Greater Heights, 1997.

BAËTA, Christian G., *Prophetism in Ghana*, Londres, SCM, 1962.

BAËTA, Christian G., *Christianity in Tropical Africa*, Londres, Oxford University Press, 1968.

BALCOMB, Anthony *et al.*, « Spirituality and Hope in Africa. A Study in Five Countries », *International Bulletin of Mission Research* 41, 4, 2017, p. 336-346.

BALZ, Heinrich, « Kimbanguism Going Astray », *Exchange* n° 38, 2009, p. 355-364.

BARRETT, David B., « African Initiated Church Movement », *Evangelical Dictionary of World Missions*, sous dir. A. Scott MOREAU, Grand Rapids, Baker, 2000, p. 43-44.

BARRETT, David B., *Schism and Renewal in Africa. An Analysis of Six Thousand Contemporary Religious Movements*, Nairobi, Oxford University Press, 1968.

BARRETT, David B., sous dir., *African Initiatives in Religion*, Nairobi, East African Publishing House, 1971.

BARRETT, David B. & PADWICK, D. John, *Rise Up and Walk ! Conciliarism and the African Indigenous Churches, 1815-1987. A Sequel to Schism and Renewal in Africa (1968)*, Oxford, Oxford University Press, 1989.

BARRON, Bruce, *The Health and Wealth Gospel. What's Going on Today in a Movement That Has Shaped the Faith of Millions ?* Downers Grove, IVP, 1987.

BEDIAKO, Kwame, « Willowbank Consultation, Jan. 1978. A Personal Reflection », *Themelios* 5, 2, 1980, p. 25-32.

BEDIAKO, Kwame, *Theology and Identity. The Impact of Culture upon Christian Thought in the Second Century and Modern Africa*, Oxford, Regnum, 1992.

BEDIAKO, Kwame, *Christianity in Africa. The Renewal of a Non-Western Religion*, Édimbourg/Maryknoll, Edinburgh University Press/Orbis, 1995.

BEHREND, Heike, *Alice Lakwena and the Holy Spirits*, Athens, OH, Ohio University Press, 2000.

BEVANS, Stephen B., « Models of Contextual Theology », *Missiology* 13, n° 2, avril 1985, p. 185-202.

BEVANS, Stephen B., *Models of Contextual Theology*, rev. and exp. ed., Maryknoll, Orbis, 2002 (1$^{re}$ éd. 1992).

BEWAJI, John A. I., « Olodumare. God in Yoruba Belief and the Theistic Problem of Evil », *African Studies Quarterly* vol. 2, n° 1, 1998, p. 1-17.

BEYERHAUS, Peter, sous dir., *The Church Crossing Frontiers. Essays on the Nature of Missions in Honour of Bengt Sundkler*, Uppsala, Gleerup, 1969.

BOWMAN, Jr., Robert M., *The Word-Faith Controversy. Understanding the Health and Wealth Gospel*, Grand Rapids, Baker, 2001.

BUSIA, Kofi A., « Has the Christian Faith Been Adequately Represented ? », *International Review of Mission* 50, 1963, p. 86-89.

CHANCELLOR, James D., « New Religious Movements », *Evangelical Dictionary of World Missions*, sous dir. A. Scott MOREAU, Grand Rapids, Baker, 2000, p. 681-682.

COKER, Samuel A., *The Rights of Africans to Organize and Establish Indigenous Churches Unattached to and Uncontrolled by Foreign Church Organizations*, Lagos, Tika-Tore Printing Works, 1917.

COMAROFF, Jean, *Body of Power, Spirit of Resistance. The Culture and History of a South African People*, Chicago, University of Chicago Press, 1985.

CORTEN, André & MARSHALL-FRATANI, Ruth, sous dir., *Between Babel and Pentecost. Transnational Pentecostalism in Africa and Latin America*, Bloomington, Indianapolis, Indiana University Press, 2001.
COX, Harvey, *Fire from Heaven. The Rise of Pentecostal Spirituality and the Reshaping of Religion in the Twenty-first Century*, Cambridge, MA, Da Capo Press, 1995.
DANEEL, Marthinus L., *Old and New in Southern Shona Independent Churches*, 3 vol., La Haye, Mouton, 1972-1988.
DANEEL, Marthinus L., *Fambidzano. Ecumenical Movement of Zimbabwean Independent Churches*, Gweru, Zimbabwe, Mambo Press, 1982.
DANEEL, Marthinus L., *Quest for Belonging*, Gweru, Zimbabwe, Mambo Press, 1987.
DANEEL, Marthinus L., *African Earthkeepers*, Maryknoll, Orbis, 2001.
DANEEL, Marthinus L., *All Things Hold Together. Holistic Theologies at the African Grassroots. Selected Essays by M. L. Daneel*, Pretoria, UNISA, 2007.
EADES, J. S., « The Yoruba Today », in *Nigerian Politics and Military Rule*, sous dir. S. K. PANTER-BRICK, Londres, Athlone, 1970, p. 83.
EDWARDS, Jonathan, *The Distinguishing Marks of a Work of the Spirit of God*, Édimbourg, Imprimerie T. Lumisden et J. Robertson, 1741.
EKEBUISI, Chinoyerem Chijioke, *The Life and Ministry of Prophet Garrick Sokary Braide. Elijah the Second of Niger Delta, Nigeria (c. 1882-1918)*, Oxford, Lang, 2015.
Eternal Sacred Order of Cherubim and Seraphim, *Moses Orimulade*, Ebute Metta, Nigeria, 1962.
FASHOLE-LUKE, E., « The Quest for African Christian Theologies », *Scottish Journal of Theology* 29, 1976. Reprint in *Mission as Liberation. Third World Theologies*, Pretoria, UNISA, 1989.
FIEDLER, Klaus, *The Story of Faith Missions. From Hudson Taylor to Present Day Africa*, Oxford, Regnum, 1994.
FLEMMING, Dean, *Contextualization in the New Testament. Patterns for Theology and Mission*, Leicester, InterVarsity, 2005.
GIFFORD, Paul, sous dir., *New Dimensions in African Christianity*, Nairobi, AACC, 1992.
GIFFORD, Paul, « The Complex Provenance of some Elements of African Pentecostal Theology », in *Between Babel and Pentecost. Transnational Pentecostalism in Africa and Latin America*, sous dir. André CORTEN & Ruth MARSHALL-FRATANI, Bloomington, Indianapolis, Indiana University Press, 2001.
GONZÁLEZ, Justo L., *The Story of Christianity*, 2 vol., San Francisco, Harper & Row, 1984.
HALIBURTON, G. M., *The Prophet Harris. A Study of an African Prophet and His Mass-Movement in the Ivory Coast and the Gold Coast 1913-1915*, Londres, Longman, 1971.

HANCILES, Jehu J., « Migration and Mission. Some Implications for the Twenty-first-Century Church », *International Bulletin of Missionary Research* 27, 4, 2003, p. 146-153.

HANCILES, Jehu J., *Beyond Christendom. Globalization, African Migration, and the Transformation of the West*, Maryknoll, Orbis, 2008.

HASTINGS, Adrian, *Church and Mission in Modern Africa*, New York, Fordham University Press, 1967.

HEXHAM, Irving & OOSTHUIZEN, Gerhardus C., sous dir., *The Story of Isaiah Shembe*, Lewiston, NY, Mellen, 1996.

HIEBERT, Paul G., « Critical Contextualization », *Missiology* 12, 1984, p. 287-296. Réimpr. *International Bulletin of Missionary Research* 11, 3, 1987, p. 104-112.

HIEBERT, Paul G., SHAW, R. Daniel & TIÉNOU, Tite, *Understanding Folk Religion. A Christian Response to Popular Beliefs and Practices*, Grand Rapids, Baker, 1999.

HOLLENWEGER, Walter J., « The Pentecostal Movement and the World Council of Churches », *The Ecumenical Review* 18, 3, 1966.

HOLLENWEGER, Walter J., *The Pentecostals*, Londres, SCM, 1972.

HOLLENWEGER, Walter J., « Letter to David Tatchell », Genève, Archives du COE, 9 December 1981.

HOLLENWEGER, Walter J., « A Plea for a Theologically Responsible Syncretism », *Missionalia* 25, 1, 1997, p. 5-18, et dans *Pentecostalism. Origins and Developments Worldwide*, Peabody, Hendrickson, 1998.

HOLLENWEGER, Walter J., *Pentecostalism. Origins and Developments Worldwide*, Peabody, Hendrickson, 1998.

HOLLENWEGER, Walter J., « After Twenty Years' Research on Pentecostalism », *International Review of Mission* 75, 297, 1986, p. 3-12.

HOLLENWEGER, Walter J. & ANDERSON, Allan H., sous dir., *Pentecostals after a Century. Global Perspectives on a Movement in Transition*, Seffield, Sheffield Academic Press, 1999.

IDOWU, Bolaji, *African Traditional Religion. A Definition*, Londres, SCM, 1973.

ISICHEI, Elizabeth, *A History of Christianity in Africa. From Antiquity to the Present*, Londres, SPCK, 1995.

Institute for Contextual Theology, *Speaking for Ourselves*, Johannesburg, Skotaville, 1985.

JENKINS, Philip, *God's Continent: Christianity, Islam, and Europe's Religious Crisis*, Oxford, Oxford University Press, 2007.

JOHNSON, Todd M., et al., « Christianity 2018 », *International Bulletin of Mission Research* 42, 1, 2018, p. 20-28.

KALU, Ogbu U., « The Third Response. Pentecostalism and the Reconstruction of Christian Experience in Africa, 1970-1995 », *Journal of African Christian Thought* 1, 2, 1998.

Kalu, Ogbu U., *Clio in a Sacred Garb. Essays on Christian Presence and African Responses 1900-2000*, Trenton, NJ/Asmara, Eritrea, Africa World Press, 2008.

Kivuli, John M. II, « The Modernization of an African Independent Church », in *Freedom and Interdependence*, sous dir. Stan Nussbaum, Nairobi, OAIC, 1984.

Kreider, Alan, *Worship and Evangelism in Pre-Christendom*, Joint Liturgical Studies 32, Cambridge, Grove Books Limited, 1995.

Kreider, Alan, sous dir., *The Origins of Christendom in the West*, Actes d'une conférence à Paris du History Group of the Missiology of Western Culture Project, Édimbourg/New York, T. & T. Clark, 2001.

Kreider, Alan, « Beyond Bosch. The Early Church and the Christendom Shift », *International Bulletin of Missionary Research* 29, 2, 2005, p. 59-68.

Larbi, Emmanuel Kingsley, *Pentecostalism. The Eddies of Ghanaian Christianity*, Accra, CPCS, 2001.

Lausanne Movement, *Christian Witness to People of African Traditional Religions*, Thailand Report, LOP No. 18, Wheaton, IL, LCWE, 1980.

L'Huillier, Peter, *The Church of the Ancient Councils*, New York, St Vladimir's Seminary Press, 1996.

Makhubu, Paulus, *Who Are the Independent Churches ?* Johannesburg, Skotaville, 1988.

Mandryk, Jason, *Operation World*, Colorado Springs/Secunderabad, Biblica, 2010.

Marshall, Ruth, *Political Spiritualities. The Pentecostal Revolution in Nigeria*, Chicago, University of Chicago Press, 2009.

Martin, Marie-Louise, *The Biblical Concept of Messianism and Messianism in Southern Africa*, Morija, Morija Sesotho Book Depot, 1964.

Martin, Marie-Louise, *Kimbangu. An African Prophet and His Church*, Oxford, Blackwell, 1975.

Mbiti, John S., *Concept of God in Africa*, Londres, SPCK, 1970.

Mbiti, John S., « The Growing Respectability of African Traditional Religion », *The Lutheran World* vol. XIX, n°1, 1972.

Mbiti, John S., « The Future of Christianity in Africa (1970-2000) », *Communio Viatorum. Theological Quarterly* vol. 13, 1-2, 1970, p. 19-38. Réimpr. dans *CrossCurrents* vol. 28, n° 4, 1978-1979, en ligne : http://www.jstor.org/stable/24457944.

Mbiti, John S., « The Bible in African Culture », in *Paths of African Theology*, sous dir. Rosino Gibellini, Maryknoll, Orbis, 1994.

Meyer, Birgit, « Christianity in Africa. From African Independent to Pentecostal-Charismatic Churches », *Annual Review of Anthropology* 33, 2004, p. 447-474.

Miller, Donald E., Sargeant, Kimon H., Flory, Richard, *Spirit and Power. The Growth and Global Impact of Pentecostalism*, New York, Oxford University Press, 2013.

MOLYNEUX, K. Gordon, « The Place and Function of Hymns in the EJCSK (Église de Jésus-Christ sur terre par le Prophète Simon Kimbangu) », *Journal of Religion in Africa* 20, 2, 1990, p. 153-187.

MOREAU, A. Scott, « Syncretism », *Evangelical Dictionary of World Missions*, sous dir. A. Scott MOREAU, Grand Rapids, Baker, 2000, p. 924-925.

M'PASSOU, Denis Basil, *History of African Independent Churches in Southern Africa, 1892-1992*, Mulanje, Malawi, Spot, 1994.

MWAURA, Philomena Njeri, « Healing as a Pastoral Concern », in *Pastoral Care in African Christianity. Challenging Essays in Pastoral Theology*, sous dir. D. W. KINETY, Nairobi, Acton Publishers, 1994.

NGUAPITSHI, Kayongo Léon, « Kimbanguism. Its Present Doctrine and the Problems Raised by It », *Exchange* n° 34, vol. 3, 2005, p. 227-247.

NUSSBAUM, Stan, sous dir., *Freedom and Interdependence*, Nairobi, OAIC, 1984.

NUSSBAUM, Stan, « African Initiated Churches and a Call for a New Three-Self Formula for Mission », in *Freedom and Interdependence*, sous dir. Stan NUSSBAUM, Nairobi, OAIC, 1984.

NUSSBAUM, Stan, « African Initiated Churches », *Dictionary of Mission Theology. Evangelical Foundations*, sous dir. John CORRIE, Samuel ESCOBAR, Wilbert SHENK, Downers Grove, IVP, 2007, p. 5-7.

NUSSBAUM, Stan W., « African Independent Churches and a Call for a New Three-Self Formula for Mission », in *Freedom and Interdependence. Papers Presented at the Conference on Ministry in Partnership with African Independent Churches, April 1993, Johannesburg, South Africa*, sous dir. Stan W. Nussbaum, Nairobi, Organization of African Instituted Churches, 1994.

NYIRONGO, Leonard, *The Gods of Africa or The God of the Bible ?* Potchefstroom, Potchefstroom University, 1997.

ODURO, Thomas A., *Christ Holy Church International (1947-2002). The Challenges of Christian Proclamation in a Nigerian Cultural Context*, Ph.D. Thesis, Lutheran Seminary, Minneapolis, 2004.

ODURO, Thomas A., « "Arise, Walk through the Length and Breadth of the Land". Missionary Concepts and Strategies of African Independent Churches », *International Bulletin of Missionary Research* 38, 2, 2014, p. 86-89.

ODUYOYE, Mercy Amba, *Hearing and Knowing. Theological Reflections on Christianity in Africa*, Maryknoll, Orbis, 1986.

OKOLO, C. B., « Diminished Man and Theology. A Third World Culture and Religion », *African Ecclesial Review* vol. 18, n° 2, 1976.

OMOYAJOWO, Joseph Akin, *Cherubim and Seraphim. The History of the African Independent Church*, New York, NOK Publishers, 1982.

OMOYAJOWO, Joseph Akin, « Gospel and Culture from the Perspective of African Churches Founded by Foreign Missions », World Council of Churches

Consultation with African Instituted Churches, Ogere, Nigeria, 9-14 January 1996, en ligne : http://www.pctii.org/wcc/akin96.html.

ONWU, Nlenanya, « Debate on African Theology Revisited », *Revue africaine de théologie* 10, 19, 1986.

ONYANGO, Maurice, « Dialogue. The Holy Spirit on the Move », *Baragumu. The African Independent Churches Voice* n° 1, July 1996.

OOSTHUIZEN, Gerhardus C., *Post-Christianity in Africa. A Theological and Anthropological Study*, London, C. Hurst, 1968.

OOSTHUIZEN, Gerhardus C., *The Healer-Prophet in Afro-Christian Churches*, Leiden, Brill, 1992.

OOSTHUIZEN, Gerhardus C., *The Theology of a South African Messiah*, Leiden, Brill, 1976.

OOSTHUIZEN, Gerhardus C. & HEXHAM, Irving, sous dir., *Afro-Christian Religion at the Grassroots in Southern Africa*, Lewiston, NY, Mellen, 1991.

Organization of African Initiated Churches, « An OAIC Manifesto », *Baragamu*, July 1996.

Organization of African Initiated Churches, « AIC Contributions to the World Church », *Baragamu*, July 1996.

OSITELU, Joseph O., *The Holy Revelation from the Mountain Tabierar for the Year 1951*, Ijebu-Remo, 1951.

OSITELU, Rufus Okikiola O., *African Instituted Churches. Diversities, Growth, Gifts, Spirituality and Ecumenical Understanding of African Initiated Churches*, Hamburg, LIT, 2002.

OSITELU, Rufus Okikiola O., « The Church of the Lord (Aladura) Worldwide Organisation », en ligne : http://www.aladura.net/primates1.htm.

OUEDRAOGO, Adama, « Prophètes et apôtres », in *Commentaire biblique contemporain*, sous dir. Tokunboh ADEYEMO, Marne-la-Vallée, Farel, 2008, p. 1520.

PARRY, John H., *The Establishment of the European Hegemony 1415-1715. Trade and Exploration in the Age of Renaissance*, New York, Harper & Row, 1961.

PEEL, John Y., *Aladura. A Religious Movement among the Yoruba*, Londres, Oxford University Press, 1968.

POBEE, John S., « African Spirituality », *Dictionary of Spirituality*, sous dir. Gordon S. WAKEFIELD, Londres, SCM, 1983, p. 6.

POBEE, John S., sous dir., *Exploring Afro-Christology*, SIHC 79, Frankfort, Peter Lang, 1992.

POBEE, John S., *West Africa. Christ Would Be an African Too*, Gospel and Cultures pamphlet no. 9, Genève, COE, 1996.

POBEE, John S., « Let Ethiopia Hasten to Stretch Out Its Hands to God », *The Ecumenical Review* 49, 4, 1997, p. 416-426.

POBEE, John S. & OSITELU, Gabriel, *African Initiatives in Christianity. The Growth, Gifts and Diversities of Indigenous African Churches – A Challenge to the Ecumenical Movement*, Genève, COE, 1998.

POBEE, John S., « African Instituted Churches », *Dictionary of the Ecumenical Movement*, sous dir. N. LOSSKY, éd. rév., Genève/Grand Rapids, Conseil œcuménique des Églises/Eerdmans, 2002, p. 12-14.

POBEE, John S., *Giving Account of Faith and Hope in Africa*, Eugene, OR, Wipf and Stock, 2017.

RACE, Alan, *Christians and Religious Pluralism. Patterns in the Christian Theology of Religions*, Londres, SCM, 1983.

RAY, Benjamin, *African Religions, Symbol, Ritual, and Community*, New Jersey, Prentice Hall, 1976.

ROBBINS, Dale A., « Understanding Spiritual Gifts », 1995, http://www.victorious.org/pub/spiritual-gifts-164.

RUSSELL, James C., *The Germanization of Early Medieval Christianity. A Sociohistorical Approach to Religious Transformation*, New York, Oxford University Press, 1994.

SANNEH, Lamin, « The Rise of African Independent Churches », in *West African Christianity. The Religious Impact*, Maryknoll, Orbis, 1983, p. 168-209.

SANNEH, Lamin, « The Horizontal and the Vertical Mission. An African Perspective », *International Bulletin of Missionary Research* 7, 4, 1983, p. 165-171.

SANNEH, Lamin, *Translating the Message. The Missionary Impact on Culture*, Maryknoll, Orbis, 1989.

SANNEH, Lamin, *Abolitionists Abroad*, Cambridge, MA, Harvard University Press, 2000.

SANNEH, Lamin, « A Resurgent Church in a Troubled Continent. Review Essay of Bengt Sundkler's *History of the Church in Africa* », *International Bulletin of Missionary Research* 25, 3, 2001, p. 113-115.

SCHEFFERS, Mark, « Schism in the Bassa Independent Churches in Liberia », in *Ministry of Missions to African Independent Churches*, sous dir. David A. SHANK, Elkhart, Mennonite Board of Missions, 1987, p. 62-95.

SCHREITER, Robert J., *Constructing Local Theologies*, Maryknoll, Orbis, 1985.

SCHREITER, Robert J., « Defining Syncretism. An Interim Report », *International Bulletin of Missionary Research* 17, 2, 1993, p. 50-54.

SCHREITER, Robert J., *The New Catholicity. Theology between the Global and the Local*, Maryknoll, Orbis, 1997.

SHANK, David A., « A Prophet for Modern Times. The Thought of William Wadé Harris, West African Precursor of the Reign of Christ », thèse de doctorat, Aberdeen, 1980.

SHANK, David A., sous dir., *Ministry of Missions to African Independent Churches*, Elkhart, Mennonite Board of Missions, 1987.

SHANK, David A., *Prophet Harris. The Black Elijah of West Africa*, Leiden, Brill, 1994.

SHANK, David A., *What Western Christians Can Learn from African-Initiated Churches*, Elkhart, Mennonite Board of Missions, 2000.

SHAW, R. Daniel, « Contextualizing the Power and the Glory », *International Journal of Frontier Missions* 12, n° 3, juillet-septembre 1999, p. 155-160.

SHAW, R. Daniel, « Beyond Contextualization. Toward a Twenty-first-Century Model for Enabling Mission », *International Bulletin of Mission Research* 34, 4, 2010, p. 208-215.

SHAW, R. Daniel & BURROWS, William R., sous dir., *Traditional Rituals as Christian Worship. Dangerous Syncretism or Necessary Hybridity*, Maryknoll, Orbis, 2017.

SHAW, R. Daniel, « Beyond Syncretism. A Dynamic Approach to Hybridity », *International Bulletin of Mission Research* 42, 1, 2018, p. 6-19.

SHAW, Mark, « Politics of Revival. Aladura Movement and Ghanaian Neo-Pentecostalism as Evangelical Revitalization Movements », in *African Missiology. Contributions of Contemporary Thought*, sous dir. Stephen Mutuku SESI et al., Nairobi, Uzima, 2009.

SHENK, Wilbert R., « The Contribution of the Study of the New Religious Movements to Missiology », in *Exploring New Religious Movements*, sous dir. Andrew F. WALLS & Wilbert SHENK, Indiana, Mission Focus, 1990.

SHENK, Wilbert R., « Recasting Theology of Mission. Impulses from the Non-Western World », *International Bulletin of Missionary Research* 25, 3, 2001, p. 98-107.

SHENK, Wilbert R., « Revival/renewal », *Dictionary of Mission Theology. Evangelical Foundations*, sous dir. John Corrie et al., Downers Grove, InterVarsity, 2007, p. 344-348.

SHEPPERSON, G., « Ethiopianism. Past and Present », in *Christianity in Tropical Africa*, sous dir. Christian G. BAËTA, Londres, Oxford University Press, 1968.

SHORTER, Aylward, *African Christian Spirituality*, Londres, Chapman, 1975.

SIMBANDUMWE, Samuel S., « Understanding the Role of a Modern Prophet in Kimbanguist Hymns », *History of religion* vol. 32, n° 2, 1992.

STINTON, Diane B., *Jesus of Africa. Voices of Contemporary African Christology*, Nairobi, Pauline Publications Africa, 2004.

SUNDKLER, Bengt G. M., *Bantu Prophets in South Africa*, 2ᵉ éd. rév., Londres, Oxford University Press, 1961 (1ʳᵉ éd. 1948).

SUNDKLER, Bengt G. M., *Zulu Zion and Some Swazi Zionists*, Uppsala, Glerup, 1976.

SWEENEY, Douglas A., *The American Evangelical Story. A History of the Movement*, Leicester, Baker Academic, 2005.

TARYOR, Nya Kwiawon, Sr., *Impact of the African Tradition on African Christianity*, Chicago, The Struggler's Community Press, 1984.

TAYLOR, John V., *The Primal Vision. Christian Presence amid African Religion*, Londres, SCM, 1963.
TAYLOR, John V., *The Go-Between God. The Holy Spirit and the Christian Mission*, Londres, SCM, 1972.
TENNENT, Timothy C., *Invitation in World Missions. A Trinitarian Missiology for the Twenty-first Century*, Grand Rapids, Kregel, 2010.
TER HAAR, Gerrie, *Halfway to Paradise. African Christians in Europe*, Cardiff, Cardiff Academic Press, 1998.
TIÉNOU, Tite, « Christianity and African Culture. A Review », *Evangelical Review of Theology* 3, 2, 1979.
TIÉNOU, Tite, « The Church in African Theology. Description and Analysis of Hermeneutical Presuppositions », in *Biblical Interpretation and the Church. The Problem of Contextualization*, sous dir. Donald A. CARSON, Nashville, Nelson, 1984, p. 151-165.
TIÉNOU, Tite, *The Problem of Methodology in African Christian Theologies*, thèse de doctorat présentée à Fuller Theological Seminary, School of World Missions, Pasadena, 1984, Ann Arbor, UMI, 1986.
TIPPETT, Alan R., *Slippery Paths in the Darkness. Papers on Syncretism, 1965-1988*, Pasadena, CA, William Carey Library, 2014.
TUCKER, Ruth, *From Jerusalem to Irian Jaya*, Grand Rapids, Zondervan, 1993.
TURNER, Harold W., *History of an African Independent Church. The Church of the Lord (Aladura)*, 2 vol., Oxford, Clarendon, 1967.
TURNER, Harold W., « A Typology of African Religious Movements », *Journal of Religion in Africa* 1, 1, 1967.
TURNER, Harold W., « The Contribution of Studies on Religion in Africa to Western Religious Studies », in *New Testament Christianity*, sous dir. M. GLASSWELL & E. FASHOLE-LUKE, Londres, SPCK, 1974, p. 169-178.
TURNER, Harold W., *Bibliography of New Religious Movements in Primal Societies. Vol. 1. Black Africa*, Boston, Hall, 1977.
TURNER, Harold W., « The Primal Religions of the World and Their Study », in *Australian Essays in World Religions*, sous dir. Victor HAYES, Bedford Park, Australian Association for World Religions, 1977, p. 27-37.
TURNER, Harold W., *Religious Innovation in Africa*, Boston, Hall, 1979.
UKA, E. M., *Missionary Go Home: A Sociological Interpretation of an African Response to Christian Mission. A Study in Sociology of Knowledge*, Frankfort, Peter Lang, 1989.
UKAH, Asonzeh Franklin-Kennedy, *A New Paradigm of Pentecostal Power. A Study of the Redeemed Christian Church of God in Nigeria*, Trenton, NJ, Africa World Press, 2008.

UKAH, Asonzeh Franklin-Kennedy, *The Redeemed Christian Church of God (RCCG), Nigeria. Local Identities and Global Processes in African Pentecostalism*, thèse de doctorat, Université de Bayreuth, 2003.

VAN DER WALT, Bennie J., *Afrocentric or Eurocentric ?* Potchefstroom, Potchefstroom University, 1997.

VAN RHEENEN, Gailyn, sous dir., *Contextualization and Syncretism. Navigating Cultural Currents*, Pasadena, William Carey Library, 2006.

WAGNER, C. Peter, *The Third Wave of the Holy Spirit. Encountering the Power of Signs and Wonders Today*, Ann Arbor, Vine Books, 1988.

WAGNER, C. Peter & THOMPSON, J., sous dir., *Out of Africa. How the Spiritual Explosion among Nigerians Is Impacting the World*, Ventura, CA, Regal Books, 2003.

WALLS, Andrew F., « Towards Understanding Africa's Place in Christian History », in *Religion in a Pluralistic Society*, Essays presented to Professor C. G. BAËTA, sous dir. John S. POBEE, Leiden, Brill, 1976.

WALLS, Andrew F. & SHENK, Wilbert, sous dir., *Exploring New Religious Movements*, Indiana, Mission Focus, 1990.

WALLS, Andrew F., *The Missionary Movement in Christian History. Studies in the Transmission of Faith*, Maryknoll, Orbis, 1996/2007.

WEBSTER, James B., *African Churches among the Yoruba, 1888-1922*, Oxford, Clarendon, 1964.

WELBOURN, F. & OGOT, B. M., *A Place to Feel at Home*, Londres, Oxford University Press, 1962.

WEST, Martin, *Bishops and Prophets in a Black City. African Independent Churches in Soweto*, Johannesburg, David Philip, 1975.

WIHER, Hannes, *Shame and Guilt. A Key to Cross-Cultural Ministry*, Bonn, Culture and Science Publications, 2003.

World Council of Churches, « Consultation with African Instituted Churches », Ogere, Nigeria, 9-14 January 1996.

WRIGHT, Christopher J. H., « The World in the Bible », *Evangelical Review of Theology* 34, 3, 2010, p. p. 207-219.

YONG, Amos, « Syncretism », in *Dictionary of Mission Theology. Evangelical Foundations*, sous dir. John Corrie et al., Downers Grove, InterVarsity, 2007, p. 373-375.

YONG, Amos, *In the Days of Caesar. Pentecostalism and Political Theology*, Grand Rapids, Eerdmans, 2010.

YOUNG, Peter, « Prosperity Teaching in an African Context », *Africa Journal of Evangelical Theology* 15, 1, 1996.

## Ouvrages et articles en allemand

BEYERHAUS, Peter, « Begegnungen mit messianischen Bewegungen », *Zeitschrift für Theologie und Kirche* 64, 1967.
Peter BEYERHAUS, « Theologisches Verstehen nichtchristlicher Religionen », *Kerygma und Dogma* 35, n° 2, 1989, p. 106-127.

## Sites

Christianisme céleste : www.celestialchurch.com.
Église chrétienne des rachetés de Dieu : www.rccg.org.
Église de Dieu Aladura : www.aladura.net.
Église FEPACO Nzambe Malamu : http://fepaconzambemalamu.org ; http://eglise-fepaco-nzambe-malamu.e-monsite.com.
Église harriste : www.egliseharriste-ongapa.ci.
Église kimbanguiste : www.kimbanguisme.com.
Église universelle du Royaume de Dieu : www.universal.org ; https://centredaccueil.fr.
Organisation des Églises d'initiative africaine : www.oaic.org.

## Églises d'initiative asiatique

DALE, Kenneth J., « Asian New Religious Movements », *Evangelical Dictionary of World Missions*, sous dir. A. Scott MOREAU, Grand Rapids, Baker, 2000, p. 86-88.
HEDLUND, Roger E., « Indian Instituted Churches. Indigenous Christianity Indian Style », *Mission Studies* 16, 1, 31, 1999.
HEDLUND, Roger E., sous dir., *Christianity Is Indian. The Emergence of an Indigenous Community*, Delhi, ISPCK, 2001.
MULLINS, Mark R., *Christianity Made in Japan. A Study of Indigenous Movements*, Honolulu, University of Hawaii Press, 1998.
« El Shaddai » (Philippines) : www.chanrobles.com/elshaddai.htm.

## Églises d'initiative latino-américaine

MÍGUEZ, Daniel, *To Help You Find God*, Amsterdam, Free University of Amsterdam, 1997.
MÍGUEZ, Daniel, *Spiritual Bonfire in Argentina*, Amsterdam, Center for Latin-American Studies, 1998.

Shaw, Mark, « Latin American New Religious Movements », *Evangelical Dictionary of World Missions*, sous dir. A. Scott Moreau, Grand Rapids, Baker, 2000, p. 560-561.

« Igreja Universal do Reino de Deus (IURD) » (Brésil) : www.igrejauniver sal. org.br.

« Sal da Terra » (Brésil) : www.saldaterra.org.br.

# Liste des auteurs

**DJIMALNGAR Madjibaye** est docteur en théologie (Ph.D.), professeur de missiologie à la Faculté de théologie évangélique de Bangui (FATEB) extension de Yaoundé (Cameroun), et à la Faculté de théologie évangélique Shalom (FATES), N'Djamena (Tchad). Il est Pasteur à l'Assemblée chrétienne rue de Boko, N'Djamena, et Formateur associé à Campus pour Christ Tchad. Il a une expérience de plus de 15 ans dans le ministère d'implantation d'Églises et membre du Comité national des Assemblées chrétiennes au Tchad.

**KALUME Mayani Christine** a été pasteure dans la Communauté des Églises des Frères mennonites au Congo (CEFMC) à Kinshasa, professeure assistante au Centre universitaire de missiologie (CUM) à Kinshasa et doctorante en missiologie à la Faculté de théologie évangélique de Bangui (FATEB), extension de Yaoundé (Cameroun). Kalume Mayani a été promue en gloire le 4 juillet 2019 de suite d'une courte maladie à Lubumbashi.

**LOMPO Michel** est pasteur stagiaire à l'Église évangélique SIM du secteur numéro 8 de Fada N'Gourma (Burkina Faso). Il est également enseignant et Directeur académique au Centre de formation biblique et agropastorale (CFBA) de Niendouga (Burkina Faso).

**MOLOBY Rémy Williams Eméry** est de nationalité congolaise (Congo Brazzaville), chargé de cours de missiologie à la Faculté de théologie évangélique de Bangui (FATEB) à Bangui (RCA) et Yaoundé (Cameroun), et doctorant en missiologie à la même institution.

**MULUME Yves** est docteur en théologie (Ph.D.), pasteur responsable du Centre missionnaire Paraclet de la Communauté des Églises libres de Pentecôte en Afrique (CELPA 5) à Kintambo (Kinshasa) de l'Église du Christ au Congo (ECC), professeur au Centre universitaire de missiologie (CUM) et à l'Institut supérieur technique Werner Haugen, anciennement Institut supérieur de théologie évangélique de la mission (ISTEMI), à Kinshasa (Congo RDC).

**NGUNGU Nzundu Édouard** est aumônier auprès de l'Université de Kinshasa. Il a obtenu un diplôme de master de recherche en missiologie à la Faculté de théologie évangélique de Bangui (FATEB), extension de Yaoundé (Cameroun), et y est maintenant doctorant en missiologie.

**NYONGONA Dedokomo Frank Timothée** est de nationalité congolaise (RDC). Il est pasteur de la Fédération des Églises évangéliques des Frères (FEEF) à Bangui en Centrafrique, dans laquelle il a travaillé pendant treize ans. Entre 2003 et 2013 il a été engagé dans la formation spirituelle et l'auto-prise en charge des migrants démunis à Bangui avec l'Organisation missionnaire pour l'accompagnement et la transformation des personnes démunies (OMATD). Il est également diplômé en menuiserie-ébénisterie et en pédagogie générale, mais aussi très engagé dans la lutherie. En 2013 il a obtenu un master de recherche en missiologie auprès de la Faculté de théologie évangélique de Bangui (FATEB). Dans la même année il fut envoyé avec son épouse Annie, comme formateur des faiseurs de tentes en République de Guinée (Afrique occidentale). Après trois ans de service missionnaire il est devenu doctorant en missiologie à la Faculté de théologie évangélique de Bangui (FATEB), extension Yaoundé (Cameroun).

**SANDOUA Yolande A.** est Assistante du Doyen de la Faculté de Théologie Évangélique de Bangui (FATEB), Bangui (RCA). Elle est aussi doctorante en missiologie à la FATEB, extension Yaoundé (Cameroun). Elle est détentrice d'une Licence en Lettre Anglaise, et a un niveau de Maîtrise en Lettre Anglaise. Elle détient aussi une Maîtrise en Théologie et Mission et un Master en Théologie en Christianisme africain de Akrofi-Christaller Institute of Theology, Mission and Culture (ACI) au Ghana. Elle est chercheure et co-auteur pour Africa Leadership Study. Elle a aussi participé à la rédaction de commentaires et applications, et autres articles pour Africa Study Bible.

**YAKASONGO Trudon** est président de la communauté « Église missionnaire et évangélique la Résurrection » (E.M.E.R.), membre de l'Église du Christ au Congo (ECC/83ᵉ), qu'il a fondé lui-même. Il est licencié en mathématique, en sciences commerciales et financières, et également en théologie auprès du Centre universitaire de missiologie (CUM), où il a été retenu comme professeur assistant. Ensuite il a obtenu un master de recherche à la Faculté de théologie évangélique de Bangui (FATEB), extension de Yaoundé (Cameroun), où il est actuellement doctorant en missiologie.

**TOLNO Fara Daniel**, doctorant en missiologie à la Faculté Jean Calvin d'Aix-en-Provence (France), est pasteur de l'Église protestante évangélique de Guinée (EPEG) et chercheur en implantation d'Églises parmi les musulmans. Depuis 2007 il est professeur d'apologétique et de missiologie à l'Institut de théologie évangélique de Conakry (ITEC), au Centre évangélique de formation missiologique (CEFOM), et à l'Institut biblique de Télékoro (IBT) en République de Guinée, et coordinateur du département Mission-Recherche de l'Alliance des Églises et

Missions évangéliques de Guinée (AEMEG). Titulaire d'un DESS en gestion des ressources humaines il est également professeur associé de ce sujet à l'Institut supérieur de formation à distance (ISFAD), à l'Université Nongo Conakry, à l'Université Monibo Djara et à l'Université Titi Camara de Conakry (République de Guinée).

**WIHER Hannes** a passé plus de vingt ans en République de Guinée en Afrique occidentale. Il y était professeur à l'Institut de théologie évangélique de Conakry (ITEC), et co-fondateur, vice-président et coordinateur de la commission théologique de l'Association des Églises et Missions évangéliques de Guinée (AEMEG). Dans cette fonction il évalua les dossiers des Églises et missions ayant posé leur candidature à l'AEMEG. Actuellement il est professeur associé de missiologie à la Faculté libre de théologie évangélique de Vaux-sur-Seine et à la Faculté Jean Calvin d'Aix-en-Provence (France), professeur visiteur à la Faculté de théologie évangélique de Bangui (FATEB), extension de Yaoundé (Cameroun), au Centre universitaire de missiologie (CUM) à Kinshasa (Congo RDC) et à l'Université Shalom de Bunia (Congo RDC). Il est le président du Réseau de missiologie évangélique pour l'Europe francophone (REMEEF, www.missiologie.net).

# Index des noms de personnes

**A**
Adeboye, E. A. 101, 102, 161
Adeyemo, Tokunboh 9, 168, 172, 173, 224
Ahui, W. H Paul William 165
Anderson, Allan H. 3, 113, 124, 127, 136, 243, 268, 269
Andersson, Efraim 2
Andria, Solomon 69, 168, 204
Antoine, Alexandre 180, 182, 268
Anumah, Isaiah 76, 78
Appiah-Kubi, Kofi 229
Asamoah-Gyadu, J. Kwabena 124, 260, 268, 293
Asch, Susan 46, 48–50, 54, 58, 194–198
Atansuyi, H. Olu 113, 116, 118, 132, 247, 250
Atido, Georges Pirwoth xv, 264, 270
Ayegboyin, Deji 3

**B**
Balz, Heinrich 45, 53
Barrett, David 2, 26, 109, 113, 116, 134, 241, 244, 261, 268, 269, 270, 273, 275
Batende, Gaston Mwene 49–52
Baur, John 192
Bediako, Kwame 1, 10, 26, 85, 109–112, 126, 155, 170, 226, 235, 257, 263, 265
Beeckmans, René 51
Bevans, Stephen B. 227
Binda, Ngoma 50
Blandenier, Jacques 15, 45
Boliya, Ngoy 33
Bonhomme, Julien 36

Bourdanné, Daniel 257, 258
Braeckman, Émile 193
Bureau, René 65, 66
Burrows, William R. 244
Busia, Kofi A. 22

**C**
Chenu, Bruno 58
Chomé, Jules 47
Comaroff, Jean 115, 116, 124
Coulibaly, Issiaka 87

**D**
Daneel, Marthinus L. 2, 121, 124, 239, 265, 269
Diangenda, Kuntima Joseph 195, 196
Diop, Alioune 161, 240
Djédjé, Franck Ismaël 163
Dorier-Apprill, Élisabeth 177

**E**
Edwards, Jonathan 270
Éla, Jean-Marc 170
Etambala, Matthieu Zana 49

**F**
Falk, Peter 124, 223
Fancello, Sandra 230
Flemming, Dean 226, 249, 252

**G**
Gayombo, Kilola 45
Gilliland, Dean 227
González, Justo L. 250

**H**
Hastings, Adrian 204
Hick, John 162
Hiebert, Paul 225, 234, 244, 251, 253
Hollenweger, Walter J. 131, 243–245, 262, 267, 268

**I**
Idowu, Bolaji 255, 256
Ishola, S. Ademola 3
Isichei, Elizabeth 14, 150

**J**
Julian, Ruth 215

**K**
Kä Mana 19, 186, 224, 228, 230, 231
Kapteina, Detlef 224
Käser, Lothar 146
Kato, Byang 168, 171, 172, 254
Kinkupu, Léonard Santedi 262
Krabill, James 209–212
Kreider, Alan 237

**L**
Labana, Jean 50
Larbi, Emmanuel 126

**M**
Makhubu, Paul 3
Martin, Marie-Louise 2, 46, 48, 49, 51, 52, 54, 148, 149, 191, 192, 197, 198, 246, 263
Mary, André 87, 89, 95, 167, 178, 183, 186
Matumona, W. Kitoko 232
Mbiti, John S. 110–112, 151, 154, 155, 157, 169–173, 226, 259
Missié, Jean-Pierre 182
Moreau, Scott 227, 244, 245
Mukena Katayi, Albert Vianney 170

Mveng, Engelbert 229, 239
Mwaura, Philomena Njeri 144

**N**
N'Guessan, Noël 97
Ngalula, Josée 53, 54, 57, 199
Ngarsouledé, Abel 257
Ngoma, Mabiala 50
Nguapitshi, Léon Kayongo 56
Nussbaum, Stan W. 115, 248, 264
Nyirongo, Leonard 259
Nzenza Mpangu, François Michée 47

**O**
Oduyoye, Mercy Amba 237
Omoyajowo, Joseph Akin 21, 118
Onwu, Nlenanya 239
Oosthuizen, Gerhardus C. 145
Ositelu, Gabriel 3, 14, 114, 115, 124, 250, 261, 279, 283
Ositelu, Rufus Okikiola O. 279, 283

**P**
Padwick, John 2, 135
Pobee, John 3, 14, 114, 115, 124, 247, 250, 261, 265, 266, 269, 270, 279, 283
Pohor, Rubin 204–208

**R**
Race, Alan 162
Ray, Benjamin 79, 82
Russell, James C. 16, 238, 242

**S**
Sanneh, Lamin 3, 16, 63, 109–112, 114, 115, 150, 235, 242, 256, 257, 263, 265
Schreiter, Robert J. 5, 245, 246
Shank, David 209
Shaw, R. Daniel 244

Shepperson, G. 24
Shorter, Aylward 254–256
Simbandumwe, Samuel S. 54, 55
Stinton, Diane B. 144, 156
Sundkler, Bengt G. M. 2, 5, 30, 32, 36, 39, 121–125, 216, 239, 246, 263
Surgy, Albert de 97, 167

**T**
Tall, Emmanuel Kadja 94
Taylor, John V. 1, 126, 270
Tennent, Timothy C. 110, 112, 162
Tiénou, Tite 9, 168, 172, 222, 224, 226
Tippett, Alan 245
Trichet, Pierre 67
Turner, Harold 2, 109, 119, 123, 124, 126, 239

**V**
van der Walt, Bennie J. 259
Van Wing, Joseph 47
Velut, Jean-Luc 47

**W**
Wagner, C. Peter 31, 128, 179, 268
Walls, Andrew 124, 129, 146, 147, 156
Wariboko, Nimi 101
West, Martin 123
Wiher, Hannes 64, 106, 168, 215, 224, 227, 233
Willaime, Jean-Paul 229
Wright, Christopher J. H. 293
Yong, Amos 245, 260

# Index des noms de lieux

**A**
Abyssinie 39
Aden 11
Adowa 22
Adulis 11
Afrique du Nord 9–12, 14–17, 135, 160, 237, 249, 266
Afrique du Sud 2, 4, 6, 24, 25, 28, 30–32, 35–37, 39, 40, 43, 102, 119–121, 124, 129, 135, 137, 138, 179, 266, 273, 279
Alexandrie 11, 12, 160
Allemagne 27, 50, 102
Angleterre 27, 102
Angola 18, 50, 51, 148, 189, 190
Arabie 11
Australie 50, 85, 102
Avignon 17
Axoum 11

**B**
Bas-Congo 2, 4, 64, 190, 192, 200–202, 246
Bénin 4, 20, 25, 85, 88, 90, 225
Berlin 193, 194
Bologne 17
Boma 50
Brésil 50

**C**
Cameroun xv, 102, 138, 256, 299, 304
Canada 50, 51, 102
Canterbury 197
Cap des Palmes 62, 66
Cap-Vert 17, 18
Caraïbes (les) 50, 102
Carthage 12, 160
Cavalla River 65
Chicago 102, 223
Chine 50, 51
Congo-Brazzaville 50, 189
Corinthe 11
Côte d'Ivoire 4, 24, 30, 61, 64–67, 72, 75, 85, 102, 138, 166, 203–209, 299
Côte-de-l'Or 18–20
Cyrène 10

**D**
Dahomey 20, 88, 90
Dallas 102
Divo 211
Dubaï 102

**E**
Égypte 10–12, 15–17, 135, 152, 160
Elisabethville 49, 147, 195
Éphèse 11
États-Unis 29, 39, 40, 50, 51, 65, 85, 87, 102, 178, 179, 223, 251, 260
Éthiopie 11, 16, 22, 37, 125, 256, 277, 311
Europe 15–17, 19, 26, 51, 85, 87, 96, 102, 192, 201, 236, 238, 242, 251, 253, 269

**F**
France 65, 85, 102
Freetown 18–20, 109

**G**
Gambie 102

Garraway 61, 65, 67
Ghana 4, 18, 20, 21, 24, 31, 85, 102, 120, 122, 126, 129, 135, 138, 179, 206, 256, 261, 275, 287, 334
Grand-Bassam 208

**H**
Haïti 102
Houston 102

**I**
Îles Canaries 17
Inde 11, 17, 102

**J**
Jamaïque 102
Jérusalem 10, 40, 42, 103, 126, 156, 160

**K**
Katanga 49
Kenya 18, 24, 25, 29, 31, 102, 135, 137, 138, 179
Keswick 117
Kinshasa 194-196, 199
Kisangani 197
Komé 12
Kongo 50, 191

**L**
Lagos 19, 23, 28, 61, 78, 100-102, 138
Laodicée 14
Lausanne 111
Léopoldville 48
Libéria 4, 24, 61, 64-67, 72, 85, 204, 206
Londe 47
Londres 6, 96, 192, 261, 266
Los Angeles 29, 179, 267
Lubumbashi 49, 147, 195
Lybie 10, 13

**M**
Madagascar 18, 138, 254
Madère 17
Malawi 102
Mali 15
Maryland 65
Matadi 155, 190, 193
Mayombe 50
Méditerranée 11, 16, 157
Memphis 12
Méroé 11

**N**
N'Kamba 46-50, 56, 58, 147, 149, 156, 157, 194, 196, 197, 200, 220
Nairobi 29, 137-139
New York 96, 102
Ngombe Lutete 48
Niger 18, 19, 23, 149
Nigéria 2, 4, 18-24, 28, 30, 61, 75-77, 79, 80, 84, 85, 90, 99, 101, 102, 106, 109, 113, 117, 118, 129, 135, 138, 147, 179, 231, 266
nouvelle Jérusalem 41, 126, 149, 156, 196, 260
Nubie 11, 16

**O**
Ochogun 19
Ouganda 24, 50, 102
Oxford 17

**P**
Paris 17, 96, 266
Philadelphie 39
Philippines 102
Phrygie 13
Portugal 189-191, 201

**R**
République démocratique du Congo

32, 45, 46, 50, 51, 69, 75, 147, 189, 190, 300

## S
Salamanque  17
Sénégal  15, 18
Sierra Léone  18, 20, 28, 85, 206
Sonabata  50

## T
Tallahassee  102
Tanzanie  102, 138, 255
Tchad  15, 50
Thysville  47, 194
Topeka  29
Tyr  11

## V
Vienne  17

## W
Washington  102
Wathen  48
Willowbank  226

## Y
Yémen  11
Yocouboué  209, 210

## Z
Zaïre  48, 147
Zambie  50, 102
Zimbabwe  2, 25, 119, 120, 124, 129, 135, 137, 138

# Index des sujets

## A
accommodation 16, 215, 233, 236, 238, 251
afro-américain 39, 267
Aladura 2, 4, 25, 75-78, 80-86, 88, 89, 116, 118, 127, 129, 132-134, 138, 231, 247, 256, 257
alcool 65, 92, 126, 219
alliance 10, 14, 100, 101, 134, 238
AMEC 39, 137
American Colonization Society 65
ancêtre 30, 41, 57, 58, 71, 81, 145, 155, 170, 220, 229, 253
Ancien Testament 13, 69, 97, 106, 112, 125, 144, 145, 150, 151, 152, 153, 155, 225, 259
anglais xv, 2, 20, 22, 47, 61, 64, 66, 99, 101, 132, 137, 204, 207, 260, 269, 287
anglophilie 66
animisme 50, 161
apartheid 40
apostolique 61, 122, 124-126, 133, 164, 249, 250
apôtre 23, 62, 103, 121, 126, 133, 144, 148, 153, 154, 156, 165, 167, 171, 209, 218, 225, 249, 250, 252, 258
ashanti 20, 21
authenticité 32, 145, 228

## B
Bakongo 46, 55, 195, 201
bantou 38, 42, 145, 187
baptême 11, 14, 31, 41, 58, 68, 69, 71, 72, 83, 84, 93, 100, 102-105, 120, 191, 193, 201, 223, 250
baptême dans l'Esprit 41, 182, 183
baptême des enfants 125
Baptist Missionary Society 47, 48, 147, 155, 193
Berbères 10, 14, 15
Bible 15, 21, 33, 34, 40, 43, 64, 66, 68, 71, 72, 82, 84-86, 91, 103, 104, 109, 112, 114, 121, 125, 132, 133, 144, 145, 147, 150, 151, 154, 155, 164, 169, 170, 173, 174, 185, 194, 197, 205, 209, 212, 218, 221, 224, 227, 231-234, 247, 248, 250-252, 254, 257, 264-266, 269, 280, 283, 288-290, 292
binkundi 200

## C
catholicisme 97, 269
catholique 13, 29, 31, 33, 46-48, 58, 64, 67, 119, 128, 139, 161, 162, 189, 193, 194, 196, 201, 202, 204, 205, 238, 242, 250, 251, 267
CETA 138, 197, 199
chants 42, 69-72, 84, 92, 146, 167, 212, 229
charismatique 13, 29-32, 42, 67, 68, 75, 77, 82, 90, 97, 114, 116, 120, 122, 124-129, 135, 137, 165, 177, 179, 181, 184, 202, 268, 273
Chérubins et Séraphins (Église des) 24, 89, 99, 100, 118, 134, 135
chrétienté 1, 18, 47, 238, 239
Christianisme céleste 4, 25, 87-96, 167, 184, 186, 225, 230, 231
chute 103, 104, 171, 173
COE 3, 10, 23, 51, 52, 58, 113, 114,

117, 138, 190, 196-199, 202, 251
confession  42, 47, 52, 70, 95, 106, 180, 193, 197, 201, 205
    de foi  99, 102, 212, 287
Conseil œcuménique des Églises  3, 21, 52, 54, 117, 137, 138, 190, 196, 246
contextualisation  2, 5, 34, 57-59, 72, 84, 86, 88, 90, 96, 116, 193, 211, 215, 216, 219-221, 224, 225, 226, 232-235, 240, 247, 251-254, 262, 273, 291
    critique  42, 226, 227, 245, 251, 252, 257
    non critique  186, 257
croissance
    de l'Église  85, 99, 102
    des Églises d'initiative africaine  6, 27, 31, 32
culte des ancêtres  54, 55, 114, 126, 162, 166, 169, 170, 187, 219, 220, 253
cultes traditionnels  67

## D

danse  71, 84, 93, 131, 132, 145, 146, 150, 164, 167, 229, 230, 262, 266
déclaration de Lausanne  111
deuil  94
déviations doctrinales  4, 159, 161, 163, 174, 221
dida  209-212
donatisme  13, 14

## E

eau  28, 62, 77, 78, 103, 133, 134, 153, 157, 220
    bénite  58, 78, 81, 95, 97, 126, 134, 167
Eden du Renouveau  31
Église
    africaine  168
    africaine indépendante pentecôtiste  29
    anglicane  19, 28, 31, 39, 77, 78, 80
    catholique  13, 14, 45, 52, 137, 162, 196, 199, 205, 233, 248, 251
    chrétienne des rachetés de Dieu  4, 99, 100, 102, 104, 105
    de Dieu Aladura  4, 25, 75-78, 80-86, 116, 118, 132-134, 138, 247
    du Christ au Congo  52
    du Christianisme céleste  77, 88-90, 93
    éthiopienne  11, 37-39
    harriste  4, 61, 64, 66-68, 71, 75, 138, 203-206, 208-212, 225
    kimbanguiste  4, 25, 45, 46, 49-59, 75, 135, 138, 190, 198, 201, 202, 224, 228, 246, 263, 266, 273
    mennonite  208, 209
    méthodiste  61, 64, 67, 71, 88, 120, 204-208, 213
    orthodoxe africaine  29
    primitive  121, 151, 167, 211, 236, 237
    protestante  45, 196, 197, 205
    sioniste  41
Églises
    éthiopiennes  4, 28, 35, 36, 38-40, 42-44, 122, 123, 125, 126, 269
    issues de la mission  xv, 1, 38, 43, 118, 119, 122, 190, 195, 196, 200, 202, 216, 224, 230, 232
    missionnaires  43, 114, 115, 123, 125, 127, 178, 200, 241, 269, 273, 279
    sionistes  4, 28, 35, 36, 40-44, 120, 124, 125
émergence  4, 22, 24, 27-33, 75, 76, 109, 112-114, 116, 117, 126, 127, 135, 232, 235, 236, 240, 251, 255, 268
Empire romain  15
enculturation  215, 225, 236

enfer 69, 167
enseignement 15, 33, 56, 68, 69, 72, 80, 85, 137, 179, 184, 194, 208, 210-212, 218, 232, 249, 252, 271, 273, 287-289
Époque apostolique 10
époque médiévale 16, 238
époque patristique 236, 237
éthiopien 11, 36-38, 40, 123, 124, 126, 223, 237, 269
Être suprême 30, 57, 80, 155, 162, 165, 166, 169, 173, 228
européen 1
évangile de la prospérité 33, 107, 130, 185, 257, 258, 260, 288
exclusivisme 162, 171, 173
exorcisme 55, 81, 122, 124, 180, 237, 266
extase 89, 167, 184, 243

**F**
fêtes chrétiennes 70
fétiche 21, 62, 67, 69, 81, 91, 92, 95, 150, 170
féticheur 90, 91, 143
foi populaire 198, 199
fondamentalisme 139, 177
formation théologique 33, 68, 137, 138, 243, 246, 251
funérailles 68, 72

**G**
glossolalie 31, 115, 120, 132, 182, 183, 266
gnosticisme 118
Grébo 61, 65, 66
guérison 42, 49, 72, 76-78, 81, 85, 89-91, 95, 104, 115, 120, 131, 134, 143-145, 148-150, 152, 154, 157, 158, 168, 180-182, 184, 185, 187, 190, 194, 200, 218, 220, 224, 228, 230, 236, 240, 243, 262, 273
divine 41, 90, 115, 124, 132, 258, 266, 285

**H**
harrisme 72, 203, 204, 213
herméneutique 33, 40, 42, 68, 131, 221, 231, 234, 248, 262, 290
hiérarchie 55, 93, 95, 97
holistique 115, 143, 144, 248, 260, 262, 264, 266, 270, 271, 284
huile 81, 133, 134, 167, 220
hybridité 33, 87, 97, 129, 244

**I**
immersion 42, 93, 103
inculturation 69, 97, 119, 215, 233, 236, 251, 262, 263
institutions de guérison 143
interdit 92, 94, 97, 253, 256
islam 1, 4, 10, 14, 16, 97, 113, 160, 235, 237, 255-257, 265

**J**
jeûne 77, 79-81, 95, 132

**K**
kimbanguisme 4, 30, 49, 50, 53, 56-58, 69, 190, 194, 195, 197-202, 220, 228, 243

**L**
laboratoire de contextualisation 4, 225, 232, 233, 251, 273
leadership féminin 43
liturgie 68, 70, 83, 84, 97, 125, 130, 150, 187, 212, 229, 230, 238, 280, 284

## M

mariage  68, 72, 94, 104, 219, 238, 261
Massaï  255
médecine traditionnelle  42, 129
mennonite  209, 211, 251
miracle  25, 76–78, 81, 85, 90, 91, 100, 102, 124, 144, 145, 148,–150, 152, 153, 164, 166, 182, 184, 200, 210, 224, 232, 237, 266
mission  xv, 15, 20, 28, 29, 30, 32, 36, 38, 39, 41, 43, 45, 46, 48, 51, 62, 63, 78, 81, 96, 110, 112, 114, 116, 117, 119, 122, 127, 136, 139, 144, 152, 153, 160, 167, 171, 190, 191, 193–196, 200–203, 216, 217, 224, 225, 230, 232, 234, 240, 264, 269, 270
Mission de Bâle  20, 21
modernité  151, 257
monachisme  12
montanisme  13
mouvement
  œcuménique  233, 236
  éthiopien  22–24, 114, 119, 125, 269, 273
  néo-charismatique  4, 128, 178–185, 187
Mouvement de Lausanne  261, 287, 288, 293
Moyen Âge  10, 236, 238

## N

négritude  30, 32
*nganga*  55, 145, 200

## O

OEIA  197

## P

paradis  69
péché  69, 70, 95, 103, 111, 112, 152, 153, 167, 171, 172, 234, 258, 290, 292
Pentecôte  10, 62, 82, 157
pentecôtisme  30, 41, 64, 127, 128, 177–179, 183, 230, 243, 260, 267, 268
pères du Saint-Esprit  29
peuples germaniques  16, 238
plénitude du Saint-Esprit  33, 42, 68, 84
polygamie  23, 69, 94, 97, 114, 117, 126, 219, 266
possession  145, 211
  démoniaque  42, 211, 251
*praeparatio evangelica*  110, 155, 169, 172
prédication  67, 129, 145, 154, 164, 167, 205, 208
prêtre  13, 15, 16, 64, 66, 70, 120, 132, 156, 162, 189, 191–193
prière  1, 4, 42, 55, 58, 69, 70, 72, 76–81, 84, 85, 89, 91–93, 95, 97, 114, 116, 129, 132, 133, 147, 149, 150, 167, 180, 181, 187, 212, 218, 231, 257, 270
prophète  4, 25, 29, 42, 46, 49, 51, 53–56, 62, 67, 68, 71, 78–93, 107, 120, 121, 125, 132, 138, 143–155, 158, 163, 194, 197, 198, 204, 205, 211, 213, 218–220, 224, 225, 228, 230, 248, 252, 256, 259
prophète-guérisseur  4, 29, 34, 124, 125, 144, 147, 268
prophétie  13, 57, 76, 82, 85, 90, 104, 115, 120, 153, 183–185, 201, 273
prospérité  32, 33, 107, 130, 168, 180, 185, 187, 189, 224, 231, 232, 257, 258, 260, 261, 264, 287–293
protestant  29, 33, 48, 64, 67, 161, 162, 169, 193–195, 198, 202, 253, 256
punique  12, 14

## R

Réforme protestante  26, 236, 238, 268, 269
repos dominical  69
*requerimiento*  17
résurrection  72, 78, 91, 103, 149, 152, 157, 168
retour du Christ  41, 260
rêve  30, 68, 76, 79, 81, 85, 89, 184, 193, 218, 230, 266
réveil  5, 18, 25, 45, 49, 64, 69, 117, 128, 136, 137, 160, 180, 232, 235, 267, 268, 270
réveils anglo-saxons  18, 239
ritualisme  118

## S

sabellianisme  13
Sainte Cène  93, 104
Saint-Esprit  13, 14, 18, 23, 30, 41, 53–57, 59, 81–84, 90, 92, 102–104, 115, 120, 122, 124, 125, 127, 129, 132, 138, 145, 146, 149, 164–166, 178–180, 183, 194, 197, 198, 200, 202, 220, 228, 229, 234, 243, 250, 266, 267, 270, 283, 285, 288
secte  51, 119
séparation  28, 36, 38, 84, 114, 131, 186, 223, 241, 262
sionisme  40, 223, 243
sorcellerie  33, 69, 81, 92, 95, 120, 122, 143, 186, 187, 230, 280
sorcier  69, 79, 94, 143, 182, 187, 264
Svenska Mission Forbundet  46
syncrétisme  4, 5, 34, 42, 44, 57–59, 72, 86, 98, 122, 164, 170, 186, 187, 222, 233, 235, 240–249, 252–256, 264

## T

tabula rasa  18, 119
temple  66, 70, 72, 153, 196, 217, 218, 243, 261
théologie africaine  50, 115, 169, 174, 254
théologie de la prospérité  32, 33, 180, 187, 257, 258, 260, 264, 287
Timbu Church  61
traduction de la Bible  15, 26, 69, 109, 155, 207, 237, 238, 239
Trinité  12, 14, 53, 56–59, 92, 103, 137, 165, 166, 220, 250, 273
triple autonomie  19, 22, 115, 116, 239
troisième vague  32, 128, 179, 180, 248

## V

vision du monde  31, 82, 109, 147, 156, 162, 171, 227, 231, 248, 249, 252, 254, 257, 260, 261, 265, 280, 284, 291
Vodoun  93

## Y

yoruba  4, 19, 20, 28, 76, 78–80, 82,–86, 89, 101, 134, 231

## Z

Zulu  2, 5, 30, 38, 42, 43, 119, 121, 123, 137

# Table des matières

Avant-Propos .................................................................. xv

Introduction ..................................................................... 1
   *Hannes Wiher*
    Survol de la recherche ..................................................... 2
    Plan de l'ouvrage ........................................................... 3
    Les Églises d'initiative africaine : un laboratoire de contextualisation ............. 5

## Première Partie : Approche historique et phénoménologique des Églises d'initiative africaine

1   Le Christ arrive en Afrique .................................................. 9
   *Hannes Wiher*
    Époque apostolique et patristique (du commencement à 750) ................. 10
    Période d'incubation (750-1450) ........................................... 16
    Début de l'époque moderne (1450 et 1750) .................................. 17
    Le grand mouvement missionnaire (de 1750 à aujourd'hui) ................... 18
    Émergence des Églises d'initiative africaine ................................ 22
    Pour aller plus loin ....................................................... 26

2   Les causes de l'émergence des Églises d'initiative africaine ............. 27
   *Yves Mulume*
    Introduction ............................................................. 27
    De 1800 à 1920 .......................................................... 27
    De 1920 à 1960 .......................................................... 29
    De 1960 à 2000 .......................................................... 31
    Conclusion .............................................................. 32
    Pour aller plus loin ....................................................... 34

3   Les débuts des Églises d'initiative africaine en Afrique du Sud :
   les Églises éthiopiennes et sionistes ....................................... 35
   *Michel Lompo*
    Introduction ............................................................. 35
    Les Églises éthiopiennes en Afrique du Sud ................................ 37
    Les Églises sionistes en Afrique du Sud .................................... 40
    Forces et faiblesses des Églises éthiopiennes et sionistes en Afrique du Sud ...... 42
    Conclusion .............................................................. 43
    Pour aller plus loin ....................................................... 44

## 4 L'Église kimbanguiste du Congo RDC ............................... 45
*Édouard Nzundu Ngungu*

Introduction .......................................................... 45
Contexte de la naissance de l'Église kimbanguiste. .................... 46
Simon Kimbangu ...................................................... 47
Fondation de l'Église kimbanguiste ................................... 49
Évolution de l'Église kimbanguiste ................................... 50
Doctrines particulières de l'Église kimbanguiste ..................... 52
Pratiques particulières de l'Église kimbanguiste ..................... 58
Conclusion. ........................................................... 58
Pour aller plus loin. ................................................. 59

## 5 L'Église harriste au Libéria et en Côte d'Ivoire. .................... 61
*Yves Mulume*

La personne de William Wadé Harris ................................... 61
Le contexte politique du Libéria et de la Côte d'Ivoire au temps de Harris ........ 65
Quelques pratiques religieuses de l'Église harriste .................. 68
Conclusion ............................................................ 72
Pour aller plus loin. ................................................. 73

## 6 L'Église de Dieu Aladura du Nigéria ................................. 75
*Frank T. Nyongona Dedokomo*

Introduction .......................................................... 75
Aperçu historique ..................................................... 76
Le mouvement Aladura .................................................. 76
Base doctrinale de l'Église de Dieu Aladura .......................... 80
Pratiques caractéristiques de l'Église de Dieu Aladura ............... 83
Conclusion. ........................................................... 85
Pour aller plus loin. ................................................. 86

## 7 Le Christianisme céleste du Bénin ................................... 87
*Moloby Rémy Williams Eméry*

Contexte de naissance ................................................. 88
Doctrine et pratiques ................................................. 91
Stratégie missionnaire ................................................ 95
Conclusion. ........................................................... 96
Pour aller plus loin. ................................................. 97

## 8 L'Église chrétienne des rachetés de Dieu du Nigéria ................. 99
*Trudon Yakasongo*

Historique ............................................................ 99
Confession de foi. .................................................... 102
Vision ................................................................ 104

Organisation........................................................................................................ 105
Stratégies missionnaires pour la croissance de l'Église........................... 105
Conclusion........................................................................................................... 106
Pour aller plus loin............................................................................................ 107

Synthèse historique ....................................................................................... 109
*Hannes Wiher*
Cadre historique de référence .................................................................... 110
Causes ................................................................................................................. 113
Terminologie..................................................................................................... 118
Typologie............................................................................................................ 123
Caractéristiques des Églises d'initiative africaine................................. 131
Importance des Églises d'initiative africaine ........................................ 134
Organisation des Églises d'initiative africaine ..................................... 136

## Deuxième Partie : Approche théologique et missiologique des Églises d'initiative africaine

9   La figure du prophète-guérisseur et les Églises d'initiative africaine comme « institutions de guérison »................................................. 143
    *Yolande A. Sandoua*
    Introduction ................................................................................................ 143
    Qu'est-ce qu'un prophète ?..................................................................... 144
    Le prophète-guérisseur dans les religions traditionnelles africaines ........... 145
    Le prophète-guérisseur dans les Églises d'initiative africaine .................. 146
    Le prophète dans la Bible....................................................................... 151
    Les prophètes-guérisseurs dans les Églises d'initiative africaine et dans
        la Bible .................................................................................................. 154
    Conclusion..................................................................................................... 156
    Pour aller plus loin..................................................................................... 158

10  Les déviations doctrinales vues à la lumière des religions traditionnelles africaines............................................................................. 159
    *Fara Daniel Tolno*
    Aperçu historique ...................................................................................... 159
    Le rapport entre le christianisme et les religions traditionnelles africaines ..... 162
    Thèmes doctrinaux et leurs déviations dans les Églises d'initiative africaine .... 163
    Actualité du débat sur les continuités et les discontinuités entre l'Évangile et
        les religions traditionnelles africaines ......................................... 168
    Conclusion..................................................................................................... 174
    Pour aller plus loin..................................................................................... 174

11  Le rapport des Églises d'initiative africaine avec le mouvement néo-charismatique .................................................................... 177
*Djimalngar Madjibaye*
Le problème .............................................................................. 177
Comprendre les mouvements pentecôtiste et charismatique .................... 178
Points de continuité ................................................................... 181
Points de discontinuité ............................................................... 186
Conclusion ................................................................................ 187
Pour aller plus loin .................................................................... 188

12  Entrée et « sortie » du christianisme au Bas-Congo : évolution du kimbanguisme ........................................................................ 189
*Christine Mayani Kalume*
Introduction ............................................................................. 189
Arrivée du christianisme au Bas-Congo ........................................ 190
Évolution du kimbanguisme ...................................................... 194
La ruée des chrétiens du Bas-Congo vers les Églises kimbanguistes ........ 200
Conclusion ................................................................................ 201
Pour aller plus loin .................................................................... 202

13  L'Église harriste et les Églises méthodiste et mennonite en Afrique occidentale : réussite ou échec ? .............................................. 203
*Christine Mayani Kalume*
L'Église harriste et l'Église méthodiste en Côte d'Ivoire ....................... 204
L'Église harriste et l'Église mennonite ........................................... 209
Conclusion ................................................................................ 213
Pour aller plus loin .................................................................... 213

14  Leçons à tirer des Églises d'initiative africaine ........................... 215
*Fara Daniel Tolno*
Qu'est-ce que la contextualisation ? ............................................ 215
Leçons positives ....................................................................... 216
Leçons négatives ....................................................................... 219
Conclusion ................................................................................ 221
Pour aller plus loin .................................................................... 222

15  Les Églises d'initiative africaine : un laboratoire de contextualisation ...................................................................... 223
*Djimalngar Madjibaye*
Le problème .............................................................................. 223
La notion de contextualisation .................................................... 225
Quelques études de cas de contextualisation ................................ 228
Évaluation ................................................................................ 232

Conclusion. . . . . . . . . . . . . . . . . . . . . . . . . . . . . . . . . . . . . . . . . . . . . . . . . . . . . . . . . . . . . . . . 233
Pour aller plus loin. . . . . . . . . . . . . . . . . . . . . . . . . . . . . . . . . . . . . . . . . . . . . . . . . . . . . 234

Synthèse théologique et missiologique. . . . . . . . . . . . . . . . . . . . . . . . . . . . . . . . 235
*Hannes Wiher*
L'arrivée de la foi chrétienne dans un nouveau contexte . . . . . . . . . . . . . . . . . . 235
Les Églises missionnaires et les Églises d'initiative africaine : l'analogie de
l'iceberg . . . . . . . . . . . . . . . . . . . . . . . . . . . . . . . . . . . . . . . . . . . . . . . . . . . . . . . . . . . 241
Le syncrétisme . . . . . . . . . . . . . . . . . . . . . . . . . . . . . . . . . . . . . . . . . . . . . . . . . . . . . . 242
Un cadre épistémologique de référence. . . . . . . . . . . . . . . . . . . . . . . . . . . . . . . . 247
La contextualisation critique. . . . . . . . . . . . . . . . . . . . . . . . . . . . . . . . . . . . . . . . . . 251
Le rapport entre la contextualisation et le syncrétisme. . . . . . . . . . . . . . . . . . . 252
Le rapport entre les religions traditionnelles africaines, l'islam, le
christianisme et le sécularisme . . . . . . . . . . . . . . . . . . . . . . . . . . . . . . . . . . . . . . 254
L'évangile de la prospérité . . . . . . . . . . . . . . . . . . . . . . . . . . . . . . . . . . . . . . . . . . . . 257
Les leçons à tirer des Églises d'initiative africaine. . . . . . . . . . . . . . . . . . . . . . . . 261
L'apport au christianisme mondial. . . . . . . . . . . . . . . . . . . . . . . . . . . . . . . . . . . . . 265
Les Églises d'initiative africaine, un mouvement pentecôtiste ?. . . . . . . . . . . . 267
Réformation, renouveau, revitalisation ou réveil ?. . . . . . . . . . . . . . . . . . . . . . . 268

Conclusion . . . . . . . . . . . . . . . . . . . . . . . . . . . . . . . . . . . . . . . . . . . . . . . . . . . . . . . . . . . . 273
*Hannes Wiher*

Annexe 1 : Dates d'émergence et statistiques des Églises d'initiative
africaine (1967). . . . . . . . . . . . . . . . . . . . . . . . . . . . . . . . . . . . . . . . . . . . . . . . . . . . . 275

Annexe 2 : Manifeste de l'Organisation des Églises d'initiative africaine :
Une nouvelle force d'Églises chrétiennes (1996) . . . . . . . . . . . . . . . . . . . . . . 279

Annexe 3 : Contributions des Églises d'initiative africaine au
christianisme mondial (1996). . . . . . . . . . . . . . . . . . . . . . . . . . . . . . . . . . . . . . . . 283

Annexe 4 : Déclaration de Lausanne sur l'évangile de la prospérité . . . . . . . . 287

Annexe 5 : Critères d'évaluation des Églises d'initiative africaine . . . . . . . . . . 295
*Yves Mulume*

Annexe 6 : Églises d'initiative africaine orthodoxes et hétérodoxes
par pays . . . . . . . . . . . . . . . . . . . . . . . . . . . . . . . . . . . . . . . . . . . . . . . . . . . . . . . . . . . 299

Bibliographie . . . . . . . . . . . . . . . . . . . . . . . . . . . . . . . . . . . . . . . . . . . . . . . . . . . . . . . . . . 309
Églises d'initiative africaine. . . . . . . . . . . . . . . . . . . . . . . . . . . . . . . . . . . . . . . . . . . . 309
Églises d'initiative asiatique. . . . . . . . . . . . . . . . . . . . . . . . . . . . . . . . . . . . . . . . . . . 331
Églises d'initiative latino-américaine. . . . . . . . . . . . . . . . . . . . . . . . . . . . . . . . . . . 331

Liste des auteurs . . . . . . . . . . . . . . . . . . . . . . . . . . . . . . . . . . . . . . . . . . . . . . . . . . . . . . 333

Index des noms de personnes ............................................. 337
Index des noms de lieux ................................................. 341
Index des sujets ........................................................ 345

Langham Partnership est un organisme chrétien international et interdénominationnel qui poursuit la vision reçue de Dieu par son fondateur, John Stott -

*promouvoir la croissance de l'église vers la maturité en Christ en relevant la qualité de la prédication et de l'enseignement de la Parole de Dieu.*

**Notre vision** est de voir des églises équipées pour la mission, croissant en maturité en Christ, par le ministère de pasteurs et de responsables qui croient, qui enseignent et qui vivent la Parole de Dieu.

**Notre mission est de renforcer le ministère de la Parole de Dieu de trois manières:**
- par la mise en place de mouvements nationaux de formation à la prédication biblique
- par la rédaction et la distribution de livres évangéliques
- par la formation d'enseignants théologiques évangéliques qualifiés qui formeront ensuite des pasteurs et responsables d'églises dans leurs pays respectifs

**Notre ministère**

*Langham Preaching* collabore avec des responsables nationaux en vue de la création de mouvements de prédication biblique dirigés par les nationaux eux-mêmes. Ces mouvements, qui naissent progressivement un peu partout dans le monde, rassemblent non seulement des pasteurs mais aussi des laïcs. Nos équipes de formateurs venus de beaucoup de pays différents proposent une formation pratique qui comporte plusieurs niveaux, suivie d'une formation de facilitateurs locaux. La continuité est assurée par des groupes de prédicateurs locaux et par des réseaux régionaux et nationaux. Ainsi nous espérons bâtir des mouvements solides et dynamiques, constitués de prédicateurs entièrement consacrés à la prédication biblique.

*Langham Literature* fournit des livres évangéliques et des ressources électroniques par la publication et la distribution, par des subventions et des réductions à des leaders et futurs leaders, à des étudiants et bibliothèques de séminaires dans le monde majoritaire. Nous encourageons aussi la rédaction de livres évangéliques originaux dans de nombreuses langues nationales par le biais de bourses pour des écrivains, en soutenant des maisons d'éditions évangéliques locales, et en investissant dans quelques projets majeurs comme *le Commentaire Biblique Contemporain* qui est un commentaire de la Bible en un seul volume rédigé par des auteurs africains pour l'Afrique.

*Langham Scholars* soutient financièrement des doctorants évangéliques du monde majoritaire dans le but de les voir retourner dans leurs pays d'origine pour former des pasteurs et d'autres chrétiens nationaux en leur proposant un enseignement biblique et théologique solide. Cette branche de Langham cherche donc à équiper ceux qui en équiperont d'autres. Langham Scholars travaille aussi en partenariat avec des séminaires dans le monde majoritaire afin de renforcer l'éducation théologique évangélique sur place. De ce fait, un nombre croissant de « Langham Scholars » (le nom « Scholars » signifie « boursiers ») peut aujourd'hui suivre des programmes doctoraux de haut niveau au cœur même du monde majoritaire. Une fois leurs études terminées, ces « Langham Scholars » vont non seulement former à leur tour une nouvelle génération de pasteurs mais exercer une grande influence par leurs écrits et par leur leadership.

Pour plus d'informations, consultez notre site: langham.org

## DANS LA MÊME COLLECTION

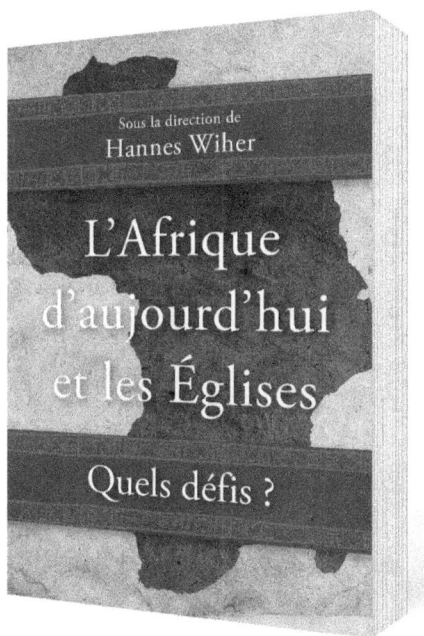

### L'AFRIQUE D'AUJOURD'HUI ET LES ÉGLISES
### QUELS DÉFIS?

SOUS LA DIRECTION DE HANNES WIHER

9781783683024 | Broché | 270 pages

£14.99 | 19.00€ | $24.99

Vous pouvez commander cet ouvrage dans votre librairie habituelle ou directement chez nous en écrivant à literature@langham.org / +44 (0)1228 592 033.

Frais de port gratuits pour toute commande chez Langham Publishing.

www.ingramcontent.com/pod-product-compliance
Lightning Source LLC
Chambersburg PA
CBHW071016240426
43661CB00073B/2314